产教融合·职业创新能力数字化运营系列教材

供应链管理及数据分析

何海军　主　编

朱兴荣　何子辰　副主编

高　宁　袁卓玲　刘　虹　贺　琰　何　兰　参　编

电子工业出版社

Publishing House of Electronics Industry

北京·BEIJING

内容简介

本教材在介绍供应链管理知识的过程中将涉及的常用数据分析方法贯穿其中，从而达到提高供应链管理知识应用能力的目的。教材首先从供应链管理基础着手，然后对供应链需求管理、供应链采购管理、供应链库存管理、供应链生产管理、供应链配送管理、供应链节点布局与运输线路分析以及供应链绩效管理等知识，以及相关的数据分析方法进行了系统的讲解。教材共分八个模块，十八个学习任务，并为每个模块设计了"知识复习与巩固"栏目，为每个学习任务设计了"知识拓展与技能实践"等内容。

本教材既可作为普通高等职业院校物流管理、电子商务等相关专业的教材，也可作为企业进行供应链管理与数据分析的系统培训教材，还可供有提升数据处理能力需要的人员自学使用。

图书在版编目（CIP）数据

供应链管理及数据分析 / 何海军主编 . -- 北京 ：
电子工业出版社，2025. 3. -- ISBN 978-7-121-49895-4

Ⅰ . F252.1

中国国家版本馆 CIP 数据核字第 2025PJ5132 号

责任编辑：朱干支
印　　刷：三河市良远印务有限公司
装　　订：三河市良远印务有限公司
出版发行：电子工业出版社
　　　　　北京市海淀区万寿路 173 信箱　邮编　100036
开　　本：787×1 092　1/16　印张：18.5　字数：509.1 千字
版　　次：2025 年 3 月第 1 版
印　　次：2025 年 3 月第 1 次印刷
定　　价：59.00 元

前　言

党的二十大报告指出，"加快发展物联网，建设高效顺畅的流通体系，降低物流成本"；"加快发展数字经济，促进数字经济和实体经济深度融合，打造具有国际竞争力的数字产业集群"。这一战略部署不仅为我们指明了未来经济社会发展的方向，也为教育领域，尤其是与物联网、数字经济密切相关的专业课程改革提供了重要指导。

从 21 世纪初，供应链管理理论开始走向成熟，在全世界范围内大大促进了经济活动的发展。特别是随着信息技术的发展、5G 网络的实用化、大数据与数据分析技术、AI 大模型的突飞猛进，供应链管理的应用走上了快速发展的通道。供应链中大量非常有价值的数据，如产品数据、物流数据、供应商数据、客户数据等被采集与清洗；大量数据背后的规律被挖掘，预测与决策水平大幅度提高；方便的数据共享技术使供应链协同真正地得以实现，供应链服务更加精准与高效。

新时代的经济活动既需要供应链管理思想的指导，也需要将供应链管理思想落实到具体的企业经营活动之中。但传统的供应链管理仍然是一项消耗巨大而又复杂的系统工程，需要强大的财力支持才能高效实现。事实上，如果获得了足够的供应链运营数据，进行数据分析便成为一个必不可少的环节。对供应链管理数据进行分析的需求已经呈现激增的态势。

本教材顺应当前供应链管理及数据分析人才需求骤增的趋势开发。全书遵循供应链管理的基本思想，根据供应链的基本活动，设计知识模块与典型工作任务，形成系统化的教材内容，包括供应链管理基础、供应链需求管理与数据分析、供应链采购管理与数据分析、供应链库存管理与数据分析、供应链生产管理与数据分析、供应链配送管理与数据分析、供应链节点布局与运输线路分析以及供应链绩效管理与分析八个模块，实现了供应链管理理论与相关数据分析的有机结合，可以让学生较好地兼顾理论学习与实操。

本教材共分八个模块，十八个学习任务，建议授课 48 学时。每个学习任务包括学习指南、任务引入、任务实施、知识拓展与技能实践四个板块，具体说明如下。

（1）"学习指南"包括"任务清单"和"知识树"两个栏目。"任务清单"将任务描述、学习目标等进行归纳总结，便于学生厘清学习思路；"知识树"将相关理论知识分类呈现，便于学生厘清学习内容。

（2）"任务引入"包括"任务背景"和"任务目标"两个栏目。"任务背景"主要引入与学习任务相关的管理案例或管理评论，增强学生学习的沉浸式体验与学习的代入感；"任务目标"将"任务背景"与"知识必备"相联系，为本次学习任务指明主要方向。

（3）"任务实施"包括"知识必备""学习感悟""任务实训""任务评价"四个栏目。"知识必备"中除了必备的基本理论知识，还增加了微视频、阅读材料、案例等多种新形态内容呈现相关理论知识，通过微视频与阅读材料解释学生易于混淆的知识，以及与教学内容结合，以紧密的课程思政素材等；学习任务完成之后，通过"学习感悟"栏目对知识进行思考与总结，引导学生进行总结与反思，提高学生的理解力；"任务实训"主要通过对知识点的检测、任务实操，检验学生对本任务知识的掌握程度；"任务评价"通过完成给定的评价内容，参考评价标准检验学习效果。

（4）"知识拓展与技能实践"是对"知识必备"理论内容的拓展以及知识技能的应用实践。其中，"技能实践"的选材与建议主要来自企业真实场景。

为了便于学生对供应链管理知识的总结与回顾，在每个模块后面安排了"知识复习与巩固"栏目，包括各种类型的复习题，供有需要的学生使用。

本教材主要特色与创新点如下。

（1）内容设计体现渐进式与实用性。现代供应链是在传统企业管理基础上发展起来的，教材先介绍传统管理方法，再上升到供应链管理方法，满足企业不同管理阶段、不同专业与工作背景的学习对象选用内容，实现"宽口径，强实践"的目的。供应链管理历来作为一种管理思想被学习，教材实现了从思想向实践的转化，体现了教材内容的实用性和创新性。在内容上既保证了供应链管理理论的完整性，又通过实操项目实现了理论的具体应用，达成理论与实践的有机结合，保证教学内容的实用性。

（2）形式多样化与配套资源立体化。教材在形式上实现了多样化，每个模块的任务有配套微课、视频、PPT、阅读材料、在线测试、实操训练以及复习题等教学资源。不同的资源都是围绕同一学习内容来组织的，实现了配套资源的立体化，能够满足不同的教学需要。

（3）素材选取注重新颖性。教材内容能满足"岗、课、赛、训"的学习要求，在线测试实现了线上线下立体互动。内容选取吸纳了课程思政、最新研究成果、企业案例、新技术和新方法等素材，保证学习内容的新颖性，体现高职的教材改革方向和时代要求。

本教材的编写得到了众多有着丰富经验的老师及企业专家的指导，由何海军担任主编，朱兴荣、高宁进行了教材大纲的制定、内容的选取与教材体例的规划，袁卓玲、刘虹、贺琰、何兰以及株洲中车物流有限公司、株洲联城集团提供了丰富的素材，最后由何海军进行教材理论部分的编写与统筹；由中南大学计算机学院何子辰负责全书的数据分析与处理工作，并负责相应的教学资源的整理与优化。

衷心感谢湖南铁道职业技术学院、中南大学计算机学院、株洲中车物流有限公司、株洲联城集团等对本教材的编写给予的大力支持！衷心感谢本教材在编写过程中，借鉴、参考的国内外的信息与文献资料的作者的理解与支持！

由于编者水平有限，教材中难免有疏漏与不妥之处，恳请广大读者批评指正！

编　者
2025 年 1 月

目　　录

供应链管理基础

优秀的供应链管理就像一首交响乐，每个音符都和谐而精准，共同奏出美妙的乐章。

任务一　认识供应链与供应链管理

学习指南

任务清单

工作任务	认识供应链与供应链管理	
建议学时	2 学时	
任务描述	本任务通过对供应链与供应链管理基础知识的学习，掌握供应链管理的基本特征，能识别不同类型的供应链，理解供应链管理与物流管理的区别，初步树立供应链管理系统、合作、共赢的伙伴关系理念	
学习目标	知识目标	1. 掌握供应链的概念及特征 2. 掌握供应链管理的概念、特征及基本原则 3. 熟悉供应链管理的作用与优势
	能力目标	1. 具备区分供应链管理与物流管理的能力 2. 具备从系统角度考察供应链管理的基本思维能力 3. 能利用供应链管理的基本原则进行供应链分析
	素质目标	1. 培养供应链管理的系统思维与共赢意识 2. 培养供应链管理系统的合作意识与团队意识 3. 培养以客户为中心的经营理念与意识

学习目标	思政目标	通过对供应链与供应链管理基础知识的学习，培养供应链管理的系统意识、共赢意识、责任意识、合作意识、客户服务意识、遵守法律与职业规范意识
关键词	供应链　供应链管理　以客户为中心	

知识树

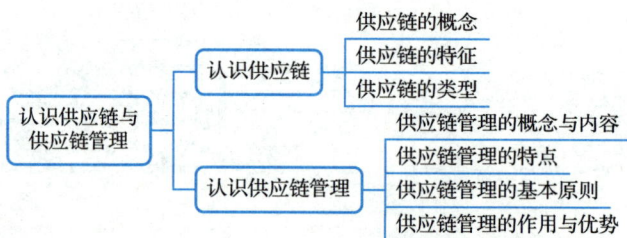

任务引入

任务背景

"三只松鼠"的数字化供应链转型

如果简单地描述"三只松鼠"，其实它只是一个坚果的分包商和销售商，可是"三只松鼠"就是做成了一家市值270亿元的上市公司。

下面看看"三只松鼠"在供应链上有哪些特色。

原材料端："三只松鼠"利用数据回流倒逼供应商伙伴，一直延伸到种植农户，这不仅保证了质量，更推动了中国农业的供给侧结构性改革，不断提升更多食品供应商的发展质量。

生产端：2018年，章燎原带领员工拜访了20多家食品生产企业，与生产端建立了联系，将原本规模小、业务分散、同质化高的食品生产企业聚合起来。

检测端："三只松鼠"进一步与第三方检测认证机构ITS、香精香料企业奇华顿、特种植物油脂生产商AAK等公司建立了战略合作关系，从而完善了食品生产的基础设施建设。据此，"三只松鼠"打通了产品的整条供应链，得以全面参与研发和生产，形成了"三只松鼠"独特的"造货"模式。

销售端：依托几大电商平台的大数据，对消费者精准画像。

借助互联网数字技术，"三只松鼠"正在从一个纯电商企业转型为一个数字化供应链平台企业。一方面，通过数字化系统连接中国众多的食品生产企业；另一方面，通过更广泛的渠道连接消费者，把两者之间的链路做得更短。

任务目标

1. 从案例中分析"三只松鼠"数字化供应链转型成功的因素是什么？

2. 数字化供应链与传统供应链面临的环境有什么不同？

任务实施

知识必备

一、认识供应链

（一）供应链的概念

供应链（Supply Chain）的概念经历了一个发展过程。早期的观点认为供应链是制造企业中的一个内部过程，是指将采购的原材料和收到的零部件，通过生产的转换和销售等环节传递到企业用户的一个过程。这种观点局限于企业的内部操作，仅仅注重企业自身利益目标。随着企业经营的进一步发展，人们将供应链的概念范围扩大到与其他企业的联系，扩大到供应链的外部环境，将它定义为一个通过供应链中不同企业的制造、组装、分销、零售等过程，将原材料转换成产品到最终用户的过程。

国家标准《物流术语》（GB/T 18354—2021）对供应链的具体定义：在生产流通过程中围绕核心企业，由所涉及的原材料供应商、制造商、分销商、零售商直到最终用户等形成的网链结构。

可见，供应链是一个完整的始于原材料的供应商、止于最终用户的链条，它由原材料供应商、制造商、仓库、外部供应商、运输公司、配送中心、分销商、零售商、用户组成的网链结构。在供应链中，一方面，原材料和零部件的供应商、产品制造企业、运输和分销公司、零售企业以及售后服务企业作为经济实体和供应链中的供需节点向最终用户提供产品和服务；另一方面，供应链又是在相互关联的业务流程及业务伙伴间所产生的从产品设计到最终用户交付全过程中的物流、信息流和资金流。

供应链是一个范围更广的企业结构模式，包含所有加盟的节点企业，从原材料的供应开始，经过供应链中不同企业的制造、组装、分销、零售等过程直到最终用户。它不仅是一条连接供应商到用户的物料链、信息链、资金链，而且是一条增值链，物料在供应链上因加工、包装、运输等过程而增加其价值，给相关企业带来收益。供应链的结构模型如图1-1所示。

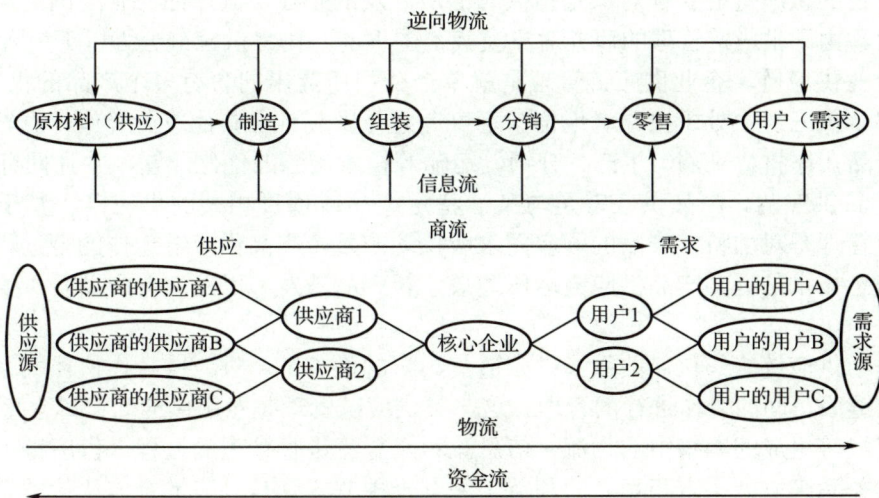

图1-1　供应链的结构模型

从图 1-1 中可以看出，供应链由所有加盟的节点企业组成（其中一般有一个核心企业），各节点企业在需求信息的拉动下，通过供应链的职能分工与合作，以物流、信息流和资金流为媒介实现整个供应链的不断增值。

【微视频】完整地认识
供应链结构

（二）供应链的特征

从供应链的结构模型可以看出，供应链是一个网链结构，由围绕核心企业的供应商、供应商的供应商、用户、用户的用户组成。一个企业是一个节点，节点企业和节点企业之间是一种供应与需求的关系。它是一个高度一体化的提供产品和服务的增值过程，具有物流、信息流和资金流三种表现形态。供应链具有以下主要特征。

（1）网链结构。供应链的网链结构决定了供应链的复杂性。因为供应链节点企业组成的跨度（层次）不同，有生产型、加工型、服务型的，有上游、下游、核心层的，甚至有由多国企业构成的，所以供应链结构模型比一般单个企业的组织结构模型更为复杂。

（2）协作共赢。供应链各节点企业以信息共享为基础，以优化供应链绩效为目标，进行协同决策，始终从全局观点出发，采取一种"共赢"的原则，供应链成员之间相互信任、团结和同步，提高整个供应链的柔性，实现整个供应链价值的最优化。

（3）动态适应。供应链的管理需要适应企业战略和市场需求的变化，因而其节点企业需要动态地更新，这就使得供应链具有明显的动态性，并且在这种动态变化过程中适应市场需求的变化。

（4）需求驱动。面向用户需求是供应链的重要特征。供应链的形成、存在、重构，都是基于一定的市场需求发生的，并且在供应链的运作过程中，客户需求是拉动供应链中物流、信息流和资金流运作的驱动源。

（5）交叉重合。节点企业可以是不同供应链的成员，它既可以是这个供应链的成员，也可以是另一个供应链的成员。众多的供应链形成交叉结构，这种交叉重合的特征既增加了供应链运作的复杂性，又增加了其协调管理的难度。

（三）供应链的类型

根据不同的划分标准，常将供应链分为不同的类型。

1. 以供应链的管理对象划分

这里所说的供应链的管理对象是指供应链所涉及的企业及其产品、企业的活动、参与的成员和部门。由于供应链管理的研究对象及其范围不同，可将供应链分为以下三种类型。

（1）企业供应链。企业供应链管理是就单个公司所提出的含有多个产品的供应链管理，该公司在整个供应链中处于主导者地位，不仅考虑与供应链上其他成员合作，也较多地关注企业多种产品在原材料采购、生产、分销、运输等技术资源的优化配置，并且拥有主导权。

（2）产品供应链。产品供应链是与某一特定产品或项目相关的供应链。基于产品供应链的供应链管理是对由特定产品的顾客需求所拉动的整个产品供应链运作的全过程的系统管理。采用信息技术是提高产品供应链运作绩效、新产品开发，以及完善产品质量的有效手段之一。

（3）基于供应链合作伙伴关系（供应链契约）的供应链。供应链合作伙伴关系管理主要是针对供应链成员间的合作进行的管理。这一类供应链管理是对由供应商、制造商、分销商、零售商、用户等组成的网络中的物流、信息流和资金流进行管理的过程。供应链上的成员通过建立契约关系来协调买方和卖方的利益。还有一种方式则是供应链合作伙伴关系建立在与竞争对手结成的战略合作基础上的供应链。

以上三种供应链管理对象的划分是彼此相关的，在有些方面是相互重叠的。但这种划分对于考察供应链和研究不同的供应链管理方法是有帮助的。

2. 以成员分布范围划分

从供应链成员的分布范围来看，可划分为以下类型。

（1）公司内部供应链。在每个公司里，不同的部门在物流中都参与了增值活动。如采购部门是资源的来源部门，制造部门是直接增加产品价值的部门，管理客户订单和送货的是配送部门，一般产品的设计和个性化产品的设计是由工程设计部门完成的，他们也参与了产品增值活动。这些部门被视作供应链中业务流程中的内部顾客和供应商。公司内部供应链管理主要是控制和协调物流中各部门之间的业务流程和活动。

（2）集团供应链。一个集团可以在不同的地点进行制造并且对过程实行集中控制，并通过自有的区域和本地仓库网络配送产品。这种情况由于业务活动涉及许多企业（或部门），成为一种形式上的集团供应链。

（3）扩展供应链。扩展供应链表现为参与从原材料到最终用户的物流活动的公司日益增多，这种趋势在生产最终产品的公司的供应和配送活动中尤为明显；复杂的网络包含着几层供应商节点，这些供应商在供应链中从事着增值活动。同样地，分销商网络能够把产品带到更远的用户手中。

随着供应链的延伸，供应商和最终用户之间的距离在拉大，产品和制造的个性化以及供应商与用户关系却更加紧密。另一方面，供应商和用户之间交易成本的增加是供应链管理的主要压力，交易成本增加的主要原因是供应链过于分散和冗长。例如，过去在一个公司里，业务流程通常在销售、设计、制造和采购等部门进行，如果它们之间缺乏及时沟通，产生的沟通障碍在业务流程中造成不必要的延迟以及成本的上升，这种沟通障碍也使公司很难对客户的需求和市场变化做出快速反应。而扩展供应链正是在个性化生产、提前期的缩短和业务量的增加等因素影响下，迫使公司实现物流同步，成为一个连接着供应商和分销商的复杂供应链。有时，人们把集团供应链和扩展供应链又称产业供应链。

（4）全球网络供应链。因特网的应用以及电子商务的出现，彻底改变了商业方式，也改变了现有供应链结构：它转换、削减、调整在传统销售、交易方面投资的实体资产；通过减少销售过程的中间商来压缩供应链的长度；创建了在电子化市场上运作的扩张型企业、联合制造业和跨部门集团；在贸易伙伴间进行实时数据存取、传递。图1-2所示为基于因特网的全球网络供应链模型。

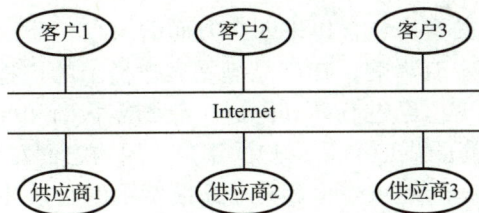

图 1-2　基于因特网的全球网络供应链模型

在网络上的企业都具有两重身份，即既是用户又是供应商。它不仅是在网上进行交易，更重要的还是构成该供应链的一个元素。在这种新的商业环境下，企业将面临更为严峻的挑战：它们必须在提高客户服务水平的同时努力降低运营成本，必须在提高市场反应速度的同时给客户以更多的选择。

同时，因特网和电子商务也使供应商与用户的关系发生了重大改变，其关系不再仅仅局限于产品的销售，而更多地以服务的方式满足用户的需求来替代将产品卖给用户。越来越多的用户不仅以购买产品的方式来实现其需求，而且更看重未来应用的规划与实施、系统的运行与维护等。本质上讲他们需要的是某种效用或能力，而不是产品本身，这将极大地改变供应商与用户的关系。企业需要更加细致、深入地了解每一个用户的特殊要求，才能巩固其与用户的关系，这是一种长期的有偿服务，而不是产品时代的一次或多次性的购买。

此外，供应链的分类还有很多种划分方法，可以以网状结构划分为 V 型供应链、A 型供应链、T 型供应链，以功能型产品与创新型产品划分为功能型供应链、创新型供应链。其他的划分方法如划分为稳定的供应链和动态的供应链、平衡的供应链和倾斜的供应链、有效性供应链和反应性供应链等。

【阅读材料】供应链类型的其他划分方法

二、认识供应链管理

（一）供应链管理的概念与内容

国家术语《物流标准》（GB/T 18354—2021）对供应链管理（Supply Chain Management）的定义：从供应链整体目标出发，对供应链中采购、生产、销售各环节的物流、信息流和资金流进行统一计划、组织、协调、控制的活动和过程。

结合供应链的特点可以看出，供应链管理以市场和客户需求为导向，是在核心企业的协调下协同商务、协同竞争的商业运作模式，通过运用现代企业管理技术、信息技术和集成技术，达到对整个供应链上的物流、信息流和资金流的有效规划和控制，从而将客户、供应商、制造商、销售商、服务商等合作伙伴连成一个完整的网状结构，形成一个极具竞争力的战略联盟。

由此看来，供应链管理是利用系统的观点通过对供应链中的物流、信息流和资金流进行设计、规划、控制与优化，以寻求建立供、产、销企业以及客户间的战略合作伙伴关系，最大限度地减少内耗和浪费，实现供应链整体效率的最优，并保证供应链中的成员取得相应的绩效和利益，来满足顾客需求的整个管理过程。同时，供应链管理又是一种集成的管理思想和方法，是一种贯穿于供应链中从供应商到最终用户的物流、信息流和资金流的计划、控制等的管理职能。

因此，对供应链管理定义至少包含以下四个方面的内容。

（1）供应链管理把对成本有影响、在产品满足客户需求的过程中起作用的每一个方面都考虑在内，从供应商和制造工厂经过仓库和配送中心到零售商和商店。实际上，在一些供应链分析中，有必要考虑供应商的供应商及用户的用户，因为它们对供应链的业绩是有影响的。

（2）供应链管理的目的在于追求效率和整个系统费用的有效性，使系统总成本达到最小。这个成本包括从运输和配送成本到原材料、在制品和产成品的库存成本等一系列的运作成本。因此，供应链管理的重点不在于简单地使运输成本达到最小或减少库存，而在于采用系统方法来进行供应链管理，达成系统总成本最小。

（3）供应链管理具有不同的层次。由于供应链管理是围绕着把供应商、制造商、仓库、零售商和商店有效率地结合为一体这一问题来展开的，因此，它包括公司许多层次上的活动，如战略层次、战术层次和操作层次等。

（4）供应链管理的目标是提高顾客的满意程度，即做到将正确的产品或服务按照合适的状态与包装，以准确的数量和合理的成本费用，在恰当的时间送到指定地方的确定的用户。

供应链管理的主要内容如图 1-3 所示。

【微视频】供应链管理的
主要内容

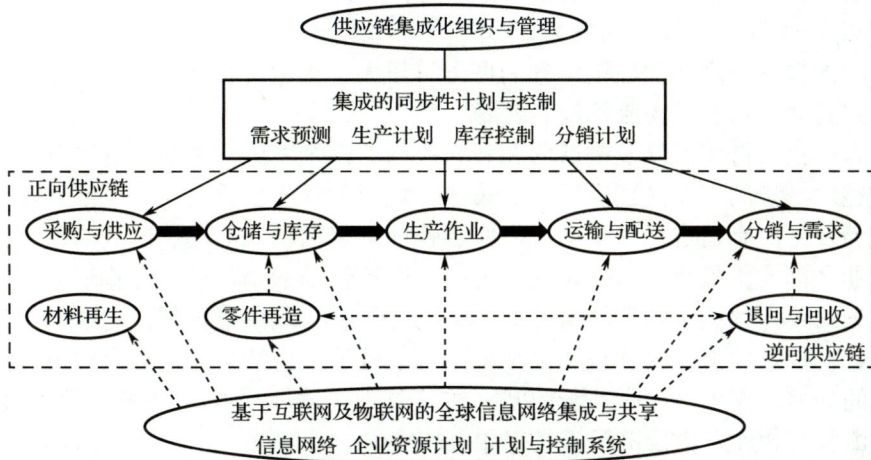

图 1-3　供应链管理的主要内容

（二）供应链管理的特点

供应链管理作为一种新型的管理模式，它的特点可以从与传统管理方法以及与物流管理的比较中显现出来。

1. 供应链管理与传统管理方法的特点比较

供应链管理主要致力于建立成员间的合作关系，与传统的管理方法相比，它具有如下特点。

（1）以客户为中心。在供应链管理中，客户服务目标的设定优先于其他目标，它是以客户满意为最高目标的。供应链管理的本质是满足客户的需求，它通过降低供应链成本的策略，实现对客户的快速反应，以此提高客户的满意度，获取竞争优势。

（2）跨企业的伙伴之间密切合作、共享利益和共担风险。在供应链管理中，人们把供应链中所有节点企业看作一个整体，因此供应链中的企业已超越了组织机构的界限，改变了传统的经营意识，建立起新型的客户关系，使企业意识到不能仅仅依靠自己的资源来参与市场竞争及提高经营效率，而要通过与供应链参与各方进行跨部门、跨职能和跨企业合作，建立共同利益的合作伙伴关系，追求共同的利益，发展企业之间稳定的、良好的、共存共荣的互助合作关系，建立一种双赢关系。

（3）集成化管理。通过应用现代信息技术，如条码技术、RFID 技术、传感技术、ERP 系统等，使供应链成员不仅能及时有效地获得其客户的需求信息，并对信息做出及时响应，以满足客户的需求。信息技术能缩短从订货到交货的时间间隔，提高企业的服务水平。信息技术的应用提高了事务处理的准确性和速度，减少了人员，简化了作业过程，提高了效率。

（4）供应链管理是对物流的一体化管理。物流的一体化是指不同职能部门之间或不同企业之间通过物流合作，达到提高物流效率、降低物流成本的目的。供应链管理实质上是通过物流将企业内部各部门及供应链各节点企业连接起来，改变了交易双方利益对立的传统观念，在整个供应链范围内建立起共同利益的协作伙伴关系。

【阅读材料】供应链一体化管理是如何降低库存的

总之，供应链管理可以更好地了解客户，给他们提供个性化的产品和服务，使资源在供应链上合理流动，缩短物流周期，降低库存，降低物流费用，提高物流效率，从而提高企业的竞争力。

2. 供应链管理与物流管理的特点比较

物流管理的概念出现比供应链管理的概念早很多，供应链管理是在物流管理的基础上发展起来的，它延伸与拓展了物流管理的内涵。

一般而言，供应链管理涉及制造问题和物流问题两个方面，物流管理涉及的是企业的非制造领域问题。两者的主要区别表现在：第一，物流管理涉及原材料、零部件在企业之间的流动，而不涉及生产制造过程的活动，供应链管理则包括物流活动和制造活动；第二，物流管理涉及企业之间的价值流过程，是企业之间的衔接管理活动，供应链管理涉及从原材料到产品交付给最终用户的整个物流增值过程；第三，物流管理注重过程，对物流的各个环节都要实时跟踪、监控，而供应链管理注重结果，供应链管理更注重各节点企业自身情况，对各节点企业之间如何运作不太关心。基于以上，物流管理更偏向技术，而供应链管理更偏向管理。因此，与物流管理相比，供应链管理具有如下特点。

（1）供应链管理的互动性。从管理的对象来看，物流管理是以存货资产作为管理对象的，而供应链管理则是对存货流动（包括必要的停顿）中的业务过程进行的管理，是对业务过程关系的管理，因此具有互动的特征。供应链管理中对所有关键的业务过程都要实施精细化管理，主要包括需求管理、流程管理、采购管理等。有些企业的供应链管理过程，还包括从环保理念出发的商品回收渠道管理。

（2）供应链管理成为物流管理的高级形态。供应链管理是从物流管理的基础上发展起来的。从企业运作的层次来看，从实物分配开始，到整合物资管理，再到整合信息管理，通过功能的逐步整合形成了物流管理的概念；从企业关系的层次来看，则有从制造商向批发商和分销商，再到最终用户的前向整合，以及向供应商的逆向整合，并且通过关系的整合形成了供应链管理的概念。从操作功能的整合到渠道关系的整合，使物流管理从战术的层次提升到战略高度。所以，供应链管理看起来是一个新的概念，实际上它是物流管理在逻辑上的延伸。

（3）供应链管理决策的发展。供应链管理决策和物流管理决策都是以成本、时间和绩效为基准点的。供应链管理决策是在包含运输决策、选址决策和库存决策的物流管理决策的基础上，增加了关系决策和业务流程整合决策，成为更高形态的决策模式。物流管理决策和供应链管理决策的综合目标，都是最大限度地提高客户的服务水平，但供应链管理决策形成了一个由客户服务目标拉动的空间轨迹，涵盖了供应链中所有成员的决策活动。

（4）供应链管理的协商机制。物流在管理上是一个计划的机制，在传统的物流模式中，主导企业通常是制造商，它们力图通过一个计划来控制产品和信息的流动，与供应商和客户的关系本质上是利益冲突的买卖关系，常常导致存货或成本向上游企业的转移。供应链管理虽然同样制订计划，但目的是谋求在渠道成员之间的联合和协调以保证供应链的高效。

（5）供应链管理强调组织外部一体化。物流管理关注组织内部的一体化整合，而供应链管理认为只有组织内部的一体化是远远不够的。供应链管理是一个高度互动和复杂的系统工程，需要同步考虑不同层次上相互关联的技术经济问题，并进行成本效益权衡。比如，供应链管理要考虑在组织内部和组织之间的存货以什么样的形态放在什么样的地方、在什么时候执行什么样的计划、供应链系统的布局和选址决策、信息共享的深度等诸多方面的内容。

（6）供应链管理对信息系统的依赖性。随着供应链管理系统结构复杂性的增加，它更加依赖信息系统的支持。如果说物流管理是为了提高产品面向客户的可行性，那么供应链管理则是首先解决供应链伙伴之间信息的可靠性问题。所以，有时也将供应链看作是协作伙伴之间信息增值交换的一系列关系，但如何管理和分配信息则取决于供应链成员之间对业务过程一体化的共识程度。

（7）供应链管理是外部资源整合、组织的系统。供应链管理与垂直一体化物流管理不同，它是在自己的核心业务基础上，通过协作的方式来整合外部资源以获得最佳的总体运营效益。供应链中的企业除核心业务以外，几乎每项资源都可能是"外源的"，即从公司外部获得的。可见，垂直一体化物流管理以拥有资源为目的，而供应链管理则以协作和双赢为手段。

（8）供应链管理是一个动态的响应系统。在供应链管理的具体实践中，应该始终关注对关键过程的管理和测评。高度动态的市场环境要求企业管理层能够经常对供应链的运营状况、实施规范进行监控和评价，如果没有实现预期的管理目标，就必须考虑可能的替代供应链并做出适当的应变。

（三）供应链管理的基本原则

供应链管理贯穿了三项基本原则，即系统原则、合作原则和双赢原则。这是贯穿供应链管理始终的三个核心思想，也是其区别于传统管理模式的根本所在。

（1）系统原则。供应链是一个系统，是由核心企业、供应商及供应商的供应商、用户及用户的用户所组成的，整个系统在统一的管理和协调下，实现物流、信息流和资金流的顺利流动，实现系统的增值。在对供应链进行管理的时候，首先要用系统原则作为指导。系统原则的核心思想是不再孤立地看待各个企业及各个部门，而是考虑所有相关的内外联系的供应商、制造商、销售商等，并把整个供应链看成是一个有机联系的整体。系统原则是供应链管理原则中的核心，是合作原则和双赢原则的基础。

（2）合作原则。合作是供应链管理成功的基本要求和条件，整个供应链竞争力的大小直接取决于供应链各节点企业间合作的程度。供应链管理中合作的含义较以往有了较大的扩展和延伸。供应链管理中的合作不仅要求在计划、生产等方面的信息沟通和在成本、质量改进上的互相协助等，还要求在产品开发中的相互交流，双方在资金上的相互支援以及双方在人力资源上的相互交流等。也就是说，合作伙伴关系不仅是"风险分担、利益共享"，还包括"信用互守、信息共享、团结互助"等含义。它涉及物流、信息流和资金流，包含整个供应链所有节点的企业，因此它是一种更深层次、更大范围的企业合作。这种全方位、深层次的合作要求供应链各节点企业有强烈的合作意识和整体意识，把供应链的整体利益当作自身利益，以实现整体利益最大化为目标。

（3）双赢原则。对于一个独立企业而言，通常都只注重企业内部的资源管理，它们的经营策略是一种零和博弈竞争的策略，即总利润一定，一方利润的增加以另一方利润的减少为前提。但供应链管理却是通过合作来提高整个供应链的总利润，实现合作企业共享利润。因此，供应链管理强调通过企业间的合作达到整个供应链的绩效最优，以此来实现各节点企业对利润的追逐。因此，双赢原则是系统原则与合作原则得以贯彻实施的保障。

（四）供应链管理的作用与优势

成功的供应链管理能够协调并整合供应链中所有的活动，最终成为无缝连接的一体化过程。它连接供应链渠道中的各参与者，包括供应商、配送服务提供商、承运人、第三方物流公司、信息系统供应商等。这种供应链侧重于客户的实际需求，不再以生产为导向，而以市场导向进行生产活动。通过实施市场导向,这些优秀的企业控制原材料、成品、包装材料的流动效率,从而降低库存、降低整个供应链的成本。

1. 供应链管理的作用

供应链管理的作用主要体现在以下几个方面。

(1)供应链管理能有效地消除重复工作、成本浪费和不确定性因素,减少库存总量,创造竞争的成本优势。通过实施供应链管理,企业可以有效地减少供应链成员企业间的重复工作,剔除流程中的多余步骤,从而使供应链流程简单化、高效化、低成本。同时,通过建立共享的信息系统,又可以有效地减少因信息交换不充分所带来的重复与浪费,有效消除"需求放大"效应。此外,供应链成员企业间实现了全流程的无缝作业,可以大大提高供应链接口工作效率,减少失误与浪费。

【阅读材料】供应链中的不确定性因素对库存的影响

(2)供应链管理能优化链上的成员组合,实现快速客户反应,创造竞争的时间和空间优势。供应链管理通过在全球范围内优化供应链的成员企业,既可以实现相互间的优势互补,又可通过供应链网络大幅缩短产品销售与提供服务的空间距离和时间距离,实现对客户需求的快速有效反应。此外,供应链管理通过信息技术作为支撑,使其成员企业能够实时获取并处理外部信息及供应链上的信息,从而提高整个供应链对客户需求快速反应能力,实现供应链各环节即时出售、即时制造、即时供应。通过供应链各成员企业的优化组合,使需求信息获取与随后做出的反应尽量接近实时和最终客户需求,从而获取市场竞争的时间优势和空间优势。

(3)供应链管理通过建立成员企业之间的战略合作伙伴关系,充分发挥供应链中各企业的核心能力,创造竞争的整体优势。当今的国际市场竞争是全方位的竞争,有必要集合多个企业结成有机整体,共同参与竞争。实施供应链管理使原来客观存在的供应链有机地连接起来,企业通过合作竞争,实现了共赢。

需要注意的是,供应链管理与传统上所讲的渠道成员之间的"纵向一体化联合"是不同的。通常所说的"纵向一体化联合"是指上游供应商与下游客户之间在所有权上的纵向合并,以前人们认为这是一种理想的渠道战略,但现在企业更多的是注重发挥核心业务的优势,纵向合并则失去了魅力,因此,资源外购或业务外包已成为当今企业发挥自己专业的需要策略。

【阅读材料】了解业务外包

2. 供应链管理的优势

对于企业而言,实施供应链管理可带来明显的好处,主要体现在以下几个方面。

(1)节约交易成本。供应链成员间通过合作形成较稳定的伙伴关系,对节约双方的交易成本带来了很大的空间,特别是通过互联网整合供应链将大大降低供应链内各环节的交易成本,缩短交易时间。

(2)降低存货水平。供应链成员企业由于高度的信息共享,供应商随时掌握着下游企业的存货信息,然后根据需求信息及时组织生产,快速补充各环节的库存,这使得供应链上下游企业都可以维持较低的存货水平。

(3)降低采购成本,促进供货商管理。由于供货商能够方便地取得存货信息和采购信息,采购管理人员可以从这种低价值的劳动中解脱出来,从事具有更高价值的工作。

(4)改进产品和服务的质量。通过对供应链运营数据的处理,预测的精确度将得到大幅度提高,这将导致企业不仅能生产出满足市场需要的产品,而且能缩短生产的时间,提高顾客满意度。

（5）增强企业的竞争力。有效的供应链管理可以提高企业效率并降低成本，通过供应商和客户形成合作伙伴，共同制定新的营销策略，增加市场份额并提高其市场地位，提高供应链企业的竞争力。

学习感悟

第一，供应链是一种网链结构，也就是说供应链中可能有多家核心企业，如一家铁矿开采企业，它可能为多家钢铁厂提供原材料。但在学习过程中，为了更好地理解供应链的运作，我们通常选取其中一家核心企业作为研究对象。

第二，供应链管理可以看成是物流管理的延伸。物流管理更多地着重于一家或若干家企业的物流运作，而供应链管理更关注对多家企业的物流与生产运作（如对生产计划的指导等），随之而来要考虑的因素也就变得更加复杂。例如，在物流管理中考虑的存货主要是企业内部对成本的控制，而在供应链管理中则需考虑成员之间存货的动态变化，这种延伸使得从整体上对供应链进行优化成为可能。

第三，随着电子商务在全球的发展，全球供应链管理也提上了日程。对于全球供应链管理，除了要考虑各国本土企业的条件，还需要考虑不同国家的具体国情，如不同国家的产业政策、不同的技术条件、不同的社会文化等。

任务实训

1. 扫描右侧二维码进行在线测试。
2. 举例说明不同类型供应链的特点。
3. 举例说明供应链管理相对于传统物流管理的异同。

在线测试 1.1

任务评价

评价类目	评价内容及标准	分值/分	自己评分	小组评分	教师评分
学习态度	✓ 全勤（5分）	10			
	✓ 遵守课堂纪律（5分）				
学习过程	➢ 能说出本次工作任务的学习目标，上课积极发言，积极回答问题（5分）	20			
	➢ 能够回答供应链的概念（5分）				
	➢ 能够说明供应链的特征（5分）				
	➢ 能够说明供应链管理的作用与优势（5分）				
学习结果	◆ "在线测试1.1"考评（4分×10=40分）	70			
	◆ "举例说明不同类型供应链的特点"考评（15分）				
	◆ "举例说明供应链管理相对于物流管理的异同"考评（15分）				
合　计		100			
所占比例		100%	30%	30%	40%
综合评分					

知识拓展与技能实践

知识拓展

供应链管理的发展

供应链管理的发展大致分为三个阶段。

第一阶段（1980—1989年）。第一阶段的供应链管理概念是一个集成的思想，包括在企业内部和企业外部集成。这段时期供应链管理还处于萌芽阶段，供应链的整个链条各相关成员之间的合作显得非常重要。

第二阶段（1990—1995年）。这段时期供应链管理处于形成阶段，供应链各成员之间有时存在利益冲突，这种利益冲突导致整个供应链管理绩效不高，并削弱了整个供应链的竞争力。在这一阶段，问题主要出在信息流在向上传递时发生信息曲解现象，以及顾客的不满意现象。信息不能有效共享成为这一阶段企业提高竞争力的一个重要障碍。

第三阶段（1996年至今）。这段时期供应链管理处于强调建立合作伙伴关系的阶段。有学者先提出了协调供应链概念，主张各合作公司之间一致"协调对外"。随后，有学者进一步提出合作伙伴关系概念，强调与尽可能少的供应商合作，对合作伙伴的选择应该是分步骤的、考虑多种因素的综合评价过程，并保证合作的有效性。

事实上，随着近年来信息技术的飞速发展，特别是物联网、AI等新技术的出现，供应链的第三阶段发展取得了重大突破。但不可忽视的是目前仍有不少企业还处于第一、第二阶段。因此，供应链管理的研究对我国企业有非常重要的现实意义。

技能实践

以小组为单位查找资料，选择两类不同核心企业的供应链进行特点比较。如可选取一家零售企业、一家生产企业为核心企业的供应链。在比较时注意选取范围不宜过大或过小，如可选取零售企业的家电业务的若干家供应商，生产企业的某一类产品的供应商，甚至是建筑企业的某一类装饰材料的供应商等。具体要求如下。

（1）记录选择对象的业务规模、合作伙伴（或供应商）的数量，分析其供应链企业的特点，如业内的知名度、市场规模等情况。

（2）比较这些供应链成员给企业带来的好处或优势。

（3）总结不同核心企业选择合作伙伴的要求。

任务二　供应链管理的实施与基本方法

学习指南

任务清单

工作任务	供应链管理的实施与基本方法
建议学时	2学时
任务描述	本任务通过对供应链管理的基本方法的学习，初步了解SCOR模型、ECR系统及ERP系统的应用要点，能根据不同的供应链类型选择不同的管理方法

续表

学习目标	知识目标	1. 了解供应链管理的实施原则 2. 了解 SCOR 模型在供应链管理中的应用方法 3. 熟悉 ECR 系统与 ERP 系统应用方法的要求
	能力目标	1. 具备依据不同场景选择不同供应链管理方法的能力 2. 具备确定供应链管理中的管理要点的能力 3. 具备利用供应链管理工具分析供应链优劣的能力
	素质目标	1. 培养实事求是分析供应链的管理思维与意识 2. 培养供应链管理的集成化意识 3. 培养供应链的风险意识
	思政目标	通过对供应链管理的基本方法的学习，培养系统思考的能力、实事求是的作风，以及供应链风险意识、与时俱进意识、担当意识、遵守职业规范意识
关键词		SCOR 模型　ECR 系统　ERP 系统

知识树

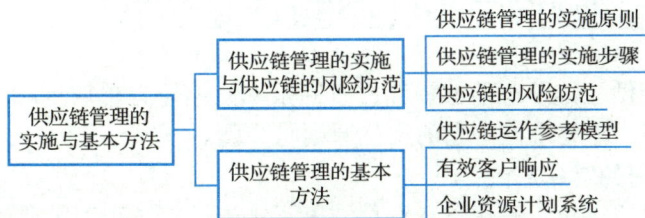

供应链管理的实施与基本方法
— 供应链管理的实施与供应链的风险防范
　— 供应链管理的实施原则
　— 供应链管理的实施步骤
　— 供应链的风险防范
— 供应链管理的基本方法
　— 供应链运作参考模型
　— 有效客户响应
　— 企业资源计划系统

任务引入

任务背景

SCOR 模型如何影响汽车制造企业的供应链

供应链是在现代物流基础上发展起来的。现代物流是供应链的基础支撑，是供应链的实体网络，是供应链"整体功能性网链结构"的连接器，是现代供应链体系建设的落脚点。

随着移动互联网、互联网+、大数据、云计算、优化运筹等技术的进展，以及货主、供应商、承运商、经销商、终端销售、仓库间的高效协同，使得供应链向智能方向进化，供应链管理越来越成为供应链高效协同的关键。

推进供应链体系建设要有系统思维，按照供应链是否高效协同考察和诊断供应链体系，寻找连接不通畅的环节，找出短板，并聚焦实体链条全面协同推进，达到供应链的高效协同的目标。

那么，具体工作中如何着手呢？根据上述分析，企业推进供应链体系建设，首先应该采用供应链运作流程的标准模型（SCOR 模型）对现有的供应链全流程进行梳理和诊断，然后结合流程诊断，推动企业供应链中的集成产品开发（IPD）、集成供应链（ISC）、标准体系建设、财务管理与质量控制体系等方面进行深刻变革，最后建立高效协同的智慧供应链体系。

以汽车制造企业的供应链为例，在 SCOR 模型的基础上，建立汽车制造企业供应链运作模型，可以使汽车制造供应链中的各节点企业理解供应链的运作过程，明确整个供应链中的利益关系，分析整个供应链的运作性能。同时，由于供应链运作模型采用标准术语和符号，以整个组织和所有的职能分工都能沟通的方式确立流程，并且将具体作业与性能衡量指标相结合，运作模型可以为供应链的改善提供依据，使企业获取足够的信息用以支持制定决策。

为汽车制造企业供应链建立一套标准的业务流程，使链上各企业能够准确交流供应链问题，并设计相应的指标体系，便于汽车制造企业衡量各业务流程绩效，通过对供应链流程的管理与改善，提高汽车制造企业的核心竞争力。

任务目标

1. 在上述任务背景中，SCOR 模型的标准业务流程对供应链有哪些指导作用？
2. SCOR 模型为什么要求供应链中各成员采用的标准是一致的，这样有什么好处？

任务实施

知识必备

一、供应链管理的实施与供应链的风险防范

对于企业而言，供应链管理能够提高投资回报率、缩短订单履行时间、降低成本。但要顺利实施供应链管理，需要遵循一定的实施原则与步骤。

（一）供应链管理的实施原则

根据供应链管理的实践，管理学者们总结出了实施供应链管理需要遵循的七项原则。

（1）需要根据客户所需的服务特性来划分客户群。传统意义上的市场划分基于企业自己的状况，如行业、产品、分销渠道等，然后对同一地区的客户提供相同水平的服务，而供应链管理则强调根据客户的状况和需求决定服务方式和水平。

（2）需要根据客户需求和企业可获利情况，设计企业的物流网络。企业物流网络的设计是以客户需求为基础的，并能够反映企业的获利情况。例如，一家造纸公司发现两个客户群存在截然不同的服务需求：大型印刷企业允许较长的供货期，而小型的地方印刷企业则要求在 24 小时内供货，于是它可能要建立多个大型分销中心和更多个紧缺物品快速反应中心。

（3）需要收集市场的需求信息。在企业销售计划和运营计划建立过程中，必须监测整个供应链的状况，及时发出需求变化的早期警报，并据此安排和调整计划。可见，市场的需求信息成为拉动供应链的重要原动力。

（4）需要运用时间延迟策略。由于市场需求的剧烈波动，客户接受最终产品和服务的时间越短，需求量预测就越不准确，企业不得不维持较大的中间库存。为此，企业可以将最终产品和服务定型的时间向后延迟，以提高产品和服务的柔性。例如，一家洗涤用品企业，在实施大批量客户化生产的时候，先在企业内将产品加工结束，然后在零售店根据客户需要完成不同产品的最终包装。

（5）需要与供应商建立双赢的合作策略。虽然迫使供应商相互压价能使企业在价格上获得收益，但与供应商相互协作却可以降低整个供应链的成本，企业双方都将会获得更大的收益，而且这种收益将是长期的。

（6）需要在整个供应链领域建立信息系统。信息系统首先应该处理日常事务和电子商务，然后支持多层次的决策信息，如需求计划和资源规划，最后应该根据大部分来自企业之外的

信息进行前瞻性的策略分析。

（7）需要建立整个供应链的绩效考核准则。供应链的绩效考核准则应该建立在整个供应链水平之上，而不仅是局部的个别企业的标准，这样才能保证供应链运作与服务水平的一致性。供应链是否具有竞争优势、是否能够生存和发展的最终验收标准是客户满意度。

（二）供应链管理的实施步骤

在实施供应链管理时，包括以下四个基本步骤。

（1）制订可行的实施计划。这项工作包括如下四个部分的内容。

① 将企业的业务目标同现有能力及业绩进行比较，发现现有供应链的显著弱点，经过改善，迅速提高企业的竞争力。

② 同关键客户和供应商一起探讨，评估全球化竞争环境和新技术的竞争压力，建立供应链的远景目标。

③ 制订从现实过渡到理想供应链目标的行动计划，同时评估企业实现这种过渡的现实条件。

④ 根据优先级安排上述计划，并且承诺相应的资源以保证计划的实施。

（2）根据实施计划，定义长期的供应链结构，使企业、客户和供应商都能处于供应链结构中合适的位置，在供应链结构中扮演好各自的角色。

（3）重组和优化企业内部和外部的物流、信息流和资金流，满足供应链发展目标的需要。

（4）在供应链的重要领域确定改善目标与具体措施，如提高库存、运输等环节的质量管理和生产效率等，确保供应链改善计划得到具体有效的落实。

（三）供应链的风险防范

1. 供应链风险的产生

供应链风险是客观存在的。在管理决策领域，所谓风险是指由于决策条件和行动环境的不确定性，导致决策方案付诸行动后无法达到决策者预期效果的危险。供应链及其生存环境的复杂性，使其受到诸多不确定性因素的影响和冲击，不可避免地产生了供应链风险。

供应链风险是一种潜在的威胁，以不确定性、脆弱性、突发性等影响供应链正常运营，产生供应链中断或破裂的危害后果。供应链风险来源于不确定性，不确定性的生成、演化和传播过程成为风险形成、演化和放大的基础。供应链风险的大小取决于不确定性蕴含危害后果的严重程度，通常用发生的概率、频率和危害性来衡量。面对供应链风险带来的威胁，供应链成员应充分理解和认识不确定性，有效管理和控制不确定性的影响。

按供应链风险产生的原因可分为内生风险与外在风险。

（1）供应链的内生风险。

① 道德风险。道德风险是指由于信息的不对称，供应链合约的一方从另一方得到剩余的收益，使合约破裂，导致供应链的危机。在整个供应链环境中，委托人往往比代理人处于一个更不利的位置，代理企业往往会通过增加信息的不对称，从委托合作伙伴那里得到最大的收益，如供应商由于自身生产能力上的局限或是为了追求自身利益的最大化而不择手段地偷工减料、以次充好，所提供的物资达不到采购合同的要求给委托方采购带来风险。

② 信息传递风险。由于每个企业都是独立经营和管理的经济实体，供应链实质上是一种松散的企业联盟，当供应链规模日益扩大、结构日趋复杂时，供应链上发生信息错误的机会也随之增多。信息传递延迟将导致上下游企业之间沟通不充分，对产品的生产以及客户的需求在理解上出现分歧，不能真正满足市场的需要。同时会产生牛鞭效应，导致过量的库存。

③ 生产组织与采购风险。现代企业生产组织强调集成、效率，这样可能导致生产过程

刚性太强，缺乏柔性，如果在生产或采购的某个环节上出现问题，就很容易导致整个生产过程的停顿。

④ 分销商的选择产生的风险。分销商是市场的直接面对者，要充分实施有效的供应链管理，必须做好分销商的选择工作。在供应链中，如果分销商选择不当，会直接导致核心企业市场竞争的失败，也会导致供应链凝聚力的涣散，从而导致供应链的解体。

⑤ 物流运作风险。物流活动是供应链管理的纽带。供应链要加快资金的流转速度，实现即时化生产和柔性化制造，离不开高效运作的物流系统。这就需要供应链各成员间采取联合计划，实现信息共享与存货统一管理。但在实际运行中可能在原材料供应、原材料运输、原材料缓存、产品生产、产品缓存和产品销售等过程中出现衔接失误，这些衔接失误都可能导致供应链物流不畅通而产生风险。例如，运输障碍使原材料和产品不能及时供应，造成上游企业在承诺的交货期内无法交货，使下游企业的生产和销售受到不利影响。

⑥ 企业文化差异产生的风险。供应链一般由多家成员企业构成，这些不同的企业在经营理念、文化制度、员工职业素养和核心价值观等方面必然会存在一定的差异。这些差异导致不同企业对相同问题产生不同的看法，进而采取不一致的工作方法，输出不同的结果，最后造成供应链的混乱。

（2）供应链的外在风险。

① 市场需求不确定性风险。供应链的运作是以市场需求为导向的，供应链中的生产、运输、供给和销售等都建立在对需求准确预测的基础之上。市场竞争的激化，大大增强了消费者需求偏好的不确定性，使准确预测的难度加大，很容易增加整个供应链的经营风险。如果不能获得正确的市场信息，供应链无法反映出不断变化的市场趋势和顾客偏好。一条供应链也会由于不能根据新的需求改变产品和供应物，而不能进入一个新的细分市场。最后，市场机会也会由于不能满足顾客快速交货的需要而丧失。

② 经济周期风险。市场经济的运行轨迹具有明显的周期性，繁荣和衰退交替出现，这种宏观经济的周期性变化，使供应链的经营风险加大。在经济繁荣时期，供应链在市场需求不断升温的刺激下，会增加固定资产投资、进行扩大再生产、增加存货、补充人力，相应地增加了现金流出量；而在经济衰退时期，供应链销售额下降，现金流入量减少，而未完成的固定资产投资仍需大量资金的继续投入，此时市场筹资环境不理想，筹资成本加大，这种资金流动性差的状况增加了供应链的经营风险。

③ 政策风险。当国家经济政策发生变化时，往往会对供应链的资金筹集、投资及其他经营管理活动产生极大影响，使供应链的经营风险增加。例如，当产业结构调整时，国家往往会出台一系列的产业结构调整政策和措施，对一些产业的鼓励，给供应链投资指明了方向；对另一些产业的限制，使供应链原有的投资面临着遭受损失的风险，供应链需要筹集大量的资金进行产业调整。

④ 法律风险。供应链面临的法律环境的变化也会诱发供应链经营风险。每个国家的法律都有一个逐渐完善的过程，法律法规的调整、修订等不确定性因素，有可能对供应链运转产生负面效应。

⑤ 意外灾祸风险。供应链的意外灾祸风险主要表现在地震、火灾、政治的动荡、意外的战争等，这些都会引起非常规性的破坏，影响到供应链的某个节点企业，从而影响到整个供应链的稳定，使供应链中企业资金运动过程受阻或中断，使生产经营过程遭受损失，使既定的经营目标、财务目标无法实现等。

此外，由于供应链网络上的企业之间是相互依赖的，任何一个企业出现问题都有可能波及和影响其他企业，影响整个供应链的正常运作，甚至导致供应链的破裂和失败。

2. 供应链风险管理

供应链风险管理（Supply Chain Risk Management，SCRM）就是对供应链不确定性因素的管理和控制，是对风险规避、风险分担和风险利用策略集合的管理和控制。因此，需要在供应链风险管理机制和模型的支持下，设计和构建包含供应链风险监测体系、自诊体系和免疫（自修复）体系的供应链风险管理体系。

供应链风险管理的基本过程如下。

（1）供应链描述。供应链描述是对供应链整体的描述，重点围绕供应链不确定性因素的来源、演化过程挖掘潜在风险，从而设计可行的供应链风险管理体系。从供应链整体视角描述供应链每一个成员、每一个环节的时间与成本、效率与效益、风险与收益等核心指标之间的内在联系，从而对供应链不确定性转化的潜在风险有一个清晰的理解和认识。

（2）风险识别。供应链风险管理成败的关键，在于能否及早识别出潜在风险，能否及时启动供应链风险管理体系管理和控制风险，能否准确把握风险的内在规律利用风险。根据供应链整体描述，供应不确定性因素的分布、风险发生的规律、潜在危害等清晰可见，有助于识别可能影响供应链正常运行的不确定性因素，分析每一个风险因素的特征，确定风险来源及其相互之间的关联关系。

供应链风险识别贯穿于供应链运营全过程，任何影响供应链正常运行的不确定因素，都需要由感知风险的供应链成员清晰准确地描述、识别风险所在供应链环节、形成演化的路径、可能的潜在危害，并及时将供应链风险传播给每一个成员，指导供应链成员做好风险防范准备。

（3）风险评估。在风险识别之后，需要应用定量分析技术对识别风险进行评估，以更加准确地描述、识别风险。针对已经识别的供应链风险，需要评估、识别风险发生的可能性、预期危害（损失），评估风险源演化的趋势、可能的影响范围、涉及的供应链成员，进而应用风险率定量描述供应链风险。

随着大数据分析技术和物联网技术的应用，供应链风险智能评估技术逐渐取代传统的评估方法。这不仅有助于提高风险评估的及时性，做到实时感知、评估和预警风险，而且有助于提高风险评估的准确性，做到精准定位、评估和预测风险，从而更加及时、准确地管理和控制供应链风险。

（4）风险响应和风险控制。根据风险评估结果，选择适合的风险规避、分担、利用等风险响应策略，进而对供应链运行状况实时监控，防止供应链偏差和扰动，维持供应链正常运行。对于供应链风险管理来说，由于风险事件常常具有严重的后果，因此选择风险规避策略进行风险控制应该成为保障供应链正常运营的重要基础。

当不同类型的供应链面对不同的风险时，对供应链风险响应和风险控制的要求也不同。一方面取决于风险预测、预警能力，涵盖了风险识别、风险评估过程中涉及的每一个环节、每一个成员的能力；另一方面取决于风险响应和控制能力，更多地体现为应对风险的准备状态。

二、供应链管理的基本方法

（一）供应链运作参考模型

1. 供应链运作参考模型的构成

供应链运作参考模型（Supply Chain Operations Reference Model，SCOR 模型），是第一

个标准的供应链流程参考模型，是供应链的诊断工具，涵盖所有行业。SCOR 模型使企业间能够准确地交流供应链问题，客观地评测其性能，确定性能改进的目标，并影响今后供应链管理软件的开发。流程参考模型通常包括一整套流程定义、测量指标和比较基准以帮助企业开发流程改进的策略。SCOR 模型不是第一个流程参考模型，但却是第一个标准的供应链参考模型。SCOR 模型主要由四个部分组成：供应链管理流程的一般定义，对应于这些流程的性能指标基准，供应链"最佳实施"的描述以及选择供应链软件产品的信息。

SCOR 模型按流程定义可分为三个层次，每一层都可用于分析企业供应链的运作。在第三层次以下还可以有第四、第五、第六等更详细的属于各企业所特有的流程描述层次，这些层次中的流程定义不包括在 SCOR 模型中。

（1）SCOR 模型的第一层次。SCOR 模型的第一层描述了五个基本流程，如图 1-4 所示，包括计划、采购、生产、配送和退货。它定义了供应链运作参考模型的范围和内容，并确定了企业竞争性能目标的基础。

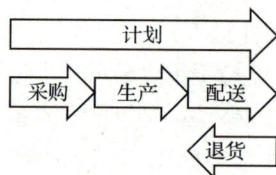

（2）SCOR 模型的第二层次。SCOR 模型的第二层是配置层，由 26 种流程元素组成。企业可选用该层中定义的流程元素构建它们的供应链。每一种产品或产品型号都可以有它自己的供应链。图 1-5 所示描述了 SCOR 模型的第二层次的流程元素。

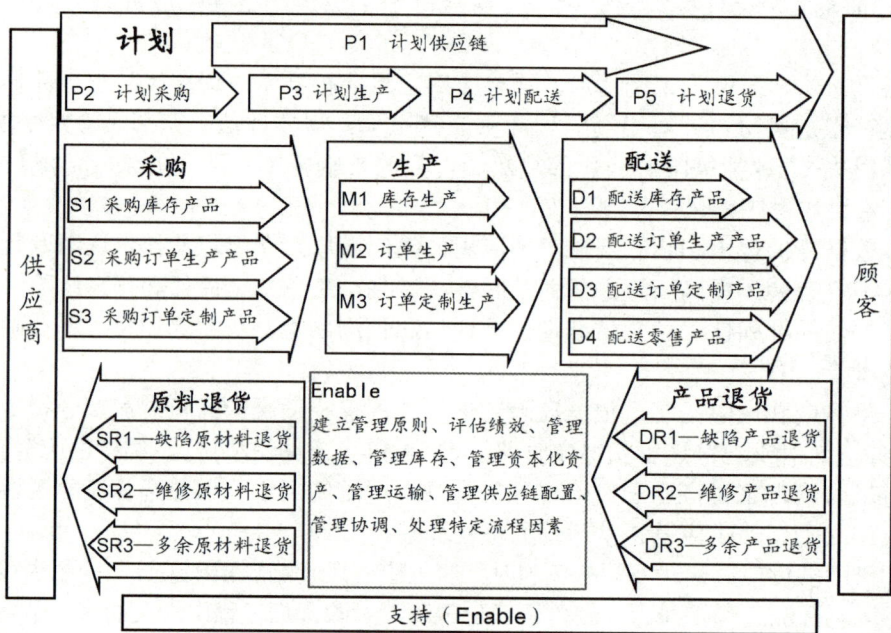

图 1-4　SCOR 模型的第一层的基本流程

图 1-5　SCOR 模型的第二层次的流程元素

【微视频】供应链运作参考模型的构成

SCOR 模型的第二层次各流程元素的名称如表 1-1 所示。

表 1-1　SCOR 模型的第二层次各流程元素的名称

序号	编码	流程名称	序号	编码	流程名称
1	P1	计划供应链	14	EM	支持生产活动
2	P2	计划采购	15	D1	配送库存产品
3	P3	计划生产	16	D2	配送订单生产产品
4	P4	计划配送	17	D3	配送订单定制产品
5	P5	计划退货	18	D4	配送零售产品
6	EP	支持计划活动	19	ED	支持配送活动
7	S1	采购库存产品	20	SR1	缺陷原材料退货
8	S2	采购订单生产产品	21	SR2	维修原材料退货
9	S3	采购订单定制产品	22	SR3	多余原材料退货
10	ES	支持采购活动	23	DR1	缺陷产品退货
11	M1	库存生产	24	DR2	维修产品退货
12	M2	订单生产	25	DR3	多余产品退货
13	M3	订单定制生产	26	ER	支持退货活动

（3）SCOR 模型的第三层次。SCOR 模型的第三层次为企业提供了在改善供应链时成功地规划和确定目标所需要的信息。规划的内容包括过程的定义、目标的检验、最佳实施和为达到性能最佳所需要的系统软件能力。企业主要在这一层次上调节作业战略。

当 SCOR 模型开发出来之后，用 SCOR 模型一组通用的标准业务流程元素建立模块，可以描述很简单的或很复杂的供应链。这样，不同行业就可以连接起来，从实际的广度和深度上描述任何供应链。SCOR 模型已能成功地为全球性企业以及各地特定企业描述并提供供应链改进的基础。

2. SCOR 模型的应用价值

SCOR 模型的应用价值主要体现在以下几个方面。

（1）提升供应链的透明度。SCOR 模型提供了一个统一的供应链框架，帮助企业全面了解供应链的各个环节。

（2）优化资源配置。通过 SCOR 模型，企业可以更合理地配置资源，提高资源利用效率。

（3）提高运营效率。SCOR 模型可以帮助企业发现和解决供应链管理中的瓶颈和问题，从而提高运营效率。

（4）增强企业竞争力。优化后的供应链可以帮助企业在激烈的市场竞争中获得优势。

3. SCOR 模型的实施步骤

实施 SCOR 模型主要包括以下几个步骤。

（1）评估现有供应链。通过 SCOR 模型评估现有供应链的运作状况，发现存在的问题和瓶颈。

（2）制订改进计划。根据评估结果，制订针对性的改进计划。

（3）实施改进措施。将改进计划付诸实践，持续优化供应链管理。

（4）监控与反馈。对改进效果进行持续监控，及时调整改进措施，确保实施效果。

（5）持续改进。将 SCOR 模型的实施作为一个持续的过程，不断优化和改进供应链管理。

（二）有效客户响应

1. 有效客户响应的内涵

有效客户响应（Efficient Consumer Response，ECR）是由生产厂家、批发商和零售商等供应链节点组成各方相互协调和合作，更好、更快并以更低的成本满足消费者需要为目的的供应链管理系统。它的优点在于供应链各方为了"提高消费者满意"这个共同的目标进行合作，分享信息和诀窍。它是一种把以前处于分离状态的供应链联系在一起来满足消费者需要的工具。有效客户响应的供应链管理系统在零售领域运用广泛。

【阅读材料】SCOR 模型的基本流程包含的不同内容

ECR 系统的四个核心过程如下。

（1）有效管理商店空间。通过二次包装等手段提高商品的分销效率，优化库存和商店空间的使用。

（2）有效补充商品。以需求为导向的自动连续补充和计算机辅助订货功能，通过电子数据交换系统优化补充商品的时间和成本。

（3）有效促销。通过提高仓储、运输和生产效率，减少预先采购数量、供应商库存及仓储费用，使贸易和促销的整个系统效率达到最高。

（4）有效导入新产品。通过现代化的信息和手段，协调彼此的生产、经营和物流管理活动，导入新产品快速应对客户需求变化。

ECR 系统强调供应商和零售商之间的相互信赖和协作，以满足消费者不断增长和多样化的需求。通过这种方式，供应商和零售商能够更好地生存和发展，提高竞争能力。

此外，为了快速响应客户需求，可以设立专门的团队、使用自动化工具、建立良好的沟通渠道，并设定合理的响应时间。持续改进和优化也是关键，通过定期评估和分析客户服务流程，找出瓶颈和不足之处，并采取措施进行改进。

2. 有效客户响应的特征

有效客户响应具有以下特征。

（1）管理意识的创新。传统产销双方的交易关系是一种此消彼长的对立型关系，即交易各方以对自己有利的买卖条件进行交易。简单地说，是一种"一赢一输"型关系。ECR 系统要求产销双方的交易关系是一种合作伙伴关系，即交易各方通过相互协调合作，实现以低成本向消费者提供更高价值服务的目标，在此基础上追求双方的利益，是一种双赢型关系。

（2）供应链整体协调。传统流通活动缺乏效率的主要原因，在于供应商和零售商之间存在企业间联系的非效率性和企业内采购、生产、销售和物流等部门或职能之间存在部门间联系的非效率性。ECR 系统要求消除各部门、各职能以及各企业之间的隔阂，进行跨部门、跨职能以及跨企业的管理和协调，使商品流和信息流在企业内和供应链内顺畅地流动。

（3）涉及范围广。既然 ECR 系统要求对供应链整体进行管理和协调，ECR 系统所涉及的范围必然包括零售业、批发业和制造业等相关的多个行业。为了最大限度地发挥 ECR 系统所具有的作用，必须对关联的行业进行分析研究，对组成供应链的各类企业进行管理和协调。

3. 实施 ECR 系统的注意事项

实施 ECR 系统可以使流通过程合理化，在实施过程中应注意以下问题。

（1）高层决策者的作用至关重要。ECR 系统是改善企业经营管理工作的大工程，涉及产、

供、销多个企业部门，任何部门出现错误都会对整个系统的启动产生很大影响。因此，各部门的高层决策者的热情和决心对于推动这项工作非常重要，其积极支持和倡导有利于明确目标，提高业务改革速度，减少浪费，增强 ECR 系统的应用质量。

（2）正确地把握顾客的价值和需求。ECR 系统自始至终以增加消费者的利益和满足消费者的需求为根本宗旨，所有的业务改善和效率提高都是围绕这一宗旨展开的。只有正确地把握顾客价值和需求，才能制定出 ECR 系统的工作目标，增强对顾客的适应能力。正确判断消费者的利益追求，把消费者的利益放在何种位置是开展 ECR 系统工作的第一步。例如，当前超市消费趋向于商品品质、鲜度、营养、包装、价格等方面，在品种结构上，顾客大多带有一次购妥的愿望。掌握了这些信息，ECR 系统才能真正发挥它的优越性。

（3）制定明确的目标和标准。作为一项系统改善工作，ECR 系统要有明确的目标和标准。通过这些目标和标准，可以对照成果进行正确的评价。同时，有了目标和标准，员工才能明确需要完成的任务和达成目标的尺度。

（4）积极改革组织机构。ECR 系统的有效开展必须获得相应的组织和机构保障。ECR 系统的基本思想是从流通过程和业务活动中寻求改革方案的，因而传统职能划分的组织机构是不适应的，应构筑起新型的组织机构。ECR 系统可视为一种广泛的连锁系统，因而可按照连锁的模式来建立组织机构。

（三）企业资源计划系统

1. 企业资源计划系统的由来与集成

现代企业的竞争已经不是单一企业与单一企业之间的竞争，而是一个供应链与另一个供应链之间的竞争，即企业不但要有领先的资源，还必须把经营过程中的相关各方如供应商、制造工厂、分销网络、客户等纳入一个紧密的供应链中，才能在市场竞争中获得优势。企业资源计划（Enterprise Resource Planning，ERP）系统正是适应了这一市场竞争的需要，实现了对整个企业供应链的管理。

ERP 系统是这种集成化管理的代表技术，其核心管理思想就是实现对整个供应链的有效管理。它是建立在信息技术基础上，以系统化的管理思想为企业决策层及员工提供决策运行手段的管理平台。

ERP 系统反映了信息时代对企业合理调配资源、最大化地创造社会财富的要求。它是一种将企业所有资源进行整合集成管理，将企业的物流、资金流和信息流进行全面一体化管理的信息系统。一般企业的管理主要包括生产计划、流通管理（分销、采购、库存管理）、财会管理（会计核算、财务管理）和人力资源管理。ERP 系统针对这些子系统提供了通用的功能模块，即生产计划管理模块（包括主生产计划、物料需求计划、能力需求计划、控制和制造标准）、流通管理模块（包括分销管理、采购管理、库存管理）、辅助管理模块（包括财会管理、人力资源管理）。不同的企业在采用 ERP 系统时，基础架构可能会略有差异，以国内某企业的 ERP 系统基础架构模型为例，其构成如图 1-6 所示。

2. ERP 系统的实施方法

ERP 系统虽然是从库存控制、制造资源计划（Manufacture Resource Plan，MRP Ⅱ）发展而来的，但它的实施是企业管理方式的全面变革，涉及企业的库存控制、供应链管理、客户服务、基准评价等一系列问题，而这些远非通过单纯结构调整所能做到的，必须通过管理模式、管理组织、流程和手段的改革才能得以实现。因此，企业在实施 ERP 系统的过程中，更希望通过引入既先进又适合自身情况的管理模式来规范企业的业务流程。

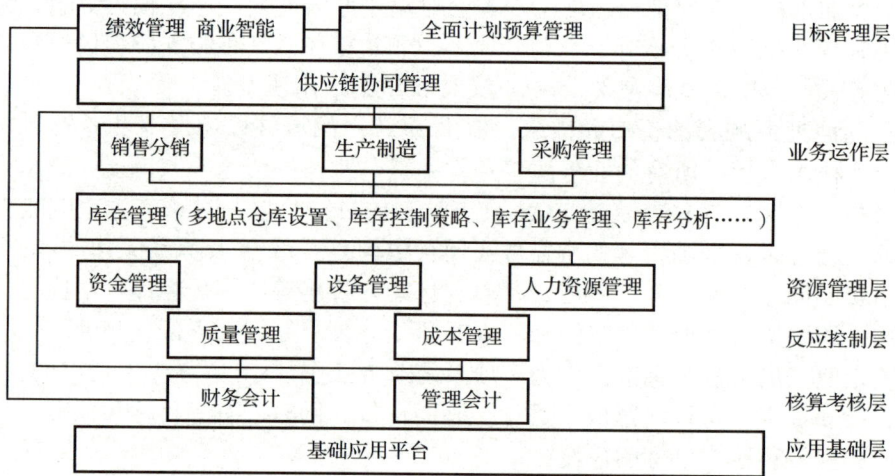

图 1-6　国内某企业的 ERP 系统基础架构模型

（1）最高管理层的积极参与。企业在引进 ERP 系统时要避免这样一个误区，即认为 ERP 系统纯粹是一个技术问题，是技术人员的任务，而与管理人员无关。实际上，实施 ERP 系统的过程是一个全面的变革过程，它既是技术的引进，更是管理方式的革命。因此，ERP 系统的实施必须要有企业最高管理层的重视和亲自参与，包括参与变革、选择软件和选择技术方案等。

① 参与变革。企业最高领导在 ERP 系统实施过程中一般要进行"3R"变革。"3R"的内容是：实现企业管理思想的革命（Revolution）、实现管理模式的重组（Reengineering）、实现管理手段的改造（Reform）。

② 参与选择软件。企业在引进 ERP 系统软件时关注的不仅仅是软件本身的功能和信息技术的特性，尤其要注重软件所体现的管理思想、内置的应用模型和业务流程。因为这才是 ERP 系统软件的灵魂所在。企业的 ERP 系统软件必须从应用模型和技术手段两方面妥善解决分布式应用和体系化管理要求，实现总部与分支机构之间的实时、动态的信息交换，使企业财务、销售、库存信息得到及时准确的传递，在整个企业内实现财务、采购、销售流程的统一化和标准化。要统一协调与供应商和客户的业务，快速处理企业范围内的采购、调配和送货，解决总部与分支机构的资金和物流的实时监控和管理，使企业逐步走向虚拟、敏捷和互动的高级形态。

③ 参与选择技术方案。正确的技术方案是 ERP 系统软件运行的载体和基石。一个优秀的应用模型如果没有建立在相应的技术框架之上，其管理作用将无从发挥，势必流于形式。

（2）建立管理信息系统。建立管理信息系统包括建立决策信息支持系统、人力资源管理信息系统、物流管理信息系统等。

① 决策信息支持系统。在客户需求多元化的时代，企业如何才能通过科学的手段来分析、预测市场和规避风险，适应市场的快速变化，是企业经营者时刻关注的课题。面对纷繁复杂的信息，怎样对数据进行有效采集、加工并准确传递给企业的决策层，以实现科学和动态的决策，是 ERP 系统应用的关键环节。决策支持系统（DSS）应建立在财务、供应链、制造及人力资源系统之上，运用数据库技术和在线分析工具，为企业决策人员提供强有力的依据。

② 人力资源管理信息系统。传统的人事档案管理已经不能满足企业的要求，企业越来越关注如何增强学习能力，提升人员的能力和工作绩效。人力资源和知识资源的结合形成了企业的智力资本。一个全面的人力资源管理信息系统一般包括这几个方面：人力资源战略及政策、招聘管理、员工培训、能力开发、绩效考核、升迁计划、知识管理等。

③ 物流管理信息系统。物流信息是指与物流活动（如运输、保管、包装、装卸、流通加工等）有关的信息。在物流活动的管理与决策中，如运输工具的选择、运输路线的确定、每次运送批量的确定、在途货物的追踪、仓库的有效利用、最佳库存数量的确定、库存时间的确定、订单的管理等，都需要详细和准确的物流信息，物流信息是运输管理、库存管理、订单管理、仓库作业管理等物流活动的保证。

（3）做好前期准备工作。ERP 系统的实施要精心策划，科学组织，一抓到底，方能达到目的。在实施 ERP 系统之前，企业需要做好以下准备工作。

① 知识更新。ERP 系统是信息技术和管理技术的结合，要求企业决策者和管理者，甚至是普通员工要不断学习、研究、掌握现代企业管理思想、方法以及计算机技术和通信技术的最新发展，用现代管理理论和信息技术更新知识与观念，开阔眼界。

② 规范数据。数据规范化是实现信息集成的首要条件，ERP 系统作为一种管理信息系统，处理的对象是数据，因此，要求数据必须规范化，要有统一的标准，确保数据记录及传输的及时性、准确性和完整性。

③ 机构重组。这是 ERP 系统实施过程中难度最大的环节，企业必须在业务流程和组织机构方面加以调整和变革，实行机构重组。

④ 全体动员。ERP 系统对企业各层次的信息实现集成化，涉及企业的方方面面，涉及企业的每一名员工，要求全体员工积极参与并各负其责。

⑤ 理论培训。ERP 系统作为管理技术和信息技术的有机结合体，其在管理上所反映出的思想和理论，通常要比实际运作中的先进，这就要求企业各级管理层要不断学习先进的管理理论，对 ERP 系统项目实施所涉及的人员进行不同层次、不同程度的软件具体功能的培训。

⑥ 风险控制。ERP 系统的内容庞大，模块繁多，模块间的关联也比较复杂，其实施周期长、难度大，相应的实施风险也很大。企业需要对从 ERP 系统选型到系统上线的全过程存在的种种风险有系统性的认识，从而建立起一整套行之有效的项目和风险管理机制。

（4）拟定实施办法和程序。ERP 系统包含的内容很广，因此实施时要有总体规划，按管理上的急需程度、实施中的难易程度确定优先次序，在效益驱动、重点突破的原则指导下，分阶段、分步骤实施。

ERP 实施过程一般可以划分为以下几个步骤。

① 成立专门机构。为了顺利实施 ERP 系统，在企业内部应成立三级专门机构，即领导小组、项目小组和职能小组。ERP 系统的实施关系到企业内部管理模式的调整、业务流程的变化及相关人员的变动，所以必须由最高决策层组成的领导小组统一部署。领导小组负责 ERP 系统计划的制订、重大问题的决策及政策的制定等；项目小组负责公司领导层和各部门的协调，其负责人一般应由公司高层领导担任，要有足够的权威和协调能力，同时要有丰富的项目管理和实施经验；职能小组是实施 ERP 系统的核心，负责保证 ERP 系统的顺利实施，由各部门的关键人物组成。同时，应考虑请外部咨询顾问以及系统集成商共同参加，他们的主要作用是将 ERP 系统的知识和项目实施经验传授给企业，使企业顺利通过"知晓—接受—拥有"的过程，最终实现企业自身持续改善的目的。

② 准备基础数据。ERP 系统可实现企业数据的全局共享，必须在准确、完整的数据基

础上运行，才能发挥实际作用。所以在实施 ERP 系统时，要花费大量时间准备基础数据，如基本产品数据信息、客户信息、供应商信息等。

③ 进行原型测试。在通过系统培训、全面了解 ERP 系统的基础上，结合本企业的具体情况和需求，进行适应性实验，验证系统对具体问题解决的程度，以确定二次开发的工作量。原型测试的数据可以是模拟的，不必采用企业实际的业务数据。

④ 建立实施文档。为了保证 ERP 系统的实施达到满意、快速、安全的效果，使实施方案起到事半功倍的作用，企业要在各个实施步骤建立规范和详尽的实施文档，从而更准确地反映用户需求，更高效地完成阶段任务，更稳健地达到实施目标。

⑤ 进行系统调整。由于多元化集团公司涉及不同行业，行业间在管理要求、应用模式、业务流程等方面存在很大差异，单一、固定化的软件包无法套用到所有行业。ERP 系统内含的先进管理模式未必完全符合特定企业的管理要求，因此，需要考虑行业背景与行业管理模式对软件功能做适当调整，以适应特定行业管理上的特殊要求。

⑥ 开展模拟运行。在完成了用户化和二次开发后，就可以用企业实际的业务数据进行模拟运行。这时可以选择一部分比较成熟的业务进行试运行，实现以点带面、由粗到细，保证新系统运行平稳过渡。

⑦ 进行系统切换。经过一段时间的试运行后，如果没有发生什么异常现象，就可以替换原来的业务系统。只有这样，整个 ERP 系统才能尽快走出磨合期，完整并独立地运作下去。

学习感悟

第一，供应链管理的运作是以满足客户需要为目标的，根据不同的客户需要实施不同的供应链管理方法也就成了一种必然。这也决定了针对不同的客户群实施不一样的供应链管理方法成了必然选择。因此，对同一种产品满足不同客户需要的时候可能会通过不同的供应链管理方案来实现。

第二，供应链运作参考模型给供应链中的成员提供了统一的标准。有了统一的标准，供应链中的成员进行供应链管理时变得更加透明。因此，每一个成员都可以知道供应链中其他成员的管理流程，能获取组织生产所必需的信息，这样大大提高了管理效率，降低了管理成本。

第三，在全球化的背景下，采用有效的供应链管理方法可大大提高管理效率与节约成本，但不同的国家发展水平不一样，供应链管理方法也不能一概而论。例如，电子商务等具有明显的流通特征的企业可能采用 ECR 系统更有效，以生产为核心的企业的供应链采用 ERP 系统可能更有效，而全球化供应链采用 SCOR 模型可能更有效。

任务实训

1. 扫描右侧二维码进行在线测试。
2. 举例说明供应链运作参考模型的层次划分与内容。
3. 举例说明企业资源计划（ERP）系统包含的内容。

在线测试 1.2

任务评价

评价类目	评价内容及标准	分值/分	自己评分	小组评分	教师评分
学习态度	✓ 全勤（5分） ✓ 遵守课堂纪律（5分）	10			
学习过程	➤ 能说出本次工作任务的学习目标，上课积极发言，积极回答问题（5分） ➤ 能够回答供应链管理实施的原则（5分） ➤ 能够说明供应链管理的实施步骤（5分） ➤ 能够说明三种不同供应链管理方法的适用场景（5分）	20			
学习结果	◆ "在线测试1.2"考评（4分×10＝40分） ◆ "举例说明供应链运作参考模型层次划分与内容"考评（15分） ◆ "举例说明企业资源计划（ERP）系统包含的内容"考评（15分）	70			
合　　计		100			
所占比例		100%	30%	30%	40%
综合评分					

知识拓展与技能实践

知识拓展

供应链管理业务流程重组

借助业务流程重组技术，可以进一步优化供应链管理体系，追求高效益和低成本，使企业能够在激烈的市场竞争环境中获得核心竞争力。

在供应链管理模型中主要包含活动、资源和产品三个基本要素，业务流程重组的目的就是优化活动流程，整合供应链成员资源，实现高效益、低成本的产品生产经营和服务。供应链已经打破了成员企业之间的界限，建立包含企业内和企业外活动的优化组合，将企业内的价值链转换成增值能力更强的企业间的价值链。供应链描述了一种联盟结构，即采购企业联盟—生产企业联盟—销售企业联盟，这是一种增值能力更强的价值链。

经过长期的实践，供应链成员之间的关系已经演化成为一种长期的战略伙伴关系，超越了供应链初期的那种短期的、基于某些业务活动的经济关系，使供应链管理从一种操作性工具上升为一种策略性和战略性方法。供应链管理是一种集成化管理模式，它追求的最终目标是在整体结构优化的基础上最大程度地满足客户需求。供应链管理模式要求每一个供应链成员转变经营管理方法，并要求成员进行业务流程重组。

供应链管理体系中的价值链将供应链成员各个部门的业务流程社会化为供应链的业务流程，使得供应链像单一企业的价值链一样运转。通过供应链业务流程的有效管理，获得供应链竞争优势。

供应链管理业务流程重组项目同其他项目一样，都具有时间、成本和绩效三个目标。三个目标综合成供应链业务流程重组的目标，同时也形成业务流程重组的三个方向，即基于时间的业务流程重组、基于成本的业务流程重组及基于绩效的业务流程重组。但是，所有的方向都围绕着"满足客户需求、实现客户期望"这一中心。

技能实践

以小组为单位查找资料，讨论 SCOR 模型、ECR 系统、ERP 系统在供应链管理中的不同运用场景，并说明不同场景中的管理重点。在查找资料的过程中，可结合具体的企业案例进行分析。具体要求如下。

（1）记录三种供应链管理方法在不同企业中的运用情况，并做简要说明。

（2）比较三种供应链管理方法运用中所解决的供应链问题。

（3）根据比较结果，分别指出电商（流通）企业、生产企业、全球化企业采用的供应链管理方法的优势与劣势。

知识复习与巩固

一、填空题

1. 供应链是指生产流通过程中，围绕_____，将所涉及的原材料经过_____、_____、_____、_____等环节，直到最终用户等成员通过上游（或下游）和成员连接所形成的_____结构。

2. 以供应链的管理对象划分，供应链可分为_____、_____、_____。

3. 供应链管理是指利用_____全面规划供应链中的_____、_____、_____等，并进行计划、组织、协调与控制的各种活动和过程。

4. 供应链管理的目的在于_____和_____，使_____达到最小。

5. 供应链管理决策是在包含_____决策、_____决策和_____决策的物流管理决策的基础上，增加了_____决策和_____决策，成为更高形态的决策模式。

6. 供应链管理能有效地消除_____、_____与_____，减少_____，创造竞争的成本优势。

7. 供应链管理能优化链上成员组合，实现_____，创造竞争的_____和_____优势。

8. 传统意义上的市场划分基于企业自己的状况，如行业、产品、分销渠道等，然后对同一地区的客户提供_____水平的服务。供应链管理则强调根据客户的状况和需求，决定和_____。

9. 由于市场需求的剧烈波动，客户接受最终产品和服务的时间越短，_____就越不准确，企业不得不维持较大的_____库存。

10. SCOR 模型主要由四个部分组成：供应链_____的一般定义，对应于这些流程的_____，供应链_____以及选择_____的信息。

11. SCOR 模型的第一层描述了 5 个基本流程：_____、_____、_____、_____和_____。

12. 有效客户响应的供应链管理方法在_____领域运用广泛。

13. ERP 系统是_____的代表技术，其核心管理思想就是实现对_____的有效管理，它是建立在_____基础上，以_____的管理思想，为_____及_____提供决策运行手段的管理平台。

二、多选题

1. 供应链管理是对由供应商、制造商、分销商、零售商、用户等组成的网络中的（　　　）进行管理的过程。

    A. 物流   B. 信息流   C. 资金流   D. 商流

2. 以分布范围来划分供应链，可分为（　　　）。

    A. 公司内部供应链   B. 集团供应链   C. 扩展供应链   D. 全球网络供应链

3. 供应链管理包含三个基本原则，即（　　　）。这是贯穿供应链管理始终的三个核心思想，也是其区别于传统管理模式的根本所在。

    A. 系统原则   B. 合作原则   C. 双赢原则   D. 市场原则

4. 属于企业实施供应链管理的好处的有（　　　）。

    A. 节约交易成本   B. 降低存货水平   C. 降低采购成本   D. 减少循环周期

5. 调查发现，供应链管理能够（　　　）。

    A. 增加客户   B. 提高投资回报率

    C. 缩短订单履行时间   D. 降低成本

6. SCOR 模型的应用价值主要体现在（　　　）等几个方面。

    A. 提升供应链的透明度   B. 优化资源配置

    C. 提高运营效率   D. 增强企业竞争力

7. ECR 系统强调供应商和零售商之间的相互信赖和协作，以满足消费者不断增长和多样化的需求。通过这种方式，（　　　）能够更好地生存和发展，提高竞争能力。

    A. 零售商   B. 分销商   C. 制造商   D. 客户群

8. 用 SCOR 模型的一组通用的标准业务流程元素建立模块，可以描述（　　　）。

    A. 很简单的供应链   B. 很复杂的供应链

    C. 不同行业的任何供应链   D. 不确定能否适用

9. ECR 系统在零售企业的供应链得到了大量的运用，其核心过程包括（　　　）。

    A. 有效商店空间管理   B. 有效商品补充

    C. 有效促销   D. 有效新产品导入

10. 有效客户响应具有以下特征，包括（　　　）。

    A. 管理意识的创新   B. 供应链整体协调

    C. 涉及范围广   D. 利润分配敏感

11. 既然 ECR 系统要求对供应链整体进行管理和协调，ECR 系统所涉及的范围必然包括（　　　）等相关的多个行业。

    A. 零售业   B. 批发业   C. 制造业   D. 金融业

12. ERP 系统是一种将企业所有资源进行整合集成管理，将企业的（　　　）进行全面一体化管理的信息系统。

    A. 商流   B. 物流   C. 资金流   D. 信息流

三、简答题

1. 简述供应链的特征。

2. 供应链管理的定义包括哪四个方面的内容？

3. 简述与传统管理方法相比，供应链管理的特点。

4. 简述与物流管理相比，供应链管理的特点。

5. 简述供应链管理的作用。

6. 简述供应链合作伙伴关系管理与纵向一体化之间的不同。

7. 简述供应链管理的实施原则。

8. 简述供应链管理的实施步骤。

9. 简述供应链风险产生的原因。

10. 简述供应链运作参考模型的层次结构。

11. 简述供应链运作参考模型的实施步骤。

12. 简述实施 ECR 系统的注意事项。

13. 简述 ERP 系统的实施方法。

四、情境实践与应用题

1. 供应链中的不确定性是由各种原因造成的。例如，难以预测的运输道路塌方、台风等自然环境的影响等都有可能导致供应链的中断。因此，供应链风险管理是决策者必须要考虑的内容。那么，如果你是供应链运营经理，在进行供应链管理时，你将如何进行供应链风险的防范呢？

2. 不同的供应链企业采用的供应链管理方法是不同的，例如，电商等流通型企业采用的 ECR 系统，以生产为核心的企业可能更愿意采用 ERP 系统，而供应链更复杂的企业（如全球化供应链企业）更适合采用 SCOR 模型。试比较这三种方法在组织实施方面的异同。

3. 近年来，我国的汽车制造企业发展异常迅猛，它们需要面对数万零部件以及成百上千的供应商。因此，汽车行业供应链被公认为世界上最复杂和技术难度最大的供应链系统之一，要实现有效管理具有相当大的难度。如果在 SCOR 系统的基础上，建立汽车制造企业供应链运作模型，可以使供应链上各个企业理解供应链的运作过程，明确整个供应链中的利益关系者，分析整个供应链的运作性能。同时，由于供应链运作模型采用标准术语和符号，以整个组织和所有的职能分工都能沟通的方式确立流程，并且将具体作业与性能衡量指标相结合，运作模型可以为供应链的改善提供依据，使企业获取足够的信息用以支持制定决策。

为此，请探究后完成以下任务。

根据 SCOR 模型的标准流程，为汽车制造企业所在供应链建立一套标准的业务流程，使链上各企业能够准确交流供应链问题，并设计相应的指标体系，便于汽车制造企业衡量各业务流程绩效。通过对供应链流程的管理与改善，提高汽车制造企业的核心竞争力。

供应链需求管理与数据分析

以客户需求为导向，不断调整和优化供应链，是企业持续发展的动力源泉。

任务一　认识供应链需求管理

学习指南

任务清单

工作任务	认识供应链需求管理
建议学时	2 学时
任务描述	本任务通过对需求管理以及供应链需求管理知识的学习，从供应链上下游企业角度认识和理解需求管理对企业生产的影响，学会供应链需求管理的基本作业流程，能在供应链合作伙伴之间正确运用供应链需求信息

续表

学习目标	知识目标	1.掌握需求管理的定义 2.熟悉需求管理的工作组成 3.掌握供应链需求管理的基本程序
	能力目标	1.具有识别有效需求的能力 2.能进行供应链需求管理的组织工作 3.能进行供应链需求信息的运用
	素质目标	1.培养供应链商业数据的保密意识 2.培养供应链上下游企业的合作意识 3.培养密切关注市场需求的供应链战略意识
	思政目标	通过对供应链需求管理的学习，培养供应链保密意识、数据安全意识、伙伴合作意识，以及培养担当精神、遵守职业规范的意识
关键词		需求管理　需求预测　战略协同

知识树

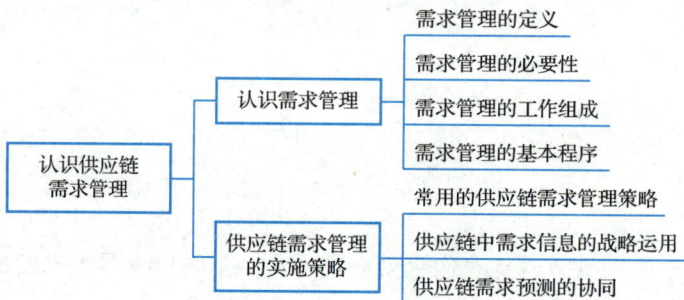

任务引入

任务背景

京东物流速度背后的数字化供应链逻辑

"速度快"是人们对京东物流的第一印象。从当日达、次日达到极速达，甚至指定时间段的"京准达"，京东物流速度背后的数字化供应链逻辑是什么？

据统计，作为数字化供应链的创新者与引领者，京东物流利用人工智能技术进行销售预测、采购、存货布局以及补货、管理在库库存单位（Stock Keeping Unies，SKU）530万个，实现数百万个SKU的库存周转天数仅有30多天；通过智能排产，保证了在大促期间订单量增长数倍的情况下的履约时效；基于智慧商品布局，减少拣货区无效跑动，动态路线规划实现站点终端派送效能提升25%；智慧路由规划降低了干线运输成本的10%以上。

京东物流基于"预测—库存—仓储—运输—配送"全链路的智能化，支撑复杂网络、庞大库存和海量订单的高效管理，为商家提供线上线下、全渠道、一体化的供应链服务，实现多渠道库存共享、灵活调配与敏捷交付，以此帮助商家提升后端运营效率、降低库存成本，以及提升前端销量。据统计，在与京东物流合作的商家中，当渗透率达到50%～100%时，有87%的商家销量增长超过100%。

事实上，京东物流利用大数据分析技术，对不同地区、不同商品的历史销售数据进行深入分析，从而准确预测不同商品的需求趋势，使得京东物流能够在不同仓库之间合理调配库存，降低库存成本，更快速地满足用户的购买需求。

任务目标

1. 供应链需求管理包括哪些工作？
2. 运用历史数据进行需求预测有什么特点？

任务实施

知识必备

一、认识需求管理

在供应链经营活动中，需求管理往往是在整个供应链中面临的重要问题。需求的水平和需求的时间极大地影响了生产能力、资金需求和经营的总体框架。不仅如此，对需求的管理涉及如何平衡客户需求与供应链企业的生产能力。其中，需求预测往往是企业各部门（包括物流、营销、生产和财务部门）进行规划和控制的基础。

（一）需求管理的定义

需求管理是指以用户为中心，以用户的需求为出发点，集中精力来估计和管理用户需求，并试图利用需求信息制定生产决策，以实现用户效用最大化的一种活动。这一定义包含了以下几个含义。

（1）需求管理中的需求不同于经济学中的需求，它除了包含消费者对产品的需求量与价格之间的对应关系，还要明确用户需求产品的种类、性能、数量、时间和地点，以便在正确的时间、正确的地点，以正确的成本向正确的消费者提供正确数量、正确状态的正确产品。

（2）用户效用最大化是指企业以最有效的方式以最低的成本和价格向用户提供了最能满足其个性化需求的产品或服务。

由此可知，需求管理的本质是在整个供应链中促进企业的能力提升——尤其是通过客户获得生产信息来协调与产品流、服务流、信息流和资金流相关的活动等方面，所期望的最终结果是为最终用户和消费者创造更多价值。

最理想的需求管理要求企业根据客户的具体需求，而不是根据市场的预测（因为市场的预测结果一般并不能全部转化为本企业的用户）制订生产计划。这就要解决一系列问题：怎样正确处理每一个客户的需求信息？怎样把了解到的客户信息迅速传到生产部门？怎样迅速采购到客户指定的零件？怎样减少材料库存，同时又不降低生产速度？这些都是一条流畅的供应链需要解决的问题。

（二）需求管理的必要性

1. 需求管理可提高整个供应链的效益

通过需求管理先了解客户需求，然后利用需求信息制定生产决策，即公司先了解客户的需求，然后再生产。实现这种方式需要有一套很好的供应链管理系统，在该系统支持下，需求管理能使客户的满意度大大提高，同时可以大大减少产品的积压和降低库存成本。因此，对需求管理的任何关注都将为整个供应链创造效益。

现代供应链非常重视需求管理，这与传统的供应链是不同的。传统的供应链通常以生产或装配为起点，以将产品销售给消费者或企业购买者为终点。大部分焦点和关注点与产品流问题有关，主要涉及技术、信息交换、存货周转率、运送速度和稳定性及运输等问题。尽管如此，还是由生产商（常常远离最终用户和消费市场）来决定销售什么，何时、何地销售及销售多少，这反映了生产和需求之间在消费上的分离。在传统模式下，生产过程优先于销售，在接到订单前早已生产好产品，这样容易造成产品的库存积压。

2. 需求管理可更好地满足多样化和个性化的需求

根据需求管理理念，企业应利用先进的信息技术与自己的客户保持联系，了解每一个客户的独特需求，并通过细分产品以满足不同客户的不同要求。通过信息技术，公司可以全面及时地了解和把握市场需求，这些需求信息会贯穿公司的每一个业务部门，从研发、生产到销售都需要遵循客户的喜好，这样才能做到与客户的需求同步。

如今，客户要求企业能够提供更丰富和个性化的特殊产品，他们强调时间并且需求多变，传统的供应链很难适应需求的这种变化。出色的供应链管理，不仅能以需求为起点，而且能在收到客户个性化需求的订单后，立即向不同的供应商采购材料，迅速转入生产，再交给物流公司或部门分发送货。在这个过程中，公司既满足了客户的个性化需求，又能将实际材料的库存量始终保持在较低水平，从而提高产品的价格竞争能力。

3. 需求管理可实现物流与客户服务的互动

在许多市场上，客户服务是非常重要的竞争形式。因为客户服务事实上能驱动物流供应链的发展，需求管理要求将正确的产品、在正确的时间、以正确的品质、无破损地送达正确的客户，这也是承认客户服务重要性的物流系统原则。

一方面，如果一个企业能够在较短的时间内可靠地将产品提供给客户，通常就能够使客户减少备货，使存货成本最小化。这种成本最小化使客户得到更多利润，反过来又使企业更具有竞争力。因此，企业应当将购买者的存货成本最小化看作与保持产品低价格同样重要。

另一方面，客户服务要面对面地处理好客户的要求。通过信息化手段，公司能和客户建立有效联系，与客户维持一对一的详尽对话，并尽可能多地搜集到客户信息和客户要求；客户也能够通过网络发送各自的订单，提出自己的服务要求。在公司内部通过设立专门处理客户信息的系统，对不同的客户信息进行分类，对客户的订单进行处理，并且自动传递到采购和生产部门。网上订单的处理，既加快了速度，又增强了数据处理的准确性，为公司下一步的采购和生产做好铺垫。这一切为有效的需求管理提供了可能和保障。

（三）需求管理的工作组成

需求管理是一个平衡客户需求和供应能力的过程。成功的需求管理能够减少不确定性，保持供需平衡，有效协调市场需求和生产，并对整个供应链提供支持。需求管理主要由需求预测、需求计划、需求分析报告、需求监控与关键绩效评估等工作组成。

1. 需求预测

需求预测是成功实现需求管理的第一步，它是制订需求计划的依据和基础。需求预测的精确度越高，需求计划的可靠性和可行性也就越高。

2. 需求计划

需求计划用来实时地支持供应链目标，掌握、协调和控制需求来制订计划，协调与需求相关的其他业务环节，并使它们之间不断交流信息，产生一致的协调性过程。

3. 需求分析报告

需求分析报告通过基于互联网的报告应用工具，将客户创建定制的报告与报表或其他第三方报告与报表集成，或者自行定义一套可由所有客户访问的通用异常事件报告集。例如，高于或低于定额值，销量增加或减少，各项主要指标的增长、排列、与累积值比较、定额绩效和趋势等，实时提供需求分析输出报告，使管理者及时了解需求变化的情况。

4. 需求监控与关键绩效评估

需求监控与关键绩效评估组件可以为管理人员提供例外的分析和发布信息，它与供应链管理其他组件进行集成，使用多维的功能为需求管理提供所需的关键信息，监控与评估需求计划的执行进程，并对例外情况发出警告，及时通知管理人员防止意外发生。

（四）需求管理的基本程序

围绕"有效需求管理、满足客户需求和解决客户问题"这一共同目标，并使"渠道成员一体化"的需求管理，其基本程序包括以下步骤。

（1）收集和分析有关消费者需求状况及存在的问题，以及他们未满足的需求的信息。

（2）识别有效需求的供应链合作伙伴或成员。

（3）将需求管理的职能交给能够最有效与高效率执行的渠道成员。

（4）与供应链其他成员共享关于客户、可获技术、物流挑战与机遇的信息。

（5）开发能够解决客户问题的产品和服务。

（6）开发和实施最理想的物流、运输、分销方法，并以适宜的方式为消费者运送产品和提供服务。

二、供应链需求管理的实施策略

（一）常用的供应链需求管理策略

一般来说，常用的供应链需求管理策略包括以下几个方面。

（1）在时间上重新规划企业的供应流程，以充分满足客户的需要。在时间上重新规划企业的供应流程常采用的方法是延迟制造。延迟制造（Postponed Manufacturing）是供应链管理中实现客户化的重要形式，其核心的理念是改变传统的制造流程，将最能体现客户个性化的部分推迟进行。这种方式的本质是尽可能地延迟物理产品特征的差异性，使产品保持一般性状态，先制造相当数量的标准产品或基础产品以实现规模化经济。当最终用户对产品的外观、功能与数量提出要求后，才完成产品的差异化业务。

延迟制造可以分为通用化阶段与差异化阶段。在供应链中，生产企业事先只生产中间产品或可模块化的部件，尽可能延迟产品差异化的业务。如对于汽车生产而言，新能源电池、电机可标准化大量制造，而装配可根据个性化订单再装配相应车型。

（2）在地理上重新规划供应链的供销网络布局，更好地满足客户需要并降低成本。在地理上重新规划供应链的供销网络布局包括两层含义：一方面是供应网点的分布，使供应端尽可能接近客户；另一方面则是生产企业的分布，使生产企业尽可能接近客户。例如，在全球经济一体化的过程中，跨国企业为了尽可能靠近目标市场，在不同的国家设立生产厂家以满足客户需要。

供应和销售厂家的合理布局对供应链系统快速准确地满足客户的需求、加强企业与供应和销售厂家的沟通与协作、降低运输及储存费用等起着重要的作用。这时，产品的储存和运输与传统上单纯的储存和运输不同，并可实现储运的增值。

【阅读材料】供应系统合理布局的考虑因素

（3）在生产上对供应链企业的制造资源进行统一集成和协调，实现

整体运作。在供应链中的企业往往有许多的供应厂家，为了满足某一个具体的用户目标，就必须对所有这些供应厂家的生产资源进行统一集成和协调，使它们能作为一个整体来运作，这是供应链管理中的重要方法。

【微视频】供应链需求管理的基本思路

（二）供应链中需求信息的战略运用

事实上，将供应链管理能力列为企业的一种重要战略竞争资源已经成为现代企业的一项重要管理内容。在全球经济一体化的今天，从供应链管理的角度来考虑企业的整个生产经营活动，形成这方面的核心能力，对提高企业竞争力是十分重要的。为了配合竞争需要，通常需要对需求信息进行战略运用。

【阅读材料】企业改善需求管理面临的问题

了解和管理市场需求是企业成功的重要决定因素。表 2-1 提供了企业如何战略性地运用需求信息来优化企业的成长战略、投资组合战略、定位战略和投资战略的实例。需求信息的有效运用能够帮助企业在许多重要的方面去支配战略资源。

表 2-1　需求信息在企业战略中的运用实例

企业战略	运用实例
成长战略	● 对整个行业产量进行"假定方案"分析，测量具体的合并与收购对市场占有率如何起杠杆作用 ● 分析行业供给、需求来预测兼并重组后的产品价格体系和市场经济状况的变化 ● 运用需求资料为被兼并公司建立人员配置模型
投资组合战略	● 管理当前投资组合中的成熟产品，使其在整个生命周期中达到时间最优化 ● 在产品生命周期基础上制定新产品开发或推广战略 ● 平衡新产品需求与持续"现金流"的需求和风险 ● 通过需求预测确保投资组合多样化
定位战略	● 根据需求与产品经济地管理每一个渠道的产品销售 ● 根据需求在相应的物流中心管理产品的定位，以减少劳动资金 ● 确定每个渠道的供应能力
投资战略	● 根据对潜在产品和当前成熟产品的需求进行预测来管理资本投资、销售支出与研究开发预算费用 ● 决定是否增加生产能力

（三）供应链需求预测的协同

随着对供应链重视程度的增加，大量的企业活动都试图在整个一体化供应链活动和过程中产生效率或保证企业活动的有效性，如快速响应（Quick Response，QR）、电子数据交换（Electronic Data Interchange，EDI）、供应商管理库存（Vendor Managed Inventory，VMI）、连续补货计划（Continuous Replenishment Planning，CRP）和有效客户响应（Efficient Consumer Response，ECR）等，但这些活动往往只在若干方面取得了效果，而作为一体化供应链来说，每一个都没有达到预期的效果，特别是在许多参与者之间整合供应链活动时离预期效果差距更大。因为一体化供应链是参与者之间的战略联盟或物流伙伴关系，这要求彼此公开更多的信息，从而打破传统的业务关系束缚，从"基于交易上的业务关系"向更为一体的、长期的"伙伴关系"转变。这种业务关系带给双方的明显利益表现为系统的可靠性提高、客户服务的改善以及更有效率的成本业绩，而上述的这些活动并不能满足要求。

因此，越来越多的企业意识到上述活动的局限性，开始采用协同规划、预测和补货（Collaborative Planning，Forecasting and Replenishment，CPFR）的策略，其目的是实现真正的供应链一体化。CPFR 策略已经被认为是企业规划、预测和补货模型的突破。通过这个策略，

供应商、制造商、批发商、承运商及零售商能够利用可得到的信息技术在整个执行过程中协调供应链运营计划。

CPFR策略是一种建立在合作伙伴之间密切合作和标准业务流程基础上的经营理念。它应用了一系列技术模型，这些模型具有如下特点。

（1）模型是开放、安全的通信系统。

（2）模型适用于各个行业。

（3）模型在整个供应链上是可扩展的。

（4）模型能支持多种需求（如新数据类型、各种数据库系统之间的连接等）。

CPFR策略研究的重点是供应商、制造商、批发商、承运商及零售商之间协调一致的伙伴关系，以保证供应链整体计划、目标和策略的先进性。然而，需要指出的是，由于商业信息的敏感性，这些数据对于供应商来说至关重要。因此，他们不得不用高库存来应对因缺货造成的损失，但这样做却大大提高了存货成本，不利于供应链效益的提高。要真正实现CPFR策略，零售商必须向其合作伙伴开放自己的销售数据。

【阅读材】实施 CPFR 策略可达成的目标

学习感悟

第一，客户需求是供应链企业运营首先要解决的问题。获取有效的客户需求可大大促进供应链企业生产、销售、采购等一系列工作的可预期与稳定性，保证实现更高的客户服务水平与降低企业的经营成本。

第二，需求管理是一个过程，包括需求预测、需求计划、需求分析报告、需求监控与关键绩效评估等活动。其中，需求预测是这个过程中的首要工作。同时，要明确预测是对未来事件的一种推测，因此预测本身具有不确定性。虽然预测具有不确定性，但有预测比没有预测更有利于组织供应链的运营活动。

第三，供应链需求管理具有战略性，其不但关系到本企业的运营活动，而且会影响到整个供应链的运作。

任务实训

1. 扫描右侧二维码进行在线测试。
2. 举例说明不同类型企业的需求特点。
3. 比较单个企业与供应链企业在需求管理方面的不同。

在线测试 2.1

任务评价

评价类目	评价内容及标准	分值/分	自己评分	小组评分	教师评分
学习态度	✓ 全勤（5分）	10			
	✓ 遵守课堂纪律（5分）				
学习过程	➤ 能说出本次工作任务的学习目标，上课积极发言，积极回答问题（5分）	20			
	➤ 能够回答需求管理的定义（5分）				
	➤ 能够说明需求管理的工作组成（5分）				
	➤ 能够说明需求管理的基本程序（5分）				

续表

学习结果	◆"在线测试2.1"考评（4分×10=40分）	70			
	◆"举例说明不同类型企业的需求特点"考评（15分）				
	◆"比较单个企业与供应链企业在需求管理方面的不同"考评（15分）				
合　计		100			
所占比例		100%	30%	30%	40%
综合评分					

知识拓展与技能实践

知识拓展

供应链中的"牛鞭效应"

"牛鞭效应"是经济学上的一个术语，是供应链中的一种需求变异放大现象，指的是当需求信息流从最终用户端向原始供应商端传递时，由于无法有效地实现信息共享，使得信息扭曲而逐级放大，导致了需求信息出现越来越大的波动，此信息扭曲的放大作用在图形上很像一根甩起的牛鞭，因此被形象地称为"牛鞭效应"。

例如，在市场销售活动中，假如零售商的历史最高月销量为1000件，但下月正逢重大节日，为了保证销售不断货，他会在月最高销量基础上再追加$A\%$件，于是他向其上级批发商下订单$(1+A\%)\times1000$件。批发商汇总该区域的销量后预计（假设）为1200件，他为了保证零售商的需要又追加$B\%$件，于是他向生产商下订单$(1+B\%)\times1200$件。生产商为了保证批发商的需求，虽然他明知其中有夸大成分，但他并不知道具体情况，于是他不得不至少按$(1+B\%)\times1200$件投产，并且为了稳妥起见，在考虑毁损、漏订等情况后，他又加量生产，这样一层一层地增加预订量，就导致了"牛鞭效应"。

"牛鞭效应"是市场营销中普遍存在的高风险现象，是销售商与供应商在需求预测修正、订货批量决策、价格波动、短缺博弈、库存责任失衡和应付环境变异等方面博弈的结果，增大了供应商的生产、供应、库存管理和市场营销的不稳定性。现实中，企业可以从以下八个方面规避或化解需求放大变异的影响，即订货分级管理、加强入库管理、合理分担库存责任、缩短提前期并实行外包服务、规避短缺情况下的博弈行为、参考历史资料并适当减量修正、分批发送、提前回款期限。

技能实践

以小组为单位，访谈某一经营单位或部门的相关人员，可以是生产企业的计划部门负责人、超市主管，或者是企业的计划人员等。通过访谈，了解他们确定需求的方法，听取他们如何应对需求变化的建议或做法。具体要求如下。

（1）记录访谈过程与内容，并进行整理。

（2）与小组人员讨论不同管理者给予的建议，并总结访谈要点。

（3）整理改进需求管理的策略，并进行策略总结。

任务二　探究需求预测及相关技术

学习指南

任务清单

工作任务	探究需求预测及相关技术		
建议学时	2 学时		
任务描述	本任务主要学习预测的相关知识，并对需求预测的特性及影响因素进行完整的认识，能将需求管理与供应链特性相结合，指导需求管理在供应链不同场景中的运用		
学习目标	知识目标	1. 掌握预测的基本内涵 2. 掌握预测的基本流程 3. 熟悉供应链需求预测的特性及影响因素	
	能力目标	1. 具备预测分析有效需求的能力 2. 具备分析需求预测的影响因素的能力 3. 具备组织预测工作的能力	
	素质目标	1. 培养合理客观看待预测与实际值偏差的正确态度 2. 培养供应链企业预测信息共享的合作意识 3. 培养长期关注需求环境变化的职业敏感意识	
	思政目标	通过对供应链需求预测的学习，培养对经营环境的敏感性，能关注社会环境变化，培养勇于担当的职业素养，培养遵守职业规范的意识	
关键词	预测　需求预测		

知识树

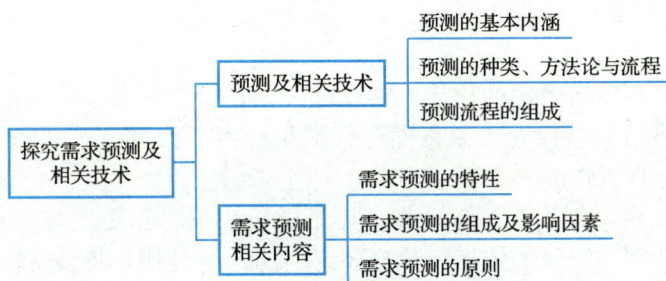

任务引入

任务背景

大数据时代的供应链预测

随着信息时代数据量的剧增，深化物流管理最为有效的方法是引入数据分析技术，对物流数据进行分析和预测，取代经验论，帮助决策者做出快速、准确的决策。

　　预测方向的应用场景主要包括市场销售预测、采购需求预测、供货周期预测，预测不会直接产生经济效益，它的意义主要体现在了解未来发展方向和发展量的基础上采取合理的预防措施，比如市场销售预测是为了合理安排生产和库存，进而获得供应链总体成本的最优。

　　在大数据时代，我们获得的数据越来越多，不管是数量上的还是维度上的，常用数据分析方法也都可以进一步拓展，使结果更加合理、准确，而传统的需求预测往往由于数据的局限性而显得难以应对。

　　以网易严选为例，网易严选作为自营电商品牌，供应链决策是最重要、最广泛的业务场景之一。每一个决策的制定，都能给公司的营收、成本等核心指标带来直接的影响。而需求预测几乎贯穿了所有的供应链决策场景。准确的需求预测能为全链路带来可观的收益，其价值不言而喻。在传统行业中，进行准确的需求预测往往需要长期的数据积累，而网易严选成立时间不长，并且品类仍在不断发展，商品迭代节奏很快，很多商品的售卖历史数据并不充分。与此同时，作为一个电商品牌，花样繁多的促销、引流手段在为用户带来更丰富购物体验的同时，也给数据带来大量的不确定性，增加了需求预测的复杂度。在这样的业务场景下，传统的需求预测方法存在太多的局限性。

任务目标

1. 在电商发展迅猛的今天，历史数据的不足对预测会带来什么样的影响？
2. 有哪些手段可弥补需求预测过程中历史数据的不足？

任务实施

知识必备

一、预测及相关技术

（一）预测的基本内涵

1. 预测的概念

　　预测是指对未来环境所做出的估计，它以过去为基础推测未来，是在掌握现有信息的基础上，依照一定的方法和规律对未来事件进行测算。由于预测是对未来事件的陈述，因此，预测通常也被当成计划工作的一个环节。

　　对于一个组织来讲，无论是制订计划，还是做出决策，都必须对未来的状况做出估计，并以这种估计作为计划和决策的依据。预测要说明的问题是将来将会怎样，即在一定的条件下，如果不采取措施和行动，估计将会发生什么样的变化。因此，预测的作用在于：第一，帮助我们认识和控制未来的不确定性，使对未来的无知状态降到最低限度；第二，使计划的预期目标同可能变化的周围环境与经济条件保持一致；第三，事先了解计划实施后可能产生的结果。

2. 预测的重要性

　　由预测在整个供应链决策与运作中的作用可以看出，预测的重要性有以下几点。

（1）预测既是计划工作的前提条件，又是计划工作的结果。

（2）预测是使管理具有预见性的一种手段。

（3）预测有助于促使各级主管人员向前看，即为将来做准备。

（4）预测有助于发现问题，从而集中力量加以解决。

（5）预测工作在一定程度上决定了组织活动的成败。

3. 预测的基本步骤

无论采用何种预测方法，在进行预测时都需要遵循下面的几个步骤。

（1）提出课题和任务目标。根据社会要求、一般情报和创造性思维，确定需求的性质，提出预测的课题，明确预测的目标和任务、对象、基本假设，确定研究方法、结构和组织工作等。确定需求的性质，如确定预测的是独立需求还是相关需求，对独立需求需要单独预测。明确预测的目标，能有的放矢地收集资料，能确定调查什么，向谁调查。因此，预测目标的确定应尽量明细化、数量化，以利于后续预测工作的顺利开展。

（2）根据预测内容确定调查、收集和整理所需的资料。预测内容是指影响物流需求预测的因素，一般包括某时期的基本需求水平、季节因素、趋势值、周期因素、促销因素及不规则因素六个方面。预测者需要认识到不同因素对需求所具有的潜在影响，并能适当地予以处理，对于特定项目具有重大意义的成分必须予以识别、分析，并与适当的预测技术相结合。把与预测对象有关的过去的、现在的资料尽量收集齐全供预测时使用。此外，还要大量收集预测的背景材料并收集国内外同类预测研究的成果，完善预测手段与方法。

（3）确定预测方法与预测模型。预测方法可分为定性预测法与定量预测法。定性预测法是指通过逻辑推理、哲学思辨、历史求证、法规判断等思维方式，着重从质的方面分析和研究某一事物的属性的方法。定量预测法是对社会现象的数量特征、数量关系与数量变化进行分析的方法。对于计量经济模式分析，需建立表示因果关系的模型；对于时间序列分析，则需抓住主要变动的成分找出数学模型。在具体进行预测时，可采取几种预测方法同时进行，以互相验证。

（4）评定预测结果。以预测目标为导向，根据选定的预测方法或模型，利用掌握的资料，就可以进行定性或定量分析，预测供应链的需求状况。对预测结果再次征询专家意见，以检验预测结果，并进一步检验预测模型，分析预测误差，最终确定预测结果。

（5）将预测结果交付决策。通过以上步骤之后得到的预测结果即可交付决策者决策使用。

（二）预测的种类、方法论与流程

1. 预测的种类

（1）按预测时间长短分类。按预测时间的长短，预测可分为长期预测、中期预测和短期预测。事实上，不同方法制定的预测服务于不同的目的。

① 长期预测的预测时间通常超过 3 年，用于制定长期的计划与战略，用于预测生产线或部门的销售额、每个周期的生产能力等。这些预测可能远远超出了客户的需求以及涉及其他关键企业资源，如生产能力和期望的存货资产水平等。

② 中期预测的预测时间通常为 1 到 3 年。这种预测时间较短，不确定因素比较少，时间序列资料比较完整，预测结果能见度较高，预见性比较强，对市场商品供需变化趋势的测算、分析比较清楚，还能避免短期预测带来的某些局限性。中期预测在预测体系中是一种主要的基本形式，也是长期预测的具体化和短期预测的依据。

③ 短期预测对供应链需求的业务规划过程是最重要的。他们在几个月前进行需求预测，更加关注较短的时间间隔。短期预测需要预测出一定时期内实际物品的运送数量。

（2）按预测范围不同分类。按预测范围的不同，需求预测可分为宏观预测和微观预测。

① 宏观预测。宏观预测是指对整个国家或一个地区、一个部门技术经济发展前景的预测。它是以整个社会经济发展作为考察对象的，研究社会经济发展中各项有关指标的发展水平、发展速度、增长速度以及相互间结构、比例和影响的关系。

② 微观预测。微观预测是指对个别经济单位未来一定时期的产量、成本、工资、利润等度量指标的发展趋势或变化程度进行数量上的测算和估计。

2. 预测的方法论

预测从方法论上可以分为自顶向下方法和自底向上方法。

（1）自顶向下方法（Top-down Approach）。自顶向下方法也称分解法。例如，先展开全国层次的库存单位（SKU）预测，然后按照历史的销售模式把量分摊到各地。假设全国月度预测总计为 10000 个单位，厂商使用 3 个配送中心历史上所占份额分别为 40%、30%、30%，预计每个配送中心的预测值分别为 4000、3000、3000 个库存单位。预测部门必须根据实际情况选择最佳的方法。自顶向下方法对于稳定的需求环境或当需求水平在整个市场统一变化时是适合的。

（2）自底向上方法（Bottom-up Approach）。自底向上方法是一种分权化预测方法，每个配送中心可独立地展开预测。每一个预测都能更精确地跟踪和考虑在特定市场内的需求波动。然而，自底向上方法需要更详细的记录，并且更难与系统的需求因素相结合，如一次大型促销的影响。

预测部门可以从这两种方法中做出选择，可以结合两种方法的优点使用。自底向上方法需要详细跟踪，而自顶向下方法的比例分配有难度，因此需要综合考虑。

3. 有效的预测流程

供应链计划和协调要求尽可能准确估算各地区产品的各种品种的需求。虽然预测的结果很难保证未来实施后的结果完全一致，但是越来越多的企业正在实施综合预测流程，它综合各种数据、高级的数理统计技术和决策支持工具，以及经过培训的预测人员的优势，做出高质量的预测。

正常的供应链作业预测的时间一般是 1 年或以下，它取决于计划的预期用途。预测是以每天、每周、每月、每季、半年及年度为基础的，最常见的是每月。

首先，有效的预测流程由若干个部分组成，如图 2-1 所示，该图显示了这些组成部分及相互关系。预测过程的基础是预测数据库，它包括了订单、历史数据、战术、环境。其他如经济状况等环境因素也应考虑在内。为了有效地支持预测，数据库必须包括定时的历史与计划数据，它能够使数据的处理、概括、分析和报告更便利。这一特定的数据库要求满足灵活性、精确性、可维持性和及时性的要求。

图 2-1　有效的预测流程

其次，有效的预测过程必须开发一种支持用户需要（如财务、营销、销售、生产和物流等部门）的综合的和一致的预测。预测的用户特别要求精确的、一致的和详细及时的结果。

最后，有效的预测需要开发一个能结合预测技术、预测支持系统及预测组织与管理三个组成部分的流程。

（三）预测流程的组成

1. 预测技术

预测技术也常被称为预测方法。预测方法一般可分为定性预测法与定量预测法。但从原则上来讲，预测的对象和期限不同，所用的预测技术也不同。大体有三大类预测技术：直观法预测、外推法预测和因果法预测。在进行预测方法分类时，也经常将直观法预测列入定性预测法，将外推法预测与因果法预测列入定量预测法。

直观法预测采用专家意见和特殊的信息对未来进行预测，可能会考虑过去的情况，也可能对过去根本不予考虑；外推法预测则完全把注意力集中在历史模式和模式的变化上来进行预测；因果法预测，如回归方法，则是使用明确而又特定的有关变量的信息，来展开主导事件与预测活动之间的关系，从而推导出预测结果的。

（1）直观法。直观法是指主要靠人的经验和综合分析能力进行预测的方法。直观法预测主要依赖专家的意见，在缺少历史数据和需要做管理性判断的情况下，这类技术是理想的。例如，对新产品或新市场区域的预测常以销售人员提供的数据为基础进行。然而，直观法预测并不普遍用于对供应链需求的预测，因为它需要时间。直观法预测可以通过调查、座谈和协商会议等方式来展开。

（2）外推法。外推法是利用过去的资料来预测未来状态的方法。其最大优点是简单易行，只要有有关过去情况的可靠资料就可对未来做出预测；其缺点是撇开了从因果关系上去分析过去与未来之间的联系，因而长期预测的可靠性不高。外推法预测在短期和近期预测中用得较多。其中，常用的是时间序列法。

时间序列法是一种利用历史数据的统计方法，这些历史数据应当具有相对清楚而又稳定的关系和趋势。时间序列法主要用于识别这几种情况：由于季节性因素使数据发生的系统性变动，如周期模式、趋势值以及这些趋势的增长率。一旦确定各项预测成分，时间序列法就假定未来的变动类似于过去的变动，这意味着现有的需求模式将在未来得到延续。从短期来看，这种假设应该说是正确的。因此，这类方法最适合于做短期预测。这一方法适用于相当稳定的需求模式，否则，无法保证始终得出精确的预测。

时间序列法包括分析历史数据类型和动态的各种方法。根据具体特征，可以使用各种变化复杂的方法。典型的是移动平均法（又称移动平均预测法）、指数平滑法（又称指数平滑预测法）、外延平滑法（又称外延平滑预测法）、适应性平滑法（又称适应性平滑预测法）等。

（3）因果法。因果法是研究变量之间因果关系的一种定量预测方法。变量之间的因果关系通常有两类：一类是确定性关系，也称函数关系；另一类是不确定性关系，也称相关关系。因果法预测就是要找到变量之间的因果关系，据此预测未来。需求预测的因果法是基于市场营销活动中存在着的各种变量之间的因果联系而提出的。它包括一元线性回归、多元线性回归、一元非线性回归等多种模型。

【阅读材料】定性预测法与定量预测法

【微视频】定性预测法与定量预测法的应用场景

2. 预测支持系统

预测支持系统包括收集和分析数据、进行预测，以及把预测结果传送到相关人员和计划

系统的数据处理能力。它能对数据的维持和处理起到支持作用，并允许考虑外部的预测因素，如促销、罢市、价格变化、产品线变化、竞争对手的活动，以及经济条件等的影响。该系统的设计必须能够考虑这些变化。

例如，营销经理也许知道下一个月的促销计划有可能使销售量增加15%。然而，如果对下个月的预测数据很难进行改变，调整工作就不能进行。因此，一个有效的预测过程必须包括一个支持系统，能够维持、更新和处理历史的以及预测的数据库。虽然不难理解具备这种调整的能力是必要的，但是，对于在多重地点的成千个存储单元来说，也是很难进行操作的。不同存储单元与地点的组合意味着有成千数据点必须维持在一种有规则的基础之上。为了有效地实施这个功能，预测支持系统需要包括自动化的流程和处理例外情况的流程。

3. 预测组织与管理

预测组织与管理包括预测功能的组织结构、流程激发以及人事等方面的工作，并把它们与企业的其他功能相结合。组织方面涉及每个人的责任与权力，具体包括以下内容。

（1）谁负责开展预测？

（2）预测的精确性和表现如何衡量？

（3）预测表现如何影响工作表现的评估与奖励？

流程方面涉及每个人了解预测活动、信息系统和技术的相互影响，具体的问题包括以下内容。

（1）预测分析人员是否了解其活动是如何影响物流协调需求的？

（2）预测分析人员是否知道预测系统的能力，以及如何有效地使用这些能力？

（3）预测分析人员是否知道技术的差别？

在确定预测组织与管理的职能时，详细地回答这些问题是很重要的。如果这些问题不提出来，预测的责任和衡量往往很"松散"，导致缺乏相关责任人。

例如，如果营销、销售、生产和物流等部门都各自独立展开预测，就不存在综合预测，也不会有全面的责任性。如果要进行综合性的预测，应必须具体地明确各小组的预测责任，然后由他们负责具体的衡量。有效的预测组织与管理需要很好地明确组织上和程序上要考虑的因素。没有这些条件，即使有充足的预测技术和预测支持系统，整个预测过程也将缺乏最佳的表现。

二、需求预测相关内容

需求预测的主要工作是预测消费者或最终用户将要购买的产品数量。尽管需求预测是在整个供应链中制定的，但最重要的预测是初始需求预测。因为在真正实现一体化的供应链方案中，所有其他的需求将直接来源于初始需求，或者至少受其影响。供应链一体化管理的主要目标之一是促进所有的供应链决策实现预期的设定，同时满足市场初始需求。

（一）需求预测的特性

供应链中的需求可以分成相关需求和独立需求。相关需求是指某种物资的需求量与其他物资的需求量有直接的配套关系，当其他某种物资的需求量确定后，就可直接推算出来。企业内的各种在制品、零部件等都属于相关需求，如轮胎装配到汽车上，轮胎的需求取决于汽车的装配计划。相关需求关系可以分为垂直相关和水平相关两种。需求的垂直相关分为若干层次，如原材料供应商、零部件制造商、装配商和配送商等；而需求的水平相关则是指在每一种物资中包括的附属物、促销品等。

在相关需求中，基本物资的需求量最初是通过使用预测、存货状况的需求计划来确定的。例如，一旦采购或制造计划被确定，对零部件的需求便可以通过相关性直接进行计算，不需要分别进行预测。因此，零部件项目的预测可以直接产生于基本物资的预测。如果基本物资的需求发生了实质性的变化，那么就有必要调整零部件的需求。

独立需求是指某种物资的需求量是由外部市场决定的，与其他物资不存在直接的连带关系。例如，对冰箱的需求有可能与对牛奶的需求无关。所以，对牛奶进行的需求预测对冰箱的需求预测不起任何作用。独立需求物资包括大多数产成品形式的消费品和工业物资，对它们应单独进行预测。

预测既强调时间，也强调数据。然而，当存在从属需求时，预测者应该利用这种情况，仅预测基本物资的需求。通常来说，只要有可能，应尽量利用相关性。

（二）需求预测的组成及影响因素

供应链活动需要用预测数量进行计划和协调。这种预测一般是供应链中每一成员的月度数量或每周的数量。虽然这种预测数量一般体现为单一的数据，但是该数据实际上由六部分组成，包括基本需求量、季节因素影响量、趋势因素值、周期因素值、促销因素值和不确定因素值。

假定基本需求量是平均销售水平数量，而其他因素值则是进行了正负调整的指数乘以基本需求量，形成了预测的概念模型，如式（2-1）所示。

$$F_t = B_t + S_t + T + C_t + P_t + l \tag{2-1}$$

式中，F_t——时期 t 的预测数量；

B_t——时期 t 的基本需求量；

S_t——时期 t 的季节因素影响量；

T——趋势因素值，即每一时期的增减数量；

C_t——时期 t 的周期因素值；

P_t——时期 t 的促销因素值；

l——不确定因素值。

虽然预测不一定都包含以上所有的内容，但是了解每一项内容的特性，对于能够跟踪它们，并适当地结合进行预测是很有帮助的。各项内容的特征如下。

基本需求量是不考虑其他所有的因素时的数值。它预测的是没有季节因素、趋势因素、周期因素、促销因素等成分的数量。基本需求量用整个时期内的平均值表示。

季节因素影响量通常以年度为基础。例如，春节前玩具需求量较大，而在一年的前三个季度中需求量则相对较低。因此，可以说玩具的需求类型是在前三个季度中季节因素影响量较低，最后一个季度呈现季节因素影响量的峰值。当然，上述讨论的季节因素影响量是在零售层次。批发层次的季节因素影响量先于消费需求大约一个季度。对于整个时期（如月份）季节因素影响量的平均值为 1.0，但是，单个的月份季节因素影响量的范围可以是 0 ～ 1.2。如果季节因素影响量为 1.2，则表明预计销量高于平均销量的 20%。

趋势因素值定义为在一个时期内，销量的长期总趋势值。这种趋势值可以是正的、负的，也可以是正负不确定的。正的趋势值意味着销量随时间推移而增加，负的则表示销量随时间推移而减少。例如，出生率的下降意味着随之而来的一次性尿布的需求量将减少；由于人们的饮食习惯发生变化，啤酒消费从增长趋势变化到一种不确定的趋势。不像其他的预测成分，趋势因素值会在以后各期影响基本需求量。这种特殊的关系表现如式（2-2）所示。

$$B_{t+1} = B_t \times T \qquad\qquad (2\text{-}2)$$

式中， B_{t+1} ——在时期 $t+1$ 内的基本需求量；

B_t ——在时期 t 内的基本需求量；

T ——趋势因素值。

趋势因素值大于 1.0，意味着定期需求是增长的；而趋势因素值小于 1.0，则意味着下降趋势。

周期因素值的特点是其需求模式中的波动超过一年。这种周期因素值可以是上升的，也可以是下降的。例如，经济周期一般每隔 3 至 5 年有一次经济从衰退到扩张的波动，住房需求通常就与经济周期以及由此产生的电器产品的需求联系在一起。

促销因素值的特点是需求波动由厂商的市场营销活动引起，如广告、促销活动等。这种波动的特点是促销期间销售量增加，促销后期销售量下跌。促销可以是有规则的，也可以是不规则的。从预测的角度看，有规则的促销因素成分，它类似于季节因素成分；不规则的促销因素成分是在不同的时期内发生的，所以必须对它进行分别跟踪。促销因素成分对于跟踪消费品行业来说特别重要，因为它对销售量具有很大的影响。在某些行业中，促销销量甚至会占全年度销量的 50% ~ 80%。促销因素成分不同于其他预测成分，在很大程度上厂商可以在时间和规模上控制促销因素。

不确定因素值包括随机的或无法预计的、不适合归在其他类别的成分中的数量。由于它的随机性质，这种值不可能事先预计。在展开一项预测过程时，其目标是要通过跟踪和预计其他成分的数量，使随机成分的数量减少到最低程度。

（三）需求预测的原则

1. 惯性原则

所谓惯性，就是指事物发展变化主要受内因的作用，因而一个事物的过去、现在的状态会持续到将来。也就是说，随着时间的推移，事物的发展变化具有某种程度的持续性、连贯性，尽管未来的经济事件与现在会有差别，但是有许多方面与现在是相似的。惯性原则是时间序列分析法的主要依据。

2. 类推原则

所谓类推原则，即事物发展变化的因果关系原则。一切事物的存在、发展和变化都受有关因素的影响和制约。因此，事物存在结构和变化都有一定的模式。类推原理就是根据事物发展过程的结构和变化的模式和规律，推测未来事物的发展变化情况的。许多特性相近的事物，在其变化过程中，常常有相似之处。于是可以假设在有些情况下，事物之间的发展变化具有类似的地方，依此进行类比，可以由先发事物的变化进程与状况，推测后发类似事物的发展变化。将已知事物发展过程类推到预测对象上，对预测对象的前景进行预测。

3. 相关原则

根据不同事物（类别）之间的关联性，当了解（或假设）到已知的某个事物发生变化，根据其相关性推知另一个事物的变化趋势。最典型的相关有正相关和负相关，正相关的事物之间会有明显的促进作用，如人口增加，生活必需品也随之增加；负相关则可能造成事物之间相互制约，如家用塑料制品替代金属制品，当塑料制品增加时会造成金属制品的需求减少。

4. 概率推断原则

根据经验和历史，很多时候能大致预估一个事物发生的大致概率，根据这种可能性，采取对应措施。有时我们可以通过抽样设计和调查等科学方法来确定某种情况发生的可能性。通过研究各种不确定性因素发生不同变动幅度的概率分布及其对市场的需求进行判断。

5. 定性和定量分析相结合原则

在对供应链市场需求预测时，只要运用科学的定性分析和定量分析相结合的方法，对各种统计资料和信息情报进行分析研究，掌握它们之间相互作用的规律性和各种比例关系，运用适当的预测方法，就可以较好地预测未来市场的状态及发展趋势。

学习感悟

第一，预测是对未来的一种推测，预测结果本身具有不确定性。但我们不能因为预测结果的可能不准确就认为预测不重要，因为预测结果虽然很难做到准确，但其满足某种趋势，通过预测可统一供应链企业以及企业各部门的思想与认识，使供应链企业的经营目标明确。

第二，需求预测是企业经营组织活动的出发点，其他各部门的经营活动都将围绕着预测的需求进行组织。但由于预测的不准确性，各部门除了按照预测的需求进行组织经营，还需时时关注影响因素的变化，及时做出调整。

第三，需求预测受到的影响因素很多，包括基本需求、季节因素、趋势因素、周期因素、促销因素、不确定性因素。但一般而言，需求预测对大众化需求的预测往往更准确，而对个性化需求预测的准确性可能会相差较明显。

任务实训

1. 扫描右侧二维码进行在线测试。
2. 举例说明预测的基本步骤。
3. 举例说明需求预测的组成及影响因素。

在线测试 2.2

任务评价

评价类目	评价内容及标准	分值/分	自己评分	小组评分	教师评分
学习态度	✓ 全勤（5分）	10			
	✓ 遵守课堂纪律（5分）				
学习过程	➤ 能说出本次工作任务的学习目标，上课积极发言，积极回答问题（5分）	20			
	➤ 能够回答预测的内涵（5分）				
	➤ 能够回答预测的基本方法（5分）				
	➤ 能够说明时间序列对预测技术的意义（5分）				
学习结果	◆ "在线测试2.2"考评（4分×10=40分）	70			
	◆ "举例说明预测的基本步骤"考评（20分）				
	◆ "举例说明需求预测的组成及影响因素"考评（10分）				
合　计		100			
所占比例		100%	30%	30%	40%
综合评分					

知识拓展与技能实践

知识拓展

需求预测的一些注意事项

需求预测对供应链计划与运营具有重要的指导作用，这决定了进行预测是一项非常严谨与重要的工作，在进行预测的时候需要注意以下事项。

1. 预测数据的用途

首先，应该清楚预测数据的用途——它与企业的前瞻性规划和企业当前计划有何关系。其次，根据其用途，你需要选择预测类型：短期或长期、主动或被动、有条件或无条件等。

2. 产品的性质

下一个重要的考虑因素是你想要预测的产品的性质。想清楚产品是消费品还是生产性产品，易腐烂品还是耐用品，属于最终需求还是中间需求，属于新需求还是替代需求。例如，对基础化学品等中间产品的需求来自对洗涤剂等成品的最终需求，在预测基础化学品需求的时候，分析洗涤剂需求的性质变得至关重要。与最终产品相比，通过广告或价格进行促销所引起的需求的变动要小很多。

时间因素同样是需求预测的关键决定因素。新鲜蔬菜和水果等易腐烂的商品必须在有限的时间内完成销售，这就需要更加精准的需求预测。如果有完善的存储设施，那么商家也可以根据可用性、采购和销售价格的变化调整需求。

3. 需求的决定因素

一旦确定了预测的产品的性质，下一个任务就是找到产品需求的决定因素。根据产品的性质和预测的性质，不同的决定因素在不同的需求函数中具有不同程度的重要性。

除了价格和收入因素，包括自己的价格、相关价格、自己的可支配收入、相关收入、广告成本、价格预期等，还必须考虑社会心理因素，特别是影响需求的人口、社会学和心理因素。如果不考虑这些因素，就不能进行准确的长期需求预测。

人口规模、年龄构成、家庭和单位的位置、性别构成等，这些都对需求产生不同程度的影响。如果出生的婴儿更多，对玩具的需求就会增加；如果更多的年轻人结婚，对家具的需求就会更多；如果更多的老人存活下来，对药品的需求就会增加。同样，买家的心理——他的需求、社会地位、示范效应等也会影响需求。在预测时，务必不能忽略这些因素。

4. 决定因素分析

找出需求的决定因素之后，还需要对这些决定因素进行分析。在对需求统计函数的分析中，习惯上将解释性因素分为趋势因素（影响长期需求）、周期性因素（对需求的影响是周期性的）、季节性因素（与周期性因素相比，季节性因素更加确定，因为它的发生是有规律的）、随机因素（由于性质不稳定而造成的干扰性因素，它们的运作和效果是无序的，难以预测）。

决定因素的重要程度，取决于它是经济体的总需求还是行业的需求，是企业的需求还是消费者的需求。此外，对于长期需求预测，趋势因素更加重要；对于短期需求预测，周期性和季节性因素就更加重要一些。

5. 预测技术选择

这是一个非常重要的步骤。你需要从各种需求预测技术中选择一种适合企业现状的技术。根据不同产品的性质，不同的预测技术适用于预测不同产品的需求。在某些情况下，也可以同时使用多种技术。但是，技术的选择必须是合乎逻辑和适合企业现状的，因为这是一个非常关键的选择。预测数据的准确性和相关性在很大程度上取决于所需的准确性、预测的参考期、需求函数中假设的关系的复杂性、预测行为的可用时间、预测的成本预算大小等。

6.测试准确性

这是需求预测的最后一步。有多种方法可用于测试给定预测中的统计准确性。这样做是为了避免或者减少误差范围，从而提高其对于现实决策的有效性。

技能实践

以小组为单位调查某一经营单位或部门的年初销售计划与年终完成情况。通过比较，分析预测与完成情况的差距，了解其所采用的预测方法，听取相关人员对产生差距的原因分析。具体要求如下。

（1）记录预测与完成情况的相关数据，并进行整理。

（2）与小组人员讨论不同预测方法可能产生的误差。

（3）讨论如何改进预测方法。

任务三　供应链需求数据分析

学习指南

任务清单

工作任务	供应链需求数据分析		
建议学时	4学时		
任务描述	本任务主要学习移动平均预测法、指数平滑预测法、回归分析预测法的基本原理，能进行这三种预测方法的实操，学会基本的规划工具的使用，理解并能对供应链需求进行正确预测，能根据不同场景选用不同预测方法进行预测		
学习目标	知识目标	1.掌握移动平均预测法的基本原理与数据分析处理 2.掌握指数平滑预测法的基本原理与数据分析处理 3.掌握回归分析预测法的基本原理与数据分析处理	
	能力目标	1.具备使用Excel表格分析需求预测的能力 2.具备选择不同供应链需求分析预测技术的能力 3.具备判断与分析不同预测模型优劣的能力	
	素质目标	1.具备正确看待不同部门预测结果差异的职业态度 2.具备对商业数据保密的意识 3.具备根据经营环境变化进行调整的意识	
	思政目标	通过对供应链需求预测技术的学习，培养学生的数据修养，遵循规律、注重实践及实事求是的精神，以及遵守职业规范的意识	
关键词	移动平均预测法　指数平滑预测法　回归分析预测法		

知识树

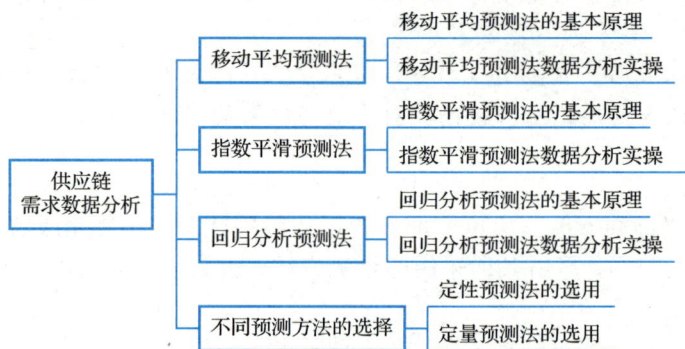

任务引入

任务背景

某服装企业在新品上市前需要对市场需求进行预测。首先，该企业可以通过对市场进行调研，了解消费者的消费习惯、购买力和偏好等信息，从而对市场需求有所把握；其次，该企业可以通过历史销售数据和市场趋势来进行分析，以便更准确地预测未来的需求；最后，该企业可以借助专业的市场咨询公司或者专家来进行需求预测，以获取更专业的意见和建议。

在需求预测过程中，企业需要充分利用现代科技手段，如大数据分析、人工智能等技术，来提高预测的准确性和精准度。通过对海量数据的分析和挖掘，企业可以更好地把握市场的变化和趋势，从而更准确地进行需求预测。

除此之外，企业还需要不断改进和完善需求预测的方法和体系，以适应市场的变化和发展。企业可以建立起一套科学的需求预测模型，不断优化和调整模型参数，以提高预测的准确性和可靠性。同时，企业还可以通过与供应商和经销商合作，共同进行需求预测，以获取更全面和准确的信息。

任务目标

1. 获取海量数据是运用预测技术的重要前提，那么，该如何获取海量的数据呢？
2. 常用的需求预测模型有哪些？模型中的参数该如何调整？

任务实施

知识必备

一、移动平均预测法

（一）移动平均预测法的基本原理

移动平均（Moving Average）预测法是假设未来的状况与较近时期有关，而与更早的时期关系不大，使用的是最近时期销售量的平均值的预测方法。一般情况下，如果考虑过去几个月的数据，则取前几个月数据的平均值。该平均值可以包括数值的多种前期时间，最常见的是一期、二期、三期、四期和十二期。一期移动平均通过上一期数值进行预计产生下一期的预测值；十二期的移动平均使用的是前十二期的平均值。每一次可能得到一个新时期的实际数据，用它来替代最老一个时期的数据。因此，包括在平均值里的时期次数被看作是一个常数。

尽管移动平均值很容易计算，但对它们有几个条件限制。其中最重要的是，它们对变化反应迟钝或行动迟缓，而且必须维持和更新大量的历史数据来计算预测。除了基本需求因素，移动平均值不考虑前面所讨论的其他预测成分。

为了部分地克服以上缺陷，引入了加权移动平均，以此作为一种更精确的方法，该权数更强调最新的观测数值。指数平滑代表了加权移动平均的一种形式。

1. 一次移动平均预测模型

一次移动平均预测模型是将观察期的数据由远而近按一定跨越期进行一次移动平均，以最后一个移动平均值为确定预测值建立模型，一般用公式表示，如式（2-3）所示。

$$\hat{y}_{t+1} = M_t^{(1)} = \frac{y_t + y_{t-1} + \cdots + y_{t-N+1}}{N} \tag{2-3}$$

式中，t——时期序号；

$M_t^{(1)}$——第 t 时期一次移动平均值；

y_t——第 t 时期的实际值；

$\hat{y}_{t+1}$——第 $t+1$ 时期的预测值；

N——计算移动平均值所选定的数据个数。

2. 二次移动平均预测模型

二次移动平均预测模型是将对一次移动平均值进行第二次移动平均，再以一次移动平均值和二次移动平均值为基础建立预测模型，计算预测值的公式如式（2-4）至式（2-7）所示。

$$\hat{y}_{t+T} = a_t + b_t T \tag{2-4}$$

$$a_t = 2M_t^{(1)} - M_t^{(2)} \tag{2-5}$$

$$b_t = \frac{2}{N-1}(M_t^{(1)} - M_t^{(2)}) \tag{2-6}$$

$$M_t^{(2)} = \frac{M_t^{(1)} + M_{t-1}^{(1)} + \cdots + M_{t-N+1}^{(1)}}{N} \tag{2-7}$$

式中，$\hat{y}_{t+T}$——$t+T$ 时期的预测值；

T——由目前时期 t 到预测 $t+T$ 时期的时间间隔；

$M_t^{(2)}$——第 t 时期二次移动平均值；

a_t——线性模型的截距；

b_t——线性模型的斜率。

【微视频】二次移动平均
预测模型的注意事项

3. 预测误差

为了检验预测的准确度，可通过确定预测误差为决策提供可靠的依据。预测误差产生的原因是多方面的，有随机性误差与系统性误差之分。随机性误差是指由于预测变量本身的随

机性，因而产生的实际值（观测值）与预测值（期望值）之间的偏差。

为了判断预测的准确程度，通常采用绝对误差与相对误差进行预测结果的可靠性分析。

【阅读材料】预测的误差分类

（1）绝对误差。绝对误差是实际值（观测值）与预测值（期望值）的绝对差距（偏差）。平均绝对误差又叫平均绝对离差，是所有单个绝对误差的绝对值的平均值。平均绝对误差可以避免误差相互抵消的问题，因而可以准确反映实际预测误差的大小。绝对误差既指明误差的大小，又指明其正负方向，准确表示偏离的实际大小。绝对误差值的计算公式如式（2-8）所示。

$$绝对误差值 = 预测值 - 实际值 \tag{2-8}$$

（2）相对误差。相对误差是绝对差距相对于实际值（观测值）的百分比。平均相对误差是所有单个相对误差的平均值。一般来说，相对误差更能反映测量的可信程度。相对误差值的计算公式如式（2-9）所示，平均相对误差值的计算公式如式（2-10）所示。

$$相对误差值 = \frac{预测值 - 实际值}{实际值} \times 100\% \tag{2-9}$$

$$平均相对误差值 = 单个相对误差的平均值 \tag{2-10}$$

（二）移动平均预测法数据分析实操

【实操任务 2-1】点石智能设备制造公司是专门从事矿山采选设备的生产企业，设备单价比较高，因此公司库存量很低。为了满足客户需求，准确预测需求变化成了公司的一项重要工作内容。每次为了准确预测未来需求，公司都将组织供应、生产、销售等各部门一起对下个月的需求进行预测，并同时对接下来三个月的需求情况进行预测。当预测结果确定之后，各部门将根据预测数据组织采购、生产、销售等工作。现已经统计出前 9 个月每月销售的设备数量，如表 2-2 所示。

表 2-2　1—9 月销售的设备数量

月份	1	2	3	4	5	6	7	8	9
销售量/台	122	134	131	140	143	151	148	159	157

任务要求：

（1）用一次移动平均预测法确定点石智能设备制造公司下月（即 10 月）采选设备的需求预测值（$N=4$）。

（2）用二次移动平均预测法确定点石智能设备制造公司 10—12 月采选设备的需求预测值（$N=4$，$t=9$）。

（3）比较 $N=4$ 与 $N=3$ 条件下，采用一次移动平均预测法时哪个预测值更精确。

1. 实操任务分析

根据任务要求，可将需求预测任务分解为以下三个问题。

（1）利用一次移动平均预测法预测在 $N=4$ 条件下计算第 10 个月的销售数量；

（2）利用二次移动平均预测法预测在 $N=4$、$t=9$ 条件下第 10—12 月每月的销售数量；

（3）比较在 $N=3$、$N=4$ 条件下，采用一次移动平均预测法时哪个预测值更精确，从而选定 N 值及相应的需求预测值作为决策依据。

2. 实操步骤

（1）一次移动平均预测法。根据一次移动平均预测模型的公式，利用 Excel 表格构建如图 2-2 所示的求解框架。

【阅读材料】移动平均预测法求解说明

	A	B	C	D	E	F	G	H	I	J
1	月份	1	2	3	4	5	6	7	8	9
2	销售量/台	122	134	131	140	143	151	148	159	157
3										
4	月份	T	销售量y_t	$M_t^{(1)}$, N=4	$\hat{y}_{t+1}$, N=4					
5	1		122							
6	2		134							
7	3		131							
8	4		140							
9	5		143							
10	6		151							
11	7		148							
12	8		159							
13	9		157							
14	10	1								
15	11	2								
16	12	3								

图 2-2　一次移动平均预测法求解框架

① 求解一次移动平均值 $M_t^{(1)}$。

根据公式 $M_t^{(1)} = \dfrac{y_t + y_{t-1} + \cdots + y_{t-N+1}}{N}$ 可知，当 N=4 时，4 月的移动平均值即是求 1—4 月 4 个月的平均值，则

$$M_t^{(1)} = \frac{122+134+131+140}{4} = 131.750$$

在表格单元格 D8 中运用函数 "=AVERAGE（C5:C8）" 即可求出，如图 2-3 所示。

	A	B	C	D	E	F	G	H	I	J
1	月份	1	2	3	4	5	6	7	8	9
2	销售量/台	122	134	131	140	143	151	148	159	157
3										
4	月份	T	销售量y_t	$M_t^{(1)}$, N=4	$\hat{y}_{t+1}$, N=4					
5	1		122							
6	2		134							
7	3		131							
8	4			=AVERAGE(C5:C8)						
9	5		143	AVERAGE(**number1**, [number2], ...)						
10	6		151							
11	7		148							
12	8		159							
13	9		157							
14	10	1								
15	11	2								
16	12	3								

图 2-3　移动平均值求解

同理，求其他月份的移动平均值，如图 2-4 所示的 D 列。9 月的移动平均值显示在如图 2-4 所示的 D13 单元格中。

	A	B	C	D	E	F	G	H	I	J
1	月份	1	2	3	4	5	6	7	8	9
2	销售量/台	122	134	131	140	143	151	148	159	157
3										
4	月份	T	销售量y_t	$M_t^{(1)}$, N=4	$\hat{y}_{t+1}$, N=4					
5	1		122							
6	2		134							
7	3		131							
8	4		140	131.750						
9	5		143	137.000						
10	6		151	141.250						
11	7		148	145.500						
12	8		159	150.250						
13	9		157	153.750						
14	10	1								
15	11	2								
16	12	3								

图 2-4　一次移动平均预测法求解预测值（1）

② 求解预测值 $\hat{y}_{t+1}$，即求解 10 月的预测值。9 月的移动平均值为 153.750，作为它的下一期，10 月（即第 10 期）的预测值为 $\hat{y}_{10} = \hat{y}_{9+1} = M_9^{(1)} = 153.750$，如图 2-5 所示的 E14 单元格。

	A	B	C	D	E	F	G	H	I	J
1	月份	1	2	3	4	5	6	7	8	9
2	销售量/台	122	134	131	140	143	151	148	159	157
3										
4	月份	T	销售量y_t	$M_t^{(1)}$, N=4	$\hat{y}_{t+1}$, N=4					
5	1		122							
6	2		134							
7	3		131							
8	4		140	131.750						
9	5		143	137.000	131.750					
10	6		151	141.250	137.000					
11	7		148	145.500	141.250					
12	8		159	150.250	145.500					
13	9		157	153.750	150.250					
14	10	1			153.750					
15	11	2								
16	12	3								

图 2-5　一次移动平均预测法求解预测值（2）

因此，采用一次移动平均预测法，在 $N=4$ 条件下预测 10 月的销售量为 153.750 台，如果需要采用此数据，可取整为 154 台。

（2）二次移动平均预测法。根据二次移动平均预测模型的公式，继续构建如图 2-6 所示的求解框架。

【微视频】一次移动平均
预测法求解的求解过程

	A	B	C	D	E	F	G	H	I	J
1	月份	1	2	3	4	5	6	7	8	9
2	销售量/台	122	134	131	140	143	151	148	159	157
3										
4	月份	T	销售量y_t	$M_t^{(1)}$, N=4	$\hat{y}_{t+1}$, N=4	$M_t^{(2)}$, N=4	a_t, N=4	b_t, N=4	$\hat{y}_{t+T}$, t=9	
5	1		122							
6	2		134							
7	3		131							
8	4		140	131.750						
9	5		143	137.000	131.750					
10	6		151	141.250	137.000					
11	7		148	145.500	141.250					
12	8		159	150.250	145.500					
13	9		157	153.750	150.250					
14	10	1			153.750					
15	11	2								
16	12	3								

图 2-6　二次移动平均预测法求解框架

① 根据公式 $M_t^{(2)} = \dfrac{M_t^{(1)} + M_{t-1}^{(1)} + \cdots + M_{t-N+1}^{(1)}}{N}$，在一次移动平均值的基础上求解二次移动平均值 $M_t^{(2)}$。

② 根据公式 $a_t = 2M_t^{(1)} - M_t^{(2)}$，　$b_t = \dfrac{2}{N-1}(M_t^{(1)} - M_t^{(2)})$ 求出线性模型截距 a_t、斜率 b_t。

③ 根据公式 $\hat{y}_{t+T} = a_t + b_t T$，可求解 $t=9$ 条件下 $t+T$ 期的预测值。即

$$\hat{y}_{9+1} = \hat{y}_{10} = a_9 + b_9 \times 1$$

$$\hat{y}_{9+2} = \hat{y}_{11} = a_9 + b_9 \times 2$$

$$\hat{y}_{9+3} = \hat{y}_{12} = a_9 + b_9 \times 3$$

在 Excel 表格中求解。可以看出，求解 10—12 月的预测值都要用到单元格 G13、H13 的值，因此可用绝对地址 $G$13、$H$13 引用单元格中的值，也可逐个引用。10 月的二次移动平均预测值的求解如图 2-7 所示中的 I14 单元格。

	A	B	C	D	E	F	G	H	I	J
1	月份	1	2	3	4	5	6	7	8	9
2	销售量/台	122	134	131	140	143	151	148	159	157
3										
4	月份	T	销售量y_t	$M_t^{(1)}$, N=4	$\hat{y}_{t+1}$, N=4	$M_t^{(2)}$, N=4	a_t, N=4	b_t, N=4	$\hat{y}_{t+T}$, t=9	
5	1		122							
6	2		134							
7	3		131							
8	4		140	131.750						
9	5		143	137.000	131.750					
10	6		151	141.250	137.000					
11	7		148	145.500	141.250	138.875	152.125	4.417		
12	8		159	150.250	145.500	143.500	157	4.500		
13	9		157	153.750	150.250	147.688	159.813	4.042		
14	10	1			153.750				=G13+H13*B14	
15	11	2								
16	12	3								

图 2-7　10 月的二次移动平均预测值的求解

采用同样的方法可求出 11 月、12 月的预测值，其结果如图 2-8 所示。

	A	B	C	D	E	F	G	H	I	J
1	月份	1	2	3	4	5	6	7	8	9
2	销售量/台	122	134	131	140	143	151	148	159	157
3										
4	月份	T	销售量y_t	$M_t^{(1)}$, N=4	$\hat{y}_{t+1}$, N=4	$M_t^{(2)}$, N=4	a_t, N=4	b_t, N=4	$\hat{y}_{t+T}$, t=9	
5	1		122							
6	2		134							
7	3		131							
8	4		140	131.750						
9	5		143	137.000	131.750					
10	6		151	141.250	137.000					
11	7		148	145.500	141.250	138.875	152.125	4.417		
12	8		159	150.250	145.500	143.500	157	4.500		
13	9		157	153.750	150.250	147.688	159.813	4.042		
14	10	1			153.750				163.854	
15	11	2							167.896	
16	12	3							171.938	

图 2-8　11 月、12 月的二次移动平均预测值的求解

10—12 月预测值的数据引用关系如图 2-9 所示。

	A	B	C	D	E	F	G	H	I	J	K
4	月份	T	销售量y_t	$M_t^{(1)}$,N=4	$\hat{y}_{t+1}$,N=4	$M_t^{(2)}$,N=4	a_t,N=4	b_t,N=4	$\hat{y}_{t+\tau}$,t=9		
5	1		122								
6	2		134								
7	3		131								
8	4		140	131.750							
9	5		143	137.000	131.750						
10	6		151	141.250	137.000						
11	7		148	145.500	141.250	138.875	152.125	4.417			
12	8		159	150.250	145.500	143.500	157	4.500			
13	9		157	153.750	150.250	147.688	159.813	4.042			
14	10	1			153.750				163.854	←G13+H13*B14	
15	11	2							167.896	←G13+H13*B15	
16	12	3							171.938	←G13+H13*B16	

图 2-9　10—12 月预测值的数据引用关系

结论：在 N=4、t=9 条件下，用二次移动平均预测法预测 10—12 月的销售数量分别是 163.854 台、167.896 台、171.938 台，取整即 164 台、168 台、172 台。

【微视频】二次移动平均预测法的求解过程

（3）求解误差值的步骤。

① 求解 N=4、N=3 约束条件下每期预测值，见图 2-10 中的 D 列、H 列。

② 求解 N=4、N=3 约束条件下每期绝对误差值，见图 2-10 中的 E 列、I 列。

③ 求解 N=4、N=3 约束条件下每期相对误差值，见图 2-10 中的 F 列、J 列。

④ 求解各约束条件下每期平均绝对误差值、平均相对误差值。

	A	B	C	D	E	F	G	H	I	J
5	月份t	销售量y_t	$M_t^{(1)}$,N=4	$\hat{y}_{t+1}$,N=4	绝对误差值,N=4	相对误差值,N=4	$M_t^{(1)}$,N=3	$\hat{y}_{t+1}$,N=3	绝对误差值,N=3	相对误差值,N=3
6	1	122.000								
7	2	134.000								
8	3	131.000					129.000			
9	4	140.000	131.750				135.000	129.000	11.000	7.857%
10	5	143.000	137.000	131.750	11.250	7.867%	138.000	135.000	8.000	5.594%
11	6	151.000	141.250	137.000	14.000	9.272%	144.667	138.000	13.000	8.609%
12	7	148.000	145.500	141.250	6.750	4.561%	147.333	144.667	3.333	2.252%
13	8	159.000	150.250	145.500	13.500	8.491%	152.667	147.333	11.667	7.338%
14	9	157.000	153.750	150.250	6.750	4.299%	154.667	152.667	4.333	2.760%
15	10			153.750				154.667		
16		平均误差值			10.450	6.898%			8.067	5.311%

图 2-10　平均误差值求解

当 N=4 时，平均绝对误差值 =10.450，平均相对误差值 =6.898%。

当 N=3 时，平均绝对误差值 =8.067，平均相对误差值 =5.311%。

⑤ 比较平均绝对误差值、平均相对误差值。

从图 2-10 中可以看出，当 N=4 时，平均绝对误差值、平均相对误差值相比于 N=3 条件下的值都较大。在该例中，取 N=3 优于 N=4，建议采用 N=3 条件下的预测值 154.667，即 155 台。

二、指数平滑预测法

（一）指数平滑预测法的基本原理

指数平滑预测法最早由美国的罗伯特·G. 布朗（Robert G. Brown）提出。他认为时间序列的态势具有稳定性或规则性，所以时间序列可被合理地顺势推延。他认为最近的过去态势在某种程度上会持续到未来，所以将较大的权数放在最近的资料数据里。

　　指数平滑预测法是在移动平均法的基础上发展起来的一种时间序列分析预测法。它是通过计算指数平滑值，配合一定的时间序列预测模型对现象的未来进行预测。其原理是任一期的指数平滑值都是本期实际观察值与前一期指数平滑值的加权平均。

　　指数平滑预测法是生产预测中常用的一种方法，常用于中短期经济发展趋势预测。指数平滑预测法根据平滑次数的不同，又分为一次指数平滑预测法、二次指数平滑预测法等。

　　指数平滑预测法实际上是一种特殊的加权移动平均法，其特点如下。

　　（1）指数平滑预测法进一步加强了观察期近期观察值对预测值的作用，对不同时间的观察值所赋予的权数不等，加大了近期观察值的权数，使预测值能够迅速反映市场实际的变化。权数之间按等比级数减少，此级数首项为加权系数 α，公比为 $1-\alpha$。

　　（2）指数平滑预测法对于观察值所赋予的权数有伸缩性，可以取不同的 α 值，以改变权数的变化速率。如 α 取小值，则权数变化较迅速，观察值的新近变化趋势能迅速地反映于指数移动平均值中。

　　因此，运用指数平滑预测法，可以选择不同的 α 值来调节时间序列观察值的均匀程度，即趋势变化的平稳程度。这里，我们主要介绍一次、二次指数平滑预测模型。

1. 一次指数平滑预测模型

一次指数平滑的预测模型如式（2-11）所示。

$$\hat{y}_{t+1} = S_t^{(1)} = \alpha y_t + (1-\alpha)S_{t-1}^{(1)} \tag{2-11}$$

式中，　$S_t^{(1)}$——第 t 时期一次指数平滑值；

　　　　α——加权系数，也称平滑常数；

　　　　y_t——第 t 时期的实际观察数据。

从模型公式的含义不难理解，以 α 值为权重的本期实际值与以（$1-\alpha$）值为权重的上期指数平滑值的乘积之和，即为本期的指数平滑值，它也是下期的预测值。

2. 二次指数平滑预测模型

二次指数平滑是对一次指数平滑的再平滑，它适用于具有线性趋势的时间数列。其预测模型如式（2-12）至式（2-16）所示。

$$\hat{y}_{t+T} = a_t + b_t T \tag{2-12}$$

$$a_t = 2S_t^{(1)} - S_t^{(2)} \tag{2-13}$$

$$b_t = \frac{\alpha}{1-\alpha}(S_t^{(1)} - S_t^{(2)}) \tag{2-14}$$

$$S_t^{(1)} = \alpha y_t + (1-\alpha)S_{t-1}^{(1)} \tag{2-15}$$

$$S_t^{(2)} = \alpha S_t^{(1)} + (1-\alpha)S_{t-1}^{(2)} \tag{2-16}$$

式中，　$\hat{y}_{t+T}$——$t+T$ 时期的预测值；

　　　　t——时序，即时期序号；

　　　　T——预测期，即由目前时期 t 到预测 $t+T$ 时期的时间间隔；

　　　　$S_t^{(2)}$——第 t 时期二次指数平滑值；

　　　　a_t，b_t——平滑系数。

【阅读材料】外延平滑法与适应性平滑法

（二）指数平滑预测法数据分析实操

【实操任务 2-2】 通达能物流运输公司是点石智能设备制造公司的长期合作伙伴，这些年的运输业务量增长稳定。点石智能设备制造公司为了保证通达能物流运输公司能可靠地承担运输业务，对其运输能力开始进行评估，需要对通达能物流运输公司的运输能力做出预测。通过走访调研，了解到其近年来的运输量如表 2-3 所示。

表 2-3　通达能物流运输公司近年来的运输量

年份	—	2016	2017	2018	2019	2020	2021	2022	2023
时序	0	1	2	3	4	5	6	7	8
运输量／千吨	—	235	341	490	710	770	816	850	1230

任务要求：用一次、二次指数平滑预测法分别预测 2024 年、2024—2026 年通达能物流运输公司的运输量（α=0.3）。

具体实操步骤如下。

（1）一次指数平滑预测值求解。根据一次指数平滑预测模型公式，构建如图 2-11 所示的求解框架。

【阅读材料】指数平滑预测法实操步骤

图 2-11　一次指数平滑预测值求解框架

① 求解一次指数平滑值 $S_t^{(1)}$。根据公式 $S_t^{(1)} = \alpha y_t + (1-\alpha)S_{t-1}^{(1)}$ 可求出 $S_t^{(1)}$。第 1 期的指数平滑值 $S_1^{(1)} = 0.3 y_1 + (1-0.3)S_0^{(1)}$，在 Excel 表格中实现，如图 2-12 中单元格 E7 中的公式。

图 2-12　求解一次指数平滑值（1）

这里需要说明的是，时序 1 月上期的平滑值、本期的预测值 $S_0^{(1)}$ 未知，可取第一期的实际值，或前几期的平均值，或视具体情况确定一个第 0 期的平滑值，也就是第 1 期的预测值。本例中，将第 1 期的实际值作为第 0 期的平滑值。

同理，可求出其他时期的平滑值，如图 2-13 中的 E 列所示。

	A	B	C	D	E	F
5	年份	时序 t	预测期 T	运输量 y_t	$S_t^{(1)}$,α=0.3	$\hat{y}_t$,α=0.3
6		0			235.000	
7	2016	1		235	235.000	
8	2017	2		341	266.800	
9	2018	3		490	333.760	
10	2019	4		710	446.632	
11	2020	5		770	543.642	
12	2021	6		816	625.350	
13	2022	7		850	692.745	
14	2023	8		1230	853.921	
15	2024		1			
16	2025		2			
17	2026		3			

图 2-13　求解一次指数平滑值（2）

② 求解预测值 $\hat{y}_{t+1}$。求解 2024 年的预测值，从时序来看就是第 9 期。2023 年的一次指数平滑值为 853.921，即作为它的下一期，则 2024 年的预测值：$\hat{y}_9 = \hat{y}_{8+1} = S_8^{(1)} = 853.921$，如图 2-14 中的 F15 单元格所示。

	A	B	C	D	E	F
5	年份	时序 t	预测期 T	运输量 y_t	$S_t^{(1)}$,α=0.3	$\hat{y}_t$,α=0.3
6		0			235.000	
7	2016	1		235	235.000	
8	2017	2		341	266.800	
9	2018	3		490	333.760	
10	2019	4		710	446.632	
11	2020	5		770	543.642	
12	2021	6		816	625.350	
13	2022	7		850	692.745	
14	2023	8		1230	853.921	
15	2024		1			853.921
16	2025		2			
17	2026		3			

【微视频】一次指数平滑预测求解的具体过程

图 2-14　求解预测值

（2）二次指数平滑预测值求解。根据二次指数平滑预测模型公式，构建如图 2-15 所示的求解框架。

	A	B	C	D	E	F	G	H	I	J	K
1	年份		2016	2017	2018	2019	2020	2021	2022	2023	2024
2	时序	0	1	2	3	4	5	6	7	8	9
3	运输量/千吨		235	341	490	710	770	816	850	1230	
4											
5	年份	时序 t	预测期 T	运输量 y_t	$S_t^{(1)}$,α=0.3	$\hat{y}_t$,α=0.3	$S_t^{(2)}$,α=0.3	a_t	b_t	$\hat{y}_{t+T}$,t=8	
6		0			235.000						
7	2016	1		235	235.000	235.000					
8	2017	2		341	266.800	235.000					
9	2018	3		490	333.760	266.800					
10	2019	4		710	446.632	333.760					
11	2020	5		770	543.642	446.632					
12	2021	6		816	625.350	543.642					
13	2022	7		850	692.745	625.350					
14	2023	8		1230	853.921	692.745					
15	2024		1			853.921					
16	2025		2								
17	2026		3								

图 2-15　二次指数平滑预测值求解框架

① 根据公式 $S_t^{(2)} = \alpha S_t^{(1)} + (1-\alpha)S_{t-1}^{(2)}$，在一次指数平滑值的基础上求解二次指数平滑值 $S_t^{(2)}$。

② 根据公式 $a_t = 2S_t^{(1)} - S_t^{(2)}$，$b_t = \dfrac{\alpha}{1-\alpha}(S_t^{(1)} - S_t^{(2)})$ 求出线性模型截距 a_t、斜率 b_t。

③ 根据公式 $\hat{y}_{t+T} = a_t + b_t T$，求解 $t=8$ 条件下 $t+T$ 期的预测值，即

$$\hat{y}_{8+1} = \hat{y}_9 = a_8 + b_8 \times 1$$

$$\hat{y}_{8+2} = \hat{y}_{10} = a_8 + b_8 \times 2$$

$$\hat{y}_{8+3} = \hat{y}_{11} = a_8 + b_8 \times 3$$

在 Excel 表格中求解也可应用绝对地址。2024 年的二次指数平滑预测值求解公式如图 2-16 中的 J15 单元格所示。

	A	B	C	D	E	F	G	H	I	J	K
1	年份		2016	2017	2018	2019	2020	2021	2022	2023	
2	时序	0	1	2	3	4	5	6	7	8	
3	运输量/千吨		235	341	490	710	770	816	850	1230	
4											
5	年份	时序t	预测期T	运输量y_t	$S_t^{(1)}$,α=0.3	$\hat{y}_t$,α=0.3	$S_t^{(2)}$,α=0.3	a_t	b_t	$\hat{y}_{t+T}$.t=8	
6					235.000		235.000				
7	2016	1		235	235.000	235.000	235.000	235.000	0.000		
8	2017	2		341	266.800	235.000	244.540	289.060	9.540		
9	2018	3		490	333.760	266.800	271.306	396.214	26.766		
10	2019	4		710	446.632	333.760	323.904	569.360	52.598		
11	2020	5		770	543.642	446.632	389.825	697.459	65.922		
12	2021	6		816	625.350	543.642	460.483	790.217	70.657		
13	2022	7		850	692.745	625.350	530.161	855.328	69.679		
14	2023	8		1230	853.921	692.745	627.289	1080.553	97.128		
15	2024		1		853.921					=$H$14+$I$14*C15	
16	2025		2								
17	2026		3								

图 2-16　求解二次指数平滑预测值（1）

同样方法可求出 2025 年、2026 年的预测值，2024—2026 年三年的预测值分别为 1177.681、1274.809、1371.937，如图 2-17 中的 J15:J17 单元格所示。

	A	B	C	D	E	F	G	H	I	J
1	年份		2016	2017	2018	2019	2020	2021	2022	2023
2	时序	0	1	2	3	4	5	6	7	8
3	运输量/千吨		235	341	490	710	770	816	850	1230
4										
5	年份	时序t	预测期T	运输量y_t	$S_t^{(1)}$,α=0.3	$\hat{y}_t$,α=0.3	$S_t^{(2)}$,α=0.3	a_t	b_t	$\hat{y}_{t+T}$.t=8
6					235.000		235.000			
7	2016	1		235	235.000	235.000	235.000	235.000	0.000	
8	2017	2		341	266.800	235.000	244.540	289.060	9.540	
9	2018	3		490	333.760	266.800	271.306	396.214	26.766	
10	2019	4		710	446.632	333.760	323.904	569.360	52.598	
11	2020	5		770	543.642	446.632	389.825	697.459	65.922	
12	2021	6		816	625.350	543.642	460.483	790.217	70.657	
13	2022	7		850	692.745	625.350	530.161	855.328	69.679	
14	2023	8		1230	853.921	692.745	627.289	1080.553	97.128	
15	2024		1		853.921					1177.681
16	2025		2							1274.809
17	2026		3							1371.937

图 2-17　求解二次指数平滑预测值（2）

【微视频】二次指数平滑预测求解的具体过程

三、回归分析预测法

（一）回归分析预测法的基本原理

回归分析（Regression Analysis，RA）预测法就是从经济社会现象之间的相互关系出发，通过对与预测对象有联系的现象的变动趋势进行分析，推算预测对象未来状态数量表现的一种预测方法。回归分析预测法是确定两种或两种以上变量间相互依赖的定量关系的一种统计分析方法。

回归分析预测法是基于经营活动中存在着各种变量之间的因果关系而提出的。因果法是研究变量之间因果关系的一种定量方法。变量之间的因果关系通常有两类：一类是确定性关系，也称函数关系；另一类是不确定性关系，也称相关关系。因果法就是要找到变量之间的因果关系，据此预测未来。

回归分析预测法运用十分广泛。按照涉及的变量的多少，回归分析可分为一元回归分析和多元回归分析；按照自变量和因变量之间的关系类型，回归分析可分为线性回归分析和非线性回归分析。

如果回归分析中只包括一个自变量和一个因变量，且两者的关系可用一条直线近似表示，这种回归分析称为一元线性回归分析。一元线性回归分析模型的一般公式如式（2-17）至式（2-19）所示。

$$y = \hat{a} + \hat{b}x \tag{2-17}$$

$$\hat{a} = \bar{y} - \hat{b}\bar{x} \tag{2-18}$$

$$\hat{b} = \frac{n\sum_{i=1}^{n} x_i y_i - \sum_{i=1}^{n} x_i \sum_{i=1}^{n} y_i}{n\sum_{i=1}^{n} x_i^2 - \left(\sum_{i=1}^{n} x_i\right)^2} \tag{2-19}$$

其中，

$$\bar{x} = \frac{1}{n}\sum_{i=1}^{n} x_i$$

$$\bar{y} = \frac{1}{n}\sum_{i=1}^{n} y_i$$

式中，y——因变量；

x——自变量；

$\hat{a}$，$\hat{b}$——回归方程的参数。

【阅读材料】多元线性回归分析

在大数据分析中，回归分析是一种预测性的建模技术，它研究的是因变量（目标）和自变量（预测器）之间的关系。这种技术通常用于预测分析、时间序列模型以及发现变量之间的因果关系。

（二）回归分析预测法数据分析实操

【实操任务 2-3】随着设备销量的增加，新老客户的维护成本也出现了变化，点石智能设备制造公司需要预测每年的维护成本，并通知财务部门根据预测数据做出财务安排。公司对

最近 6 年来设备保有量与市场维护资金的投入进行了统计，统计数据如表 2-4 所示。

表 2-4　点石智能设备制造公司设备实际保有量与维护资金统计表

年份序号	1	2	3	4	5	6	7
实际保有量 / 台	114	243	412	613	1109	1792	3320
维护资金 / 万元	44	76	127	188	266	380	

任务要求：根据预测，该公司在第 7 年实际设备保有量将达到 3320 台，需要预测点石智能设备制造公司第 7 年的维护资金。

具体实操步骤如下：

本任务可以在 Excel 表格中实现。根据已有实际值条件和预测值公式倒推，分解求解过程，通过 x_iy_i、x_i^2 等过程变量分步计算，求出 $\hat{b}$、$\hat{a}$ 和预测值 y。

➤ 求解过程变量。

➤ 求参数 $\hat{b}$ 值。

➤ 求参数 $\hat{a}$ 值。

➤ 求预测值 y。

根据一元线性回归模型的公式，构建如图 2-18 所示的求解框架。

	A 年份序号 t	B 实际保有量/台 x_i	C 维护资金/万元 y_i	D x_iy_i	E x_i^2
6	1	114.000	44.000		
7	2	243.000	76.000		
8	3	412.000	127.000		
9	4	613.000	188.000		
10	5	1109.000	266.000		
11	6	1792.000	380.000		
12	7	3320.000			
13	SUM=				
14	AVERAGE=				
15	$\hat{a}$ =				
16	$\hat{b}$ =				

图 2-18　一元线性回归模型公式构建求解框架

（1）求中间变量 x_iy_i、x_i^2、$\bar{x}$、$\bar{y}$、$\sum x_i$、$\sum y_i$、$\sum x_iy_i$、$\sum x_i^2$ 等，在表格中求解结果如图 2-19 所示。

	A 年份序号 t	B 实际保有量/台 x_i	C 维护资金/万元 y_i	D x_iy_i	E x_i^2
6	1	114.000	44.000	5016.000	12996.000
7	2	243.000	76.000	18468.000	59049.000
8	3	412.000	127.000	52324.000	169744.000
9	4	613.000	188.000	115244.000	375769.000
10	5	1109.000	266.000	294994.000	1229881.000
11	6	1792.000	380.000	680960.000	3211264.000
12	7	3320.000			
13	SUM=	4283.000	1081.000	1167006.000	5058703.000
14	AVERAGE=	713.833	180.167		
15	$\hat{a}$ =				
16	$\hat{b}$ =				

图 2-19　中间变量求解结果

（2）根据 $\hat{b}=\dfrac{n\sum\limits_{i=1}^{n}x_iy_i-\sum\limits_{i=1}^{n}x_i\sum\limits_{i=1}^{n}y_i}{n\sum\limits_{i=1}^{n}x_i^2-\left(\sum\limits_{i=1}^{n}x_i\right)^2}$ 求 $\hat{b}$ 值，在表格中输入如图 2-20 B16 单元格所示的

公式，即可求出 $\hat{b}=0.198$。

	A	B	C	D	E
5	年份序号 t	实际保有量/台 x_i	维护资金/万元 y_i	x_iy_i	x_i^2
6	1	114.000	44.000	5016.000	12996.000
7	2	243.000	76.000	18468.000	59049.000
8	3	412.000	127.000	52324.000	169744.000
9	4	613.000	188.000	115244.000	375769.000
10	5	1109.000	266.000	294994.000	1229881.000
11	6	1792.000	380.000	680960.000	3211264.000
12	7	3320.000			
13	SUM=	4283.000	1081.000	1167006.000	5058703.000
14	AVERAGE=	713.833	180.167		
15	$\hat{a}=$				
16	=(6*D13-B13*C13)/(G176*E13-B13^2)				

图 2-20　$\hat{b}$ 值求解

（3）根据 $\hat{a}=\bar{y}-\hat{b}\bar{x}$ 求 $\hat{a}$ 值，在表格中输入如图 2-21 B15 单元格所示的公式，即可求出 $\hat{a}=39.154$。

	A	B	C	D	E
5	年份序号 t	实际保有量/台 x_i	维护资金/万元 y_i	x_iy_i	x_i^2
6	1	114.000	44.000	5016.000	12996.000
7	2	243.000	76.000	18468.000	59049.000
8	3	412.000	127.000	52324.000	169744.000
9	4	613.000	188.000	115244.000	375769.000
10	5	1109.000	266.000	294994.000	1229881.000
11	6	1792.000	380.000	680960.000	3211264.000
12	7	3320.000			
13	SUM=	4283.000	1081.000	1167006.000	5058703.000
14	AVERAGE=	713.833	180.167		
15	$\hat{a}=$	=C14-B16*B14			
16	$\hat{b}=$	0.198			

图 2-21　$\hat{a}$ 值求解

（4）根据 $y=\hat{a}+\hat{b}x$ 求 y 值，在表格中输入如图 2-22 C12 单元格所示的公式。

	A	B	C	D	E
5	年份序号 t	实际保有量/台 x_i	维护资金/万元 y_i	x_iy_i	x_i^2
6	1	114.000	44.000	5016.000	12996.000
7	2	243.000	76.000	18468.000	59049.000
8	3	412.000	127.000	52324.000	169744.000
9	4	613.000	188.000	115244.000	375769.000
10	5	1109.000	266.000	294994.000	1229881.000
11	6	1792.000	380.000	680960.000	3211264.000
12	7	3320.000	=B15+B16*B12		
13	SUM=	4283.000	1081.000	1167006.000	5058703.000
14	AVERAGE=	713.833	180.167		
15	$\hat{a}=$	39.154			
16	$\hat{b}=$	0.198			

图 2-22　预测值求解

求出 $y=694.995$ 万元。即当实际保有量为 3320 台时，预测维护资金将达到 694.995 万元，如图 2-23 C12 单元格所示。

	A	B	C	D	E
5	年份序号 t	实际保有量/台 x_i	维护资金/万元 y_i	$x_i y_i$	x_i^2
6	1	114.000	44.000	5016.000	12996.000
7	2	243.000	76.000	18468.000	59049.000
8	3	412.000	127.000	52324.000	169744.000
9	4	613.000	188.000	115244.000	375769.000
10	5	1109.000	266.000	294994.000	1229881.000
11	6	1792.000	380.000	680960.000	3211264.000
12	7	3320.000	694.995		
13	SUM=	4283.000	1081.000	1167006.000	5058703.000
14	AVERAGE=	713.833	180.167		
15	$\hat{a}=$	39.154			
16	$\hat{b}=$	0.198			

图 2-23　一元线性回归预测结果

【微视频】一元线性回归预测求解的具体过程

四、不同预测方法的选择

前面已经介绍了基本的预测及数据分析方法，在进行预测时，选择的各种预测方法可以从定性和定量两个方面用以下标准来评估与选用。

（一）定性预测法的选用

一些定性预测法可以很好地用于长期预测。有时候，预测人员可能会使用不只一种预测方法来得到相互独立的预测结果。如果使用不同的预测方法得出大致相同的结果，预测人员就会对预测结果更加信任；相反，若得到的预测结果彼此相差较大，就表明还需要做出进一步分析以查明原因。

（二）定量预测法的选用

对于定量预测法的选用，需要注意的是在所有预测方法中，指数平滑法是用得最多的一种。简单的平均法（全期）是对时间数列的过去数据一个不漏地全部加以同等利用；移动平均法则不考虑较远期的数据，并在加权移动平均法中给予近期资料更大的权重；而指数平滑法则兼容了简单的平均法（全期）和移动平均法所长，不舍弃过去的数据，但是仅给予逐渐减弱的影响程度，即随着数据的远离，赋予逐渐收敛为零的权数。

移动平均法适用于即期预测，当需求既不快速增长也不快速下降，且不存在季节性因素时，可采用一次移动平均法预测；二次移动平均法，是指对一次移动平均值再进行第二次移动平均，适用于时间序列呈现线性变化趋势的预测。

对指数平滑法的选择，一般遵循下列原则。

（1）当时序数据围绕某一水平随机跳动，且无明显的趋势变化时，可用一次指数平滑模型预测。

（2）当时序数据呈线性持续增长或下降趋势时，可选用二次指数平滑模型预测。

（3）当时序数据变动呈现二次曲线趋势时，可用三次指数平滑模型预测。

预测技术的正确选择，与其说是一门科学，倒不如说是一门艺术。例如，移动平均法和指数平滑法基本上属于短期预测方法，人们可以利用这些方法对下一个时期的经济变量做出预测。当使用时间序列法时，描点有助于预测方法的选择。

如果在预测的结果与其他因素之间存在因果关系，则需要选用回归分析法才能得到较理想的预测结果。特别是当对一些相关性强的需求进行预测时尤为有效。

需求预测需要选择适当的数学和统计方法以得出阶段性的预测结果，而有效地使用这些技术方法则需要结合实际特点与预测技术的能力。

此外，下面的标准可以评估一项预测技术是否适用。

（1）精确性。

（2）预测的时间范围。

（3）预测值。

（4）数据的可得性。

（5）数据的类型。

（6）预测者的经验。

学习感悟

第一，在本任务中学习的三种基本预测方法，都是基于历史数据进行预测的。但它们之间又有所不同：移动平均预测法与指数平滑法更多地用于时间序列数据的预测，或者说是针对未来的某一时期的预测；而回归分析预测则是根据某种变量的变化而做出的预测，更有自变量与因变量之间的关系。

第二，移动平均法或指数平滑法中的参数一般都是需要试算之后根据一段时间的预测值与实际值进行比较误差，通过分析最小误差而确定对应的参数值作为预测时所采用的参数。

第三，通常来说，为了保证预测尽可能准确，都会采用多种预测方法获得预测值，然后综合考虑各种影响因素之后再确定预测值作为经营管理活动的决策依据。

任务实训

1. 扫描右侧二维码进行在线测试。

2. 完成本模块"知识复习与巩固"中的"情景实践与应用题"1～3题。

在线测试 2.3

任务评价

评价类目	评价内容及标准	分值 /分	自己 评分	小组 评分	教师 评分
学习态度	✓ 全勤（5分）	10			
	✓ 遵守课堂纪律（5分）				
学习过程	➤ 能够回答移动平均法的基本步骤（5分）	15			
	➤ 能够回答指数平滑法的基本步骤（5分）				
	➤ 能够回答回归分析预测法的基本步骤（5分）				
学习结果	➤ "在线测试2.3"考评（2分×10=20分）	75			
	◆ 完成本模块"知识复习与巩固"中的"情景实践与应用题"1～3题（第1题15分，第2题20分，第3题20分）				
合　　计		100			
所占比例		100%	30%	30%	40%
综合评分					

知识拓展与技能实践

知识拓展

如何看待需求预测的结果

法则1：所有的预测结果都是"错的"，但有预测要比没有预测强。

在客户订单落地之前，从生产计划的角度讲，只有有了预测，MRP才能运作并驱动材料采购与生产。没有预测，生产计划、供应计划就无从谈起，或者说至少没法系统地做。

没有预测，意味着有很多预测要做：销售要做预测来承诺销售目标；生产要做预测来计划产能；采购要做预测来跟供应商谈价，并驱动供应商的产能计划。在管理比较精细的企业，财务还会做预测，确保有足够的资金来支持业务；产品管理也要做预测，因为产品经理需要基于预测来推算营收和成本。

每个职能部门的人员都在做预测，结果公司里面有四五个版本的预测，而且各不相同。其中，最多只有一个是正确的预测，也意味着其余的都是错的。

尽管如此，但有预测要比没有预测强。比如说，由于新产品、新项目的不确定性很高，销售为保证预测的可靠性，迟迟不肯给出预测，这事就拖着。一旦预测变得相当可靠，甚至变成了客户订单录入了系统，但客户要求的交货日期也在跟前了，留给生产和采购的时间所剩无几。

法则2：预测需要多个职能部门参与，每个部门都得各尽其责。

预测需要多个职能部门参与，意味着采购、运营、计划和产品部门都得介入，在预测过程中作自己的贡献。在公司与公司之间，就是所谓的CPFR（协同规划、预测和补货）。采购人员或许要问，产品的预测归销售和计划管，跟我们有什么关系？

采购人员的介入，主要是从供应的角度判断、量化库存风险的，预测结果供销售和计划人员参考。比如产品的标准化程度高，我们可以适当提高预测值，降低短缺风险，如有过剩，供应商还可以通过别的方式来消化库存。相反，如果这个产品是供应商为我们定制的，那么，我们就得更加谨慎。要知道，好的预测其实是一个区间，从一个极端（短缺风险）到另一个极端（过剩风险），有许多种选择。销售和计划不熟悉供应，没有足够的信息决定最佳的预测。采购熟悉供方市场，可以弥补供应链前端的信息不足。

预测的责任倒逼。新产品采购、生产、运营部门向计划部门要预测，计划部门就成为直接责任人；计划部门向产品、销售部门要预测，产品或销售部门就成为直接责任人，依次类推。对于老产品，因为有了需求历史，计划部门一般可以根据销售历史，辅以一定的判断，制定出需求预测，而不是向销售部门要预测。

法则3：预测不是一成不变的，需要循环预测，逐渐逼近。

预测刚开始的时候都不准，需要不断循环预测，及时纳入新信息，修正预测。一个需求预测，从生产到采购、生产完工，变动是正常的。不正常的是没有循环预测机制来及时修正预测。管理不善的公司往往对预测的修正频率不够，修正往往是拖到最后一刻做，而这时候采购的物料已经在途，生产线上的半成品也快完工，呆料、积压就不可避免了。由于缺乏循环预测机制，没有逐次"微变"的过程，因此一变就是巨变，供应链很难一下子消化，这就成了问题，要么是短缺，要么是积压，都会带来成本的增加。

前端的销售需要与后端的运营（主要是计划）频繁沟通，互通有无。比如，定期的销售与生产、物料的协调会，销售带来销售预测，生产带来各地的成品、半成品库存信息，采购带来在途库存，大家三头一凑，就能很好地修正预测。

技能实践

比较不同实例具体的预测结果，确定比较理想的预测分析方法与技术。可以与教材中给出的具体实例进行比较，也可以采用真实企业的案例作为比较对象。具体要求如下。

（1）采用不同的预测技术推导出预测结果。

（2）将不同的预测结果跟实际结果进行比较。

（3）分析不同预测方法产生不同结果的原因，并讨论选择分析方法的理由。

知识复习与巩固

一、填空题

1. 需求管理是指以_____为中心，以_____为出发点，集中精力来估计和管理用户需求，并试图利用需求信息制定生产决策，以实现_____最大化的一种活动。

2. _____是供应链管理中实现客户化的重要形式，其核心的理念是改变传统的制造流程，将最体现顾客个性化的部分推迟进行。

3. CPFR 策略指的是供应链_____、_____和_____的策略。

4. CPFR 策略研究的重点是_____、_____、_____及_____之间协调一致的伙伴关系，以保证供应链整体计划、目标和策略的先进性。

5. 预测是指对_____所做出的估计，它以_____为基础推测未来，是在掌握现有信息的基础上，依照一定的_____对未来事件进行测算。

6. 预测从方法论上可以分为_____方法和_____方法。

7. 有效的预测需要开发一个能结合_____、_____及_____三个组成部分的流程。

8. 预测的对象和期限不同，所用的预测技术也不同。大体有三大类预测技术：_____、_____和_____。在进行预测方法分类时，也经常将_____列入定性预测法，将_____与_____列入定量预测法。

9. 需求预测数据的影响因素实际上由六部分组成，包括_____、_____、_____、_____、_____。

10. 促销因素的特点是需求波动由厂商的_____引起，这种波动的特点是促销期间销售量_____，此后随着促销产品售出后销售量_____。

11. 为了部分地克服简单移动平均法的缺陷，引入了加权移动平均法，以此作为一种更精确的方法。该权数更强调最新的_____。_____代表了加权移动平均法的一种形式。

二、多选题

1. 需求管理主要由（　　）等工作组成。

A. 需求预测 　　　　　　　　　　B. 需求计划

C. 需求分析报告 　　　　　　　　D. 需求监控与关键绩效评估

2. 企业可以战略性地运用需求信息来优化企业的（　　）。

A. 成长战略 　　　　　　　　　　B. 投资组合战略

C. 定位战略 　　　　　　　　　　D. 投资战略

3. 通过 CPFR 策略，（　　　）能够利用网络技术在整个执行过程中协调运营计划。

A. 零售商　　　　　　B. 运输商　　　　　　C. 批发商　　　　　　D. 生产商

4. 按时间的长短，预测可分为（　　　）。

A. 市场预测　　　　　　B. 长期预测　　　　　　C. 中期预测　　　　　　D. 短期预测

5. 按预测范围的不同，需求预测可分为（　　　）。

A. 宏观预测　　　　　　B. 微观预测　　　　　　C. 长期预测　　　　　　D. 短期预测

6. 下列属于定性预测法（或直观法）的有（　　　）。

A. 时间序列法　　　　　B. 因果关系法　　　　　C. 德尔菲法　　　　　D. 专家会议法

7. 下列属于定量预测法的有（　　　）。

A. 移动平均法　　　　　B. 指数平滑法　　　　　C. 回归分析法　　　　　D. 专家会议法

8. 根据不同需求之间的关系，预测的需求可以分成（　　　）。

A. 基本需求　　　　　　B. 相关需求　　　　　　C. 独立需求　　　　　　D. 不确定需求

9. 以下属于时间序列预测法的有（　　　）。

A. 移动平均法　　　　　B. 指数平滑法　　　　　C. 回归分析法　　　　　D. 专家会议法

10. 关于选用预测方法，下列说法正确的有（　　　）。

A. 在进行预测时，选择的各种预测方法可从定性和定量两个方面来评估与选用

B. 一些定性方法可以很好地用于长期预测

C. 指数平滑法是用得最多的一种

D. 如果预测的结果与其他因素之间存在因果关系，则需要选用回归分析法才能得到较理想的预测结果

11. 关于指数平滑法的选用，下列说法正确的有（　　　）。

A. 指数平滑法是对时间数列的过去数据一个不漏地全部加以同等利用的方法

B. 当时序数据围绕某一水平随机跳动、无明显的趋势变化时，可用一次指数平滑模型预测

C. 当时序数据呈线性持续增长或下降趋势时，可选用二次指数平滑模型预测

D. 当时序数据变动呈现二次曲线趋势时，可用三次指数平滑模型预测

三、简答题

1. 简述需求管理的必要性。

2. 简述需求管理的基本程序。

3. 简述供应链需求管理的基本思路。

4. 简述预测的基本步骤。

5. 简述需求预测的原则。

6. 简述移动平均法的特点。

7. 简述回归分析法的特点。

8. 简述如何选择不同的预测方法。

四、情境实践与应用题

1. 利用移动平均法预测点石智能设备制造公司 2025 年 1 月的销量。

已知点石智能设备制造公司 2024 年 1—12 月设备销量如表 2-5 所示。

表 2-5　点石智能设备制造公司 2024 年 1—12 月设备销量

月份	1	2	3	4	5	6	7	8	9	10	11	12
销量 / 台	122	134	131	140	143	151	148	159	157	166	175	191

任务要求：

（1）用一次移动平均模型预测 2025 年 1 月点石智能设备制造公司采选设备的需求预测值（N=4）。

（2）用二次移动平均模型预测 2025 年 1 月、2 月、3 月点石智能设备制造公司采选设备的需求预测值（分 N=3、N=4，t=12、t=8 不同情况确定）。

（3）当采用一次移动平均模型时，比较 N=3 和 N=4，哪种预测更精确。

2. 利用指数平滑预测法预测通达能物流运输公司 2025 年全国货运量。

通达能物流运输公司除本地货运业务外，在全国分布有数十个分公司，经统计，公司近年全国货运量如表 2-6 所示。

表 2-6　通达能物流运输公司近年全国货运量

年度序号	1	2	3	4	5	6	7	8
运输量 / 千吨	2436	3645	3990	4450	5240	6018	6740	7840

任务要求：用一次、二次指数平滑模型分别预测第 9 年、第 10 年、第 11 年通达能物流运输公司的运输量（α=0.4）。

3. 利用一元线性回归法预测点石智能设备制造公司的采购时间。

经统计，点石智能设备制造公司采购货物的时间与距离有关，采购原材料的平均时间与供货工厂离该公司的距离如表 2-7 所示。该公司准备从 1600 千米外的 A 工厂购入该原材料，试估计货物在途运输时间。

表 2-7　采购原材料的平均时间与供货工厂离该公司的距离统计表

月份	1	2	3	4	5	6	7	8	9	10
供货企业送货距离 / 千米	200	280	350	420	480	560	750	850	920	1010
货物运送时间 / 天	4	5	5	5	6	6	7	7	8	8

模块三

供应链采购管理与数据分析

供应链管理不仅仅是企业内部各个环节的协调，更是与供应商、分销商等外部合作伙伴的紧密合作和协调。

任务一　认识供应链采购管理

学习指南

任务清单

工作任务	认识供应链采购管理	
建议学时	2 学时	
任务描述	本任务通过对采购管理及供应链采购管理知识的学习，掌握采购管理的作业要点，建立供应链采购管理意识，培养以满足客户需求为中心的合作、共赢的战略合作伙伴关系理念	
学习目标	知识目标	1. 掌握采购与采购管理的基本内涵 2. 理解供应链环境下采购管理与传统采购管理的区别 3. 熟悉供应链环境下采购管理实施的要求

续表

学习目标	能力目标	1. 具备进行采购管理的基本能力 2. 具备供应链环境下从事采购管理的思维能力 3. 具备对供应链采购管理的优劣势进行评判的能力
	素质目标	1. 培养采购管理的成本意识与优化意识 2. 培养供应链采购管理的合作意识 3. 培养按需采购的经营理念与意识
	思政目标	通过对采购管理及供应链环境下采购管理知识的学习，培养节约意识、风险意识、伙伴意识、合作意识、共赢意识，以及遵守职业规范的意识
关键词	采购　采购管理　供应链采购管理	

知识树

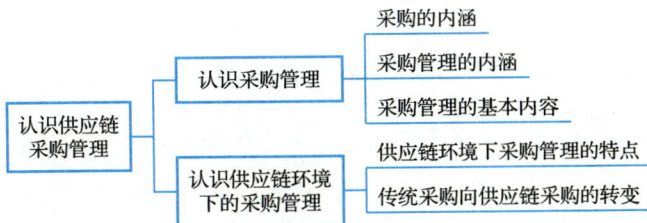

任务引入

任务背景

如何通过本地化和全球化的协同进行降本增效

由于巴西特有的市场环境，华为技术有限公司（以下简称华为公司）巴西代表处销售的产品：40%是通过本地制造的，通过全散件组装，可以享受巴西政府制定的本地生产税收优惠政策；30%是通过本地采购的，以满足巴西当地政府针对电信产品的认证要求并降低成本；30%是由华为公司中国总部直接供应的。降低采购成本是华为公司巴西代表处的重要管理工作。为此，华为公司巴西代表处特地成立一个项目组，探索降本增效、精耕细作的策略和方法。

由于巴西物料有中国总部供应和本地采购两种方案，采购团队通过全面分析中国总部供应及本地采购的全流程成本，发现有些部件如滤波器可以由中国总部供应改为本地采购，线扎可以由本地采购改为中国总部供应。这种改变可以帮助华为公司巴西代表处节约50多万美元的成本。

对于华为公司不具备成本优势的产品，采购团队利用巴西马瑙斯市的税收优惠政策，导入新的本地工厂进行生产制造，提升华为公司产品在巴西市场的竞争力，实现市场份额和销售收入的同步上升，创造更多的利润。此外，华为公司巴西代表处通过向供应商总部直接采购节约工业产品税，帮助公司节约了100多万美元的成本。

在巴西市场，很多物料需要遵守巴西的ANATEL标准，需要按照巴西的行业鼓励政策（PPB政策）要求实施本地化采购。本地采购物料不能机械地套用华为公司的全球化统一标准，必须因地制宜，遵循当地标准来构建成本优势。采购团队对物料进行详细分析，将20多个品类的本地采购物料进行了本地化标准的配置。其中5个品类通过当地标准实现了降本。例如，采购团队发现客户站点上有其他型号的屏蔽电源线，其屏蔽层的密度比华为的规格要低，于是巴西代表处提出华为公司的线缆是否可以使用相同密度的屏蔽线，通过华为公司总部专家仿真模拟、产品测试、小批量测试，发现变更屏蔽层后产品可以满足巴西本地要求。于是完成物料切换，成本节约了100多万美元。华为公司总部专家借鉴巴西的经验，开发了新型屏蔽电源线，并将该项降本举措惠及全球。

在华为公司早年进入巴西市场时，产品全部是从中国深圳总部供应的，成本没有优势。经过多年的摸爬滚打，巴西代表处在本地制造和本地采购的占比达到了70%以上。不仅在产品成本方面构建了竞争优势，还由于大量的本地采购，供应柔性也大幅提升，库存周转率ITO也大幅改善。华为公司巴西采购团队将全球化和本地化相结合的策略运用得淋漓尽致，不断从全球化和本地化中受益，不仅降低了当地产品的成本，而且还为华为公司在巴西构筑起本地供应竞争力和产品竞争力的护城河，改善了巴西的营商环境。

任务目标

1. 分析任务背景中华为公司的全球供应链管理成功的因素是什么？
2. 全球供应链与本地供应链面临的环境有什么不同？

任务实施

知识必备

一、认识采购管理

（一）采购的内涵

1. 采购的概念

采购是指企业在一定的条件下从供应市场获取产品或服务作为企业资源，以保证企业生产及经营活动正常开展的一项企业经营活动。具体而言，采购是企业根据生产经营活动的需要，通过信息搜集、整理和评价，寻找、选择合适的供应商，并就价格和服务等相关条款进行谈判，达成协议，以确保需求得到满足的活动。

2. 采购的范围

采购的范围是指采购的对象或标的，它包括有形产品和无形产品。

（1）有形产品。有形产品是指具有实体形态的产品，可以被消费者直接触摸和感知。它们通常具有明确的质量、外观、款式、品牌名称和包装等特征。有形产品是核心产品借以实现的形式，即向市场提供的实体和服务的形态。

在企业的采购工作中涉及的有形产品包括原材料、半成品和零部件、成品、维护修理和运营的部件、生产支持部件、资本设备等。

（2）无形产品。与有形产品相对应的是无形产品，即服务。服务通常不具备实体形态，而是提供某种形式的满足或利益，如咨询、教育、医疗等。在企业采购的无形产品中，还会涉及技术、劳务、工程发包、运输、仓储、售后服务等。

在市场营销中，有形产品和无形产品都需要进行精心设计和管理，以满足消费者的需求和期望。市场营销者需要关注产品的有形特征，如质量、款式、特色、包装等，同时也需要关注附加产品，即顾客购买有形产品时所获得的全部附加服务和利益，如提供信贷、免费送货、质量保证、安装、售后服务等。这些附加服务可以增强消费者对产品的整体满意度和忠诚度，提高产品的市场竞争力。

3. 采购在企业经营管理中的地位

采购既是企业经营管理的一个核心环节，也是企业提高利润的重要途径，还是企业提高竞争力的重要组成部分，在企业经营中具有重要的地位。

（1）采购的供应地位，即源头地位。企业的生产组织都是从采购原材料开始的，从整体供应链的角度看，企业为了获取尽可能多的利润，都会想方设法地加快物料和信息流的流动，这样就必须依靠采购的力量，充分发挥供应商的作用，提高供应的可靠性及灵活性，缩短交货周期，从而企业可以在相同的时间内创造更多的利润。同时，企业的顾客也会因为企业能及时提供高质量的产品而对企业更加有信心，也可能因此而加大订单量，发展为长期合作伙伴。

（2）采购的质量地位。一般而言，产品价值中 60% 以上的部分是经采购由供应商提供的。因此，产品质量需要通过 60% 的来料质量控制得到保证，也就是说，企业产品质量不仅要在企业内部控制，也应控制在供应商的来料质量中。供应商的来料质量控制得好，不仅可以为下游企业的产品质量控制打好基础，同时可以降低产品质量成本，减少相应费用。通过采购将产品质量管理延伸到供应商，是提高企业自身产品质量水平的基本保证。

（3）采购的价值地位。从世界范围来看，一般情况下，在企业的产品成本构成中，外购部分（包括原材料和零部件）占有较大的比例，一般为 60% ~ 70%。显然，采购成本是企业成本管理中的主体和核心部分，采购管理是企业管理中"最有价值"的部分。

（4）采购的战略地位。采购的战略地位越来越明显，对于一个发展成熟的企业，普遍意识到企业获得利润的空间在企业内部已经很小了，要进一步提高资源的利用率、企业的竞争力及与供应商的合作水平，需要建立良好的采购战略。

4. 采购的作用

（1）采购是企业产品质量的基本保证。合格的原材料是生产优质产品的基本条件之一。企业必须保证购进原材料的品种、质量符合生产和市场的需要，才能实现产品生产销售和经营业务的高质量、高效率、高效益。企业通过不断改进采购过程以及加强对供应商的管理，提高采购的原材料的质量，从而保证和提高产品的质量，提高企业的市场竞争力，更好地满足顾客的要求。

（2）采购工作决定着企业的生产和销售的正常进行。企业的生产经营活动一般由供应、生产、销售三个环节组成，缺少了供应这个环节，就没有原材料、燃料、零部件辅助材料及所需的一切物资，就无法组织生产。产品生产不出来，企业的销售订单就无法实现。如果物料不能及时送达，车间就要停工待料，从而影响生产，影响销售订单的实现，影响企业的信誉；如果物料超过需求，就会造成物料库存增加、产品积压、费用增加，从而影响企业的资金周转。

（3）采购成本决定着产品成本的高低，影响企业的利润。采购成本是产品成本的主体，由订货费、保管费、购进费和运输费构成。采购成本的细微变化会对产品成本产生显著的影响：过低的采购成本会降低产品的质量；过高的采购成本会增加产品的成本。所以，采购成本的高低影响产品的成本，而产品的成本又影响企业的利润。过高的采购成本会降低企业的效益，削减产品的市场竞争力。重视采购、控制采购成本是企业经营管理的重要方面。

【阅读材料】降低成本对企业利润的影响

（4）做好采购工作可以建立供应配套体系，与供应商建立合作伙伴关系。企业在采购的同时还要重视建立可靠、最优的供应配套体系。一方面要减少供应商的数量，使采购活动集中，降低采购成本；另一方面要避免依靠独家供应商，防止供应商趁机抬高价格。另外，通过采购工作，企业要巩固与供应商现有的经济联系，开拓新的渠道、新的领域的合作，充分利用供应商的专业优势，让其积极参与除采购外的技术、资金、科研等方面的合作，使供应商纳入企业自身的整体经营中，企业间的协作关系向纵深发展，进而形成新型的合作伙伴关系。

（5）做好采购工作可以合理利用资源，优化配置资源。采购工作是企业生产经营的源头，必须贯彻节约的方针，合理利用、优化配置资源。第一，通过合理采购，企业可以防止优料劣用、长材短用、资源浪费；第二，优化配置资源，防止优劣混用；第三，在采购工作中，要应用价值工程分析，力求功能与消耗匹配；第四，通过采购，企业可以引进新技术、新工艺，提高物资利用率；第五，要贯彻落实有关的经济、技术政策法律法规，如产业政策、综合利用和节能降耗政策等，拒绝购买被淘汰的产品，防止违反法律法规及相关政策的行为发生，做到资源的合理利用、优化配置。

【阅读材料】采购的分类

（二）采购管理的内涵

1. 采购管理的含义

采购管理是指为保障企业物资供应，对采购活动进行计划、组织、指挥、协调和控制的活动。其任务是调动整个企业的资源，满足企业的物资供应，确保企业经营战略目标的实现。采购管理中具体的采购业务管理包括采购谈判、签订合同、安排催货、组织运输、验收入库、支付货款等一系列工作。采购管理是企业总体经营战略的重要组成部分，是企业质量控制、进度控制、成本控制的关键节点，关系到企业的生存和发展，具有十分重要的作用。

【阅读材料】采购与采购管理的区别

2. 采购管理的重要性

采购管理是对整个企业采购活动的计划、组织、指挥、协调和控制的活动，是采购走向科学化、合理化、成本最低化的保障。所以，采购管理对企业的重要性是不言而喻的，主要表现在以下几个方面。

（1）保障供应。只有供应得到保障，才能保证企业正常生产，降低缺货风险。显然，物资供应是生产的前提条件，生产所需要的原材料、零部件都要由物资采购来提供。没有采购就没有生产的前提条件，没有物资供应就不可能进行生产。

（2）质量保障。采购供应物资的质量好坏直接决定了企业生产的产品的质量好坏。能不能生产出合格的产品，取决于采购所提供的原材料、零部件的质量好坏。

（3）降低成本。采购成本包括物资的价格、采购费用、进货费用、仓储费用、流动资金占用费用及管理费用等，它构成了生产成本的主体部分。如果采购成本过高，产品的生产成本也会随之升高，为此会降低企业的经济效益，甚至亏损。

（4）联系资源市场。物资采购是企业资源市场的关键接口，是企业外部供应链的操作点。只有通过采购部门人员与供应商的接触和业务交流，才能把企业与供应商连接起来，形成一种相互支持、相互配合的关系。在条件成熟以后，可以组成一个供应链关系，这样就会使企业在管理方面、效益方面都登上一个崭新的台阶。

（5）信息保障。物资采购是企业与市场的信息接口。物资采购人员虽然主要直接和资源市场打交道，但是资源市场和销售市场是交融混杂在一起的，都处在大市场中。所以，物资采购人员比较容易获得市场信息，可以为企业及时提供各种各样的市场信息，供企业进行管理决策。

（6）促进科学管理。物资采购是企业进行科学管理的开端。企业的物资采购是直接和生产相联系的。物资供应模式往往会在很大程度上影响生产模式。例如，如果实行准时采购制度，则企业的生产方式就会改成看板方式，企业的生产流程、搬运方式都要进行很大的变革。又如，如果要实行供应链采购，则可能需要实行供应商管理库存，多频次、小批量补充货物的方式，这也将大大改变企业的生产方式和物流作业方式。所以，如果物资采购提供一种科学的物资采购供应模式，必然会要求生产方式、物流作业方式都做相应的变动，共同构成一种科学的管理模式，而且这种科学的管理模式是以物资采购供应作为开端而运作起来的。

3. 采购管理的目标

采购管理的目标就是以最低的总成本为企业提供满足需要的物资和服务。为了保证物资的供应，采购管理应做到：在确保适当质量下，能够以合适的价格、在合适的时间内从合适的供应商那里采购到合适数量的物资和服务。具体的目标有以下几个方面。

（1）确保选择合适的供应商。供应商的选择是确保商品品质和服务最重要的措施之一，是采购管理的首要目标。只有正确选择供应商，才能在最适当的价格下，得到适当品质和数量的物料和服务。在选择供应商的时候，一般可以从品质、价格、交货期限和服务四个方面来考察，建立双方相互信任的、长期的合作伙伴关系。

（2）确保合适的质量。质量是产品的生命。唯有质量合格的原材料、零部件，才能生产出合格的产品。如果采购的原材料、零部件质量不合格，入库前做退货处理，则会造成采购过程中的人力、财力的浪费；如果制造成产品以后推向市场，因质量问题退货，则会进一步增加生产过程中各种资源的浪费。并且，由于产品的质量问题，会损害消费者的利益，影响企业的信誉，不利于企业的长远发展。但是，并不是采购的原材料、零部件的质量越高越好，因为质量越高，产品的质量成本就会加大，只要合格、够用就可以，也就是能满足产品需要的合适的质量即可。

（3）确保合适的供货时间。企业为了加速资金周转，减少资金占用，对采购时间都有严格的要求，即要选择合适的采购时间。供货时间提前会出现积压，加大库存成本，占用更多资金；供货时间延迟会影响企业的生产经营，产生不利的经济后果。

（4）确保合适的采购数量。科学地确定采购物资的数量是采购管理的一个重要目标。企业生产经营中需要储备一定数量的原材料、零部件，但是应维持在适当的水平上。储备数量和采购数量是相关的：采购数量过高会导致库存量过高，进而造成物资积压，占用资金的同时也减缓了流动资金的周转速度，还会导致物资的浪费；采购数量过低会使库存量过低，可能出现供应中断，导致停工待料，影响企业的生产经营。因此，采购的数量一定要适当。

（5）确保合适的采购价格。合适的采购价格是指在满足数量、质量、时机的前提下支付的最合理的价格。采购价格的高低是影响采购成本的主要因素。在采购中能够以"合适的价格"完成采购任务是采购管理的重要目标之一。合适的价格能够确保企业的有利竞争地位，并在维持买卖双方共赢的前提下，使供应链朝着健康的方向发展。

（三）采购管理的基本内容

采购管理是指为了满足企业生产、经营和市场需求，从外部采购物资、设备、工程和服务等各类资源的管理活动。其基本内容包括以下几点。

（1）采购计划。制订采购计划，确定采购的物资种类、数量、时间和预算等，以满足企业的生产、经营和市场需求。

（2）供应商管理。选择合适的供应商，建立供应商库，对供应商进行评估，签订合同，跟踪供应商的交货、质量和服务等情况。

（3）采购流程管理。规范采购流程，包括采购申请、审批、询价、招标、议标、合同签订、采购执行、验收、支付等环节，确保采购活动的公开、透明、合规和高效。

（4）采购风险管理。识别、评估和应对采购风险，包括市场风险、财务风险、技术风险、供应风险和法律风险等，保障采购活动的安全和稳定。

（5）采购绩效管理。制定采购绩效指标，对采购活动进行评估，分析采购成本、质量、交货、服务和供应商关系等方面的数据，优化采购决策和管理。

（6）采购信息管理。建立采购信息系统，收集、存储、分析和利用采购相关的数据和信息，支持采购管理和决策。

（7）采购管理组织。为了搞好企业复杂繁多的采购管理工作，需要有一个合理的管理机制和一个精干的管理组织机构，需要有能干的管理人员和操作人员。

二、认识供应链环境下的采购管理

（一）供应链环境下采购管理的特点

供应链环境下的采购（以下简称供应链采购）是指供应链内部企业之间的采购。供应链内部的需求企业（需求方）向供应商采购订货，供应商将货物供应给需求企业。

供应链采购与传统采购相比，虽然物资供需关系没有变化，采购的概念也没有变化，但是，由于供应链各个企业之间是一种战略伙伴关系，采购是在一种非常友好合作的环境中进行的，所以采购的操作发生了很大变化。供应链采购与传统采购的区别如表 3-1 所示。

表 3-1　供应链采购与传统采购的区别

项　　目	供应链采购	传统采购
基本性质	基于需求的采购	基于库存的采购
	供应商主动型、需求方无采购操作的采购方式	需求方主动型、需求方全采购操作的采购方式
	合作型采购	对抗型采购
采购环境	友好型的合作环境	对抗型的竞争环境
信息关系	信息通畅、信息共享	信息不通、信息保密
库存关系	供应商掌握库存	需求方掌握库存
	需求方可以不设仓库、零库存	需求方设立仓库、高库存
进货方式	供应商小批量、多频次、连续补充货物	供应商大批量、少频次进货
双方关系	供需双方关系友好	供需双方关系敌对
	责任共担、利益共享、协调性配合	责任自负、利益独享、互斥性竞争
货检工作	免检	严格检查

供应链采购有以下特点。

1. 从采购性质看，供应链采购不同于传统采购

（1）供应链采购是一种基于需求的采购。需要多少就采购多少，什么时候需要就什么时候采购。采购回来的货物直接送需求点进行生产。

【微视频】供应链采购与传统采购的区别

供应链采购在这一点上，与准时化（JIT）采购相同，而与传统采购迥然不同。传统采购是基于库存的采购，采购回来的货物直接进入库存，等待生产消耗。

（2）供应链采购是一种供应商主动型采购。由于供应链的需求者的需求信息随时都传送给供应商，所以供应商能够及时掌握用户需求信息，能够根据需求状况、变化趋势，及时调整生产计划、补充货物，主动跟踪用户需求，主动适时、适量地满足用户需要。由于双方是一种友好合作的利益共同体，供应商会主动关心产品质量，自觉把好质量关，保证需求方的产品质量。对需求方来说，这是一种无采购操作的采购方式。供应链采购看起来好像是供应商的事情，而不是需求方的事情。

（3）供应链采购是一种合作型采购。在供应链采购中，供需双方为了产品能在市场上占有一席之地、获得更大的经济效益，分别从不同的角度互相配合、各尽其力，所以在采购上也是互相协调配合的，从而提高采购工作的效率、最大限度地降低采购成本、最好地保证供应。

2. 从采购环境看，供应链采购是一种友好合作的环境

供应链采购是一种友好合作的环境，而传统采购是一种利益互斥、对抗性的竞争环境，这是两种采购制度的根本区别。由于采购环境不同，导致了许多观念上、操作上的不同，导致了各自的优点和缺点。供应链采购的根本特征就是具备一种友好合作的供应链采购环境，这既是它的根本特点，也是它最大的优点。

3. 从信息情况看，供应链采购实现了信息共享

供应链采购一个重要的特点就是供应链企业之间实现了信息连通、信息共享。供应商能及时掌握用户的需求信息，掌握用户需求变化的情况；能够根据用户需求情况和需求变化情况，主动调整自己的生产计划和送货计划，供应链各个企业可以通过计算机网络进行信息沟通和业务活动，如发订货单、发发货单、支付货款等。

4. 从库存情况看，供应链采购采用供应商管理库存

供应链采购由供应商管理用户的库存。这意味着：第一，用户零库存，既可以大大节省费用、降低成本，节省时间专心致志地做好其他工作，发挥核心竞争力，因而可以提高效率、提高企业的经济效益，也可以提高供应链的整体效益；第二，供应商掌握库存自主权，可以根据需求变动情况，适时地调整生产计划和送货计划，既可以避免盲目生产造成的浪费，也可以避免库存积压、库存过高造成的浪费及风险。同时，由于这种机制把供应商的责任（产品质量好坏）与利益（销售利润的多少）相联系，因此加强了供应商的责任感，能自觉提高用户满意水平和服务水平。

5. 从送货情况看，供应链采购由供应商负责送货

供应链采购是由供应商负责送货的，而且是连续、小批量、多频次送货的。这种送货机制可以大大降低库存，甚至是实现零库存。因为它送货的目的是直接满足需要，这样就没有多余的库存，既可以降低库存费用，又可以保证满足需要，不缺货；可以根据需求的变化，随时调整生产计划，可以不多生产、不早生产，因而节省了原材料费用和加工费用；同时，由于紧紧跟踪市场需求的变化，所以能够灵活适应市场变化、避免库存风险。而传统采购是大批量、少频次地订货、进货，库存量大、费用高、风险大。

6. 从双方关系看，供应链采购是一种战略伙伴关系

供应链采购活动中，买方企业和卖方企业是一种友好合作的战略伙伴关系，互相协调、互相配合、互相支持，有利于各个方面工作的顺利开展，提高工作效率、实现双赢。而传统采购中，买方与卖方是一种对抗性的买卖关系，一个赢，另一个必然输。双方互相防备、互相封锁、互相不信任不配合，所以办什么事都很难，工作效率低。

7. 从货检情况看，供应链采购倾向于减少货检

传统采购由于是一种对抗性的关系，所以货物常常会以次充好、低价高卖，甚至伪劣假冒、缺斤少两，所以买方进行货检的力度大、工作量大、成本高。而供应链采购，由于供应商自己责任与利润相连，自我约束、保证质量，可以免检。这样大大节约了费用、降低了成本、保证了质量。

从以上的比较可以看出，供应链采购与传统采购相比，无论在观念上、做法上都有很大的区别、有革命性的变化。

【阅读材料】关于
准时采购

（二）传统采购向供应链采购的转变

供应链采购方式是对传统采购方式的一场革命，无论在观念上、做法上都发生了革命性的变化。具体来说，供应链采购要实现以下几个转变。

1. 从为库存而采购到为需求而采购

传统采购是为库存而采购的，采购回来的物资用以填充库存。由于库存掩盖了需求的真实情况，它不能真实精确地反映需求的变化，反而以其具体的存货数量影响着人们的判断，因此，一方面造成了超量库存，增加了库存成本；另一方面又不能完全满足需要，产生缺货，影响生产，造成浪费与低效率。当为需求而采购时，采购回来的物资直接反映真实的需求，为了真实的需求而采购，大大地提高了采购的效率、降低了库存成本、实现了节约。

2. 从采购管理向外部资源转变

传统的采购管理完全是企业内部的事情，立足于企业内部，千方百计地使自己从采购中获取效益。但是，立足于企业内部的传统采购，要去选择供应商、选择产品、选择价格、进行贸易谈判、选择进货方式、督促进货、货物检验等，难度大、工作量大。长期以来，企业人员都认为这是应该做的，能够采购回来，就感到很满足。殊不知，这些既费钱、费力、费时间，效率又低的工作，企业本来是可以完全不必要做的，可以由供应商替企业做，而且他们做得更好。

供应链采购的实质，就是充分利用企业外部的资源、利用供应商的作用来实现企业采购的工作。让供应商自己对自己的产品负责，对物资的供应负责。供应链采购大大节省了烦琐、费力的采购实物工作，既降低了成本，又提高了效率，实现了供需双赢。

3. 从一般买卖关系向战略伙伴关系转变

传统的采购活动中，买方和卖方是一种对抗性的买卖关系，信息相互封锁、保密，相互防备甚至坑害。实行供应链采购，就是要把与供应商的对抗关系转变成一种战略合作伙伴关系。只有把供应商看成是自己的合作伙伴，建立起友好的合作关系，才能够实现利益最大化。

建立友好合作关系，需要做大量的工作，包括一些基础性的工作，如建立信息系统，实现信息共享、互通，实现责任共担、利益共享等。

4. 从买方主动型向卖方主动型转变

传统的采购是买方主动型，这样做的效率与效果并不好。实现供应链采购，需要将供应商由被动型转变为主动型，由供应商主动供应物资。就采购本身而言，供应商主动型对供需双方都有益：买方获得物资，保障生产；卖方销售货物，获得利润。

从买方主动向卖方主动的观念转变，不仅是买方的事，也是卖方的事。只有买方和卖方都转变观念，才能实现供应链采购。

5. 采购业务外包与多元化采购

在供应链环境下，采购已经呈现出全球化采购与本地化采购相结合的特点。采购途径和体系也越来越复杂，使企业采购成本越来越高。为了克服这种状况，利用不同国家和地区的

区域优势进行采购业务外包，以及采取多元化采购的形式越来越受到重视。

6. 利用电子商务采购

在传统采购环境下，供应商多头竞争，采购方主要进行价格方面的比较，然后选择价格最低者，这个过程比较复杂；在供应链环境下，电子商务采购已得到普遍运用，价格的比较变得简单起来，采购方将相关信息发布在采购系统中，利用网上银行结算，并借助现代物流系统来完成物资采购。

学习感悟

第一，采购管理在企业的经营活动中占有重要地位，它涉及生产是否稳定、质量是否有保障、企业经营成本是否有竞争力。在供应链环境下采购管理发生了很大的变化，从原来只注重企业内部利益转变为注重整个供应链的整体利益。

第二，供应链环境下的采购管理与传统采购管理有很大的不同。供应链采购基于战略合作伙伴关系，因此要求从企业的视野转向供应链视野，实现供应链共赢。

第三，在电子商务迅速发展的今天，供应链采购仍然发生着很大的变化，使得与供应链相关的物流、信息流、资金流等不断呈现出新的形式与运作方式。

任务实训

1. 扫描右侧二维码进行在线测试。
2. 举例说明采购管理的内容。
3. 比较供应链采购与传统采购的不同特点。

在线测试 3.1

任务评价

评价类目	评价内容及标准	分值/分	自己评分	小组评分	教师评分
学习态度	✓ 全勤（5分）	10			
	✓ 遵守课堂纪律（5分）				
学习过程	➤ 能说出本次工作任务的学习目标，上课积极发言，积极回答问题（5分）	20			
	➤ 能够回答采购管理的定义（5分）				
	➤ 能够说明采购管理的作用（5分）				
	➤ 能够说明传统采购向供应链采购转变的实施要点（5分）				
学习结果	◆ "在线测试 3.1" 考评（4分×10=40分）	70			
	◆ "举例说明采购管理的内容" 考评（15分）				
	◆ "比较供应链采购与传统采购的不同特点" 考评（15分）				
合　计		100			
所占比例		100%	30%	30%	40%
综合评分					

知识拓展与技能实践

知识拓展

采购工作的一般流程

采购管理科学化，首先需要规范采购作业的行为模式。如果按照采购员个人的工作习惯随意操作，采购的质量就难以保证。所以，企业都需要规范采购的一般流程，消除采购中的"三不"现象（不管是否为企业所需，不做市场调查和咨询，不问价格高低、质量好坏），以保证工作质量，堵住资金流失的漏洞。

通常，采购流程至少应包含以下五个主要步骤。

（1）需求确认。采购流程的第一步是需求确认。在这个阶段，企业需要明确自己的采购需求，包括所需物品或服务的具体规格、数量、质量要求等。同时，还需要对市场进行调研，了解供应商的情况，以便选择合适的供应商。

（2）供应商选择。在需求确认的基础上，企业需要进行供应商选择。这一步需要对潜在的供应商进行评估和筛选，以确定最终的合作对象。在评估供应商时，需要考虑供应商的信誉、资质、价格、交货能力等因素，确保选择到合适的供应商。

（3）谈判与合同签订。在供应商选择确定后，接下来是进行谈判与合同签订。在谈判过程中，企业需要就价格、交货期、质量标准等方面与供应商进行充分沟通，以达成双方都能接受的合作条件。谈判完成后，需要及时签订采购合同，明确双方的权利和义务，确保合作顺利进行。

（4）采购执行。采购执行是采购流程中的核心环节。在这一步，企业需要按照合同约定的条件与供应商进行采购交易，包括下订单、付款、验收等环节。同时，还需要做好采购记录的管理和归档工作，确保采购过程的合规性和可追溯性。

（5）评估与反馈。采购流程的最后一步是评估与反馈。企业需要对本次采购过程进行总结和评估，包括供应商的表现、采购成本、采购周期等方面的情况。通过评估，发现问题并及时进行反馈，为今后的采购工作提供经验和借鉴。

以上就是采购流程的五个主要步骤，每个步骤都至关重要。只有每个步骤都做好，才能确保采购工作的顺利进行。

技能实践

以小组为单位，查找或调研至少两类典型企业采购管理的基本工作流程。例如，可以是零售企业的采购管理、生产企业的采购管理、事业单位的采购管理等。从中选择两类进行比较。具体要求如下。

（1）记录不同类型企业的采购流程，并绘制流程图。

（2）归纳采购流程中每一步骤的作业要点。

（3）总结整理采购流程中每一步骤需要的相关作业文件或相关表格的名称。

任务二　供应链采购管理数据分析

学习指南

任务清单

工作任务	供应链采购管理数据分析		
建议学时	4 学时		
任务描述	采购管理中最重要的环节之一便是供应商选择，本任务通过对两种主要的选择供应商的方法及实操的学习，掌握供应商选择与评价的基本方法与作业要点，培养供应商评价方法运用的能力，树立供应链环境下的供应商管理意识		
学习目标	知识目标	1. 掌握供应商选择的基本知识框架 2. 掌握指标评价分析法与成本分析法在选择供应商中的运用 3. 理解不同选择与评价方法的优劣	
	能力目标	1. 具备利用指标评价分析法进行供应商选择的能力 2. 具备利用成本分析法进行供应商选择的能力	
	素质目标	1. 培养供应链环境下的供应商管理意识 2. 培养科学合理分析供应商的实事求是的态度 3. 培养成本管理意识与指标分析意识	
	思政目标	通过对供应商选择方法相关知识的学习，培养客观公正意识、成本意识、全局观念、合作意识，以及遵守职业规范的意识	
关键词	供应商管理　指标分析法　成本分析法		

知识树

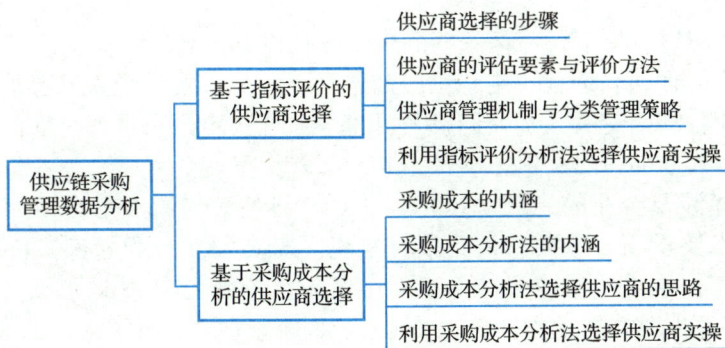

供应链采购管理数据分析
- 基于指标评价的供应商选择
  - 供应商选择的步骤
  - 供应商的评估要素与评价方法
  - 供应商管理机制与分类管理策略
  - 利用指标评价分析法选择供应商实操
- 基于采购成本分析的供应商选择
  - 采购成本的内涵
  - 采购成本分析法的内涵
  - 采购成本分析法选择供应商的思路
  - 利用采购成本分析法选择供应商实操

任务引入

任务背景

资料一：某汽车制造商为了确保产品质量和交付达标，需要与各个零部件供应商进行合作。该汽车制造商决定进行供应商开发，以评估和培养潜在的零部件供应商。首先，该汽车制造商对潜在供应商的经营状况、财务状况、技术能力和产品质量进行调查研究；其次，选择几家经过初步筛选的供应商进行面谈和实地考察；最后，根据评估结果，与合适的供应商签订合作协议，并建立长期合作关系。

资料二：餐饮企业为了确保食材的新鲜度和品质，需要与供应商进行合作。该餐饮企业进行供应商开发，以选择优质的食材供应商。首先，餐饮企业对潜在供应商进行质量检查，包括生产环境、产品质量和供应链管理等方面；其次，进行样品测试，以评估食材的口感和品质；再次，与几家符合要求的供应商进行谈判，并签订长期合作协议；最后，建立供应商评价体系，对供应商的供货能力、交货准时率和售后服务进行评估。

任务目标

1. 根据两则资料，说明在供应链管理的采购环节中供应商选择的流程。
2. 评价供应商可以从哪些方面进行？

任务实施

知识必备

一、基于指标评价的供应商选择

供应商管理是供应链采购管理中一个很重要的环节，它在顺利实现采购作业的过程中有着举足轻重的作用。

（一）供应商选择的步骤

供应商选择是供应链管理中的一个重要决策。一个好的供应商拥有制造高质量产品的加工技术、足够的生产能力，以及能够在获得利润的同时提供有竞争力的产品。当供应市场上同一产品的供应商数量越来越多时，供应商的多样性会使得选择变得更加复杂，需要一个规范的步骤来操作。

具体来说，供应链环境下供应商选择的步骤包括以下内容。

（1）成立供应商评估和选择小组。供应商选择不只是采购员个人的事情，而是一个集体的决策，需要企业各部门有关人员共同参与讨论、共同决定，获得各个部门的认可，包括采购部门的决策者和其他部门的决策影响者。

供应商的选择涉及企业的生产、技术、计划、财务、物流、市场部门等。对于技术要求高、重要的采购项目来说，需要设立跨职能部门的供应商选择工作小组。供应商选择工作小组应由各部门有关人员组成，包括研究与开发部、技术支持部、采购部、物流管理部、市场部、计划部等部门的人员。因此，通常会对供应商进行初步调研与深入调研。

【阅读材料】对供应商的初步调研与深入调研

（2）确定供应商名单。通过供应商信息数据库，以及采购人员、销售人员或行业杂志、网站等媒介渠道了解市场上能提供所需物品的供应商。供应商名单需尽可能完整，既包括现有的供应商，也包括潜在的供应商。

（3）列出评估指标并确定权重。确定供应商服务水平的有关因素，据此提出评估指标以及指标的评分方法或依据。评估指标和权重对于不同行业和产品的供应商是不尽相同的。甚至对同一企业，在分配指标权重时还有可能在不同的发展时期也是不一样的，因此需要根据

实际情况进行调整。

（4）逐项评估供应商的履行能力。为了保证评估的可靠性，应该对供应商进行调查。在调查时一方面了解供应商提供的情况，另一方面尽量对供应商进行实地考察。考察小组由各部门有关人员组成，各部门有关人员负责不同的调研内容，如技术部门进行技术考察，对供应商的设备、技术人员进行分析，考虑将来质量是否能够得到保证，以及是否能够跟上企业所需技术的发展，满足企业变动的要求；生产部门考查生产制造系统，了解人员素质、设备配置水平、生产能力、生产稳定性等；财务部门进行财务考核，了解供应商的历史背景和发展前景，审计供应商并购、被收购的可能性，了解供应商经营状况、信用状况，分析供应商提供的价格是否合理，以及该价格能否获得优先权等。

（5）综合评分并确定供应商。在综合考虑多方面的重要因素之后，就可以根据各项指标对供应商进行综合评分，选择出合格的供应商。

（二）供应商的评估要素与评价方法

1. 供应商的评估要素

供应商的评估要素体现在相应的评价指标之中，其最基本指标应该包括以下几项。

（1）技术水平。技术水平是指供应商提供产品的技术参数是否能达到要求。例如，供应商是否具有一支技术队伍去制造或供应所需的产品；供应商是否具备产品开发和改进项目的能力；供应商是否能够帮助改进产品。这些问题都很重要。选择具有高技术水准的供应商，对企业的长远发展是有好处的。

（2）产品质量。供应商提供的产品质量是否可靠，是一个很重要的评估指标。供应商的产品必须能够持续稳定地达到产品说明书的要求，供应商必须有一个良好的质量控制体系。对供应商提供的产品除了在工厂内进行质量检验，还要考虑实际使用效果，即其在实际环境中使用的质量情况。

（3）供应能力。供应能力即供应商的生产能力，企业需要核准供应商是否具备相当的生产规模与发展潜力，这意味着供应商的制造设备必须能够在数量上达到一定的规模，能够保证供应所需数量的产品。

（4）价格。供应商应该能够提供有竞争力的价格，这并不意味着必须是最低的价格。这个价格是考虑了要求供应商按照所需的时间、数量、质量和服务后确定的。供应商还应该有能力向购买方提供改进产品成本的方案。

（5）地理位置。供应商的地理位置对库存量有相当大的影响，如果物品单价较高，需求量又大，距离近的供应商有利于管理。采购方总是期望供应商离自己近一些，或者至少要求供应商在当地建立库存。地理位置近，送货时间就短，意味着当紧急缺货时，可以快速送货。

（6）可靠性。可靠性是指供应商的信誉，选择一家有较高信誉的、经营稳定的以及财务状况良好的供应商有利于供应商管理。同时，双方应该相互信任，讲究信誉，并能把这种关系维持下去。

（7）售后服务。供应商必须具有优良的售后服务。如果需要他们提供可替代元器件，或者需要能够提供某些技术支持，好的供应商应该能够及时提供这些服务。

除了以上几点，还有一些其他因素，如提前交货期、交货准确率、快速响应能力，以及供应商的信用状况、互惠经营、是否愿意为购买方建立库存等，也是在选择供应商时需要考虑的因素。

2. 供应商的评价方法

供应商评价是企业采购管理的重要内容，也是建立供应链合作、联盟甚至战略伙伴关系的基础。供应商评价是指运用科学的方法，依据完整的评价指标体系，对供应商进行全面客观了解的过程。一般来说，供应商评价方法包括定性分析法、定量分析法、现代综合评价法。

（1）定性分析法。定性分析法主要是评估人员根据以往的资料和经验，对评估对象做出初步的分析和判断，从而对供应商进行的评价。常用于选择企业非主要原材料的供应商，可分为经验评价法、协商选择法等。

① 经验评价法。这种方法主要是根据征询和调查的资料并结合采购人员的经验对供应商进行分析、评价。

② 协商选择法。这种方法是指由企业先选出供应条件较好的几个供应商，与他们分别协商，以确定适宜的合作伙伴。

（2）定量分析法。定量分析法主要采用定量计算的方式进行供应商评价，常用于选择企业主要原材料的供应商，可分为指标评价分析法、采购成本分析法等。

① 指标评价分析法。这种方法是通过对供应商各种评价的指标进行打分，根据综合评分高低进行供应商选择的方法，它比直观判断更加科学，易于理解，操作起来也较为方便。

② 采购成本分析法。这种方法是指通过分析不同的价格和采购中各项费用的支出，以选择成本较低的供应商的方法。

（3）现代综合评价法。现代综合评价法是指在对供应商进行考评时，有些指标是定性指标，有些指标是定量指标，旨在使得考评结果更加准确、全面，常用于选择企业重要的供应商。

【阅读材料】现代综合评价方法

（三）供应商管理机制与分类管理策略

1. 供应商管理机制

供应链管理的核心内容是把供应链内企业的全部生产过程、经营活动集成起来，进行统筹规划，通过各环节的有效协调与配合，改善供应链内的物流、信息流和资金流。

（1）信息交流机制。信息交流有助于减少投机行为，促进重要生产信息的自由传递。为加强供应商与制造商的信息交流，可以从以下几个方面着手。

① 在供应商与制造商之间经常进行有关成本、作业计划、质量控制信息的交流与沟通，保持信息的一致性和准确性。

② 实施并行工程。制造商在产品设计阶段让供应商参与进来，这样供应商可以在原材料和零部件的性能与功能方面提供有关信息，为实施质量功能配置（QFD）的产品开发方法创造条件。

③ 建立团队工作小组，解决共同关心的问题。在供应商与制造商之间应建立一种基于团队的工作小组，由双方的有关人员共同解决供应过程及制造过程中遇到的各种问题。

④ 供应商和制造商的采购部门经常互访。供应商和制造商的采购部门应经常性地互访，及时发现和解决各自在合作过程中出现的问题和困难，建立良好的合作关系。

⑤ 使用电子数据交换（EDI）和互联网技术进行快速的数据传输。通过现代信息技术进行数据传输与信息交流已经成为当今企业经营管理必不可少的手段。

（2）供应商激励机制。要保持长期的双赢关系，对供应商的激励是非常重要的。没有有效的激励机制，就不可能维持良好的合作关系。在激励机制的设计上，要体现公平、一致的原则。给予供应商价格折扣和柔性合同，以及采用赠送股权等，使供应商和制造商分享成功，同时也使供应商从合作中收获双赢机制带来的好处。

【微视频】供应商的激励

（3）供应商评价机制。要实施供应商的激励机制，就必须对供应商的业绩进行评价，使供应商不断改进。没有合理的评价方法，就不可能对供应商的合作效果进行评价，将大大挫伤供应商合作的积极性和合作的稳定性。对供应商的评价要抓住主要指标或问题，如交货质量是否能改善，提前期是否能缩短，交货的准时率是否能提高等。通过评价，把结果反馈给供应商，和供应商一起共同探讨问题产生的根源，并采取相应的措施予以改进。

2. 供应商分类管理的策略

为了保证企业的运营，企业需要对原材料、零部件、设备、办公用品及其他产品或服务进行采购。由于采购内容的不同，要对不同的供应商采取不同的策略。

（1）对于制造业企业来说，原材料或零部件的采购最为频繁，对这类供应商的日常管理显得十分重要。

（2）对于设备类物品来说，购买次数不多，但一次性投资金额较大，影响企业的长期生产。在设备的维修方面，需要与供应商建立良好的沟通与合作，所以，选择能提供优质服务的供应商尤为重要。

（3）办公用品采购量占企业采购总量的比重虽然不大，资金也不多，但其是公司运营成本的重要组成部分，影响着公司的管理成本。一般尽可能选择少数供应商，保持长期合作的关系，并获得批量优惠，以节约企业管理费用。

（4）关于物流服务采购，随着公司业务的扩大，专业分工越来越细，物流的运输职能越来越倾向于利用外部资源，由第三方物流公司承担。对这类服务性的公司，需要做大量的沟通与协调工作。

（四）利用指标评价分析法选择供应商实操

对供应商的评价与选择是一个多对象、多因素（指标）的综合评价问题，由于各项指标的重要程度是不同的，所以需要确定权重，这是一项既需要经验又需要技术的工作。

【实操任务 3-1】点石智能设备制造公司采用指标评价分析法选择供应商。

点石智能设备制造公司经过初选，确定了三家零部件供应商作为未来可能的战略合作伙伴，现在想通过指标评价分析法最终确定一家供应商与其进行合作。因此，点石智能设备制造公司在业内组织了十余位专家对供应商各项指标进行评价并赋予权重，经专家组的充分研讨之后，专家组建议点石智能设备制造公司重点关注六项评价指标，并给出了相应的权重建议，如表 3-2 所示。

表 3-2　专家组建议的评价指标与权重

评价指标	质量水平	价格竞争力	交货准时性	产品柔性	可靠性	售后服务
建议权重	0.3	0.25	0.15	0.1	0.1	0.1
建议分值	各指标评分采用 10 分制，即在 0 至 10 分之间打分					

该评价指标与权重分配获得了点石智能设备制造公司高层领导的认可，并将其列为对供应商评价的作业文件。

针对三家零部件供应商的具体情况，点石智能设备制造公司组织了由三位专家组成的评价小组对这三家零部件供应商按作业文件要求进行打分，得到如表 3-3 所示的供应商各项指标的评价分值表。

表 3-3　供应商各项指标的评价分值表

供应商	评价指标	专家一	专家二	专家三	平均得分
A 供应商	质量水平	7	8	9	8.0
	价格竞争力	9	9	6	8.0
	交货准时性	10	10	9	9.7
	产品柔性	5	10	9	8.0
	可靠性	9	9	7	8.3
	售后服务	6	4	5	5.0
B 供应商	质量水平	5	10	7	7.3
	价格竞争力	9	8	7	8.0
	交货准时性	6	7	9	7.3
	产品柔性	6	8	7	7.0
	可靠性	8	5	8	7.0
	售后服务	5	4	4	4.3
C 供应商	质量水平	6	9	6	7.0
	价格竞争力	9	9	6	8.0
	交货准时性	7	8	8	7.7
	产品柔性	6	6	10	7.3
	可靠性	8	3	7	6.0
	售后服务	5	5	9	6.3

任务要求：根据专家的评价分值并结合供应商评价文件进行供应商选择。

1. 实操任务分析

本任务中，分析数据已经采集完毕，只需要进行数据处理，整体解决方案的框架思路如下。

第一步，调取作业文件和专家评价分值的原始数据。

（1）调取供应商评价作业文件，确定评价指标与各指标的相应权重（见表 3-2）。

（2）调取专家组对三家供应商各项指标评价分值的原始数据（见表 3-3）。

第二步，进行数据处理。

（1）分析处理各供应商各项指标的评价分值，得出每家供应商每项指标的平均得分（算术平均）。

（2）根据指标权重和指标得分，计算每家供应商的综合得分（加权平均）。

第三步，选择供应商。

根据排名选择供应商。

2. 数据分析步骤

（1）分析处理三位专家的分值，得出每家供应商每项指标的平均得分。

汇总处理专家对供应商各项指标的评分均值，这里可以直接用算术平均法，利用 Excel 表格进行计算处理，如图 3-1 所示。

图 3-1　专家对供应商各项指标的评分均值

（2）计算供应商各项指标评分的加权分值得分。

在表格中，可采用函数"=SUMPRODUCT（）"计算，得出三家供应商各项指标评分的加权分值分别为 7.985、7.133、7.215，如图 3-2 所示。

图 3-2　三家供应商各项指标评分的加权分值

（3）选择供应商。

根据排名，最终选择 A 供应商。从评价的分数亦可看出，A 供应商在质量水平、交货准时性、产品柔性及可靠性方面具有明显的优势。

【微视频】指标评价分析法选择供应商的具体过程

二、基于采购成本分析的供应商选择

（一）采购成本的内涵

1. 狭义的采购成本

狭义的采购成本是指采购过程中发生的物流费用，包括持有成本、订购成本及缺货成本，但不包括所购产品的价格。采购成本除了包括订购活动的成本费用（取得货品的费用、订购业务费用等），还包括因采购而带来库存维持成本及因采购不及时而带来的缺货成本。

狭义的采购成本将采购成本控制责任局限于采购部门内，不符合现代企业全面管理的发展趋势。

2. 总采购成本

总采购成本是指在采购的全过程中所支付的全部费用，包括产品购置费、安装费、运输费、检验费、库存成本、维修费、采购不当引起的风险费及相关税费等。总采购成本也称总购置成本或总所有权成本（Total Cost of Ownership，TCO）。

总采购成本包括三大部分。

（1）所采购的原材料费用、运杂费、保险费等。

（2）采购过程的成本。采购部门完成采购过程所付出的成本，主要是指采购部门人工劳务费和差旅费。采购过程是指从采购计划、采购询价、采购合同签订，到采购材料进场为止的过程。

（3）因采购失误而造成的损失成本，如质量成本、效率成本、资金占用成本、风险成本、其他浪费成本等。

采购成本可分为直接采购成本和间接采购成本两种。

（1）直接采购成本。直接采购成本是指费用发生时能直接确认应由哪种材料负担的费用，该种费用发生后直接计入相应材料的采购成本。

（2）间接采购成本。间接采购成本是指应由多种材料共同负担的采购费用，该种费用发生后应按一定标准分配计入各种材料的采购成本，分配标准主要有采购数量、价格等。

【阅读材料】成本与费用的区别

（二）采购成本分析法的内涵

采购成本分析法是指对与采购原材料部件相关的过程和发生的费用进行分析的方法，通过成本计算和比较，以选择采购成本最低的供应商。

采购的基本流程可以划分为采购计划的制订、采购行为的发生、采购过程的监督、对厂家生产情况的跟踪、提货、验货、产品入库、仓储保管、出库配送、供销结算等，采购成本就是在上述采购流程中所支出的费用。

在采购成本中，有些成本是看得见的，即比较容易分析出来或者可以直接从财务报表中查到的成本；有些是看不见的，即较难分析或易被忽略的，由此将成本划分为显性成本和隐性成本两类。采购的显性成本是最容易被关注的成本，而采购的隐性成本是最容易被忽视的成本。

1. 显性成本

采购的显性成本是指厂商在生产要素市场上购买或租用所需要的生产要素的实际支出费用，即企业支付给企业以外的经济资源所有者的货币额，如支付的生产费用、工资费用、市场营销费用等，因而它是有形的成本，具体包括以下几个方面。

（1）采购计划编制成本。准确的采购计划能够精准地预测和掌握企业的生产计划，可以使企业在满足产品生产需求的前提下，最大限度地降低采购资金的占用。同时，还要对供应市场进行全面的分析，调整订单计划，评估和选择供应商。采购计划的编制可以说是采购整个流程的首要环节，它的支出也被称为采购计划编制成本。

（2）原材料、半成品或成品的购进成本。原材料、半成品或成品的购进成本是指企业购进商品时支付给供应商的金额。影响所采购物资价格高低的因素有许多，包括商品市场价格、商品质量、市场供求关系等。

（3）采购管理成本。它是采购业务行为过程中所发生的费用，包括人力成本、招标成本、建设成本、招待费、办公费、差旅费等。

（4）运输成本。运输成本是指采购的物资在运输过程中发生的费用。选择一种科学、经济合理的运输方式，选择合适的运输工具，规划合理的运输路线，实行节约化运输，进而节省运费，降低采购成本。

（5）验收成本。采购回来的原材料、半成品或成品都需要进行检验后才能入库。为防止不符合合同约定或质量不合格的原材料、半成品或成品入库，需要严把物资的入库检验这一关。入库后如果发现产品质量不合格、破损、数量短缺，甚至是产品品种出现错误等情况，企业将面临的不仅仅是由于品种、质量、数量问题而需要退换货所发生的费用和时间成本，还将可能造成由于原材料、半成品或成品缺货而造成的生产线停止运作，产生停产成本。

（6）存储成本。存储成本是指物资在库存过程中所产生的费用。一方面，货品要存放得当，对货品进行分类管理，注意一些特殊性质的货品（如易破损的货品、易变质的货品）的存储环境。另一方面，要建立健全并妥善保管库存档案，及时对库存商品进行盘点。如果有库存积压，也会增加仓储成本。所以，科学、合理地进行仓储管理是降低采购供应成本的一种有效手段。

2. 隐性成本

隐性成本是相对于显性成本而言的。隐性成本是指不易在财务报表中表现出来的、易被人忽视的，但又是非常重要的一部分成本。

（1）时间成本。由于响应顾客需求的时间过长所产生的成本。

（2）缺货成本。缺货成本是指由于存货耗尽或供货中断等原因而不能满足企业正常生产经营需要所造成的损失成本。这一部分成本在财务报表中是体现不出来的，但是，缺货一旦发生，不仅会带来很大的经济损失，而且对企业声誉也会造成很大的影响。

（3）库存积压成本。相对于缺货成本，库存积压成本则是由于库存产品过多而导致的积压现象所带来的成本。库存积压使运输、仓储费用明显增加，而且还占用了企业的发展资金。同时，在仓库存储的过程中还会出现一些由于保管不当等因素而造成产品损坏所带来的损失。

传统的采购交易首先放在产品的价格谈判上，其次才考虑产品的质量性能和交货期等因素。因此，采购成本主要体现在与产品价格因素等相关的显性成本上，较少考虑采购的总体成本。这显然难以满足供应链采购管理的需要。

总采购成本包括采购的显性成本和隐性成本。从供应链管理的层面上来考虑，总采购成本的影响因素包括原材料价格，以及与采购活动相关和因采购行为不当形成的所有费用或造成的损失成本。

（三）采购成本分析法选择供应商的思路

采购成本分析法是指供应商在商品质量、交付时间、售后服务等指标均能满足要求的情况下，通过比较采购成本高低来选择供应商的方法。采购成本分析法选择供应商的思路如下。

（1）识别采购成本，即在买方成本开支中，识别出与采购活动相关的成本。

（2）计算与采购相关的分项采购成本。

（3）将各分项采购成本求和，形成总采购成本。

（4）比较总采购成本大小，总采购成本最低的供应商即为选择对象。

由于采购成本分析法只考虑成本因素，简化了供应商选择过程，对降低采购成本具有一定的意义。但在现实中，还需要考虑其他因素，结合其他方法一起使用以降低供应商选择的风险。

（四）利用采购成本分析法选择供应商实操

【实操任务 3-2】点石智能设备制造公司采用采购成本分析法选择供应商。

点石智能设备制造公司需要从供应链上的其他企业购进油压密封零件，年需求量为26000件。该密封件由三家供应商提供，但它们的单价、合格品率及起订批量各不相同。如果零件出现缺陷，需要进一步处理才能使用。经统计，每件有缺陷的零件修复成本为4元。点石智能设备制造公司的库存成本按库存价值的25%计算，即库存费用率为25%，不考虑订购费用。供应商提供的零件情况表如表3-4所示。

表 3-4   供应商提供的零件情况表

供应商	单价 / 元	合格品率 /%	起订批量 / 件
A 供应商	9.50	91	2500
B 供应商	9.80	95	5000
C 供应商	10.20	99	1000

任务要求：
（1）如果只考虑价格、质量成本，应该选择哪家供应商？
（2）如果综合考虑价格、质量成本、起订批量三个因素，又该选择哪家供应商？

1. 实操任务分析

（1）只考虑价格、质量成本两个因素的选择思路：先计算年需求量中缺陷零件的处理成本，即质量成本，计入总采购成本，然后比较总采购成本（也可计算出单位总采购成本，再排序选择）。

➤ 计算一年所需零件的缺陷率。
➤ 根据缺陷率计算总需求零件中的缺陷零件数。
➤ 计算质量成本，即总缺陷处理成本。
➤ 计算含价格成本、质量成本的总采购成本。
➤ 对总采购成本排序，选择总采购成本最小的供应商。

（2）综合考虑价格、质量成本和起订批量三个因素的选择思路：根据订货批量计算库存价值，根据库存费用率计算库存成本，计入总采购成本，再比较总采购成本。

➤ 计算由订货批量引起的平均库存量。
➤ 计算库存价值。
➤ 计算库存成本。
➤ 计算含价格成本、质量成本、库存成本的总采购成本。
➤ 对总采购成本排序，选择总采购成本最小的供应商。

2. 实操步骤

（1）只考虑价格、质量成本两个因素：已知年需求量为26000件，针对这26000件零件中有缺陷零件的处理成本计算到总处理成本中，并分摊至每个零件。

第一，计算不同供应商提供的一年零件的缺陷率。已知每个供应商提供零件的合格品率（见表3-4）。如A供应商零件的合格品率为91%，则缺陷率为100%-91%=9%，同理，可计算出B、C两家供应商的零件缺陷率分别为5%和1%。

第二，根据缺陷率计算26000件零件中的缺陷零件数。利用Excel表格求出26000件零件中的缺陷零件数。A、B、C供应商的缺陷零件数分别为2340件、1300件、260件。

第三，计算质量成本，即总缺陷返工处理成本。根据题意，缺陷零件修复成本为4元/件，缺陷零件数乘以单位修复成本即可得到质量成本。A、B、C供应商的质量成本分别为9360元、

5200 元、1040 元。

第四，计算总采购成本。总采购成本就是价格成本和质量成本的和。A、B、C 供应商总采购成本分别为 256360 元、260000 元、266240 元。

第五，排序单位总采购成本，选择单位总采购成本最小的供应商。

对三家供应商的总采购成本进行排序，不难看出，A 供应商的总采购成本最小。因此，如果只考虑价格成本、质量成本两个因素，应该选择从 A 供应商处采购。

在 Excel 表格中计算出 A、B、C 供应商的单位总采购成本分别为 9.86 元 / 件、10.00 元 / 件、10.24 元 / 件。因此，在只考虑价格成本与质量成本两个因素的情况下，应该选择 A 供应商。

以上计算方法在 Excel 表格中的处理结果如图 3-3 所示。

	A	B	C	D	E	F	G	H	I
34	供应商	单价/元	价格成本/元	合格品率/%	缺陷率/%	缺陷零件数量/件	质量成本/元	采购总成本/元	单位总采购成本/元
35	A供应商	9.5	247000	91	9	2340	9360	256360	9.86
36	B供应商	9.8	254800	95	5	1300	5200	260000	10
37	C供应商	10.2	265200	99	1	260	1040	266240	10.24
38	说明	—	单价*数量	—	1-合格品率	缺陷率*数量	缺陷零件数量*返工处理成本	总成本=价格成本+质量成本	

图 3-3 供应商零件总采购成本计算结果（1）

（2）综合考虑价格、质量成本和起订批量因素。计算库存成本的方法有很多，不同企业采用不同的计算方法。我们选用常见的简单库存成本计算法，即库存成本 = 库存价值×库存费用率，库存价值 = 单价×平均库存量，平均库存量选用订货批量的一半。本题中，假设订货批量就是起订批量。

第一，计算由订货批量引起的平均库存量。分别计算三家供应商零件的平均库存量，A 供应商起订批量为 2500 件，平均库存量为 1250 件。同理可求得 B、C 两家供应商的平均库存量为 2500 件、500 件。

第二，计算库存价值。分别计算三家供应商零件的库存价值。根据公式库存价值 = 单价×平均库存量，分别求出 A、B、C 三家供应商零件的库存价值分别为 11875 元、24500 元、5100 元。

第三，计算库存成本。分别计算三家供应商零件的库存成本。根据公式库存成本 = 库存价值×库存费用率，则可计算出 A、B、C 三家供应商零件的库存成本分别为 2968.75 元、6125 元、1275 元。

第四，计算总采购成本。总采购成本是价格成本、质量成本和库存成本的和。可以计算出 A、B、C 供应商的总采购成本分别为 259328.75 元、266125 元、267515 元。

第五，排序总采购成本，选择总采购成本最小的供应商。对三家供应商的总采购成本进行排序，不难看出，A 供应商的总采购成本最小。因此，在考虑价格、质量成本和起订批量的情况下，应该选择 A 供应商。

本任务中，计算出从不同供应商进货的总采购成本已经可以进行供应商的选择了。当然，也可以求出相应的单位总采购成本再进行比较。A、B、C 供应商的单位总采购成本分别为 9.97 元、10.24 元、10.29 元，则应选择从 A 供应商处采购零件，其结果是一致的。

以上计算方法在 Excel 表格中的处理结果如图 3-4 所示。

	A	B	C	D	E	F	G	H	I	J
41	供应商	单价/元	价格成本/元	质量成本/元	起订批量/件	平均库存量/件	库存价值/元	库存成本/元	采购总成本/元	单位采购总成本/元
42	A供应商	9.5	247000	9360	2500	1250	11875	2968.75	259328.75	9.97
43	B供应商	9.8	254800	5200	5000	2500	24500	6125	266125	10.24
44	C供应商	10.2	265200	1040	1000	500	5100	1275	267515	10.29

图 3-4　供应商零件总采购成本计算结果（2）

【微视频】采购成本分析法选择供应商的具体过程

学习感悟

第一，在供应链环境下采购管理的最重要工作之一是供应商管理，因为一个好的供应商可以协助采购者解决采购过程中遇到的绝大部分问题。因此，选择满足供应链采购需要的供应商便成了采购管理工作的重中之重。

第二，采用指标评价分析法选择供应商，充分考虑了供应商的综合环境，适合对供应链合作伙伴供应商进行评价；当利用采购成本分析法进行供应商选择时，通常是对一些易于获得的原材料或零部件的采购成本进行比较。从指标评价中也可以看出，采购成本并非唯一的考虑因素。相反，即使有些供应商可能成本更有优势，但综合评价的结果并不一定会是最理想的。

第三，事实上，不管采用哪一种评价方法，均需从企业的可靠供应商名录中进行选择，而在下订单的时候更多的是根据评价结论进行供应商优先采购的考虑。也就是说，在采购业务中会根据供应商评价结论进行不同比例的订单分配，评价高的供应商会获得更大比例的订单。

任务实训

1. 扫描右侧二维码进行在线测试。
2. 完成本模块"知识复习与巩固"中的"情景实践与应用题"1～2 题。

在线测试 3.2

任务评价

评价类目	评价内容及标准	分值/分	自己评分	小组评分	教师评分
学习态度	✓ 全勤（5分）	10			
	✓ 遵守课堂纪律（5分）				
学习过程	➢ 能说出本次工作任务的学习目标，上课积极发言，积极回答问题（5分）	20			
	➢ 能够说出供应商的评估要素与评价方法（5分）				
	➢ 能够利用指标评价分析法选择供应商（5分）				
	➢ 能够利用采购成本分析法选择供应商（5分）				
学习结果	◆ "在线测试3.2"考评（2分×10=20分）	70			
	◆ 完成本模块"知识复习与巩固"中的"情景实践与应用题"1～2题（每题25分）				
合　计		100			
所占比例		100%	30%	30%	40%
综合评分					

知识拓展与技能实践

知识拓展

企业中常用的采购认证体系

采购认证体系主要是针对采购流程的质量而言的，对每个环节从质量角度给予控制。在这个体系下，通过对物料质量进行检验，可以控制供应商批量物料的供应质量。

（1）对选择的供应商进行认证。认证内容包括以一定的技术规范考察供应商的硬件和软件要素。硬件要素指供应商设备的先进性、环境配置的完善性；软件要素指供应商的人员技术水平、工艺流程、管理制度、合作意识等。

（2）对供应商提供的样件进行试制认证。这里分为两个阶段：第一阶段，对供应商的加工过程进行协调监控，如设计人员制定的技术规范与供应商的实际技术是否有出入；第二阶段，认证部门组织设计、工艺、质量管理等部门相关人员对供应商提供的样件及检验报告进行评审，看其是否能满足企业技术和品质要求。

（3）对供应商提供的小批量物料进行中试认证。因为，对物料的质量检验主要是通过测量、检查、试验、度量与规定的标准比较，看其是否符合要求等。样件认证通过不代表小批量物料能符合质量要求，往往小批量物料的质量由于成本与样件的差异而有所差异。

（4）对供应商提供的批量物料进行批量认证。批量认证的质量控制表现在两个方面：一是控制新开发方案批量生产的物料供应质量的稳定性；二是控制新增供应商的批量物料供应质量的稳定性。

对于质量连续超标（不合格）的物料供应，一方面，提请供应商进行质量改进；另一方面，如果供应商的质量到了极限，则应从产品设计系统入手，选配易于大批量生产的物料种类。对于质量连续符合标准的物料供应，可以考虑对供应商实行免检。当然，首先要与供应商签订质量保证协议，并加入处罚措施，从协议上对供应物料质量进行制约，防止质量意识松懈。

技能实践

以小组为单位，查找或调研企业的供应商认证流程。可以是零售企业的供应商认证，生产企业的供应商认证，甚至是学校食堂的食材供应商认证。具体要求如下。

（1）比较初试、中试、大批量认证的区别。

（2）画出供应商认证流程图。

（3）总结、整理供应商认证过程中需要的相关材料。

知识复习与巩固

一、填空题

1.采购是指企业在一定的条件下从_____获取产品或服务作为_____，以保证企业生产及经营活动正常开展的一项企业经营活动。

2.采购的范围是指采购的_____或_____，它包括有形产品及无形服务。

3.有形产品是指具有_____的产品，可以被消费者直接触摸和感知。它们通常具有明确的_____、_____、_____、_____和_____等特征。

4. 在企业采购的无形产品中，涉及_____、_____、_____、_____、_____、_____等。

5. 企业通过不断改进_____以及加强对_____的管理，提高采购的原材料的质量，从而保证和提高产品的质量，提高企业的市场竞争力，更好地满足_____的要求。

6. 采购管理中具体的采购业务管理包括_____、_____、_____、_____、_____等一系列工作。

7. 狭义的采购成本是指采购过程中发生的_____，包括_____、_____及_____，但不包括_____。

8. 合适的采购价格是指在满足_____、_____、_____的前提下支付的最_____的价格。

9. 供应链采购的根本特征就是有一种_____的供应链的采购环境。

10. _____是企业采购管理的重要内容，也是建立供应链合作、联盟甚至战略伙伴关系的基础。

二、多选题

1. 采购在企业经营管理中的地位包括（　　）。
A. 供应地位　　　　　B. 质量地位　　　　　C. 价值地位　　　　　D. 战略地位

2. 做好采购工作可以合理利用资源，优化配置资源，具体体现在（　　）。
A. 通过合理采购，企业可以防止优料劣用，长材短用，浪费资源
B. 优化配置资源，防止优劣混用
C. 在采购工作中，要应用价值工程分析，力求功能与消耗匹配
D. 通过采购，企业可以引进新技术、新工艺，提高物资利用率

3. 采购管理是指为保障企业物资供应，对采购活动进行（　　）的活动。
A. 计划　　　　　　　B. 组织　　　　　　　C. 协调　　　　　　　D. 控制

4. 在选择供应商时，一般应从（　　）等方面来考察，建立双方相互信任的长期的合作伙伴关系。
A. 品质　　　　　　　B. 价格　　　　　　　C. 交货期限　　　　　D. 服务

5. 关于采购的原材料、零部件的成本与质量，下列说法正确的是（　　）。
A. 质量越高越好　　　　　　　　　　B. 成本越低越好
C. 合格够用就行　　　　　　　　　　D. 满足需要，质量合适

6. 关于供应商的供货时间，下列说法不正确的有（　　）。
A. 供货越快越好　　　　　　　　　　B. 时间合适满足生产
C. 供货时间提前　　　　　　　　　　D. 供货时间延迟

7. 从采购性质看，以下属于供应链采购的包括（　　）。
A. 基于需求的采购　　　　　　　　　B. 供应商主动型采购
C. 合作型采购　　　　　　　　　　　D. 需求方全采购操作

8. 供应链环境下的供应商管理机制包括（　　）。
A. 信息交流机制　　　　　　　　　　B. 供应商激励机制
C. 价格谈判机制　　　　　　　　　　D. 供应商评价机制

9. 狭义的采购成本是指与采购过程相关的物流费用，下列属于狭义采购成本的有（　　）。
A. 采购订单费用　　　　　　　　　　B. 采购的产品价格
C. 采购人员管理费用　　　　　　　　D. 送货成本

10.采购成本中的隐性成本包括（　　　）。

A.验收成本　　　　　B.时间成本　　　　C.缺货成本　　　　D.库存积压成本

三、简答题

1.简述采购在企业经营管理中的作用。

2.简述采购管理的重要性。

3.简述采购管理的基本内容。

4.简述在供应商管理中库存对供应链用户的意义。

5.简述由传统采购向供应链采购转变的具体做法。

6.简述供应商选择的步骤。

7.简述供应商选择的评估要素。

8.简述供应商分类管理的基本策略。

9.简述采购成本分析法选择供应商的基本思路。

四、情境实践与应用题

1.点石智能设备制造公司经过初选确定了四家原材料供应商作为未来可能的战略合作伙伴，现需通过综合评价的方法最终确定一家供应商进行深度合作。在进行供应商选择时，已知主要考虑的评价指标及其权重，以及聘请的三位专家对各供应商的各项指标的评分值（见表3-5）。请问，该制造商最终应选择哪家供应商？

表3-5　三位专家对各供应商各项指标的评分值

专家	评价指标	指标权重	A 供应商	B 供应商	C 供应商	D 供应商
专家一	技术能力	0.10	7	8	7	7
	质量水平	0.25	8	8	8	9
	交货能力	0.20	9	7	8	8
	响应能力	0.15	7	6	7	8
	准时性	0.05	5	6	7	9
	财务状况	0.10	4	7	9	8
	管理水平	0.05	4	6	8	7
	售后服务	0.10	6	7	6	6
专家二	技术能力	0.10	7	7	8	8
	质量水平	0.25	6	6	9	10
	交货能力	0.20	8	10	8	8
	响应能力	0.15	7	7	7	6
	准时性	0.05	5	7	8	9
	财务状况	0.10	7	7	7	7
	管理水平	0.05	6	10	8	7
	售后服务	0.10	8	8	8	8

续表

专家	评价指标	指标权重	A 供应商	B 供应商	C 供应商	D 供应商
专家三	技术能力	0.10	10	9	8	7
	质量水平	0.25	8	7	8	8
	交货能力	0.20	5	6	6	5
	响应能力	0.15	7	7	9	10
	准时性	0.05	7	8	8	10
	财务状况	0.10	6	7	6	7
	管理水平	0.05	5	6	7	8
	售后服务	0.10	9	10	8	7

2. 点石智能设备制造公司需要从供应链上的其他企业购进液压杆，年需求量为8000件。该液压杆由三家供应商提供，但它们的单价、合格品率及起订批量各不相同。如果零件出现缺陷，需要进一步处理才能使用。经统计，每个有缺陷的零件修复成本为19元。点石智能设备制造公司的库存费用按库存价值的25%计算，不考虑订购费用。三家供应商提供的零件情况如表3-6所示。

表 3-6　三家供应商提供的零件情况

供应商	单价/元	合格品率/%	起订批量/件
A	19.50	93	5000
B	21.80	96	2000
C	24.60	99	500

任务要求：

（1）如果只考虑价格、质量成本，该选择哪家供应商？

（2）如果综合考虑价格、质量成本、起订批量三个因素，又该选择哪家供应商？

模块四

供应链库存管理与数据分析

在供应链中，每一环节都非常关键，优化必须从细节开始，这样才能构建高效而稳固的供应链网络。

任务一 认识供应链库存管理

学习指南

任务清单

工作任务	认识供应链库存管理	
建议学时	2 学时	
任务描述	本任务通过对传统库存管理与供应链库存管理的学习，掌握供应链库存管理的基本特点及基本方法，培养供应链库存管理思维以及系统、合作的供应链库存控制理念	
学习目标	知识目标	1. 掌握库存的基本概念及相关功能 2. 掌握库存管理的内涵、目标以及库存控制的意义 3. 掌握供应链库存管理的基本方法

续表

学习目标	能力目标	1. 具备传统库存管理的运用能力 2. 具备分析与运用供应链库存管理的能力 3. 具备利用供应链库存管理思想改善传统库存管理的能力
	素质目标	1. 培养供应链库存管理的系统思维 2. 培养供应链库存控制的合作意识 3. 培养以客户需求为导向的经营理念与意识
	思政目标	通过对传统库存管理及供应链库存管理知识的学习，培养供应链系统管理意识、合作意识、客户服务意识，以及遵守职业规范的意识
关键词		库存　库存管理　供应链库存管理

知识树

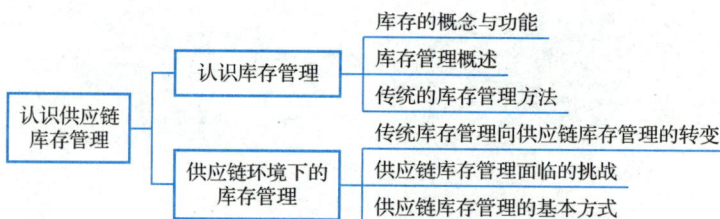

任务引入

任务背景

从传统库存管理到供应链库存管理的转变

从传统的 ABC 库存管理到 JIT 的"零库存管理"，库存总是企业需要面临的重要问题。随着全球化、信息化和产业化浪潮的冲击，越来越多的国内企业从强调大而全的纵向管理模式转向强调以核心竞争力为主的横向管理模式，即供应链管理。供应链由于其具有开放性、动态性、集成性、群体性和分布性等特点，因此有着大量的不确定性因素，这给供应链管理，尤其是供应链管理下的库存控制（供应链库存管理）带来了巨大的挑战。

供应链库存管理不是简单的需求预测与补给，而是要通过库存管理获得用户服务与利润的优化，从而达到供应链整体及节点企业双赢的目的。20 世纪 90 年代初，管理者把供应链库存管理重点放在控制方法和预测方法的科学性上，其中聚合预测和补给（Aggregate Forecasting and Replenishment，AFR）模式最具代表性。AFR 模式要求供应链上各节点企业主导其分销中心及库存的管理，是商业贸易伙伴交互作用中应用最广泛的模式，用于预测的核心数据主要来自销售历史数据。AFR 模式缺乏集成的供应链计划，可能会导致高库存或低订单满足率，容易形成"牛鞭效应"。从而导致供应链整体运作效率降低，影响供应链上企业的快速响应时间，导致客户满意度下降。

为了解决 AFR 模式的上述缺点，发展了供应商管理库存（Vendor Managed Inventory，VMI）模式。VMI 模式是以零售商和供应商双方都获得最低成本为目的，在一个共同的协议下由供应商管理库存，并不断监督协议执行情况和修正协议内容，使库存管理得到持续性改进的合作性策略。VMI 模式对减缓供应链中的"牛鞭效应"有着积极作用，但 VMI 模式的缺点也是很明显的，包括：VMI 模式是单向流程的，供应商并未将促销、多存货来源和季节性因素列入考量，在存货方面仍会有不平衡的情况发生；VMI 模式中的框架协议虽然是双方协定的，但供应商处于主导地位，决策过程中缺乏足够的协商，难免造成失误。供应商可能利用自己的主导地位将企业成本转嫁给其他合作伙伴，供应链缺乏有效的双赢机制，由此所引发的负面效应会恶化同其合作伙伴的外部供应链关系，进而导致整体供应链竞争力的削弱。

任务目标

1. 从传统库存管理向供应链库存管理转变过程中的驱动因素是什么？
2. 供应链库存管理除了任务背景中提到的方法，还有哪些更好的方法？

任务实施

知识必备

一、认识库存管理

（一）库存的概念与功能

1. 库存的概念

在企业生产经营管理过程中，库存是企业价值链中的重要环节，在价值增值过程中承担着重要职能。根据国家标准《物流术语》（GB/T 18354—2021），库存（Inventory）是指储存作为今后按预定的目的使用而处于备用或非生产状态的物品。广义的库存还包括处于制造加工状态和运输状态的物品。

狭义的观点认为，库存是指静态库存，即仓库中暂时处于储存状态的物品，是储存的表现形态。从广义的观点来看，库存则是动态的，为了用于将来的目的暂时处于闲置状态的资源。库存可以是主动的各种物品的储备，被动的各种形态的超储或积压的物品，而资源停滞的位置，可以是在仓库、生产线或车间上，也可以是在汽车站、火车站及机场码头等流通节点上，甚至是在运输途中，即在途库存。

库存功能是仓储的最基本的功能，除了进行商品储存保管，还具有整合需求与供给，维持物流系统中各项活动顺畅进行的功能。企业为了能及时满足客户的订货需求，就必须经常保持一定数量的商品库存；配送中心为了维持配送的顺利进行，也必须预先储存一定数量的商品来满足订货需求。企业存货不足，会造成供货不及时、供应链断裂、丧失市场占有和交易机会；市场存货不足，会造成物资贫乏、市场供不应求。而商品库存需要一定的维持费用，同时还存在由于商品积压和损坏而产生的库存风险。因此，在库存管理中既要保持合理的库存数量，防止缺货和库存不足，又要避免库存过量，发生不必要的库存费用。

按照企业库存管理在经营中目的的不同，库存可分为以下几种类型。

（1）周转库存。周转库存也称经常库存，是由于不能准确预测生产数量、销售数量和时机，为满足生产和生活的日常需要而建立的库存。周转库存的目的是衔接供需，缓冲供需时间上的矛盾，保障供需双方的经营活动都能顺利进行。这种库存的补充是按照一定的数量界限或时间间隔反复进行的。

（2）安全库存。安全库存是指为了防止由于不确定因素（如突发性的大量订货或供应商延期交货）影响订货需求而准备的缓冲库存。不同行业、不同企业设置的安全库存并不相同。

（3）加工库存和在途库存。加工库存是指处于流通加工或等待加工而处于暂时储存状态的物品；在途库存也称中转库存，是指尚未到达目的地、正处于运输状态或等待运输状态而储备在运输工具中的物品。物品在加工及运输途中形成库存的原因主要是加工和运输需要时间，而不是为工厂或客户服务的。

（4）季节性库存。季节性库存是指为了满足一个销售高峰季节中出现的需求量大幅度增加而建立的库存，或是对季节性生产的物品在出产的季节大量储备所建立的库存。

（5）促销库存。促销库存是指为了配合企业开展的各种促销活动所产生的预期销量增加而建立的库存。

（6）时间效用库存。时间效用库存是指对于价格易于波动的物品，可以通过在低价时大量购进而实现节约，对于预计将要涨价的物品，在市场价格较低时购进以降低该物品的物料成本而建立的库存。

（7）积压库存。积压库存又称沉淀库存，是指由于商品质量变质或发生损坏，或者是因没有市场需求而滞销的商品库存，以及超额储存而产生的库存。

2. 库存的功能

在现实经济生活中，商品的流通并不是始终处于运动状态的，作为储存的表现形态的库存是商品流通的暂时停滞，是商品运输的必需条件，没有商品储存就不会有商品流通，库存在商品流通过程中的功能主要表现在以下几个方面。

（1）调节供求差异，保证生产、生活和经营活动的正常进行。对物品的需求，是随着生产、生活和经营活动的进行而不断发生的。但是，需求与供应在时间和数量上往往是不同步的。有些产品的生产时间相对集中，而消费则是均衡发生的；有些产品的生产时间是均衡的，而消费却是不均衡的。例如，粮食作物集中在秋季收获，但粮食的消费在一年之中是均衡消费的；清凉的饮料和啤酒等产品一年四季都在生产，但其消费时间则在夏季相对比较集中。这表明，生产与消费、供给与需求往往在一定程度上存在着时间上的差异。为了有效地消除生产与消费、供给与需求之间在时间上的不协调性，必须保持一定的库存量来平衡生产与消费关系、供求关系，缓冲供需之间的矛盾，以保证企业生产、经营活动的正常进行。

（2）稳定生产、经营的规模，获取规模经济效应。虽然维持一定的库存占用了大量的资金和库存维持费用，但是从经济核算角度来看，企业只有按照适当的数量、既定的规模组织产品生产和货物供应，才能够达到规模经济效应，才能获取良好的经济效益。一方面，在采购过程中，批量采购可以分摊降低订货费用；另一方面，在生产过程中，采取批量生产加工的方式，可以分摊降低生产成本。

（3）缓冲不确定性因素的影响，缩短订货提前期，加快市场反应速度。在企业生产经营过程中，由于一些主、客观方面的原因（如预测、计划不准确，生产事故，运输故障等），作业失误往往是难以完全避免的。这个时候，如果企业保持有一定的库存量，就可以缓冲由于作业失误可能造成的损失，保证生产经营活动的顺利进行。同时，企业通过维持一定的库存量，在客户需要时就可以迅速供货，以缩短客户的订货提前期，增强企业对客户需求的快速反应能力。

（4）降低物流成本。对于生产企业而言，保持合理的原材料和产成品库存量，可以消耗或避免因上游供应商原材料供应不及时而需要进行紧急订货所增加的物流成本，也可以消除或避免下游销售商由于销售波动进行临时订货而增加的物流成本。

3. 库存合理化的内容

库存合理化是指以最经济的方法和手段从事库存活动，并发挥其作用的一种库存状态及其运行趋势。具体来说，库存合理化包含以下内容。

（1）库存硬件配置合理化。库存硬件是指各种用于库存作用的基础设施和设备。实践证明，物流基础设施和设备数量不足，物流技术水平落后，或者设施和设备过剩、闲置，都会影响库存功能的有效发挥。如果设施和设备重复配置，以致库存能力严重过剩，将增加储备物资成本而影响库存的整体效益。因此，库存硬件的配置应以能够有效地实现库存职能、满足生产和消费需要为基准，做到适当合理地配置仓储设施和设备。

（2）组织管理科学化。具体来说，组织管理科学化包括以下几项内容：存货数量应保持在合理的限度之内，既不能缺少，也不能过多；货物存储的时间较短，货物周转速度较快；货物存储结构合理，能充分满足生产和消费的需要。

（3）库存结构符合生产力的发展需要。从微观上说，合理的库存结构指的是在总量上和存储时间上，库存货物的品种和规格的比例关系保持协调；从宏观上说，库存结构符合生产力发展的要求，意味着库存的整体布局、仓库的地理位置和库存方式等都要有利于生产力的发展。在社会化大生产条件下，为了发展规模经济和提高生产、流通的经济效益，库存适当集中应当是库存合理化的一个重要标志。库存适当集中，有利于采用机械化、现代化操作，可以在降低存储费用和运输费用的同时，提高供应保障能力。

（二）库存管理概述

1. 库存管理的内容

库存管理的内容包含仓储管理和库存控制两个部分。

仓储（Warehousing）指的是利用仓库及相关设施设备进行物品的入库、储存、出库的活动。仓储管理（Warehousing Management）则是指对仓储及相关作业进行的计划、组织、协调与控制，其目的是保证仓储货物的完好无损，确保生产经营活动的正常进行，并在此基础上对各类货物的活动状况进行分类记录，以明确的图表方式表达仓储货物在数量、品质方面的状况，以及所在的地理位置、部门、订单归属和仓储分散程度等情况的综合管理形式。

库存控制（Inventory Control）是指在保障供应的前提下，使库存物品的数量最少所进行的有效管理的技术经济措施。因此，库存控制要求控制合理的库存水平，即用最少的投资和最少的库存管理费用，维持合理的库存，以满足使用部门的需求和减少缺货损失。库存控制的内容包括物料的出入库、物料的移动管理、库存盘点、库存物料信息分析等。

【阅读材料】正确区分库存控制与仓储管理

2. 库存管理的目标

库存管理的目标可以归纳为在满足需求的前提下，降低库存水平，提高客户服务质量，即在企业资源约束下，以最合理的成本为客户提供性价比高的服务。因此，库存管理是以实现库存成本最合理、库存保障程度最高、库存资金占用最少、向客户快捷提供货物为目标的。

库存管理有两个关键考核指标（KPI），即库存周转率和客户满意度。

（1）库存周转率是指在某一时间段内库存货物周转的次数，是反映库存周转快慢程度的指标。库存周转率越快，表明销售情况越好。提高库存周转率直接提高了资金的使用效率，有利于企业降低资金成本、增加销售额。在物料保质期及资金允许的条件下，可以适当增加库存控制目标天数，以保证合理的库存；反之，可以适当减少库存控制目标天数。

（2）客户满意度对于任何一家企业来说都至关重要。企业一直在寻找新的库存管理方法来改善客户服务，如怎样防止库存不足，如何应对预测季节性需求，如何提高订单履行率、缩短交货时间、设定可持续定价方法等。客户满意度高，则客户的忠诚度高，它们通常是长期收入的来源。

3. 库存管理的意义

库存管理涉及资源的合理配置、成本的降低、运营效率的提升等，对企业发展有着重要的意义，具体体现在以下几个方面。

（1）优化资源配置。通过对库存的合理规划和管理，企业可以确保资源的有效利用，避免资源的浪费和闲置。同时，通过对库存的实时监控和预测，企业可以更加准确地预测未来的需求，从而更加精确地分配资源，实现资源的最大化利用。

（2）降低成本风险。合理的库存控制可以降低企业的库存成本、仓储成本及资金成本等。如通过控制库存量，企业可以避免库存积压和过剩，从而降低库存成本。同时，通过对库存的精确管理，企业可以减少资金占用，降低资金成本，进而提高企业的经济效益。

（3）提高运营效率。通过优化库存结构、减少库存周转时间等措施，可以加快库存的流通速度，提高库存周转率，从而提高企业的运营效率；通过对库存的实时监控和预测，可以更加准确地把握市场需求，及时调整生产和采购计划，进一步提高运营效率。

（4）保障供应链稳定。通过对库存的合理规划和管理，企业可以确保供应链的顺畅运作，避免因库存不足或过剩而导致的供应链中断或浪费。同时，通过与供应商和客户之间的紧密合作和信息共享，可以更好地协调供应链上的各个环节，保障供应链的稳定性。

（5）满足客户需求。通过控制库存量和提高库存周转率等措施，企业可以确保及时满足客户的订单需求，及时调整生产和采购计划，以满足客户的个性化需求，提升客户满意度。

（6）减少库存积压。通过合理的库存控制策略，企业可以精确地控制库存量，避免库存积压的情况发生。

（三）传统的库存管理方法

传统的库存管理所要求的是既保证供应而又使储备量较小，同时做到需要时不缺货。传统的库存管理方法一般包括 ABC 分类法、经济订货批量（EOQ）法、订货点技术（定量订货法和定期订货法）及物料需求计划（MRP）法等。

1. ABC 分类法

传统的库存物品的分类管理方法有很多种，ABC 分类法是一种比较简单，但却非常实用的库存物品分类管理方法。ABC 分类法是将库存物品按照设定的分类标准和要求分为特别重要的库存（A 类）、一般重要的库存（B 类）和不重要的库存（C 类）三个等级，然后针对不同等级分别进行控制的管理方法。ABC 分类法是实施储存合理化的基础，在此基础上可以进一步解决各类别的结构关系、储存量、重点管理和技术措施等合理化问题。而且，通过在 ABC 分类的基础上实施重点管理，可以决定各类物品的合理库存储备数量及经济合理储备的办法。

ABC 分类法的基本原理：由于各种库存品的需求量和单价各不相同，其年耗用金额也各不相同。对年耗用金额大的库存物品，由于其占用企业的资金较大，对企业经营的影响也较大，因此需要进行特别的重视和管理。ABC 分类法就是根据库存品的年耗用金额的大小，把库存品划分为 A、B、C 三类。

一般而言，ABC 分类可以参考以下分类标准：A 类库存品的年耗用金额占总库存金额的 75% ～ 80%，品种数却只占总库存品种数的 15% ～ 20%；B 类库存品的年耗用金额占总库存金额的 10% ～ 15%，其品种数占总库存品种数的 20% ～ 25%；C 类库存品的年耗用金额占总库存金额的 5% ～ 10%，其品种数却占总库存品种数的 60% ～ 65%。

需要特别说明的是，在使用 ABC 分类法时，对于不同的行业或企业，其分类的标准并不统一，往往会根据企业自己的需要进行分类，其目的是在库存管理的过程中体现出主次关系。

2. 经济订货批量（EOQ）法

经济订货批量（Economic Order Quantity，EOQ）法是通过平衡采购进货成本和仓储保管成本核算，以实现总库存成本最低的最佳订货量的方法。经济订货批量（EOQ）法又称整批间隔进货法，该方法适用于整批间隔进货、不允许缺货的存储问题，即某种物品单位时间的需求量为常数 D，存储量以单位时间消耗数量 D 的速度逐渐下降，经过时间 T 后，存储量下降到零，此时开始订货并随即到货，库存量由零上升为最高库存量 Q，然后开始下一个存储周期，形成多周期存储策略。

如果需求量和提前订货时间是确定已知的，那么只要确定每次订货的数量是多少或进货间隔期为多长时间，就可以做出存储策略。由于存储策略遵循使存储总费用最小的经济原则来确定订货批量，故称该订货批量为经济订货批量，常记为 Q^*。

需要说明的是，在确定经济订货批量时，做了订货和进货同时发生的假设。实际上，订货和到货一般总有一段时间间隔，为保证供应的连续性，需要提前订货。

3. 订货点技术

实施库存控制的重点是对库存量的控制，订货点技术是从影响实际库存量的两方面，即从销售的数量和时间及进货的数量和时间入手，来确定商品订购的数量和时间，从而达到控制库存量的目的的方法。因此，订货点技术的关键在于把握订货的时机，具体包括定量订货法与定期订货法两种。

（1）定量订货法。定量订货法是指当库存量下降到预定的库存数量（订货点）时，立即按一定的订货批量进行订货的一种方式。它主要靠控制订货点和订货批量两个参数来控制订货作业，达到既能够最好地满足库存需求，又能使总费用最低的目的。

（2）定期订货法。定期订货法即按预先确定的订货时间间隔进行订货补充的库存控制方法。定期订货法的控制参数主要有订货周期、最高库存量。定期订货法是基于时间的订货控制方法，它设定订货周期和最高库存量，从而达到控制库存量的目的。只要订货间隔期和最高库存量控制合理，就可能实现既保障需求、合理存货，又可以节省库存费用的目标。

定期订货法原理：预先确定订货周期和最高库存量，周期性地检查库存，根据最高库存量、实际库存量、在途订货量和待出库商品的数量，计算每次订货批量，发出订货指令，并组织订货。

4. 物料需求计划（MRP）法

传统的订货点技术要根据物料的需求情况来确定订货点和订货批量。这类方法适合于需求比较稳定的物料，但本质上仍然是为了库存而订货的。然而，在实际生产中，随着市场环境发生变化，需求常常是不稳定、不均衡的，在这种情况下使用订货点技术便暴露出一些明显的缺陷。为了克服订货点技术的缺陷，人们在不断探索新的库存控制方法的过程中提出了物料需求计划（Material Requirement Planning，MRP）法。

物料需求计划法是一种工业制造企业内的物料计划管理方法，它根据产品结构层次、物品的从属和数量关系，以每个物品为计划对象，以完工日期为时间基准倒排计划，按提前期长短区别各个物品下达订货计划时间的先后顺序。它打破了产品品种台套之间的界限，把企业生产过程中所涉及的所有产品、零部件、原材料、半成品等，在逻辑上视为相同的物料。

物料需求计划系统包括一套逻辑性的程序、决策、规则和记录，它设计用来把主生产计划转变成具体的时间段净存货需求，并及时对这一计划的每一部件的需求进行计划。系统针对每一存货单位的净需求进行计划，根据主生产计划要生产的项目、库存状态和物料清单，模拟未来库存状态，编制计划清单并按前置期下达，以避免在未来生产中出现缺货的现象，保证生产计划的顺利实施。其目标是保证原材料部件的及时供应，尽可能减少存货量。

二、供应链环境下的库存管理

（一）传统库存管理向供应链库存管理的转变

在传统库存管理模式下，供应链的各级企业间缺乏合作与协调，无法实现库存信息的共享，各级节点企业都独立地采用订货点技术进行库存决策，不可避免地产生需求信息的扭曲现象，因此供应链的整体效率得不到充分提高。传统库存管理的供应链信息流如图 4-1 所示。

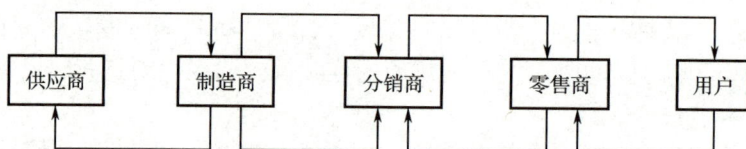

图 4-1　传统库存管理的供应链信息流

在供应链库存管理环境下，供应链上、下游节点企业之间可以共享库存信息，减少与克服需求信息的失真现象，而供应链成员在整体运作效果最优的思想指导下进行企业的协作，因而可以大大降低供应链的库存水平，改善库存控制状况。供应链库存管理的信息流如图 4-2 所示。

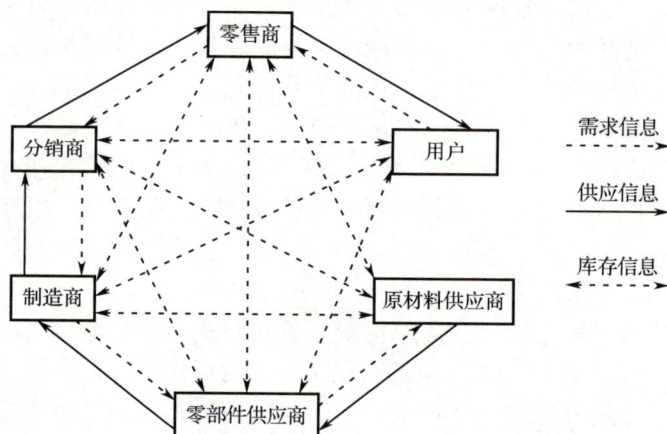

图 4-2　供应链库存管理的信息流

（二）供应链库存管理面临的挑战

供应链库存管理是对传统库存管理的进一步升级，但由于涉及供应链伙伴运作理念、库存信息、需求关系、作业协调等诸多重要环节，对供应链库存管理形成了新的挑战。

1.供应链库存系统结构的复杂性

由于供应链涉及各个成员企业的供、产、销全过程，包括供应商（零部件供应商和原材料供应商）、制造商、分销商、零售商、用户等一系列对象。供应链上游企业的产出即是下游企业的投入，而且经过下游企业的生产加工或服务又变成产出，如此一环紧扣一环。与之相对应，供应链库存涉及供应商库存、制造商库存、分销商库存和零售商库存，表现为多级库存系统。而对这样一个多级库存系统的协调管理要比传统库存管理复杂得多，也困难得多，这种结构的复杂性给供应链库存系统的协调管理带来了很大的挑战。

2.供应链运作的同步性

供应链管理的目标是通过合作伙伴间的密切合作，以最小的成本提供最大的客户价值（包括产品和服务），这要求供应链上各环节企业的活动应该是同步进行的。然而，供应链各成员企业及企业内部各个部门都是各自独立的单元，都有自己的库存管理目标和相应的库存管理策略，有些目标与供应链的整体目标是不一致的，更有可能是冲突的，以致单独一个企业或部门的库存绩效可能对整个供应链库存绩效产生负面影响。如何对供应链各成员企业库存管理目标进行必要的整合，以满足供应链运作的同步性要求是供应链库存管理中必须解决的问题。

3.供应链库存管理信息的有效传递

供应链各成员企业之间的需求预测、库存状态、生产计划等都是供应链库存管理的重要数据，这些数据分布在不同的供应链企业之间，要做到有效地快速响应用户需求，必须准确而实时地传递，为此需要对供应链的信息系统模型做相应的改变，对供应链各成员企业的管理信息系统进行集成。如何有效传递供应链库存管理信息是提高供应链库存管理绩效亟待解决的问题。

4.供应链中的"牛鞭效应"

由于供应链的各节点企业只根据来自其相邻下游企业的需求信息进行生产或供应决策，如果最初的需求信息不准确或不真实，它就会沿着供应链逆流而上，产生逐级放大现象，当这些信息传递给源头的供应商时，其获得的需求信息和实际消费市场中的顾客需求信息发生了很大的偏差。由于这种需求放大效应的影响，上游供应商必须维持比下游供应商更高的库存水平，这样对整个供应链系统的运营将产生很大的影响。如何消除或减轻这种效应是供应链库存管理所面临的巨大挑战。

5.供应链运作中的不确定性

供应链库存的形成原因可分为两类：一类是由于生产运作的需要，另一类则是由于供应链中的不确定因素造成的。企业的计划无法顾及那些无法预知的因素，比如市场变化而引起的需求波动，供应商的意外变故导致的缺货，以及企业内突发事件引起的生产中断等。这些不确定因素正是形成库存的主要原因。因而，如何研究和避免这种不确定性的变化是对供应链库存管理的又一挑战。

6.供应链库存管理技术方法问题

供应链实际上是由信息流和物料流等基本功能流组成的。传统的供应链解决方案，如物料需求计划（MRP）、企业资源计划（ERP）以及库存控制都是非常典型的只注重实施更快速而有效的系统以减少任意供应链库存连接间信息交换的时间和成本，而没有从整个供应链的角度出发对每一个库存项目的材料、成本和工作量的总投资进行优化。因此，需要利用科学的管理技术和方法对供需进行平衡，使库存连接中的每一个项目都能以最小的总成本、最小的库存水平和最小的工作量满足顾客服务水平目标。

7. 缺乏有效的供应链库存管理绩效评价机制

绩效评价一直被看作是企业计划与控制的有机组成部分。但不同的供应链成员对供应链库存管理绩效评价的要求各不相同。此外，由于供应链各成员企业及企业内部各部门都有各自不同的目标，不仅相互之间对库存管理绩效评价尺度不同，而且使用的指标也缺乏整体考虑。因此，如何构建科学的供应链库存管理绩效评价指标体系运用于整个供应链企业并得以贯彻实施是对供应链库存管理的又一挑战。

【阅读材料】库存控制
需要克服的问题

（三）供应链库存管理的基本方式

随着企业生产目标、组织结构、生产方式的变化，传统库存管理方式受到挑战，出现了新的现代库存管理方式。通过多主体共享供应链相关库存、生产数据，保证各方库存合理准确，从而实现供应链库存水平的优化。常见的方式有以下几种。

1. 供应商管理库存

供应商管理库存（Vendor Managed Inventory，VMI）是按照双方达成的协议，由供应链的上游企业根据下游企业的需求计划、销售信息和库存量，主动对下游企业的库存进行管理和控制的库存管理方法。这种库存管理方法打破了传统的各自为政的库存管理模式。它体现了供应链的集成化管理思想，适应市场变化的要求，是一种有代表性的库存管理思想。目前，VMI 管理方法在分销链中被越来越多的人重视。

VMI 管理方法是从快速响应和有效客户响应基础上发展而来的，其核心思想是供应商通过共享用户企业的当前库存和实际耗用数据，按照实际的消耗模型、消耗趋势和补货策略进行有实际根据的补货。由此，交易双方都变革了传统的独立预测模式，尽最大可能地减少由于独立预测的不确定性导致的商流、物流和信息流的浪费，降低了供应链的总成本。

2. 客户管理库存

客户管理库存（Custom Management Inventory，CMI）是库存管理的管理方式之一。相对于供应商管理库存（VMI），CMI 是一种和它相对的库存管理方式。

配送系统中很多人认为，按照和消费市场的接近程度，零售商在配送系统中由于最接近消费者，在了解消费者的消费习惯方面最有发言权，因此应该是最核心的一环，库存自然应归零售商管理。持这种观点的人认为，配送系统中离消费市场越远的成员就越不能准确地预测消费者需求的变化。

企业成品库存的管理和控制，特别在客户管理库存（CMI）上，需要根据订单的实际变动状况尽量优化。简单地讲，企业在拜访客户时关注客户的库存，帮助客户保持合理库存量，减少即期、过期产品，并根据产品的流速和库存量提出合理的进货量建议，这就是客户库存管理。

3. 联合库存管理

联合库存管理（Joint Managed Inventory，JMI）是指供应链成员企业共同制订库存计划，并实施库存控制的供应链库存管理方式。供应商管理库存 VMI 是一种供应链集成化运作的代理模式，它将用户的库存决策权交给供应商，由供应商代理分销商或零售商承担库存决策的功能。联合库存管理（JMI）则是一种基于协调中心的、风险分担的管理模式，它体现了战略供应商联盟的新型企业合作关系。

与 VMI 不同，JMI 强调多方同时参与，共同制订库存计划，使供应链相邻节点之间保持信息与需求预测的一致性，从而消除需求变异放大现象。在这种管理方式下，任何相邻节点需求的确定都是供需双方协调的结果，库存控制成了连接供需的纽带和协调中心。因此，它是供应商与客户同时参与、共同制订库存计划，实现利益共享与风险分担的供应链库存管理方式。目的是解决供应链系统中由于各企业相互独立运作库存模式所导致的需求放大现象，从而提高供应链的效率。

4. 第三方管理联合库存

第三方管理联合库存也是一种供应链环境下的库存控制方式。从广义上说，它是联合库存管理方式的一种，也强调供需双方的协作，建立联合库存，进行一体化库存控制。与一般联合库存管理方式不同的是：在第三方管理联合库存的方式下，库存管理的主导者既不是供应商也不是用户，而是具有专业化水平与条件的第三方物流公司。第三方管理联合库存模型如图4-3所示。

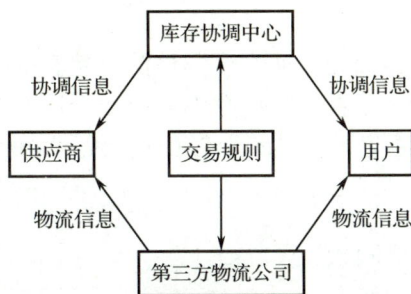

图 4-3 第三方管理联合库存模型

作为协调中心的第三方物流系统使供应与需求双方都取消了各自独立的库存，在信息共享基础上，通过第三方物流公司的专业化运作，可以极大地提高库存管理的运作效率，增加供应链的协调性与柔性。

5. 多级库存优化与控制

前面介绍的几种库存管理方法，无论是供应商管理用户库存，还是联合库存管理或者第三方管理联合库存，都是对供应链库存的局部优化控制。它们从一定程度上实现了供应链管理，可以部分解决供应链环境下的库存控制问题，但是无法真正实现对供应链的全局性的优化与控制。因此，多级库存优化与控制方法随之产生。

多级库存优化与控制方法主要有中心化多级库存与控制方法以及非中心化多级库存与控制方法两种。

中心化多级库存优化与控制是将控制中心放在核心企业上，由核心企业来对整个供应链系统的库存进行控制，协调上游与下游企业的库存管理活动。在这种情况下，核心企业成了供应链上的数据中心（数据仓库），担负着数据的集成、协调功能。中心化多级库存优化与控制的目标是使供应链上总的库存成本最小。这种方法的优势在于能够对整个供应链系统的运行有一个较全面的掌握，能够对供应链上的各节点企业的库存管理活动进行协调。当然，由于它涉及多个环节的动态变化过程，情况十分复杂，实施起来难度相当大。

非中心化多级库存优化与控制是把供应链的库存控制分为三个成本归集中心，即制造商成本中心、分销商成本中心和零售商成本中心，它们各自根据自己的情况制定和优化库存控制策略。这种库存控制方法要取得整体的供应链优化效果，需要提高供应链的信息共享程度，通过扩大供应链管理的透明度来实现库存控制的优化。非中心化多级库存优化与控制能使企业根据自己的实际情况独立做出快速的库存控制决策，有利于发挥企业的独立自主性和灵活机动性。但是，这种方法对企业之间的协调性以及供应链信息的共享要求很高，如果企业之间协调性不强、信息透明度不高，有可能导致各自为政的局面，难以达到预期的效果。

学习感悟

第一，库存管理包括仓储管理与库存控制。由于仓储管理主要是针对静态的存货的管理，其目的是减少货物在保管过程中的损失。因此，当提到供应链中的库存管理时，我们更多关注的是库存控制，即通过动态的库存控制保持合理的库存水平，保证最低的库存成本。

第二，在供应链库存管理中并不是不重视传统库存管理方法，而是关注的视角已经转移到了整个供应链。换句话说，供应链库存管理关注的是整个供应链中的库存如何在保证客户满意下达到最优。而供应链成员的库存管理方法更多的仍然是企业根据自身要求进行选择，而不是排斥传统库存管理方法。

第三，供应链中的多级库存控制方法在全国性的零售企业已经获得了巨大的成功，如一些知名的电商企业在不同的区域设置的本地仓库与中心仓库都是典型代表。事实上，随着我国经济的发展，各种供应链库存管理方法都已经在不同行业得到了普遍运用。

任务实训

1. 扫描右侧二维码进行在线测试。
2. 举例说明传统库存管理的特点。
3. 举例说明供应链库存管理的难点。

在线测试 4.1

任务评价

评价类目	评价内容及标准	分值/分	自己评分	小组评分	教师评分
学习态度	✓ 全勤（5分）	10			
	✓ 遵守课堂纪律（5分）				
学习过程	➤ 能说出本次工作任务的学习目标，上课积极发言，积极回答问题（5分）	20			
	➤ 能够回答库存管理的定义（5分）				
	➤ 能够说明库存管理的功能（5分）				
	➤ 能够说明供应链库存管理面临的挑战（5分）				
学习结果	◆ "在线测试4.1"考评（4分×10=40分）	70			
	◆ "举例说明传统库存管理的特点"考评（15分）				
	◆ "举例说明供应链库存管理的难点"考评（15分）				
	合　计	100			
	所占比例	100%	30%	30%	40%
	综合评分				

知识拓展与技能实践

知识拓展

供应链战略伙伴间的契约管理

供应链管理与企业内部管理最大的不同之处在于，在供应链企业之间没有组织机构和行政隶属关系作为支撑，只能以强调合作和签订契约作为管理职能实施的基础。虽然核心企业是整个供应链的盟主，处于主导地位，但是供应链中的所有成员都具有独立的法人地位，彼此之间不存在任何行政上的隶属关系。整个供应链是靠共同利益激发的凝聚力维系在一起的，是一种动态的联盟。因此，不存在真正完整的组织机构和严格的等级制度。供应链核心企业要让合作伙伴服从自己的管理，有两条途径可选择：强调合作、远景目标和利益；运用契约管理等法律手段。

供应链成员间的合作不同于企业内的分工协作。企业内可以依据组织结构，通过领导的权威来实现。而供应链成员间没有权威的调控系统，依据的是信息、契约等平台及良好的信任、理解，从而自动地调整成员行为，配合整体行动实现远景目标。在供应链体系中，建立良好的合作伙伴关系有着许多好处，一个重要方面就是可以弥补契约的不足，即在出现问题之后，双方出于对远景目标和利益的考虑，通过彼此之间的紧密合作和相互协商来解决问题。因而，在供应链节点企业之间要处理好以下几个方面的关系。

第一，物流均衡化关系；

第二，价值分配与利益冲突关系；

第三，信息组织与沟通关系；

第四，风险分担、利益共享关系；

第五，技术扩散与服务协作关系。

供应链作为整体参与市场竞争，要求供应链成员之间建立和保持遍及整个供应链的紧密关系。研究表明，形成牢固的供应链关系的五项基石，包括信息共享、利益和风险共担、经济实体之间的广泛联系、跨功能的管理流程和具有远景的合作流程。

技能实践

在供应链库存管理中，虽然采用了供应链管理思想，但仍然会有许多传统库存管理方法在供应链中得到运用。请以小组为单位查找资料，选择一种供应链库存管理方法，探讨其带来的优势及可能面临的挑战。具体要求如下。

（1）记录其库存管理方法，分析哪些内容可归纳为传统库存管理方法（也就是仅限于企业内部使用的方法），哪些可归纳为供应链库存管理方法。

（2）讨论传统库存管理方法向供应链库存管理方法转变的可能性以及可能遇到的挑战。

（3）探讨建立供应链库存管理合作伙伴关系需要满足的条件及方法。

任务二　供应链库存管理数据分析

学习指南

任务清单

工作任务	供应链库存管理数据分析	
建议学时	4 学时	
任务描述	本任务通过对传统库存管理数据分析的学习与实践，掌握常用的库存数据分析原理与方法，并能结合供应链库存的特点采用不同库存数据处理方法分析数据，培养将供应链库存与传统库存数据处理技术相结合的思维	
学习目标	知识目标	1. 掌握 ABC 库存分类法的基本原理与数据处理方法 2. 掌握经济订货批量分析库存的方法 3. 掌握订货点技术在库存数据分析中的应用
	能力目标	1. 具备传统库存数据分析的能力 2. 具备运用供应链思想进行传统库存分析的基本思维能力 3. 具备根据供应链特点采用不同方法进行库存数据处理的能力
	素质目标	1. 培养客观分析供应链库存的科学思维 2. 培养根据不同供应链特点进行库存数据处理的意识 3. 培养充分利用数据进行分析的管理意识与成本意识
	思政目标	通过对库存数据分析方法的学习，培养科学、理性、用数据说话的求实意识，具备供应链全局观念与成本意识，培养遵守职业规范的意识
关键词	ABC 分类法　经济订货批量　订货点技术	

知识树

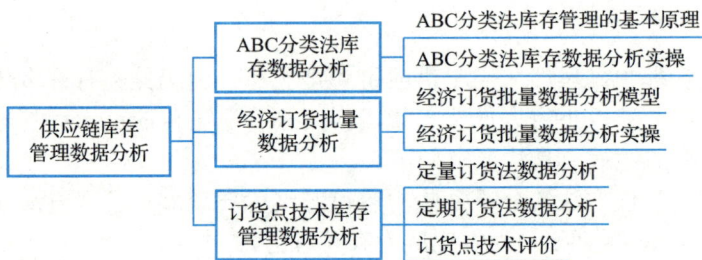

```
                              ┌─ ABC分类法库存管理的基本原理
            ┌─ ABC分类法库存 ─┤
            │   数据分析       └─ ABC分类法库存数据分析实操
            │
供应链库存  │  经济订货批量   ┌─ 经济订货批量数据分析模型
管理数据分析 ┼─  数据分析     ─┤
            │                 └─ 经济订货批量数据分析实操
            │                 ┌─ 定量订货法数据分析
            └─ 订货点技术库存 ─┼─ 定期订货法数据分析
               管理数据分析    └─ 订货点技术评价
```

任务引入

任务背景

大数据技术在库存管理中的应用前景

　　随着大数据技术的不断发展，其在各个行业中的应用越来越广泛。下面以零售业的库存管理为例来观察大数据技术的应用对库存管理的影响。

过去，零售商通常依靠人工统计和经验判断来进行库存管理。这种方式必然造成数据准确性低、人工判断主观性强等特点。随着大数据技术的出现，零售商开始利用海量的数据进行库存管理，以更好地满足市场需求和提高运营效率。

首先，可利用各类传感器收集大量与销售相关的数据，如销售额、销售渠道、销售地域等。将这些数据上传至云端数据库，并通过数据分析算法进行处理。系统会根据历史销售数据和市场趋势进行预测，从而准确预测未来销售的需求。

其次，零售商根据库存情况和需求预测结果，自动下发进货指令。借助大数据技术，使得传统的库存管理方式需要零售商手动进行库存盘点、订单处理等烦琐的操作变得更加自动化和高效。系统会根据实际销售情况、库存量和需求预测结果，自动计算最佳进货量，并与供应商进行实时对接，实现快速准确的库存补充。

最后，在库存管理过程中，大数据技术也帮助零售商提高了库存周转率和降低了库存积压风险。大数据技术通过对销售数据的分析，可以帮助企业更加准确地判断产品的销售情况和市场需求，从而灵活地调整库存策略，提高库存周转率，降低滞销风险。

此外，大数据技术还可以进行竞争分析。例如，零售商可以通过大数据技术对竞争对手的定价和促销策略进行分析，可以帮助零售商合理调整自己的库存，保持竞争力。

随着大数据技术的不断发展和普及，零售业的库存管理将迎来更加精细化和高效化的时代。

任务目标

1. 供应链库存管理中是如何实现传统库存控制技术转变的？
2. 在大数据时代，传统库存控制方法会面临哪些变化？

任务实施

知识必备

一、ABC 分类法库存数据分析

（一）ABC 分类法库存管理的基本原理

ABC 分类法是指将库存物品按照设定的分类标准和要求分为特别重要的库存（A 类）、一般重要的库存（B 类）和不重要的库存（C 类）三个等级，然后针对不同等级分别进行控制的管理方法。在现实管理中，ABC 分类法常以控制存货资金为原则对库存商品进行分类，根据不同的资金占用量和商品品类实施不同的管理方法。在存货中，总是有些商品进出库频繁，有些商品价格高、占用资金量大，而另一些商品存期长或者价值低廉。如果对所有的商品都采用相同的库存管理方法，显然管理的难度和强度就会很大，而且也不符合经济的原则。因而应采取有区别的、轻重缓急的管理方法。

ABC 分类法是帕累托 80/20 法则衍生出来的一种法则。所不同的是，80/20 法则强调的是抓住关键，ABC 分类法则强调的是分清主次，将管理对象划分为 A、B、C 三类。

ABC 分类法就是一种依据一定的原则对众多事物进行分类的方法。

【阅读材料】ABC 分类法的来源

其具体操作方法是：将全年商品依据年资金占用量进行分类，按不同品类将累计金额及累计品类数，分别计算占全部占用资金及全部品类数的百分数，再从大到小依次排列。典型的 ABC 分类法库存管理示意图如图 4-4 所示。

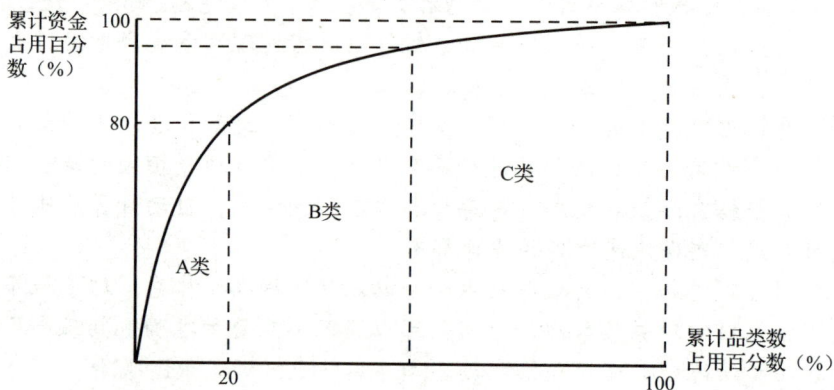

图 4-4　典型的 ABC 分类法库存管理示意图

在 ABC 分类法中，对不同类别商品的管理策略是不同的。

A 类商品：库存管理的重点对象，采用定期订货方式，定期盘存，尽量减少安全库存，必需时采用应急补货。

B 类商品：用简单的管理措施，以定量订货法为主，辅以定期订货法，适当提高安全库存。

C 类商品：用简化的管理方式，采用较高的安全库存，减少订货次数，采用相对简单的管理措施。

（二）ABC 分类法库存数据分析实操

1. 用 ABC 分类法进行库存数据分析的基本步骤

用 ABC 分类法进行库存货物类别的划分主要有两个标准，即金额标准和品种数量标准。金额标准是最基本的分类标准，而品种数量标准则可以作为参考标准。库存货物 ABC 分类可分为收集数据、统计汇总、制作 ABC 分析表、绘制 ABC 分类管理图和确定管理方法等几个步骤。

（1）收集数据。确定构成某一管理问题的特征值因素，收集相应的特征数据。以库存控制为例，对库存物品的销售额（库存价值、库存金额）进行分类，则应收集物品的销售量、物品的单价等特征数据。

（2）统计汇总。根据一定分类标准（如金额标准）进行 ABC 分类，统计分析数据。在实践中，对各类因素的划分标准并无严格规定，习惯上按主要特征值的累计百分数分类。

（3）制作 ABC 分析表。对收集的数据进行加工，制作 ABC 分类表，并按要求进行计算，包括计算特征值，特征值占总计特征值的百分数，累计百分数；因素数目及其占总因素数目的百分数，累计百分数。

（4）绘制 ABC 分析图。以累计因素（占用资金数）百分数为纵坐标，累计主要特征值（库存品种数）百分数为横坐标，按 ABC 分析表所列的对应关系，在坐标图上取点，并将各点连成曲线，绘制成 ABC 分析图。

（5）确定管理方法。根据 ABC 分类结果，权衡管理方法和经济效果，制定 ABC 分类管理标准表，对三类库存品进行有区别的管理。

①A类库存品。这类库存品的品类数量虽然较少，但其占用的库存金额较大，是日常控制的重点，需要最严格的管理。必须对这类库存品保持完整的库存记录，建立完善的库存盘点制度，记录要准确，掌握该类存货的收、发、结存情况，严格按科学的方法计算确定每个品类的经济订货量、保险储备量，经常进行检查和盘点，严格控制库存水平，防止缺货。

②B类库存品。这类库存品属于一般的品种，对它的管理介于A类库存品和C类库存品之间。原则上也要求计算经济批量和保险储备量，但不必像A类库存品那样严格，库存检查和盘点周期可以比A类库存品更长一些，通常的做法是将若干物品合并在一起订购。

③C类库存品。这类库存品的品种数量虽多，但占用的库存金额较小，管理办法较简单，不必专门计算存货量，视企业情况规定存货量的上下限即可，也可适当增加每次的订货量，实行简单控制。对这类库存品通常订购6个月或1年的需求量，期间不需要保持完整的库存记录，但也必须定期进行库存检查和盘点。

2. ABC分类法库存数据分析实操

【实操任务4-1】 点石智能设备制造公司拥有各种类型的仓库，现在计划对某小型仓库中的10余项库存品进行ABC分类。其各种库存品的年需求量、单价统计表如表4-1所示。为了加强库存品的管理，企业计划采用ABC库存管理法。假设企业的ABC库存分类标准如下：占用库存资金额累计百分比70%左右、库存品种数累计百分比20%左右之前的划分为A类物品；确定A类物品之后，库存品种数累计百分比20%左右至50%左右的划分为B类物品；其他为C类物品。

表4-1　点石智能设备制造公司各种库存品的年需求量、单价统计表

物品编号	a	b	c	d	e	f	g	h	i	j	k	l	m
年需求量/kg	9300	95700	4220	57000	1000	125000	20440	20230	5000	2500	44640	2280	8200
单位价格/（元/kg）	7.8	8.1	4.5	4.2	10	5.8	5.4	8	5	7	6.3	7.2	4.4

任务要求：对该仓库库存品进行ABC分类，并对该仓库进行ABC分类库存管理。

1. 实操任务分析

在Excel表格中，计算各种库存品的占用库存资金额，并进行大小排列，计算各种库存品的占用库存资金额百分比和品种数百分比，然后进行分类。根据ABC分类，进一步编制ABC分类表。

（1）收集数据（已收集）。

（2）明确分类标准（公司已经设定分类标准）。

（3）计算占用库存资金额、占用库存金额百分比、占用库存金额累计百分比、库存品品种数、库存品品种数百分比、库存品品种数累计百分比等相关中间变量。

（4）根据公司设定的分类标准进行ABC分类。

（5）根据以上数据，绘制曲线图。（可选做）

2. 实操步骤

（1）收集数据。根据条件，制作如表4-2所示的表格，列出已经收集的数据。

表 4-2　ABC 分类法制定表格

物品编号	年需求量 /kg	单位价格 /（元 /kg）	占用库存资金额 / 元	占用库存资金额百分比 /%	占用库存资金额累计百分比 /%	库存品品种数 / 个	库存品品种数百分比 /%	库存品品种数累计百分比 /%	类别
a	9300	7.8							
b	95700	8.1							
c	4220	4.5							
d	57000	4.2							
e	1000	10							
f	125000	5.8							
g	20440	5.4							
h	20230	8							
i	5000	5							
j	2500	7							
k	44640	6.3							
l	2280	7.2							
m	8200	4.4							
合计：									

（2）列出分类标准。见任务说明。

（3）计算相关中间变量。

① 计算占用库存资金额。在 Excel 表格中计算各种物品的占用库存资金额，由年需求量与单位价格相乘得到，a 物品的占用库存资金额的计算公式如图 4-5 所示。

	A	B	C	D
33	物品编号	年需求量/kg	单位价格/（元/kg）	占用库存资金额/元
34	a	9300	7.80	=B34*C34
35	b	95700	8.10	
36	c	4220	4.50	
37	d	57000	4.20	
38	e	1000	10.00	
39	f	125000	5.80	
40	g	20440	5.40	
41	h	20230	8.00	
42	i	5000	5.00	
43	j	2500	7.00	
44	k	44640	6.3	
45	l	2280	7.2	
46	m	8200	4.4	
47	合计：			

图 4-5　a 物品的占用库存资金额的计算公式

运用自动填充工具，可求出其他物品的占用库存资金额，如图 4-6 所示中的 D 列。运用函数“SUM()”求出占用库存资金额的总和为 2489544.00 元，其计算公式如图 4-6 中的 D47 单元格所示。

33	物品编号	年需求量/kg	单位价格/ (元/kg)	占用库存资金额/元
34	a	9300	7.80	72540.00
35	b	95700	8.10	775170.00
36	c	4220	4.50	18990.00
37	d	57000	4.20	239400.00
38	e	1000	10.00	10000.00
39	f	125000	5.80	725000.00
40	g	20440	5.40	110376.00
41	h	20230	8.00	161840.00
42	i	5000	5.00	25000.00
43	j	2500	7.00	17500.00
44	k	44640	6.3	281232.00
45	l	2280	7.2	16416.00
46	m	8200	4.4	36080.00
47	合计：			=SUM(D34:D46)

图 4-6　占用库存资金额求和

② 按占用库存资金额排序，计算占用库存资金额百分比。首先，运用 Excel 表格中的排序工具，对占用库存资金额进行由高到低的降序排序。然后求出各个物品的占用库存资金额百分比，计算结果如图 4-7 所示。也可先计算每个物品的占用库存资金额百分比，再按占用库存资金额或占用库存资金额百分比排序。

33	物品编号	年需求量/kg	单位价格/ (元/kg)	占用库存资金额/元	占用库存资金额百分比/%
34	b	95700	8.10	775170.00	=D34/D47
35	f	125000	5.80	725000.00	29.12%
36	k	44640	6.3	281232.00	11.30%
37	d	57000	4.20	239400.00	9.62%
38	h	20230	8.00	161840.00	6.50%
39	g	20440	5.40	110376.00	4.43%
40	a	9300	7.80	72540.00	2.91%
41	m	8200	4.4	36080.00	1.45%
42	i	5000	5.00	25000.00	1.00%
43	c	4220	4.50	18990.00	0.76%
44	j	2500	7.00	17500.00	0.70%
45	l	2280	7.2	16416.00	0.66%
46	e	1000	10.00	10000.00	0.40%
47	合计：			2489544.00	

图 4-7　占用库存资金额百分比计算结果

③ 计算占用库存资金额累计百分比。第一个占用库存资金额累计百分比，可以在单元格 F34 中直接输入"=E34"即可得出。第二个占用库存资金额累计百分比的计算，可以在如图 4-8 所示的 F35 单元格中输入"= F34+ E35"，即本期的占用库存资金额百分比加上已经累计的占用库存资金额百分比。

33	物品编号	年需求量/kg	单位价格/ (元/kg)	占用库存资金额/元	占用库存资金额百分比/%	占用库存资金额累计百分比/%
34	b	95700	8.10	775170.00	31.14%	31.14%
35	f	125000	5.80	725000.00	29.12%	= F34+ E35
36	k	44640	6.3	281232.00	11.30%	
37	d	57000	4.20	239400.00	9.62%	
38	h	20230	8.00	161840.00	6.50%	
39	g	20440	5.40	110376.00	4.43%	
40	a	9300	7.80	72540.00	2.91%	
41	m	8200	4.4	36080.00	1.45%	
42	i	5000	5.00	25000.00	1.00%	
43	c	4220	4.50	18990.00	0.76%	
44	j	2500	7.00	17500.00	0.70%	
45	l	2280	7.2	16416.00	0.66%	
46	e	1000	10.00	10000.00	0.40%	
47	合计：			2489544.00		

图 4-8　占用库存资金额累计百分比的计算

其他物品的占用库存资金额累计百分比可以通过填充、复制工具批量完成。所有物品的占用库存资金额百分比计算结果如图 4-9 所示。

	A	B	C	D	E	F
33	物品编号	年需求量/kg	单位价格/（元/kg）	占用库存资金额/元	占用库存资金额百分比/%	占用库存资金额累计百分比/%
34	b	95700	8.10	775170.00	31.14%	=E34
35	f	125000	5.80	725000.00	29.12%	60.26%
36	k	44640	6.3	281232.00	11.30%	71.56%
37	d	57000	4.20	239400.00	9.62%	81.17%
38	h	20230	8.00	161840.00	6.50%	87.67%
39	g	20440	5.40	110376.00	4.43%	92.11%
40	a	9300	7.80	72540.00	2.91%	95.02%
41	m	8200	4.4	36080.00	1.45%	96.47%
42	i	5000	5.00	25000.00	1.00%	97.47%
43	c	4220	4.50	18990.00	0.76%	98.24%
44	j	2500	7.00	17500.00	0.70%	98.94%
45	l	2280	7.2	16416.00	0.66%	99.60%
46	e	1000	10.00	10000.00	0.40%	100.00%
47	合计:			2489544.00		

图 4-9　所有物品的占用库存资金额百分比计算结果

④ 计算库存品品种数百分比、库存品品种数累计百分比。根据列出的库存品品种数（这里都为 1）依次计算出库存品品种数百分比、库存品品种数累计百分比。其计算原理和方法参考占用库存资金额百分比、占用库存资金额累计百分比的计算过程。各种物品的库存相关数据计算结果如表 4-3 所示。

表 4-3　各种物品的库存相关数据计算结果

物品编号	年需求量 /kg	单位价格 /（元 /kg）	占用库存资金额 / 元	占用库存资金额百分比 /%	占用库存资金额累计百分比 /%	库存品品种数 / 个	库存品品种数百分比 /%	库存品种数累计百分比 /%	类别
b	95700	8.10	775170.00	31.14%	31.14%	1	7.69%	7.69%	A
f	125000	5.80	725000.00	29.12%	60.26%	1	7.69%	15.38%	A
k	44640	6.3	281232.00	11.30%	71.56%	1	7.69%	23.08%	A
d	57000	4.20	239400.00	9.62%	81.17%	1	7.69%	30.77%	B
h	20230	8.00	161840.00	6.50%	87.67%	1	7.69%	38.46%	B
g	20440	5.40	110376.00	4.43%	92.11%	1	7.69%	46.15%	B
a	9300	7.80	72540.00	2.91%	95.02%	1	7.69%	53.85%	B
m	8200	4.4	36080.00	1.45%	96.47%	1	7.69%	61.54%	C
i	5000	5.00	25000.00	1.00%	97.47%	1	7.69%	69.23%	C
c	4220	4.50	18990.00	0.76%	98.24%	1	7.69%	76.92%	C
j	2500	7.00	17500.00	0.70%	98.94%	1	7.69%	84.62%	C
l	2280	7.2	16416.00	0.66%	99.60%	1	7.69%	92.31%	C
e	1000	10.00	10000.00	0.40%	100.00%	1	7.69%	100.00%	C
合计：			2489544.00			13			

（4）根据分类标准进行 ABC 分类，得到表 4-3 中最后一列的分类结果。b、f、k 为 A 类物品，d、h、g、a 为 B 类物品，其余为 C 类物品。可以进一步整理分析，包括格式的调整和优化，形成更清晰的 ABC 分类分析表，如表 4-4 所示。

表 4-4 ABC 分类分析表

类别	占用库存资金额累计百分比分类标准	库存品种数累计百分比分类标准	占用库存资金额 / 元	占用库存资金额百分比 /%	占用库存资金额累计百分比 /%	库存品种数 / 个	库存品种数百分比 /%	库存品种数累计百分比 /%
A	70% 左右	20% 左右	1781402.00	71.56%	71.56%	3	23.08%	23.08%
B		20% 左右至 50% 左右	584156.00	23.46%	95.02%	4	30.77%	53.85%
C		其他	123986.00	4.98%	100.00%	6	46.15%	100.00%

（5）绘制曲线图。为了直观地对比分析各种物品的库存结构，可根据如表 4-4 所示的数据绘制曲线图，如图 4-10 所示。13 类物品的占用库存资金金额累计百分比占比差异明显，A 类商品 b、f 占比相当高，C 类商品 c、j、l、e 占比相当低。

【微视频】ABC 分类法库存分类的具体过程

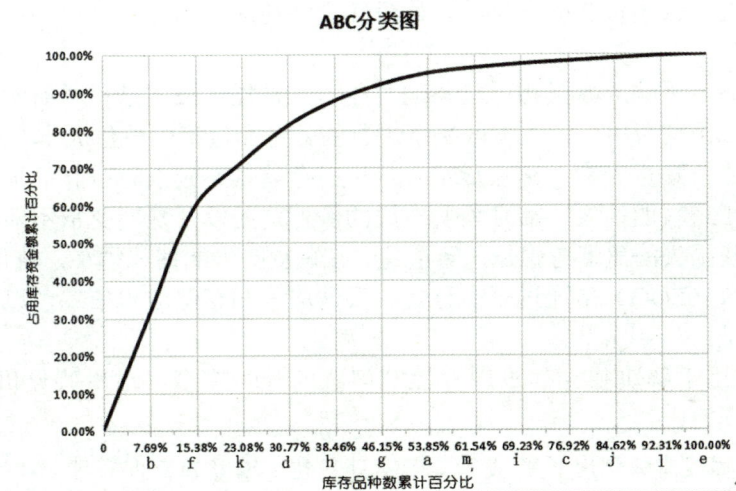

图 4-10 ABC 分类法曲线图

【微视频】ABC 分类法曲线图的画法

二、经济订货批量数据分析

（一）经济订货批量数据分析模型

1. 经济订货批量的基本原理

在企业中存在一种现象，即在企业固定周期内（通常以年为单位周期）消耗物料固定的情况下，一次订货量越大，平均存货量就越大，订货次数就越少，每年花费的订货成本就越低。因此，从订货费用的角度看，订货批量越大越好。但是，订货批量的加大必然使库存保管费用增加，所以从保管费用的角度看，订货批量越小越好。在库存管理中，订货费用与保管费用呈现此消彼长的关系，这时要考虑的问题就是应该订多少货。正确的订货量可以使与订货次数有关的成本和与订货量有关的成本达到最好的平衡。当这两种成本恰当地达到平衡时，总成本最小。这时所得的订货量就称经济批量，或称经济订货批量（EOQ）。

经济订货批量模型中的年度库存总成本主要包括以下四项。

（1）订货成本。订货成本又称订货费，是指订货过程中发生的与订货有关的全部费用，包括管理费、采购人员工资、差旅费、订货手续费、通信费、招待费及订货人员工资等。

订货成本可分为固定性订货成本和变动性订货成本两部分。固定性订货成本是指与采购次数和数量没有直接联系的，用于维持采购部门正常活动所需要的有关费用，如采购部门管理费、采购人员工资等；变动性订货成本是指与订货数量的多少有关，在年需求量一定的情况下，订货次数越多，则每次订货量就越小，全年订货成本就越大，费用主要包括差旅费、通信费、手续费、运输费、跟踪订单的成本等。

（2）仓储成本。仓储成本又称持有成本、库存保管费，是指存货在储存过程中发生的费用。仓储成本包括货物占用资金应付的利息、货物损坏变质的支出、仓库折旧费、维修费、仓储费、保险费、仓库保管人员工资等费用。

仓储成本按照其与存货的数量和时间关系，分为固定性仓储成本和变动性仓储成本。固定性仓储成本是指在一定时期内总额相对稳定，与存货数量和时间无关的仓储费用，如仓库折旧费、仓库人员工资等；变动性仓储成本是指总额随着存货数量和时间的变动而变动的有关费用，如仓储费、占用资金的利息等。假设存货消耗速度固定，则平均存货等于订货批量的一半。

（3）采购成本。采购成本又称进货与购买成本，是指在采购过程中所发生的费用，包括所购货物的金额和采购费用。该成本取决于进货的数量和进货的单位成本。

（4）缺货成本。缺货成本又称缺货费，是指当存储供不应求时引起的损失，如失去销售机会的损失、停工待料的损失、临时采购造成的额外费用以及延期交货不能履行合同而缴纳的罚款等。从缺货损失的角度考虑，存储量越大，缺货的可能性就越小，缺货成本也就越低。

经济订货批量（EOQ）是通过平衡订货、采购成本和存储成本核算，以实现总库存成本最低的最佳订货量。

EOQ 模型是用于解决独立需求库存控制问题的一种模型，这里假设以年为计算周期，其基本公式为

年度总库存成本＝年度采购成本＋年度订货费＋年度库存保管费＋年度缺货费

可将此公式表示为

$$TC = D \cdot P + \frac{D \cdot C}{Q} + \frac{Q \cdot H}{2} + \frac{M \cdot L}{2} \tag{4-1}$$

式中，TC——年度总库存成本；

　　　D——年需求量；

　　　P——产品价格；

　　　C——单次订货费；

　　　Q——每次订货批量；

　　　H——单位产品年保管费；

　　　M——年度缺货量；

　　　L——单位缺货产品的年度损失费。

2. 不允许缺货的经济订货批量

（1）模型假设。假设存储某种物资，不允许缺货，数量无折扣。因此，模型中不考虑缺货成本，可表示为

$$TC = D \cdot P + \frac{D \cdot C}{Q} + \frac{Q \cdot H}{2} \qquad (4-2)$$

（2）建立模型。存储量变化状态示意图如图 4-11 所示。

一个存储周期内需要该种物资 $Q = D/T$ 个，如图 4-11 所示的图中存储量斜线上的每一点表示在该时刻的库存水平，每一个存储周期存储量的变化形成一个直角三角形，一个存储周期的平均存储量为 $\frac{1}{2}Q$，单位时间内（如一年）的存储费为 $\frac{1}{2}H \cdot Q$，单次订货费为 C，单位时间（如一年）的订货次数为 D/Q 次，因此，在这个存储周期内总库存成本为

$$TC = \frac{1}{2}H \cdot Q + C \cdot \frac{D}{Q} \qquad (4-3)$$

显然，单位时间的订货费随着订货批量的增大而减小，而单位时间的存储费随着订货批量的增大而增大。存储费用曲线示意图如图 4-12 所示，可以直观地看出，在订货成本线和仓储成本线相交处，订货费和存储费相等，总库存成本曲线取最小值。

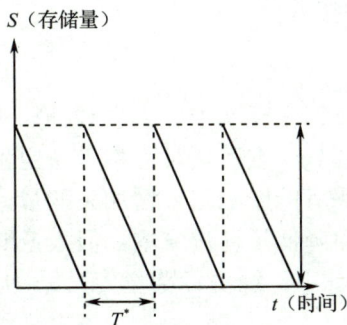

图 4-11 存储量变化状态示意图

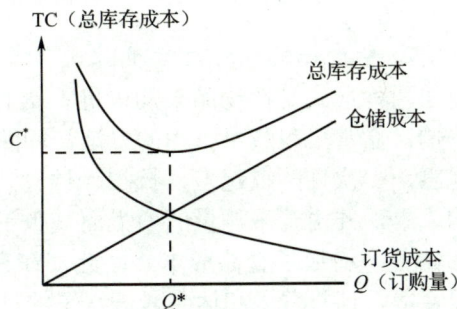

图 4-12 存储费用曲线示意图

利用微分求极值的方法，令 $\dfrac{dTC}{dQ} = \dfrac{1}{2}H - \dfrac{C \cdot D}{Q^2} = 0$，即得到经济订货批量 Q^*，即

$$Q^* = \sqrt{\frac{2C \cdot D}{H}} \qquad (4-4)$$

如果用 V 表示单位产品年保管费占单位产品价格的比例，则 $H = V \cdot P$，Q^* 可表示为

$$Q^* = \sqrt{\frac{2C \cdot D}{V \cdot P}} \qquad (4-5)$$

由此，可求得年度订货次数 $N = \dfrac{D}{Q^*}$。因此，年度订货周期 $T = \dfrac{360}{N}$（企业一般一年取 360 天），或者可表示为

$$T^* = \frac{Q^*}{D} = \sqrt{\frac{2 \cdot C}{D \cdot H}} \qquad (4-6)$$

将 Q^* 值代入式（4-3）中，得到按经济订货批量进货时的最小总库存成本，即

$$TC = \sqrt{2C \cdot D \cdot H} \qquad (4-7)$$

117

需要说明的是，前面在确定经济订货批量时，进行了订货和到货同时发生的假设。实际上，订货和到货一般总有一段时间间隔，为保证供应的连续性，就需要提前订货。

【阅读材料】经济订货批量与仓储成本、订货成本两曲线的关系

3. 允许缺货时的经济订货批量

在实际工作中，企业的生产活动都是不均衡的，往往会由于生产或其他原因而临时增大用量。此外，一般企业从订货到货物到达都会有一个时间间隔，而且供货单位常会因为各种原因而延期发货。如果这种情况发生，必然导致采购方不可避免地发生缺货。如果客户允许缺货（如客户的安全库存足够大），企业只需要支付少量的缺货费用，这样企业就可以利用"允许缺货"这个宽松条件，少付几次订货费用，少付一些存储费用，从经济观点出发这样的允许缺货现象是对企业有利的。

允许缺货时的经济订货批量 Q^* 的计算公式为

$$Q^* = \sqrt{\frac{2C \cdot D}{H}} \times \sqrt{\frac{L+H}{L}} \tag{4-8}$$

其中，$\sqrt{\dfrac{L+H}{L}}$ 也称为缺货因子。具体推导见本任务的知识拓展。

4. 有数量折扣的经济订货批量

前面两种形式是在物品采购单价不变的情况下进行的，但在现实中，为了鼓励购买者大批量采购，通常采用数量折扣的办法，即购买者买进商品达到一定数量时可享受一定程度的价格优惠，一次订购量越多，折扣就越大。数量折扣对购买者的影响是：增加采购量，减少了采购成本，并由于采购量的增大而减少了采购次数，从而降低了订货成本；但大量购买必然增加储备，增加了仓储成本。因此，在有数量折扣的情况下，经济订购量应是采购成本、库存保管费、订货费之和达到最低水平的订货量。

由于订货批量达到价格折扣后，价格折扣点形成了成本函数的间断点，使总库存成本曲线不连续，不能像无价格折扣时那样用一阶导数来求出最低成本点。较简单的方法是采用相关成本比较法，通过计算对比不同单价下的相关成本，选出相关成本最低的订货量作为经济订货批量。

经济订货批量模型是目前大多数企业最常采用的货物订购方式。该模型适用于解决整批间隔进货、不允许缺货、价格折扣等情况的存储问题。

（二）经济订货批量数据分析实操

【实操任务 4-2】 不允许缺货情况下的经济订货批量。

点石智能设备制造公司对某轴承的年需求量为 2000 箱，每箱价格为 1800 元，每箱产品年保管费为 24 元，单次订货费为 600 元，由于轴承关系到设备的正常运转，否则用户只能停工，因此要求该轴承不允许缺货。

任务要求：确定该产品的经济批量、订货次数、订货周期和订货总成本。

1. 实操任务分析

理解经济订货批量公式中的每个参数、变量的含义。根据题意，找出公式参数和题中已知条件的对应关系。

（1）分析问题，选择适用模型。

（2）分析已知条件，核实参数。

（3）计算经济订货批量（最小值）。

（4）计算经济订货次数。

（5）计算订货周期。

（6）计算年度总库存成本。

2. 实操步骤

（1）分析问题，选择适用模型。根据题意，该问题是不允许缺货情况下的经济订货批量问题，选择模型 $Q^* = \sqrt{\dfrac{2D \cdot C}{H}}$ 。

（2）分析已知条件，核对参数 D=2000 箱，P=1800 元，H=24 元 / 箱，C=600 元 / 箱。

（3）计算经济订货批量。$Q^* = \sqrt{\dfrac{2 \times 2000 \times 600}{24}} = 317$（箱）。在 Excel 表格中计算时，设置参数、运用公式即可。在 Excel 表格中计算经济批量如图 4-13 所示。

（4）计算经济订货次数。$N = D / Q^* = 2000 \div 317 = 7$（次）。在 Excel 表格中计算经济订货次数如图 4-14 所示。

（5）计算订货周期。$T = 360 / N = 360 \div 7 = 52$（天）。在 Excel 表格中计算订货周期如图 4-15 所示。

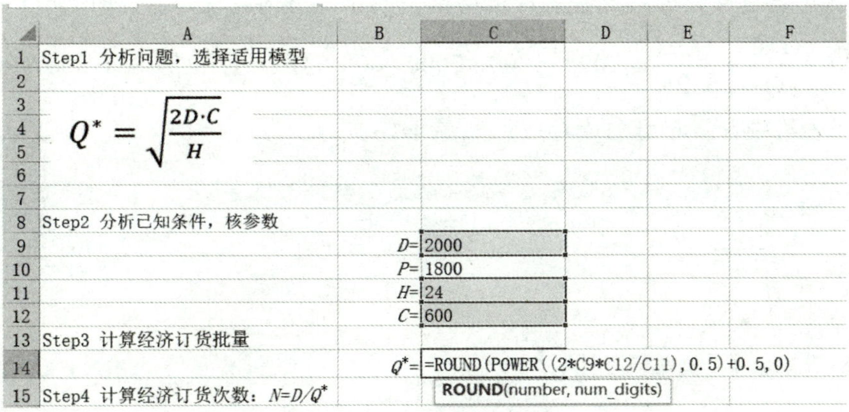

图 4-13　在 Excel 表格中计算经济批量

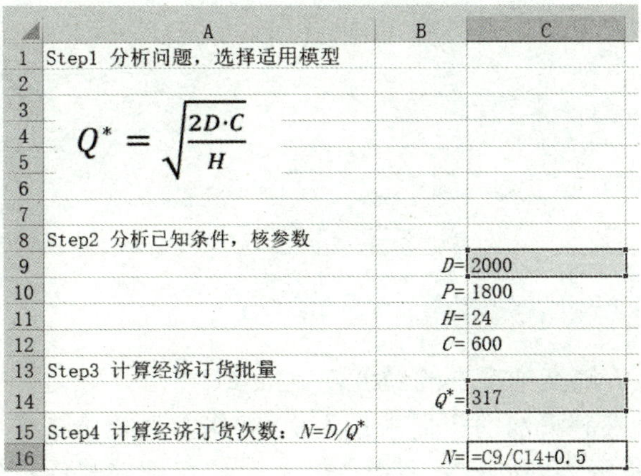

图 4-14　在 Excel 表格中计算经济订货次数

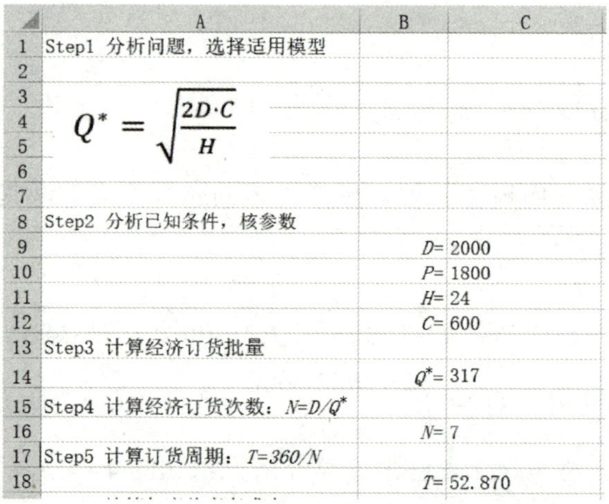

图 4-15　在 Excel 表格中计算订货周期

则该产品的经济订货批量为 317 箱，经济订货次数为 7 次，订货周期为 52 天（计算结果为 52.870 天，实践中取 52 天）。

（6）计算年度总库存成本。经济订货批量下的年度总库存成本，此时 $Q=Q^*$，即

$$TC = D \cdot P + \frac{D \cdot C}{Q^*} + \frac{Q^* \cdot H}{2} = 2000 \times 1800 + 2000 \times 600 \div 317 + 317 \times 24 \div 2 = 3607590（元）$$

在 Excel 表格中计算年度总库存成本如图 4-16 所示。

【微视频】不允许缺货情况下的经济订货批量求解过程

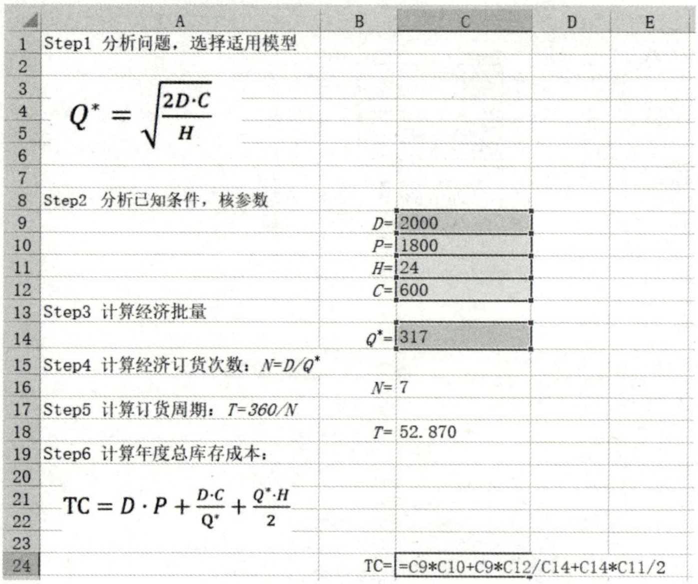

图 4-16　在 Excel 表格中计算年度总库存成本

【实操任务 4-3】 允许缺货情况下的经济订货批量。

四方达配送中心对某润滑油的年需求量为 2200 箱，每箱价格为 200 元，单位产品年保管费为 12 元，单次订货费为 600 元。假设该产品单位年度缺货的损失费为 1 元，年平均缺货率为 5%。

任务要求：若其他条件不变，求解允许缺货情况下的经济批量、订货次数、订货周期和年度总库存成本。

1. 实操任务分析

理解经济订货批量公式中的每个参数、变量的含义。根据题意，找出公式参数和题中已知条件的对应关系，然后根据公式计算。

（1）分析问题，选择适用模型。

（2）分析已知条件，核参数。

（3）计算经济订货批量（最小值）。

（4）计算经济订货次数。

（5）计算订货周期。

（6）计算年度总库存成本。

2. 实操步骤

（1）分析问题，选择适用模型 $Q^* = \sqrt{\dfrac{2D \cdot C}{H}} \times \sqrt{\dfrac{L+H}{L}}$。

（2）分析已知条件，已知 D =2200 箱，P=200 元，H=12 元 / 箱，C=600 元 / 箱，L=1 元，$M = D \times 0.05 = 2200 \times 0.05 = 110$（箱）。

（3）计算经济订货批量（最小值）$Q^* = \sqrt{\dfrac{2D \cdot C}{H}} \times \sqrt{\dfrac{L+H}{L}} = \sqrt{\dfrac{2 \times 2200 \times 600}{12}} \times \sqrt{\dfrac{1+12}{1}} = 1692$（箱）。在 Excel 表格中计算经济订货批量如图 4-17 所示。

图 4-17　在 Excel 表格中计算经济订货批量

（4）计算经济订货次数。$N = D/Q^* = 2200 \div 1692 = 1.30$（次）（计算结果为 1.30 次，实践中取 2 次）。

（5）计算订货周期。当 N=2 时，$T = 360/N = 360 \div 2 = 180$（天）。

（6）计算年度总库存成本。

$$TC = D \cdot P + \dfrac{D \cdot C}{Q^*} + \dfrac{Q^* \cdot H}{2} + \dfrac{M \cdot L}{2} = 450987.14（元）。$$

【微视频】允许缺货情况下的经济订货批量求解过程

该产品的经济批量为 1692 箱，经济订货次数为 2 次，订货周期为 180 天，年度总库存成本为 450987.14 元。

【实操任务 4-4】考虑价格折扣的经济订货批量。

四方达配送中心每年大约使用 2400 箱润滑油。单次订货费为 12 元，单位产品年保管费是每年每箱 12 元。新价目表表明，少于 50 箱的产品价格为每箱 240 元，50～79 箱的每箱为 220 元，80～99 箱的每箱为 200 元，更大的订货量产品价格则每箱为 180 元。

任务要求：考虑价格折扣，确定经济订货批量、经济订货次数、订货周期和年度总库存成本。

1. 实操任务分析

理解经济订货批量的公式中每个参数、变量的含义。根据题意，找出公式参数和题中已知条件的对应关系，然后根据公式计算。

（1）分析问题，选择适用模型。

（2）分析已知条件，核参数。

（3）计算常态经济批量。

（4）计算不同数量折扣条件下的年度总库存成本，并确定年度总库存成本。

$$TC = D \cdot P + \frac{D \cdot C}{Q^*} + \frac{Q^* \cdot H}{2}$$

① 计算常态经济批量下的年度总库存成本。

② 计算价格优惠档下限数量条件下的年度总库存成本。

③ 根据最小年度总库存成本确定最终经济订货批量。

（5）计算经济订货次数 $N = D/Q^*$。

（6）计算订货周期 $T = 360/N$。

2. 实操步骤

（1）分析问题，选择适用模型 $Q^* = \sqrt{\dfrac{2D \cdot C}{H}}$。

（2）分析已知条件，核参数 $D=2400$，$H=12$，$C=12$，

$$P \begin{cases} 240 & Q < 50 \\ 220 & 50 \leqslant Q \leqslant 79 \\ 200 & 80 \leqslant Q \leqslant 99 \\ 180 & Q \geqslant 100 \end{cases}$$

（3）计算常态经济批量。在 Excel 表格中用公式表现如图 4-18 所示。

$$Q^* = \sqrt{\frac{2D \cdot C}{H}} = \sqrt{\frac{2 \times 2400 \times 12}{12}} = 70（箱）（取整）$$

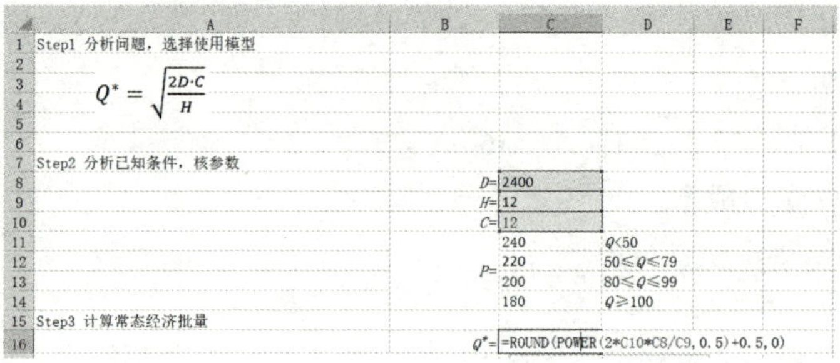

图 4-18　计算常态经济批量

注意：这里要用到四舍五入取整函数"=ROUND（A1，0）"。

（4）计算不同数量折扣条件下的订货总成本并确定最小年度总库存成本。

$$TC = D \cdot P + \frac{D \cdot C}{Q^*} + \frac{Q^* \cdot H}{2}$$

① 计算常态经济批量下的年度总库存成本。在 Excel 表格中用公式表现，如图 4-19 C23 单元格所示。

▲	A	B	C	D	E
7	Step2 分析已知条件，核参数				
8		D=	2400		
9		H=	12		
10		C=	12		
11			240	Q<50	
12		P=	220	50≤Q≤79	
13			200	80≤Q≤99	
14			180	Q≥100	
15	Step3 计算常态经济批量				
16		Q*=	70		
17	Step4 计算不同数量折扣条件下的年度总库存成本，并确定最小年度总库存成本				
18-20	$TC = D \cdot P + \frac{D \cdot C}{Q^*} + \frac{Q^* \cdot H}{2}$				
21					
22	Step4.1 计算常态经济批量下的年度总库存成本				
23			TC（70）=	=C8*C12+C8*C10/C16+C16*C9/2	

图 4-19　计算常态经济批量下的订货总成本

② 计算价格优惠、数量条件下的年度总库存成本。在 Excel 表格中用公式表现，如图 4-20 B25、B26 单元格所示。

▲	A	B	C	D
7	Step2 分析已知条件，核参数			
8		D=	2400	
9		H=	12	
10		C=	12	
11			240	Q<50
12		P=	220	50≤Q≤79
13			200	80≤Q≤99
14			180	Q≥100
15	Step3 计算常态经济批量			
16		Q*=	70	
17	Step4 计算不同数量折扣条件下的年度总库存成本，并确定最小年度总库存成本			
18-20	$TC = D \cdot P + \frac{D \cdot C}{Q^*} + \frac{Q^* \cdot H}{2}$			
21				
22	Step4.1 计算常态经济批量下的年度总库存成本			
23		TC（70）=	528831.429	
24	Step4.2 价格优惠档下限数量条件下的年度总库存成本			
25		TC（80）=	480831.429	
26		TC（100）=	432831.429	

图 4-20　计算价格优惠、数量条件下年度总库存成本

③ 根据最小年度总库存成本确定最终经济批量。

由于 TC（70）=528831.429，TC（80）=480831.429，TC（100）=432831.429，TC（100）<TC（80）<TC（70），则 Q*=100（件）。

（5）计算订货次数 $N = D/Q^*$。在 Excel 表格中用公式实现，如图 4-21 C30 单元格所示。

	A	B	C	D
22	Step4.1 计算常态经济批量下的年度总库存成本			
23		TC（70）=	528831.429	
24	Step4.2 价格优惠档下限数量条件下的年度总库存成本			
25		TC（80）=	480831.429	
26		TC（100）=	432831.429	
27	Step4.3 根据最小年度总库存成本确定最终经济批量			
28		Q^*	100	
29	Step5 计算订货次数 $N=D/Q^*$			
30		N=	=ROUND(C8/C28, 0)	
31			ROUND(number, num_digits)	
32				

图 4-21　计算订货次数并取整

根据公式 $N = D/Q^*$ 计算并取整，得出 N=24（次）。

（6）计算订货周期 T=360/N。

由公式可得：$T = 360/N = 360 \div 24 = 15$（天）。即每 15 天订货 1 次。

【微视频】有数量折扣的经济订货批量求解过程

三、订货点技术库存管理数据分析

订货点技术是传统的库存控制方法，它从两个方面影响实际库存量，即从销售的数量和时间，以及进货的数量和时间入手来确定商品订购的数量和时间，从而达到控制库存量的目的。因此，订货点技术的关键在于把握订货的时机，具体的方法包括定量订货法与定期订货法。

（一）定量订货法数据分析

1. 定量订货法原理

定量订货法是指当库存量下降到预定的最低库存量（即订货点）时，按规定数量进行订货补充的一种库存控制方法，主要靠控制订货点和订货批量两个参数来控制订货进货，达到既能够较好地满足库存需求，又能使总费用最低的目的。

定量订货法的原理是首先确定一个订货点 Q_k，在销售过程中随时检查库存量，当库存量下降到 Q_k 时（Q_s 表示安全库存量），就发出一个订货批量 Q^*，一般取经济订货批量，其库存变化情况如图 4-22 所示（$T_{k \cdot i}$ 表示第 i 次下达订单到接收到货物的订货时间，图中 $T_{k1}=T_{k2}=T_{k3}$）。

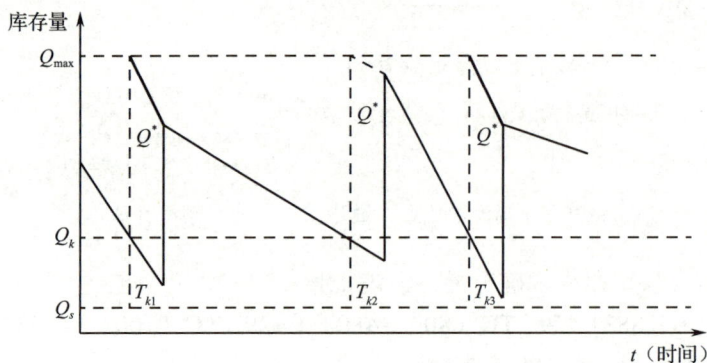

图 4-22　定量订货法的库存量的变化

2. 定量订货法控制参数的确定

实施定量订货法需要确定两个控制参数，一个是订货点（订货点库存量），另一个就是订货数量（经济订货批量）。

（1）订货点的确定。影响订货点的主要有订货提前期、平均需求量和安全库存三个因素。根据这三个因素可以简单地确定订货点。

① 在需求和订货提前期确定的情况下，即当需求与订货提前期均固定不变时：

$$订货点 = 订货提前期（天）×全年需求量 / 360 （天）$$

② 当需求与订货提前期都不确定时，需要确定安全库存：

$$订货点 =（平均需求量×最大订货提前期）+ 安全库存$$

安全库存采用概率统计方法求得，计算方法如下

$$安全库存 = 安全系数×\sqrt{最大订货提前期×需求变动量}$$

安全系数通常根据顾客满意度来衡量，即缺货率，可根据缺货概率由表 4-5 查得。

表 4-5 不同缺货概率下的安全系数表

缺货概率 /%	10	9	8	7	6	5	4	3	2	1
服务水平 /%	90	91	92	93	94	95	96	97	98	99
安全系数值	1.29	1.34	1.41	1.48	1.56	1.65	1.75	1.88	2.05	2.33

需求变动量，即标准差可由以下公式确定

$$需求变动量 = \sqrt{\frac{\sum (y_i - \bar{y})^2}{n}}$$

式中，y_i——各期需求量实际值；

$\bar{y}$——各期需求量实际平均值。

【例 4-1】某仓库中一种商品去年各月份需求量如表 4-6 所示，最大订货提前期为 2 个月，缺货概率根据经验统计为 5%，求该商品的订货点。

表 4-6 各月份需求量资料表

月份	1	2	3	4	5	6	7	8	9	10	11	12	合计
需求量 / 箱	162	173	167	180	180	172	170	168	174	168	163	165	2042

平均月需求量 =2042÷12=170.17（箱）（根据实践，这里按 171 箱计算）。

缺货概率为 5%，查表 4-5 得：安全系数值 =1.65。

可利用 Excel 表格进行求解需求变动量，如图 4-23 所示。

计算需求变动量 =5.654（箱）

订货点 =171×2 + 1.65× $\sqrt{2}$ ×5.654=356（箱）

即，当该商品的库存量下降到 356 箱时应该订货。

	A	B	C	D
4	月份	需求量/箱	$y_i - \bar{y}$	$(y_i - \bar{y})^2$
5	1	162	-8.166666667	66.69444444
6	2	173	2.833333333	8.027777778
7	3	167	-3.166666667	10.02777778
8	4	180	9.833333333	96.69444444
9	5	180	9.833333333	96.69444444
10	6	172	1.833333333	3.361111111
11	7	170	-0.166666667	0.027777778
12	8	168	-2.166666667	4.694444444
13	9	174	3.833333333	14.69444444
14	10	168	-2.166666667	4.694444444
15	11	163	-7.166666667	51.36111111
16	12	165	-5.166666667	26.69444444
17	合计	2042		
18	平均值 $\bar{y}=$	170.1666667	$\sum(y_i-\bar{y})^2=$	383.6666667
19			$\sum(y_i-\bar{y})^2/n=$	31.97222222
20			需求变动量=$(\sum(y_i-\bar{y})^2/n)^{0.5}=$	5.654398485

图 4-23　需求变动量的求解

（2）订货批量的确定。

在定量订货中，对每一个具体的品种而言，每次订货批量都是相同的，所以对每个品种都要制定一个订货批量，通常是以经济订货批量作为订货批量。

前面已经讲到，经济订货批量就是使库存总成本达到最低的订货数量，需要通过平衡订货成本和储存成本得出。由前面式（4-4）知其计算公式为

$$Q^* = \sqrt{\frac{2C \cdot D}{H}}$$

3. 定量订货法的优缺点

（1）定量订货法的优点主要表现在以下几个方面。

① 控制参数一经确定，则实际操作就变得非常简单。实际中，经常采用"双堆法"来处理，所谓双堆法，就是将某商品库存分为两堆，一堆为经常库存，另一堆为订货点库存，当消耗完就开始订货，并使用经常库存，不断重复操作。这样可减少经常盘点库存的次数，方便可靠。

② 订货量一定的情况下，商品验收、入库、保管和出库可利用规格化器具和计算方式，从而减少搬运、包装等方面的无谓工作量。

③ 采用经济批量，可以降低库存成本，节约费用。

（2）定量订货法的缺点主要有以下几点。

① 要随时检查库存，每日盘存需要占用一定的人力和物力。

② 订货模式过于机械，灵活性不够。

③ 订货时间随机变化，这样不利于对人员、资金和工作业务实行计划安排。

④ 受到单一订货的限制，很难实现多品种联合订货。

4. 定量订货法的适用性

以下几种情况比较适合采用定量订货法。

（1）存储物资具备进行连续检查的条件。

（2）价值虽低但需求数量大的物资，以及不便于少量采购的物资。

（3）易于采购的物资。

（4）价格昂贵的物资。

（二）定期订货法数据分析

1. 定期订货法原理

定期订货法即按预先确定的订货时间间隔进行订货补充的库存控制方法。

定期订货法的控制参数主要有订货周期、最高库存量。定期订货法是基于时间的订货控制方法，它设定订货周期和最高库存量，从而达到控制库存量的目的。只要订货间隔期和最高库存量控制合理，就可能实现既保障需求、合理存货，又可以节省库存费用的目标。

定期订货法原理：预先确定订货周期和最高库存量，周期性地检查库存，根据最高库存量、实际库存量、在途订货量和待出库商品的数量，计算每次订货批量，发出订货指令，并组织订货，其库存量变化如图 4-24 所示。

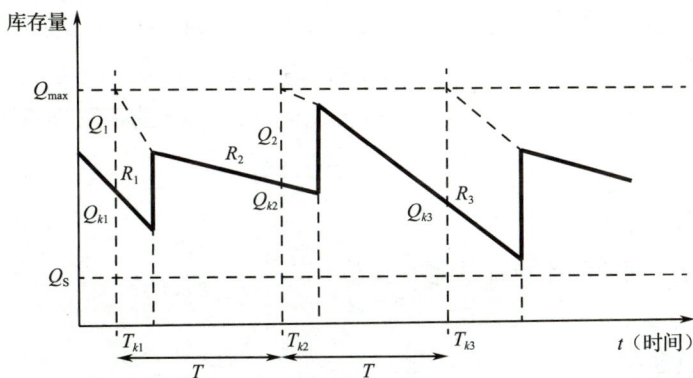

图 4-24　定期订货法的库存量变化

图 4-24 中表示的是定期订货法一般情况下的库存量变化，其中 $R_1 \neq R_2 \neq R_3$，$T_{k1} \neq T_{k2} \neq T_{k3}$。在第一个周期，库存以 R_1 的速率下降，因预先确定了订货周期 T，也就是规定了订货时间，到了订货时间，不论库存还有多少，都要发出订货，所以当到了第一次订货时间即库存下降到订货点时，检查库存，求出实际库存量 Q_{k1}，结合在途货物和待出货物，发出一个订货批量 Q_1，使名义库存上升到 Q_{max}。然后进入第二个周期，经过 T 时间后检查库存得到此时的库存量 Q_{k2}，并发出一个订货批量 Q_2，使名义库存又回升为 Q_{max}。

采用定期订货法来保证库存需求与定量订货法不同。定量订货法是以订货期提前来满足需求的，其控制参数订货量 Q_k 是用于满足订货提前期内库存的需求。而定期订货法是以满足整个订货提前周期内的库存需求，即以从本次发出订货指令到下次订货到达（$T+T_k$）这一期间的库存需求为目的。由于在 $T+T_k$ 这个期间的库存需求量是随机变化的，因此根据 $T+T_k$ 期间的库存需求量确定的最高库存量 Q_{max} 也是随机变量，它包括 $T+T_k$ 期间的库存平均需求量和防止需求波动或不确定因素而设置的安全库存 Q_s。

因此，定期订货法的实施需要解决三个基本问题，即订货周期、最高库存量和每次订货的批量。

2. 定期订货法控制参数的确定

（1）订货周期 T 的确定。订货周期也就是定期订货的订货点，其间隔时间总是相等的。订货间隔期的长短直接决定最高库存量的大小，即库存水平的高低，进而也决定了库存成本的多少。所以订货周期不能太长，否则会使库存成本上升；而订货周期太短又会增加订货次数，使得订货费用增加，最终增加库存总成本。所以从成本的角度出发，如果要使库存总成本达到最低，我们可以采用经济订货周期的方法来确定订货周期 T，其公式为

$$T^* = \frac{Q^*}{D} = \sqrt{\frac{2C}{D \cdot H}}$$

这里的经济订货周期是指使总成本最低的订货周期。由于订货周期过长，库存成本上升；而增加订货次数，订货费用增加，库存总成本增大。因此在实际操作中，常结合供应商的生产周期或供应周期来调整经济订货周期，从而确定出一个合理可行的订货周期。当然，也可以结合人们比较习惯的时间单位，如周、旬、月、季、年来确定经济订货周期，使其与企业的生产计划、工作计划相吻合。

（2）最高库存量 Q_{max} 的确定。定期订货法的最高库存量 Q_{max} 是为了满足（$T + T_k$）期间内的库存需求，所以可以以（$T + T_k$）期间的库存需求量为基础，考虑到为随机发生的不确定库存需求，再设置一定的安全库存，这样就可以简化地求出最高库存量了。其公式如下

$$Q_{max} = \bar{R}(T + \overline{T_k}) + Q_s \qquad (4\text{-}9)$$

式中，Q_{max}——最高库存量；

$\bar{R}$——（$T + \overline{T_k}$）期间的库存需求量平均值；

T——订货周期；

$\bar{T}$——平均订货提前期；

Q_s——安全库存量。

（3）订货量的确定。定期订货法每次订货量是变动的，订货批量的多少都由当时的实际库存量的大小决定。考虑到订货点时的在途到货量和已经发出货指令而尚未出货的待出货量，每次订货的订货量的计算公式如下

$$Q_i = Q_{max} + Q_{ni} - Q_{ki} - Q_{mi} \qquad (4\text{-}10)$$

式中，Q_i——第 i 次订货的订货量；

Q_{max}——最高库存量；

Q_{ni}——第 i 次订货点的在途到货量；

Q_{ki}——第 i 次订货点的实际库存量；

Q_{mi}——第 i 次订货点的待出库货量。

（4）定期订货法的优缺点。定期订货法的优点主要表现在：采取定期盘存，不需要每天盘存；库存管理计划性强，有利于工作计划的安排实施。

定期订货法的缺点主要是：安全库存量大，保管周期长；每次订货批量不定，无法制定经济订货批量，运营成本高，经济性差，一般只适用于 ABC 分类法中的 A 类货物，即重点货物的库存控制。

（三）订货点技术评价

1. 订货点技术的优点

（1）订货点技术是至今能够应用于独立需求物资进行物资资源配置较理想的方法，无论未来需求是否确定，它都可以适用。

（2）在应用于未来需求不确定的独立需求物资的情况时，可以做到最经济有效地配置资

源，即可以按一定的客户需求满意水平来满足客户需求，同时保证库存总费用最省。

（3）订货点技术操作简单，运行成本较低。当订货点和订货策略一旦确定时，只要随时检查库存，库存下降到订货点时就发出订货。另外，订货点技术的一个变化形式"双堆法"，操作更为简单，是对价值较低的物品保持控制的一种实用方法。

（4）订货点技术特别适合于客户未来需求连续且均匀稳定的情况。在这种情况下，它不但可以做到百分之百保证客户需要，而且可以实现最低库存。这样不但能使客户的满意水平达到最高，同时操作简便，运行成本最低。

2. 订货点技术的不足之处

（1）由于市场需求的不确定性或不均衡性，订货点技术最大的缺点是库存量太高，库存费用太大，库存浪费的风险也大。一方面，需求的不确定性可能导致预测的需求不能如期发生，从而造成超期积压浪费；另一方面，需求不确定性不仅可能造成积压浪费，同时还有可能造成缺货。

（2）订货点技术的另一缺点是它不适合于相关需求，即它在满足某个客户的需求时不考虑该需求和其他客户需求之间的相关关系。因此，企业内部各生产环节、各工序间的物料的配置供应，一般不能直接用订货点技术完整地实现。不能预先知道客户的未来需求，只能以预测的客户需求为依据，制定订货策略，以预防性储备来应对日后客户的需求。因此，往往设置的库存较高，这样很容易造成长期库存积压。

学习感悟

第一，传统的库存控制技术由于受制于模型假设，在实际运用中受到了限制。但随着供应链环境下上下游企业的需求变得更加及时，因此将及时的数据加入模型中时仍然能得到理想的效果。这得益于信息技术的发展，传统的数据分析环境在现实条件下已经不再是障碍。

第二，在 ABC 分类法中，A 类、B 类、C 类货物的划分不应该绝对化，其表明的是对不同货物管理的重要程度，或者说分清主次，而对主次采用不同的管理策略。其与 20/80 法则是明显不同的，20/80 法则主要是用于抓住关键因素，而对次要因素却是忽略的。

第三，订货点技术一般会考虑提前期物资的消耗，在确定订货量时需要计算进去。同时，由于现代信息技术给获取需求信息提供了便利，因此在当今处理现实的订货量时需要灵活处理，特别是在供应链环境下这一特征尤其突出。

第四，从供应链管理的发展历史来看，MRP 技术比供应链管理概念的提出时间更早，现在 MRP 处理已经成为 ERP 系统中的重要模块。现实中，在 ERP 系统输出订货信息的同时也生成了生产计划，因此，采用 MRP 技术进行订货的内容放在了供应链生产管理中进行介绍。

任务实训

1. 扫描右侧二维码进行在线测试。
2. 完成本模块"知识复习与巩固"中的"情景实践与应用题"1 ～ 3 题。

在线测试 4.2

任务评价

评价类目	评价内容及标准	分值/分	自己评分	小组评分	教师评分
学习态度	✓ 全勤（5分） ✓ 遵守课堂纪律（5分）	10			
学习过程	➤ 能够回答 ABC 分类法的基本原理与管理意义（5分） ➤ 能够回答经济订货批量的基本原理（5分） ➤ 能够回答订货点技术的基本原理（5分）	15			
学习结果	◆ "在线测试 4.2" 考评（2分 ×10=20分） ◆ 完成本模块"知识复习与巩固"中的"情景实践与应用题"1～3题（第1题20分，第2题15分，第3题20分）	75			
合　计		100			
所占比例		100%	30%	30%	40%
综合评分					

知识拓展与技能实践

知识拓展

允许缺货的经济订货批量模型

允许缺货的经济订货批量模型具有以下特点。

（1）需求率（单位时间的需求量）为 d；周期内总需求量为 D；

（2）无限供货率；

（3）允许缺货，且最大缺货量为 S；

（4）单位货物单位时间的存储费为 H；

（5）每次的订货费为 C；

（6）单位时间缺少一个单位货物所支付的单位缺货费为 L；

（7）当缺货量达到 S 时进行补充，且很快补充到最大存储量。

设每次订货量为 Q，因此，总订货次数为 D/Q。

由于最大缺货量为 S，则最高库存量为 $Q-S$，故不缺货时期内的平均存储量为 $(Q-S)/2$。设不缺货的时间为 t_1，则缺货的时间为 $t_2=T-t_1$。于是，周期 T 内的平均存储量 $=(Q-S)t_1/2T$。由于 $t_1=(Q-S)/d$，$T=Q/d$，则周期 T 内的平均存储量 $=(Q-S)^2/2Q$。

又周期 T 内的平均缺货量 $=(S \times t_2)/2T$。由于 $t_2=S/d$，$T=Q/d$，故周期 T 内的平均缺货量 $=S^2/2Q$。故单位时间的总库存成本 TC 为

$$TC = \frac{D}{Q}C + \frac{(Q-S)^2}{2Q}H + \frac{S^2}{2Q}L$$

对 TC 分别对 Q、S 求偏导，得

$$\frac{\partial TC}{\partial Q} = -\frac{D \cdot C}{Q^2} + \left(\frac{H}{2} - \frac{H \cdot S^2}{2Q^2}\right) - \frac{S^2 \cdot L}{2Q^2}$$

$$= \frac{-2D \cdot C - H \cdot S^2 - L \cdot S^2}{2Q^2} + \frac{H}{2}$$

$$\frac{\partial TC}{\partial S} = -H + \frac{S \cdot H}{Q} + \frac{S \cdot L}{Q}$$

分别令 $\dfrac{\partial TC}{\partial Q} = 0$，得 $H = \dfrac{2D \cdot C + H \cdot S^2 + L \cdot S^2}{Q^2}$；

令 $\dfrac{\partial TC}{\partial S} = 0$，得 $S = \dfrac{Q \cdot H}{H + L}$，代入上式，得：$H \cdot Q^2 = 2D \cdot C + (H + L)\dfrac{Q^2 \cdot H^2}{(H + L)^2}$；

即 $Q^2 = \dfrac{2D \cdot C}{H - \dfrac{H^2}{(H + L)}} = \dfrac{2D \cdot C}{\dfrac{H \cdot L}{H + L}} = \dfrac{2D \cdot C(H + L)}{H \cdot L}$；

整理得到在缺货情况下的经济订货批量为

$$Q^* = \sqrt{\frac{2D \cdot C(H + L)}{H \cdot L}} = \sqrt{\frac{2D \cdot C}{H}} \times \sqrt{\frac{H + L}{L}}$$

其中，$\sqrt{\dfrac{L + H}{L}}$ 也称缺货因子。

技能实践

传统库存控制技术在供应链环境下仍然得到了大量的运用，但依托现代技术又跟传统的库存控制技术有了很大的不同。特别是传统库存控制技术的假设条件在供应链环境下已经普遍不可靠，因此需要有不同的思路。根据本任务所学的库存控制技术，以小组为单位研讨在供应链环境下如何使传统库存控制技术仍能适应供应链环境下的库存控制要求。例如，传统库存技术里都是假设均匀消耗库存，但供应链环境下这种假设并不一定存在，那么要求供应链管理中如何尽可能满足这一条件呢？具体要求如下。

（1）记录小组成员的各类想法，然后从总库存成本角度进行试算、比较。

（2）讨论允许缺货与不允许缺货情况下订货批量的变化情况，并解释原因。

（3）探讨传统库存控制方法如何采用现代技术满足供应链环境下使用的需要。

知识复习与巩固

一、填空题

1. 根据国家标准《物流术语》，库存是指储存作为今后按预定的目的使用而处于＿＿＿＿或＿＿＿＿状态的物品。广义的库存还包括处于＿＿＿＿状态和＿＿＿＿状态的物品。

2. ＿＿＿＿也叫经常库存，是由于不能准确预测生产数量、销售数量和时机，为满足生产和生活的日常需要而建立的库存。

3.＿＿＿＿＿＿是指处于流通加工或等待加工而处于暂时储存状态的物品。在途库存，也称＿＿＿＿＿＿，是指尚未到达目的地、正处于运输状态或等待运输状态而储备在运输工具中的物品。

4. 库存管理的内容包含＿＿＿＿＿＿和＿＿＿＿＿＿两个部分。

5. ABC 分类法是将库存物品按照设定的分类标准和要求分为特别＿＿＿＿＿＿、＿＿＿＿＿＿和＿＿＿＿＿＿三个等级，然后针对＿＿＿＿＿＿分别进行控制的管理方法。

6. 一般而言，A 类库存品的年耗用金额占总库存金额的＿＿＿＿＿＿，品种数却只占总库存品种数的＿＿＿＿＿＿；B 类库存品的年耗用金额占总库存金额的＿＿＿＿＿＿，其品种数占总库存品种数的＿＿＿＿＿＿；C 类库存品的年耗用金额占总库存金额的＿＿＿＿＿＿，其品种数却占总库存品种数的＿＿＿＿＿＿。

7. 联合库存管理是指＿＿＿＿＿＿共同制定＿＿＿＿＿＿，并实施＿＿＿＿＿＿的供应链库存管理方式。

8. 多级库存优化与控制的方法主要有＿＿＿＿＿＿与＿＿＿＿＿＿两种。

9. 当对 ABC 三类存货进行划分时，＿＿＿＿＿＿是最基本的分类标准，而＿＿＿＿＿＿可以作为参考标准。

10. 从订货费用的角度看，订货批量越大＿＿＿＿＿＿。但是，订货批量的加大必然使＿＿＿＿＿＿增加。从保管费的角度看，订货批量越小＿＿＿＿＿＿。从缺货损失的角度考虑，存储量越大，缺货的可能性就＿＿＿＿＿＿，缺货成本也就＿＿＿＿＿＿。

11. 单位时间的订货费随着订货批量的增大而＿＿＿＿＿＿，而单位时间的存储费随着订货批量的增大而＿＿＿＿＿＿。

二、多选题

1. 库存合理化的内容包括（　　　）。

A. 库存硬件配置合理化　　　　　　　　B. 组织管理科学化

C. 库存结构符合生产力的发展需要　　　D. 库存数量最小化

2. 库存控制有两个关键考核指标（KPI），即（　　　）。

A. 库存周转率　　　　B. 库存成本　　　　C. 客户满意度　　　　D. 缺货率最低

3. 经济订货批量是通过平衡（　　　）核算，以实现总库存成本最低的最佳订货量。

A. 运输成本　　　　　　　　　　　　　B. 采购进货成本

C. 生产成本　　　　　　　　　　　　　D. 保管仓储成本

4. 订货点技术是从影响实际库存量的两方面，即从（　　　）两个方面的数量和时间入手，来确定商品订购的数量和时间，从而达到控制库存量的目的。

A. 销售　　　　　　　B. 进货　　　　　　　C. 生产　　　　　　　D. 需求

5. 定量订货法主要靠控制（　　　）两个参数来控制订货进货，达到既能够最好地满足库存需求，又能使总库存成本最低的目的。

A. 订货点　　　　　　B. 订货周期　　　　　C. 订货批量　　　　　D. 最高库存量

6. 定期订货法是基于时间的订货控制方法，它设定（　　　）两个参数，从而达到控制库存量的目的。

A. 订货点　　　　　　B. 订货周期　　　　　C. 订货批量　　　　　D. 最高库存量

7. 对 ABC 三类存货的划分主要有两个标准，即（　　　）。

A. 库存标准　　　　　B. 作业标准　　　　　C. 金额标准　　　　　D. 品种数量标准

8. 经济订货批量模型考虑的成本主要有（　　　）。

A. 订货成本　　　　　B. 仓储成本　　　　　C. 采购成本　　　　　D. 缺货成本

9. 订货点技术包括（　　）。

A. ABC 分类法　　　　B. MRP 法　　　　　C. 定量订货法　　　　D. 定期订货法

10. 在需求与订货提前期都不确定时，需要确定安全库存，安全库存由（　　）因素等确定。

A. 安全系数　　　　　　　　　　　B. 最大订货提前期

C. 需求变动量　　　　　　　　　　D. 订货点

11. 定期订货法的实施需要解决三个基本问题，包括（　　）。

A. 订货周期　　　　　B. 最高库存量　　　　C. 需求变动量　　　　D. 每次订货的批量

三、简答题

1. 简述狭义与广义的库存。

2. 简述库存的功能。

3. 简述库存的分类有哪些。

4. 简述库存控制的意义。

5. 比较定量订货法与定期订货法的控制参数有什么不同。

6. 简述物流需求计划的管理模式。

7. 从信息流变化的角度简述传统库存管理向供应链库存管理转化的变化。

8. 简述供应链库存管理面临的挑战。

9. 简述联合库存管理的特点。

10. 供应商管理库存（VMI）的原理是什么？它与联合库存管理的区别是什么？

11. 简述非中心化多级库存控制与优化的原理。

12. 简述 20/80 法则与 ABC 分类法的不同。

13. 简述不允许缺货的经济订货批量求解过程。

14. 比较定量订货法与定期订货法的相同点和不同点。

15. 简述订货点技术的优点与不足。

四、情境实践与应用题

1. 点石智能设备制造公司某仓库有 20 种库存品，各种库存品的年需求量、单价如表 4-7 所示。为了加强库存品的管理，该企业计划采用 ABC 库存管理法。假如该企业决定按 10% 的 A 类物品、25% 的 B 类物品、65% 的 C 类物品来建立 ABC 库存分析系统，则应如何进行分类？请绘制出 ABC 分类图。

表 4-7　点石智能设备制造公司 20 种库存品数据

物品编号	W001	W002	W003	W004	W005	W006	W007	W008	W009	W010
年需求量/件	50	85	20	1800	730	10	340	10000	370	680
单价/元	210	15	3250	5	80	18000	12	6	30	26
物品编号	W011	W012	W013	W014	W015	W016	W017	W018	W019	W020
年需求量/件	14	25	90	240	50	1470	150	20	410	65
单价/元	8	60	120	870	80	140	10	50	18	75

2. 点石智能设备制造公司有一部分部件需要从国外采购，其中某部件每年以每个单位 30 美元的价格采购 5600 个单位，处理订单和组织订货要产生 140 美元的费用，每个单位的产品所产生的利息费用和仓储成本总和需要 6 美元。请确定该产品的最佳订货政策是什么？

3. 点石智能设备制造公司对一种元件的需求量为 2000 件 / 年，订货提前期为零，每次订货费为 25 元、该元件每件成本为 50 元，年存储费用为成本的 20%。如发生缺货，可在下批货到达时补上，但缺货损失费为每年每件 10 元，要求计算经济订货批量。

4. 点石智能设备制造公司的仓库中一产品年需求量为 3600 箱，每箱 900 元。当一次订货量小于 1000 箱时无折扣；大于 1000 箱小于 1500 箱时可获得 2% 的折扣；大于等于 1500 箱时可获得 3% 的折扣。单位产品年保管费为 8 元，每次订货成本为 400 元，确定该产品的经济订货批量。

模块五

供应链生产管理与数据分析

优秀的供应链管理可以降低企业成本、提高效率、缩短交货周期，从而提升企业的竞争力。

任务一 认识供应链生产管理

学习指南

任务清单

工作任务	认识供应链生产管理	
建议学时	4 学时	
任务描述	本任务通过对生产管理、生产物流管理以及供应链环境下生产管理相关内容的学习，掌握供应链环境下生产管理的基本特点与内容，理解供应链环境下生产管理的新理念与新技术、生产数据管理方法等，并能指导现代供应链生产管理，树立供应链生产管理观念	
学习目标	知识目标	1. 掌握生产管理与生产物流管理的基本内涵及相关特点 2. 掌握供应链环境下生产管理的内涵、特征以及管理方法 3. 掌握生产数据管理的基本概念与管理内容

续表

学习目标	能力目标	1.具备识别生产管理中的物流活动的能力 2.具备运用供应链管理思想指导生产管理的思维能力 3.具备利用生产数据管理服务于供应链生产管理的能力
	素质目标	1.培养供应链环境下的大生产管理系统的思维与意识 2.培养供应链上下游企业与生产企业的合作意识 3.培养供应链中进行生产管理数据化的意识
	思政目标	通过对供应链环境下生产管理知识的学习，培养供应链环境下的生产管理系统观、数据安全意识、合作意识、客户服务意识及遵守职业规范的意识
关键词		生产管理　供应链生产管理　ERP 系统

▦ 知识树

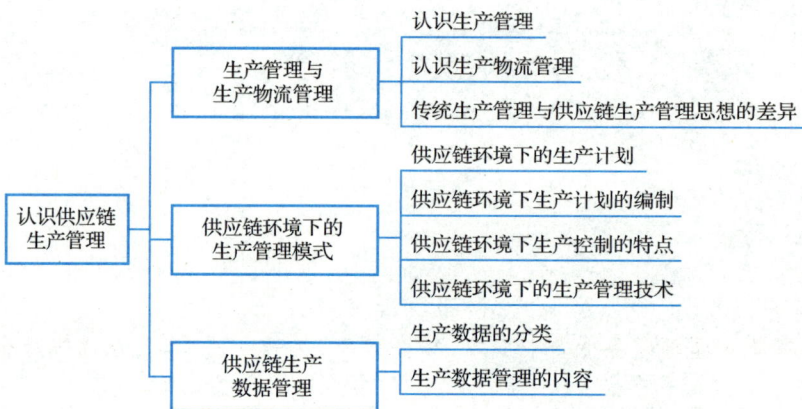

⌖ 任务引入

▦ 任务背景

一汽大众集团实施 ERP 系统的变化

一汽大众集团为了提高自身的竞争能力，在我国汽车整车行业中率先引进了 SAP 的 R/3——一整套完整的 ERP 系统来对企业进行管理，为企业管理方式的探索走出了一条新路子。汽车市场需求的变化，要求制造商从小品种、大批量的生产方式转变为多品种、小批量的生产方式。以一汽大众集团已经停产的老车型捷达为例，其品种就有数十种车型，批量小、生产批次多，如果不采用先进的信息管理系统，必会导致库存量大、生产效率低、生产成本高的情况。

因此，企业需要考虑统筹规划，使物流、信息流和资金流并行，对企业内部物流整合，从制度上规范公司业务的各个环节，改善企业的经营决策功能，实现采购订货及时、库存量降低、生产计划安排合理。这一整合有利于提高企业的应变能力和竞争能力，从而使企业在市场上获得更高的声誉，整体运营水平得到大幅度提高。

以生产管理为例，在一汽大众集团的生产装配线上，生产计划一旦形成，就立即下达到各个生产部门，并分解到工位。同时，物料供应部门根据计划要求准确及时地将各种物料送往各个工位，每一种物料都有各自的条形码作为标识，一旦某个工位的物料低于下限，就立即由计算机发出缺料通知，这样可以边干边等，不至于发生停工待料的现象；而供货部门收到信息后，根据其条形码信息可及时将物料送到所需工位。在生产和组装过程中，每一道工序都由系统严格地进行监控，如每个工位都进行了哪些工作、是否合格等信息都将准确无误地存入计算机内。

任务目标

1. 从案例中分析企业引入 ERP 系统需要从管理上做哪些改变？
2. 在一汽大众集团的生产管理中采用的物料条形码标识有什么作用？

任务实施

知识必备

一、生产管理与生产物流管理

（一）认识生产管理

1. 生产管理的概念

生产管理（Production Management，PM）是指为了实现企业的生产目标，对生产过程中各个方面的工作进行计划、组织、协调和控制的活动。生产管理是对企业生产运行的各项管理工作的总称，内容包括生产计划、生产组织、生产控制及产品交付等诸多方面。

生产管理的目的是通过有效地利用生产资源，合理安排生产过程，降低生产成本，提升生产效率，确保产品质量，并满足客户的需求和期望。同时，生产管理还涉及生产系统的设计和维护，包括厂址选择、生产线组织、劳动定额和劳动组织等方面。事实上，生产管理也是实现智能制造不可或缺的支撑。

2. 生产管理的目标和任务

生产管理的目标和任务是为了确保企业能够高效、高质地生产产品或提供服务，实现企业的长期可持续发展。在不同的组织和行业中，生产管理的目标和任务可能有所差异，但总体上可分为以下几个方面。

（1）提高生产效率。生产管理的首要目标是提高生产效率，包括降低生产成本、缩短生产周期、提高生产能力等。通过精细化管理、优化生产流程、改进工艺技术等手段，实现生产效率的提升，提高企业的竞争力。

（2）确保产品质量。生产管理的另一个重要任务是确保产品质量，以满足客户需求和预期。通过建立完善的质量管理体系，引入先进的质量检测设备和技术，进行严格的质量控制和监督，提高产品的合格率和稳定性，减少不良品率，提升产品的竞争力和信誉度。

（3）优化供应链管理。生产管理还要关注整个供应链的协调和优化。通过与供应商建立紧密的合作关系，提高供应链的灵活性和运作效率，确保原材料及时供应，并适应市场需求的变化，降低库存成本，提高企业的响应速度和市场竞争力。

（4）强化员工的培训和管理。生产管理需要关注员工的培训和管理，以提高员工的技能水平和工作素质。通过制定明确的工作标准和流程，建立激励机制，加强员工的沟通和协作，提高员工的工作积极性和效率，促进员工的个人发展和企业绩效的提升。

（5）环境保护和可持续发展。通过采用清洁生产技术、提高资源利用效率、减少废物和污染物排放，以及推行循环经济等措施，实现经济效益、社会效益和环境效益的统一。

3. 生产管理的内容

生产管理包括以下几个方面的内容。

（1）生产组织。生产组织包括选择厂址、布置工厂、组织生产线、实行劳动定额和劳动组织、设置生产管理系统等。通过生产组织工作，按照企业目标的要求，设置技术上可行、经济上合算、物质条件和环境条件允许的生产系统。

（2）生产计划。狭义的生产计划是指以产品的基本生产过程为对象编制的一系列计划，包括生产过程组织、生产能力核定、生产作业计划的编制执行以及生产调度工作等。常见的有编制生产计划、生产技术准备计划和生产作业计划等。

（3）生产控制。生产控制主要指的是对生产活动中生产进度的控制，又称生产作业控制。它主要关注生产过程中的进度和效率，确保生产活动按照预定的计划和目标进行，可以包括控制生产进度、生产库存、生产质量和生产成本等。

通过生产计划工作，制定生产系统优化运行的方案；通过生产控制工作，及时有效地调节企业生产过程内外的各种关系，使生产系统的运行符合既定生产计划的要求，实现预期生产的品种、质量、产量、出产期限和生产成本的目标。

（4）交付管理。交付管理是指持续优化交付表现和交付能力的一系列活动。它涵盖了从需求产生到需求满足的闭环过程，包括内部交付和外部交付两部分。内部交付指的是在组织内部完成产品或服务的制造、组装或生产的过程，以确保最终能够对外进行交付；而外部交付是指将产品或服务提供给客户或最终用户的过程。

（二）认识生产物流管理

1. 生产物流的内涵

生产物流指的是生产企业内部进行的涉及原材料、在制品、半成品、产成品等的物流活动。对生产物流的管理是整个生产管理过程中十分关键的一环。

一个企业的生产过程，同时也是各种生产物流的使用和消费过程。做好生产物流管理，对于保证和促进生产、节约物资消耗、加速资金周转、降低产品成本、提高经济效益等有着非常重要的意义。如果对企业内部生产物流缺乏有效的管理，将会导致生产过程受阻甚至停产。虽然生产物流管理并不直接与最终客户打交道，但生产物流管理中的各项决策都会直接影响企业的客户服务水平，最终影响企业的竞争力以及企业利润水平。如果生产物流管理不善，就可能导致产品脱销，客户可能转而寻求其他替代品或供应商。

生产物流管理工作能够按照企业生产、销售和科研的需要，制定生产物料供应的目标和实现方案，指导整个生产物流活动；能够协调各方面的关系，正确处理生产物料供需矛盾，保证生产顺利进行；能够降低企业产品成本，使企业取得更多的利润。

2. 生产物流管理的目标

生产物流是企业进行生产的必备物质条件，生产物流管理是企业管理的重点之一。如果没有有效的生产物流管理，那么企业就不能实现"在恰当的时间，将恰当的产品以恰当的价格送到恰当的企业客户手中"的物流目标。因此，企业生产物流管理的目标主要在于：协调企业内部各职能部门之间的关系，从整个企业的角度控制生产活动中的物流，做到供应好、周转快、消耗低、费用省，取得好的经济效益，以保证企业生产顺利进行。

3. 生产物流计划的内容与意义

生产物流计划是指为保证生产顺利进行而编制的生产物流供应计划，是企业计划期内生产物流供应活动的行动纲领。它跟企业的物流能力、物料需求、制造需求、采购需求等紧密联系在一起。

（1）生产物流计划的内容。生产物流计划主要包括以下内容。

① 确定企业计划期的生产物料需用量；

② 确定生产物料的消耗定额；

③ 清查企业的库存资源，经过综合平衡，编制出物料需求计划，并组织实现。

（2）生产物流计划的意义。一个科学合理的生产物流计划，对提高生产物流管理工作的效率具有重要意义。

① 生产物流计划是订货和采购的依据。企业生产经营所需的生产物流种类繁多，数量不一，规格复杂，只有事先做好周密计划，才能尽可能地避免错订、错购、漏订、漏购等错误的发生。有了生产物流计划，可以对生产物资的价格波动进行合理的预测，并做出及时的反应。

② 生产物流计划可以作为监督生产物流合理使用的标准。生产物流计划设置了一些考核指标，以衡量供应部门、生产车间、仓库管理、运输等部门的工作质量和效率。几个重要的考核指标包括计划准确率、订货合同完成率、库存生产物流周转率、库存生产物流削价或报废的损失率等。工作中需经常检查这些指标，考核企业生产物料使用的有效性，从而使企业能更充分利用资源，发挥生产物流的最大效能，有效降低成本。

（三）传统生产管理与供应链生产管理思想的差异

传统生产管理与供应链生产管理思想的差异主要表现在计划和控制模式等方面，具体而言，两者的差异主要表现在以下几个方面。

1. 决策信息来源的差异

生产计划的编制要依据一定的决策信息，即基础数据。在传统的生产计划决策模式中，计划决策的信息来自两个方面：一方面是需求信息，另一方面是资源信息。需求信息又来自两个方面：一方面是用户订单，另一方面是需求预测，通过对这两方面信息的综合，得到编制生产计划所需要的需求信息。资源信息则是指生产计划决策的约束条件。

在供应链环境下，需求信息和企业资源的概念与传统概念是不同的。信息多源化是供应链环境下的主要特征，多源信息是供应链环境下生产计划的特点。同时，在供应链环境下，资源信息不仅来自企业内部，还来自供应商、分销商和用户。约束条件放宽了，资源的扩展使生产计划的优化空间扩大了。

2. 决策模式的差异

传统的生产计划决策是一种集中式决策，而供应链环境下的决策是分布式的群体决策。基于分布式的供应链系统是立体的网络，各个节点企业具有相同的地位，有本地数据库和领域知识库，在形成供应链时，各节点企业拥有暂时性的监视权和决策权，每个节点企业的生产计划决策都受到其他企业生产计划决策的影响，需要一种协调机制和冲突解决机制。当一个企业的生产计划发生改变时，需要其他企业的计划也做出相应的改变，这样供应链才能获得同步化的响应。

3. 信息反馈机制的差异

企业的计划能否得到很好的贯彻执行，需要有效的监督控制机制作为保证。要进行有效的监督控制，必须建立一种信息反馈机制。传统企业的生产计划信息反馈机制是一种链式反馈机制，形成了组织结构平行的信息递阶的传递模式。供应链环境下企业信息的传递是以团队工作为特征的分布式组织模式，使供应链具有网络化结构特征，因此供应链管理模式是网络化管理。生产计划信息的传递不是沿着企业内部的递阶结构（权力结构），而是沿着供应链不同的节点方向（网络结构）传递的。为了做到供应链的同步化运作，供应链企业之间信息的交互频率也比传统企业信息的交互频率高得多，因此应采用并行化信息传递模式。

4. 计划运行环境的差异

供应链管理的目的是使企业能够适应剧烈多变的市场环境需要。复杂多变的环境，增加了企业生产计划运行的不确定性和动态性因素。供应链环境下的生产计划是在不稳定的运行环境下进行的，而且生产计划涉及的多是订单化生产，这种生产模式动态性更强。因此，生产计划与控制要更多地考虑不确定性和动态性因素，使生产计划具有更高的柔性和敏捷性，使企业能对市场变化做出快速反应。

【阅读材料】供应链管理思想对企业生产管理的影响

二、供应链环境下的生产管理模式

（一）供应链环境下的生产计划

供应链环境下的生产计划与传统管理的生产计划有显著不同，是因为在供应链环境下，与企业具有战略伙伴关系的企业的资源通过物资流、信息流和资金流而成为企业制造资源的拓展。供应链环境下制订生产计划的过程主要面临以下三个方面的问题。

1. 柔性约束

供应链管理柔性是指供应链对于需求变化的敏捷性，或者称对于需求变化的适应能力。柔性实际上是对承诺的一种完善，承诺是企业对合作伙伴的保证，只有在柔性基础上的合作，企业间才能具有基本的信任，合作伙伴也因此获得相对稳定的需求信息。承诺与柔性是供应合同签订的关键要素。

对生产计划而言，柔性具有多重含义。

（1）如果仅仅根据承诺的数量来编制计划是容易的。但是，柔性的存在使这一过程变得复杂。柔性是双方共同编制的一个合同要素，对于需方而言，它代表着对未来变化的预期；对于供方而言，它是对自身所能承受的需求波动的估计。本质上供应合同使用有限的可预知的需求波动代替了可以预测但不可控制的需求波动。

（2）下游企业的柔性对企业的计划产量造成的影响。企业必须选择一个在已知的需求波动下最为合理的产量。企业的产量不可能覆盖整个需求的变化区域，否则会造成不可避免的库存费用。在库存费用与缺货费用之间取得一个均衡点是确定产量的一个标准。

（3）供应链企业在确定生产计划时必须考虑上游企业的利益。在与上游企业的供应合同中，上游企业表达的含义除了对自身所能承受的需求波动的估计，还表达了对自身生产能力的权衡。上游企业合同中反映的是相对于该下游企业（如本企业）的最优产量，而上游企业可能同时为多家下游企业提供产品。因此，下游企业在编制生产计划时应该尽量使需求与合同的承诺量接近，帮助供应企业（上游企业）达到最优产量。

2. 生产进度

生产进度信息是企业检查生产计划执行状况的重要依据，也是滚动编制生产计划过程中用于修正原有计划和编制新计划的重要依据。在供应链环境下，生产进度计划属于可共享的信息。这一信息的作用有以下几点。

（1）供应链上游企业通过了解对方的生产进度情况实现准时供应。供应链企业可以借助现代网络技术，使实时的生产进度信息能为合作方所共享。上游企业可以通过网络和双方通用的软件了解下游企业真实需求信息，并准时提供物资。在这种情况下，下游企业可以避免不必要的库存，而上游企业可以灵活主动地安排生产和调拨物资。

（2）原材料和零部件的供应是企业进行生产的首要条件之一，供应链上游企业修正原有计划时可以考虑到下游企业的生产状况。而下游企业可以了解上游企业的生产进度，然后适当调节生产计划，使供应链上的各个环节紧密地衔接在一起。其意义在于可以避免企业与企业之间出现供需脱节的现象，从而保证供应链企业的整体利益。

3. 生产能力

企业完成一份订单不能脱离上游企业的支持，因此，在编制生产计划时要尽可能借助外部资源，有必要考虑如何利用上游企业的生产能力。在上下游企业间稳定的供应关系形成后，上游企业从自身利益出发，更希望所有与之相关的下游企业在同一时期的总需求与自身的生产能力相匹配。

以上三个方面的问题需要供应链企业在编制生产计划时进行充分考虑。

（二）供应链环境下生产计划的编制

在供应链环境下，企业的生产计划编制过程有了较大的变动，在传统的生产计划编制过程的基础上呈现出新的特点。

1. 供应链生产计划编制是纵向和横向的信息集成过程

纵向信息集成是指供应链由下游向上游的信息集成，而横向信息集成指生产相同或类似产品的企业之间的信息共享。

在编制生产计划过程中，上游企业的生产能力信息在生产计划的能力分析中独立发挥作用。通过在主生产计划和投入出产计划中分别进行的粗、细能力平衡，上游企业承接订单的能力和意愿都反映到了下游企业的生产计划中。同时，上游企业的生产进度信息也和下游企业的生产进度信息一起作为滚动编制计划的依据，其目的在于保持上下游企业间生产活动的同步。

外包决策和外包生产进度分析集中体现供应链横向集成的环节。企业在编制主生产计划时所面临的订单，在两种情况下可能转向外包：一是企业本身或其上游企业的生产能力无法承受需求波动所带来的负荷；二是所承接的订单通过外包所获得利润大于企业自己进行生产的利润。同时，由于企业对该订单的客户有着直接责任，因此也需要承接外包的企业的生产进度信息来确保对客户的供应。

2. 供应链生产计划的编制丰富了能力平衡在计划中的作用

在通常的概念中，能力平衡只是一种分析生产任务与生产能力之间差距的手段，企业会根据能力平衡的结果对生产计划进行修正。在供应链环境下编制生产计划的过程中，能力平衡发挥了以下作用。

（1）为修正主生产计划和投入出产计划提供依据，这也是能力平衡的传统作用；

（2）能力平衡是进行外包决策和零部件（原材料）急件外购的决策依据；

（3）在主生产计划和投入出产计划中所使用的上游企业能力数据，反映了其在合作中所愿意承担的生产负荷，可以为供应链管理的高效运作提供保证；

（4）在信息技术的支持下，对本企业和上游企业的能力状态的实时更新使生产计划具有较高的可行性。

3. 供应链生产计划的循环过程突破了企业的限制

在企业独立运行生产计划系统时，一般有三个信息流的闭环，而且都在企业内部。

（1）主生产计划→粗能力平衡→主生产计划；

（2）投入出产计划→能力需求分析（细能力平衡）→投入出产计划；

（3）投入出产计划→车间作业计划→生产进度状态→投入出产计划。

在供应链环境下生产计划的信息流跨越了企业，从而增添了新的内容。

（1）主生产计划→供应链企业粗能力平衡→主生产计划；

（2）主生产计划→外包工程计划→外包工程进度→主生产计划；

（3）外包工程计划→主生产计划→供应链企业生产能力平衡→外包工程计划；

（4）投入出产计划→供应链企业能力需求分析（细能力平衡）→投入出产计划；

（5）投入出产计划→上游企业生产进度分析→投入出产计划；

（6）投入出产计划→车间作业计划→生产进度状态→投入出产计划。

需要说明的是，以上各循环中的信息流都只是各自循环所必需的信息流的一部分，但可以对计划的某个方面起决定性作用。

4. 生产计划与供应链管理之间的关系

生产计划和供应链管理密切相关。生产计划的目标是提高生产效率和产品质量，而供应链管理的目标则是既要最大限度地减少库存，又要避免在供应链的不同环节出现短缺情况。围绕这样的目标，它们之间有如下关系。

（1）生产计划对供应链管理的影响。通过编制准确的生产计划，企业可以创建一个准确的库存需求计划以满足需求，并规划采购和收货的时间表，从而提高企业在供应链上的可信度和优化内部库存水平。对于生产环节来说，若成功地安排了生产计划，则可以稳步提升其生产效率和产品质量，以实现减少浪费、减少停工时间和加快生产速度，而这些也会进一步减少供应链中的库存，并降低各种风险。

（2）供应链管理对生产计划的影响。供应链管理不仅需要考虑资源的分配和制造流程，而且需要考虑供应链的资金流、信息流和物流管理。除此之外，供应链管理需要更多地关注生产计划，以确保在合适的时间内提供必要的物料，并为实现更好地生产促成所需的流畅性。供应链管理还需要维护产品的质量，以保持高品质的声誉，以促进更高的客户满意度，从而保持持续的供应。

（三）供应链环境下生产控制的特点

供应链环境下的企业生产控制和传统的企业生产控制不同。前者在企业内部和企业之间需要更多的协调机制，体现了供应链企业的战略合作伙伴关系。供应链环境下的生产控制包括以下几个方面的内容。

（1）生产进度控制。生产进度控制的目的在于依据生产作业计划，检查零部件的投入和出产数量、出产时间和配套性，保证产品能准时装配出厂。供应链环境下的生产进度控制与传统企业生产模式下的进度控制不同，因为许多产品是协作生产的，或者是转包的业务，所以控制的难度更大，必须建立一种有效的跟踪机制进行生产进度信息的跟踪和反馈。

（2）供应链的生产节奏控制。供应链的同步化计划需要解决供应链企业之间的生产同步化问题，只有当供应链企业之间以及企业内部各部门之间保持步调一致时，供应链的同步化才能实现。供应链形成的准时生产系统，要求上游企业准时为下游企业提供必需的零部件。供应链中任何一个企业不能准时交货，都会导致供应链不稳定或中断，导致供应链对用户的响应性下降。

（3）提前期管理。在供应链环境下的生产控制中，提前期管理是实现快速响应用户需求的有效途径。缩短提前期，提高交货期的准时性是保证供应链获得柔性和敏捷性的关键。缺乏对供应商不确定性的有效控制是供应链提前期管理中的一大难点。

（4）库存控制和在制品管理。库存在应对需求不确定性时有其积极的作用，但是库存又是一种资源浪费。在供应链环境下，实施多级、多点、多方管理库存的策略，对提高库存管理水平、降低生产成本有着重要意义。建立供应链环境下的库存控制体系和运作模式对提高供应链的库存管理水平有重要作用，是供应链企业生产控制的重要手段。

【阅读材料】供应链环境下生产计划的信息组织与决策特征

（四）供应链环境下的生产管理技术

随着经济全球化的发展，市场竞争日趋激烈，消费呈现出主体化、个性化和多样化的特点。为了对急剧变化的市场做出快速反应，企业不断探索新的生产管理技术与模式，如工业工程、精益生产、敏捷制造、JIT 等新技术与新模式，向客户提供满意的产品和服务。在供应链环境中，现代生产管理应用最广泛的技术有物料需求计划、制造资源计划、企业资源计划等。

1. 物料需求计划

物料需求计划（Material Requirement Panning，MRP）是根据顾客订单需求或市场需求预测数据，计算出构成产品的原材料、零部件的相关需求，将最终产品的计划（主生产计划）转化为零部件、原材料的生产进度及采购日程，进而排出零部件的生产进度计划、采购计划等。MRP 工作原理示意图如图 5-1 所示。

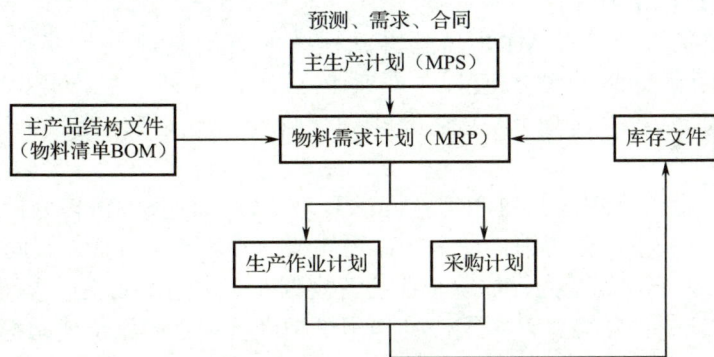

图 5-1　MRP 工作原理示意图

MRP 的基本原理主要有以下两条。

（1）从最终产品的主生产计划（MPS）导出相关物料（原材料、零部件、组件等）的需求量和需求时间；

（2）根据物料的需求时间和加工（订货）周期来确定其开始加工（订货）的时间。

例如，对于一个外购件来说，如果第 5 周最终产品的装配要用到它，其订货周期为 2 周，则最晚应从第 3 周开始订货；对于一个自加工件来说，如果第 5 周需用于装配，而其本身的生产周期为 1 周，则最晚应从第 4 周开始加工。

从以上两条原理可以看出，MRP 控制生产物流的方法：根据产品结构的层次从属关系，即根据主产品结构文件（也称物料清单 BOM），从最终产品的生产计划倒排相关物料的生产

（采购）计划，其最终可以解决如下五个问题。

① 要生产什么（根据主生产计划）？

② 要用到什么（根据物料清单 BOM）？

③ 已经有了什么（根据库存文件）？

④ 还缺什么？

⑤ 何时生产或采购（根据 MRP 运算的结果）？

这五个问题是任何类型的工业企业都会面临的基本问题。因此，MRP 产生以后，很快就受到了广大企业的欢迎。

【阅读材料】闭环 MRP

2. 制造资源计划

制造资源计划（Manufacturing Resource Planning，MRP Ⅱ）是以物料需求计划（MRP）为核心，基于采购、库存、生产、销售、财务等整体最优，对企业的各种制造资源和生产经营各环节（产、供、销、财等）实行合理有效的计划、组织、协调和控制，达到既能连续均衡生产，又能最大限度地降低各种物品的库存量，进而提高企业的生产效益。

MRP Ⅱ 把 MRP 和所有与生产经营活动直接相关的工作和资源，以及财务计划连成一个整体，实现企业经营管理的系统化。它实质上是一个将企业内部信息集成及计算机化的管理信息系统，即将企业的经营规划、销售计划、综合生产计划、主生产计划、物料需求计划、能力需求计划、资金计划等通过计算机有机地结合起来，形成一个由企业各功能子系统有机结合的一体化信息系统，使得各个系统在统一的数据环境下运行。MRP Ⅱ 系统的逻辑流程图如图 5-2 所示。

从流程图中可以发现，MRP Ⅱ 由三个功能模块组成，即计划与控制系统、基础数据和财务系统。具体包括以下内容。

（1）计划与控制系统。在 MRP Ⅱ 逻辑流程图的右侧是计划与控制系统，可以理解企业各个层次的经营计划管理的流程。具体包括经营规划、生产规划（含销售计划、综合生产计划、资源需求计划）、主生产计划（含能力计划）、物料需求计划和能力需求计划等。

① 经营规划。经营规划包括对销售合同的管理、需求预测、销售分析与统计等。经营规划应在高层领导主持下，会同销售、生产、物料和财务各部门负责人共同编制。

② 生产规划。生产规划是为了体现企业经营规划而制定的产品生产大纲。生产规划报告的形式相当于通常所讲的年度生产大纲，其作用是把经营规划中用价值指标表示的目标，转化为用产品的产量来表示的目标。

③ 主生产计划。主生产计划是物料需求计划的龙头，位于上下内外交叉枢纽，地位非常重要。主生产计划是要确定每一具体的最终产品在每一具体时间段内的生产数量。最终产品是指对于企业来说最终完成、要出厂的完成品，它可以是直接用于消费的消费产品，也可以作为其他企业产品的部件或配件。

主生产计划把生产规划中的产品系列具体化为最终产品。例如，某手机厂在其生产规划中计划未来 1 个月要生产 1 万部手机。在主生产计划中，则要明确这 1 万部手机的具体型号。仅仅定为生产手机是无法生产的，因为手机有不同的型号，只有明确型号之后才能具体组织生产。

④ 物料需求计划。关于物料需求计划，在前文已经提到过，它是 MRP Ⅱ 的核心。一个最终产品所包括的原材料、零部件的种类和数量可能是相当大的，例如汽车、家电等复杂产品。如何保证最终产品所需要的物料能够按时、按需供应，就是物料需求计划所要解决的问题。

这一问题的解决非常复杂，一般都需要借助计算机来完成。

⑤ 能力需求计划。能力需求计划是确定为完成生产任务需要多少劳动和设备等资源的过程，把物料需求转化为能力需求，判断能力的供需是否平衡。

（2）基础数据。基础数据主要是为生产计划的制订提供相关信息，例如物料清单、需求信息、客户信息、库存信息和工艺路线等。它们储存在计算机的数据库中，以供反复调用。

（3）财务系统。财务系统在 MRP Ⅱ 逻辑流程图的左侧，这里只列出应收款、总账和应付款，具体还应包括成本、现金、固定资产、工资等。

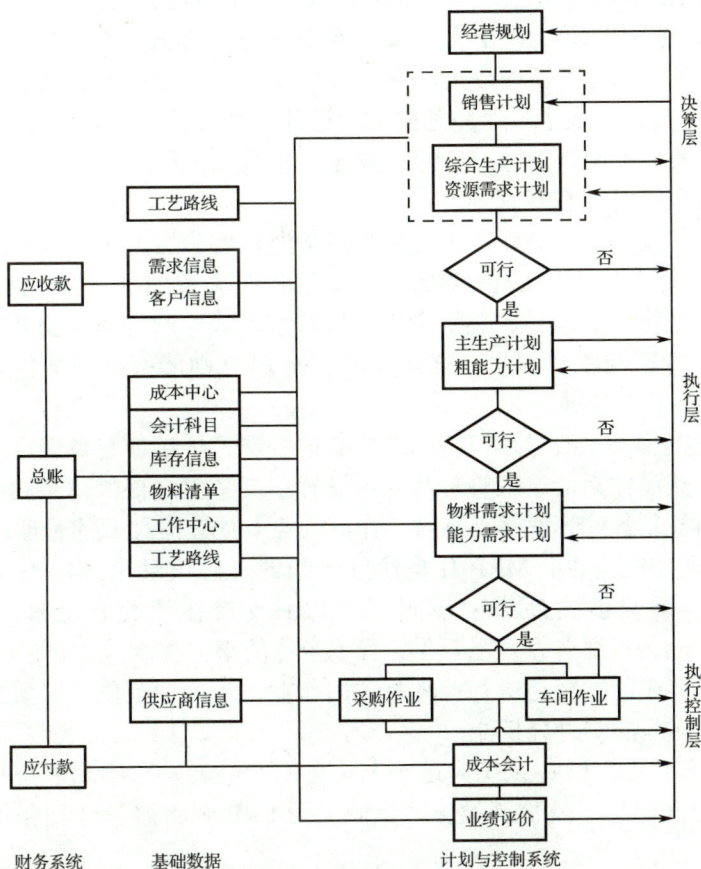

图 5-2　MRP Ⅱ 系统的逻辑流程图

相比于 MRP，MRP Ⅱ 具有如下特征。

（1）管理信息的系统性。MRP Ⅱ 集企业产、供、销、财于一体，对企业资源进行统一的计划和控制，实现企业的整体优化。

（2）计划的可执行性。MRP Ⅱ 在计划下达前对生产能力进行粗评估，并根据生产过程反馈信息及时调整，保证计划的有效性和可执行性。

（3）数据共享性。MRP Ⅱ 要求数据规范化、标准化，在统一数据库支持下，保证数据传输和共享及时、准确、完整。

（4）动态应变性。MRP Ⅱ 能够根据环境变化及时做出响应，及时调整决策，保证生产良性运行。

3. 企业资源计划

（1）ERP 系统的产生。随着实践的发展以及全球市场的形成，在 20 世纪 90 年代初，一些实施 MRP Ⅱ 的企业感到以面向企业内部信息集成为主的 MRP Ⅱ，已经不能满足及时了解瞬息万变的全球市场的要求，提出必须扩大软件的功能，把企业客户和供应商的信息都纳入管理信息系统中来，便提出了 ERP 系统的概念。ERP 系统的核心思想就是供应链管理的思想。

（2）ERP 系统的特点。由于 ERP 是在 MRP Ⅱ 的基础上发展起来的，因此，ERP 的特点更多地体现在与 MRP Ⅱ 的区别上。具体表现在以下几个方面。

① 在资源管理范围方面。MRP Ⅱ 主要侧重对企业内部人、财、物等资源的管理，ERP 则在 MRP Ⅱ 的基础上扩展了管理范围，它把客户需求和企业内部的制造活动，以及供应商的制造资源整合在一起，形成了一个完整的供应链并对供应链上所有环节如订单、采购、库存、计划、生产制造、质量控制、运输、分销、服务与维护、财务管理、人事管理、实验室管理、项目管理、配方管理等进行有效管理。

② 在生产方式管理方面。MRP Ⅱ 把企业归类为几种典型的生产方式进行管理，如重复制造、批量生产、按订单生产、按订单装配、按库存生产等，对每一种类型都有一套管理标准。而为了紧跟市场的变化，多品种、小批量生产以及看板式生产等成了企业主要采用的生产方式，由单一的生产方式向混合型生产方式发展，而 ERP 则能很好地支持和管理混合型生产方式，满足企业的多样化需求。

③ 在管理功能方面。ERP 除了具有 MRP Ⅱ 的制造、分销、财务管理功能，还增加了支持整个供应链物料流通体系的运输管理和仓库管理；支持生产保障体系的质量管理、实验室管理、设备维修和备品备件管理；支持对工作流（业务处理流程）的管理。

④ 在事务处理控制方面。MRP Ⅱ 是通过计划的及时滚动来控制整个生产过程的，它的实时性较差，一般只能实现事中控制。而 ERP 支持在线分析处理（Online Analytical Processing，OLAP）、售后服务及质量反馈，强调企业的事前控制能力，它可以将设计、制造、销售、运输等通过集成，并行地进行各种相关的作业，为企业提供了对质量、适应性、客户满意、绩效等关键问题的实时分析能力。

此外，在 MRP Ⅱ 中，财务系统只是一个信息的归结者，它的功能是将供、产、销中的数量信息转变为价值信息，是物流的价值反映；而 ERP 则将财务计划和价值控制功能集成到整个供应链上。

⑤ 在跨国（地区）经营事务处理方面。现代企业的发展使得企业内部各个组织单元之间、企业与外部的业务单元之间的协调变得越来越多、越来越重要，ERP 的维护系统应用完整的组织架构，支持跨国经营的多国家（地区）、多工厂、多语种和多币制应用需求。

⑥ 在计算机信息处理技术方面。随着 IT 技术的飞速发展，网络通信技术的应用，使得 ERP 得以实现对整个供应链信息进行集成管理。ERP 采用客户 / 服务器（C/S）体系结构和分布式数据处理技术，支持 Internet、电子商务（E-business）、电子数据交换（EDI）。此外，还能实现在不同平台上的互操作。

可见，通过在功能上的大大扩展，ERP 系统已经发展成为一个覆盖整个企业、内通外联的全面的管理信息系统。

（3）ERP 系统的管理思想。ERP 系统的核心管理思想是实现对整个供应链的有效管理，主要体现在以下三个方面。

① 体现对整个供应链资源进行管理的思想。现代企业的竞争已经不是单一企业与单一

企业间的竞争，而是一个企业供应链与另一个企业供应链之间的竞争，即企业不但要依靠自己的资源，还必须把经营过程中的有关各方如供应商、制造工厂、分销网络、客户等纳入一个紧密的供应链中，这样才能在市场上获得竞争优势。ERP 系统正是适应了这一市场竞争的需要，实现了对整个企业供应链的管理。

② 体现精益生产、同步工程和敏捷制造的思想。ERP 系统支持混合型生产方式的管理，其管理思想表现在两个方面：一是精益生产的思想，即企业把客户、销售代理商、供应商、协作单位纳入生产体系，同他们建立起利益共享的合作伙伴关系，进而组成一个企业供应链。二是敏捷制造的思想。当市场上出现新的机会，而企业的基本合作伙伴不能满足新产品开发生产的要求时，企业组织一个由特定的供应商和销售渠道组成的短期或一次性供应链，形成"虚拟工厂"，把供应商和协作单位看成是企业的一个组成部分，运用同步工程组织生产，用最短的时间将新产品打入市场，时刻保持产品的高质量、多样化和灵活性，这就是敏捷制造的核心思想。

③ 体现事先计划与事中控制的思想。ERP 系统中的计划体系主要包括主生产计划、物流需求计划、能力计划、采购计划、销售执行计划、利润计划、财务预算和人力资源计划等，而且这些计划功能与价值控制功能已完全集成到整个供应链系统中。另外，ERP 系统通过定义事务处理相关的会计核算科目与核算方式，在事务处理发生的同时自动生成会计核算分录，保证了资金流与物流的同步记录和数据的一致性，从而实现了根据财务资金现状，可以追溯资金的来龙去脉，并进一步追溯所发生的相关业务活动，便于实现事中控制和实时做出决策。

【阅读材料】ERP 系统与供应链管理的区别与联系

三、供应链生产数据管理

（一）生产数据的分类

生产数据是指与生产活动相关的数据。对生产数据进行分类管理，可以更精准地实施供应商管理、采购管理，可以强化生产过程中的信息传递与共享、生产过程协调、生产成本控制等，促进生产过程优化和改进。

生产数据包括以下几类。

（1）原材料数据，如原材料名称、品种、购进时间、数量、重量、质量等级、保质期等。

（2）设备数据，如设备名称、型号、技术参数、检修档案等。

（3）工艺数据，如工艺指标、工艺参数、生产原始记录、操作记录、分析化验记录等。

（4）产品数据，如产量、质量、销售量、出库量、库存量等。

此外，还有财务数据、绩效考核数据，如生产成本核算、消耗核算等。

在现代生产管理中，数据是基础。采集大量来自生产现场、物联网、互联网的数据，并且准确及时地传输数据，使数据得以可视共享，企业就可以实现精准运营管理和供应链协同制造，就可以实现智能制造。

（二）生产数据管理的内容

生产数据管理是指对企业生产过程中产生的各种数据进行管理和分析，以实现生产过程的优化和效率的提升。生产数据管理主要涉及以下几个方面的内容：数据采集与记录、数据分析与挖掘、数据可视化和数据在生产中的应用。

（1）数据采集与记录是生产数据管理的第一步。企业生产过程中会产生许多关键数据，如产量、质量、设备状态、工序耗时等。这些数据可以通过传感器、计量仪表等设备进行采集，并记录在数据库中。数据采集与记录的目的是实时采集和保存生产数据，为后续的数据分析和挖掘提供数据基础。

（2）数据分析与挖掘是生产数据管理的核心环节。通过对采集到的数据进行统计、分析和挖掘，可以发现生产过程中的问题和瓶颈，并找到解决问题的方法和路径。数据分析与挖掘可以利用统计学、机器学习等方法，对数据进行分类、聚类、关联规则挖掘等分析，从而发现隐藏在数据中的有价值的信息。

（3）数据可视化是将数据结果以可视化的形式展示出来，使数据更加直观、易于理解和应用。数据可视化技术可以将复杂的数据结果以图表、图像、动画等形式展示出来，使企业管理人员、生产人员等能够更好地理解和应用这些数据结果。数据可视化不仅能够提高数据结果的传播和共享效率，还能够为决策提供更直观、科学的依据。

（4）数据在生产中的应用是生产数据管理的最终目的。通过将数据结果与生产管理系统进行集成，可以实时监控生产过程中的各项指标，并根据数据结果进行调整和优化。将数据结果应用于生产管理中，提高生产效率和质量，减少资源的浪费。

生产数据管理是企业生产过程中必不可少的一环。通过对生产过程中产生的各种数据进行采集、分析和应用，可以帮助企业发现和解决生产中的问题，提高生产效率和质量，并实现持续改进。对于现代企业来说，生产数据管理已经成为提高竞争力和实现可持续发展的重要手段。

目前已有专门的生产数据管理系统，或者将生产数据集成到 ERP 系统中，它是集生产信息采集、存储、传输、统计、分析、发布于一体的完整信息系统。通过该管理系统，可以实时采集生产数据，方便各级管理者了解和掌控生产运行情况，及时调整和优化生产作业，提高生产质量和效率。

学习感悟

第一，生产管理一般主要涉及企业内部的管理，但在供应链环境下，生产管理只有适应供应链环境下运作，才能更好地提高企业竞争力，这要求企业的生产管理主动适应供应链管理的需要。因此，对传统企业而言，生产管理需要做多方面的调整，而这对企业而言并不是一件容易的事。

第二，在供应链环境下，生产企业通常会考虑采用 ERP 系统等技术手段提高管理效率。但事实上，ERP 系统在预测与适应外界变化的过程中仍然是有难度的。只有当 ERP 系统与具有供应链管理思维的管理层相结合才能更好地发挥出 ERP 系统作为管理工具的效能。而且，切不可错误地认为企业上了 ERP 系统便实现了供应链管理。

第三，生产数据是各种供应链管理工具有效运行的基础，在生产管理过程中必须重视生产数据的管理。对生产过程中产生的各种数据进行采集、分析和应用，可以帮助管理者发现和解决生产中的问题，这样既可以提高生产效率和质量，又可以实现生产管理的持续改进。

任务实训

1. 扫描右侧二维码进行在线测试。
2. 举例说明传统生产管理与供应链生产管理的区别。
3. 说明 MRP、MRP Ⅱ 与 ERP 系统的不同特点。

在线测试 5.1

任务评价

评价类目	评价内容及标准	分值/分	自己评分	小组评分	教师评分
学习态度	✓ 全勤（5分） ✓ 遵守课堂纪律（5分）	10			
学习过程	➤ 能说出本次工作任务的学习目标，上课积极发言，积极回答问题（5分） ➤ 能够回答生产管理的定义（5分） ➤ 能够说明供应链环境下生产管理的特征（5分） ➤ 能够说明生产数据管理的分类及内容（5分）	20			
学习结果	◆ "在线测试5.1"考评（4分×10=40分） ◆ "举例说明传统生产管理与供应链生产管理的区别"考评（15分） ◆ "说明MRP、MRPⅡ与ERP系统的不同特点"考评（15分）	70			
合　　计		100			
所占比例		100%	30%	30%	40%
综合评分					

知识拓展与技能实践

知识拓展

企业资源计划 ERP 发展的五个阶段

企业资源计划 ERP 的发展经历了库存控制订货点技术、时段 MRP、闭环 MRP、制造资源计划 MRPⅡ和 ERP 系统五个阶段。

库存控制订货点技术阶段。起源于 20 世纪 40 年代，主要是通过库存控制来管理企业的订货和生产。西方的经济学家通过对库存物料随时间推移而被使用和消耗的规律的研究，提出了订货点的方法和理论，并将其运用于企业的库存计划管理中。

时段 MRP 阶段。20 世纪 60 年代，物料库存计划管理主要关注在正确的时间、正确的地点、按照规定的数量得到真正需要的物料。MRP 是从产品的结构或物料清单（BOM）出发，实现了物料信息的集成，克服了订货点技术中彼此孤立地推测每一物料的需求量的局限性。MRP 对产品结构增加了时间段的概念，这个产品结构包括物料的数量和需用时间。

闭环 MRP 阶段。20 世纪 70 年代，企业将产品中的各种物料分为独立物料和相关物料，并按时间段确定不同时期的物料需求，实现了对生产的闭环控制。在 MRP 基础上增加了能力需求计划，形成了"计划—执行—反馈—计划"的闭环系统，使系统具有生产计划与生产能力的平衡。

制造资源计划 MRPⅡ阶段。20 世纪 80 年代，在 MRP 的基础上，增加了对企业生产中心、加工工时、生产能力等方面的管理，实现了计算机进行生产排程的功能。MRPⅡ是在 MRP 的基础上发展起来的反映企业生产计划和企业经济效益的信息集成系统。

ERP 系统阶段。20 世纪 90 年代，以计算机为核心的企业级的管理系统更为成熟，系统增加了包括财务预测、生产能力、调整资源调度等方面的功能，成为企业进行生产管理及决策的平台工具。此外，随着互联网和大数据技术的发展，ERP 系统也在不断地扩展应用，如出现了涵盖卫生、物流、能源等领域的多个方案，成为跨领域智能管理必备的技术支持。

总的来说，MRP 是 ERP 系统的核心功能，MRP Ⅱ 是 ERP 系统的重要组成部分。从 MRP 发展到 MRP Ⅱ，再到 ERP 系统，是制造业管理信息集成的不断扩展和深化。

技能实践

以小组为单位选择某一生产企业，查找其生产数据并进行归类，完成以下要求。

为了更完整地理解生产数据在生产管理系统的实现，可适当控制数据规模。因此，建议选取中小企业为数据采集对象，可以是已经使用某种系统的企业，也可以是暂时没有采用信息系统的企业，具体要求如下。

（1）将采集到的数据按原材料数据、设备数据、工艺数据、产品数据进行归类，并说明归类的理由。

（2）讨论相应数据如何在 MRP、MRP Ⅱ 以及 ERP 系统中进行运用。

（3）根据学习的知识，讨论 ERP 系统是否完全实现了供应链管理的要求？

任务二　供应链生产管理数据分析

学习指南

任务清单

工作任务	供应链生产管理数据分析		
建议学时	2 学时		
任务描述	本任务通过对生产计划与生产进度控制内容的学习与实操，掌握供应链环境下基本的生产管理数据处理方法，以及设计与制作生产进度控制的控制图，理解并掌握供应链生产管理相关理念与技术的运用过程		
学习目标	知识目标	1. 掌握供应链中主生产计划的运作过程与数据处理方法 2. 掌握供应链中生产进度控制的内容及制作控制图的方法 3. 理解供应链环境下生产管理的新技术的运用等	
	能力目标	1. 具备分析企业主生产计划的能力 2. 具备主生产计划数据处理与分析的能力 3. 具备设计与运用生产进度控制工具的能力	
学习目标	素质目标	1. 培养供应链环境下分析生产系统的思维与意识 2. 培养供应链生产数据处理的基本素养 3. 培养规范处理生产数据的习惯	
	思政目标	通过对供应链环境下生产管理相关数据处理的学习，培养供应链数据安全意识、认真负责的态度，以及遵守职业规范的意识	
关键词	主生产计划　物料需求计划　生产进度控制		

知识树

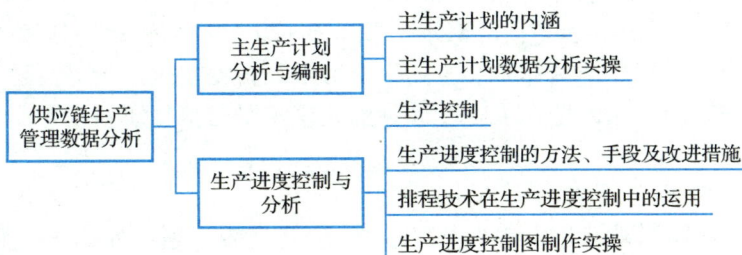

任务引入

任务背景

　　某电子产品公司是一家制造业企业。由于市场需求的不断增加，公司的生产规模也在不断扩大。然而，随着生产规模的扩大，公司在生产运作管理方面出现了一系列问题。

　　首先，生产计划的安排不合理，导致生产线的闲置时间增加，影响了生产效率；其次，原材料的采购管理不到位，经常出现原材料库存过多或者供应不足的情况，给生产带来了很多的困扰；最后，生产现场管理混乱，工人之间的协作不够默契，导致生产过程中频繁出现质量问题。

　　针对这些问题，公司高层深入研究后采取了一系列的生产运作管理措施。首先，花重金引入 ERP 系统进行生产计划的制订，实现了合理安排生产任务，避免了生产线的闲置现象；其次，通过系统优化了原材料的采购管理，初步建立起了供应链管理系统，实现了原材料的及时供应和库存的合理控制；最后，公司加强了生产现场的管理，实行了精益生产管理模式，优化了生产流程，提高了生产效率和产品质量。

　　通过以上管理措施，公司的生产运作取得了显著的成效：首先，生产效率得到了大幅提升，生产成本得到了有效控制；其次，产品质量得到了有效保障，客户投诉率明显下降；最后，公司的市场竞争力得到了显著提升，市场份额不断扩大。

任务目标

1. 公司引入 ERP 系统进行生产计划与采购计划安排是如何实现的？
2. 讨论为什么在引入了 ERP 系统之后需要加强生产现场的管理？

任务实施

知识必备

一、主生产计划分析与编制

（一）主生产计划的内涵

1. 主生产计划的含义

主生产计划（Master Production Schedule，MPS）是物料需求计划（MRP）、制造资源计

划（MRP Ⅱ）、企业资源计划（ERP）实施的关键内容。主生产计划说明的是面向客户订单需求，在可用资源约束条件下，确定企业在一定时间内生产什么、生产多少、何时生产，以对接客户需求什么、需求多少、何时需求。它将企业生产计划转化为具体的产品制造计划，确定每一个最终产品在每一个具体时间段的生产数量。根据主生产计划，可以编制物料需求计划、采购计划与车间作业计划。主生产计划的共享水平与执行质量决定了企业或供应链的生产进度与节奏。

2. 主生产计划在生产过程中的作用

主生产计划在物料需求计划、制造资源计划、企业资源计划中都是一个重要的计划层次。例如，在物料需求计划中，主生产计划是关于"将要生产什么"的一种描述。它根据客户需求或预测，把销售与运作规划中的产品系列具体化，确定出厂产品，使之成为展开物料需求计划与粗能力计划运算的主要依据，起着承上启下、从宏观计划向微观计划过渡的作用。

主生产计划的质量水平将大大影响企业的生产组织工作和资源的利用。如果主生产计划的质量欠佳，则会造成以下影响。

（1）将会影响企业资源的利用，或是超负荷使用，或是大量劳动力或设备的闲置。

（2）将可能出现许多紧急订单，或造成大量在制品积压，占用大量资金。

（3）将会降低对客户的服务水平。

（4）最终将失去整个计划编制系统的可靠性，不能及时交货，造成经济损失，失去客户而影响市场占有率。

3. 主生产计划在生产过程中的运行

主生产计划在 MRP 系统中是一个上下、内外交叉的枢纽。MPS 与 MRP 的关系图如图 5-3 所示。从图中可以看出，根据需求计划（客户需求或预测需求）编制主生产计划，并行运行粗能力计划。只有明确了按时段平衡供求后的主生产计划，才能运行下一个计划层次——物料需求计划（MRP），进而运行采购计划和生产作业计划。

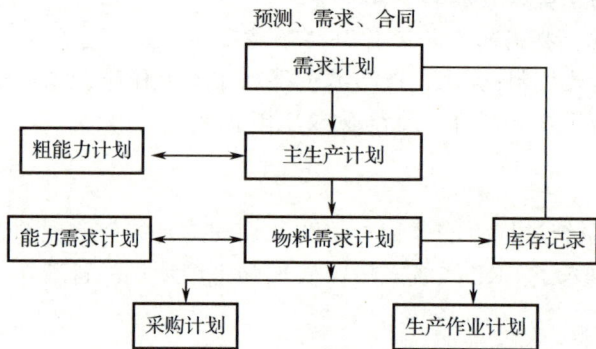

图 5-3　MPS 与 MRP 的关系图

MRP 和其他管理信息系统一样，都要经过输入、转化、输出三个过程。

（1）MRP 的输入。MRP 的输入信息来自三个方面：主生产计划、物料清单和库存记录。

① 主生产计划。主生产计划是最终产品的生产计划，根据它导出相关的物料需求计划。主生产计划是 MRP 的主要输入信息，因为 MRP 要根据主生产计划中的项目逐

【微视频】MPS 与 MRP 的关系　　【阅读材料】粗能力计划

层分解，得出各种零部件和原材料的需求量，而其他的信息，如物料清单，只是为 MRP 分解主生产计划提供参考信息。

② 物料清单。它包含着产品结构信息，是计算机可以识别的产品结构数据文件。据此可以明确一个最终产品是由哪些零部件、原材料所构成的，这些零部件在时间、数量上的相互关系是什么，可作为需求分解的依据。

③ 库存记录。库存记录显示现在库存中有哪些物料、有多少，已经准备再进多少，从而在制订新的加工、采购计划时减掉相应的数量。随着物料库存量的变化，库存记录要实时更新，是一种动态信息。

（2）MRP 的转化。MRP 的转化部分需要解决如下问题：需要什么？需要多少？何时需要？换言之，就是解决各种物品需求的"期"和"量"的问题。

（3）MRP 的输出。MRP 的输出信息包括采购计划和生产作业计划。如果所需物品是外购件，则形成相应的采购计划；如果是自制件，则形成相应的生产作业计划。

4. MRP 的运算流程

在 MRP 的运算过程中，需要计算出以下数据。

（1）计算总需求量。如果是产品，则总需求量取决于主生产计划；如果是零部件，则由其上层元件的计划发出订货量决定。

（2）计算现有数。现有数为相应时间的当前库存量。

（3）计算净需求量。净需求量是考虑现有数、预计到货量后物料在该时期的实际需求量。其计算公式如下

$$净需求量 = 总需求量 - 预计到货量 - 现有数$$

如果考虑安全库存，则上面等式的右边还要加上一个安全库存量，如上式计算结果为负数，则净需求量取零。

（4）计划发出订货量。它实际上是要说明订单的发出时间或开始生产时间，称为计划发出订货量，是因为在库存记录中是通过将该订单的量记入相应的时间栏内来说明的。

（二）主生产计划数据分析实操

【实操任务 5-1】 点石智能设备制造公司生产 M 产品，预计第九周末完成并可实现交货150 台。已知该 M 产品的物料结构如图 5-4 所示。M 产品、A 物料、D 物料需要生产，C 物料、E 物料、F 物料需要采购，括号中数字表示需要的结构数量。其物料清单表如表 5-1 所示，该产品的主生产计划表与库存状态表如表 5-2 和表 5-3 所示。

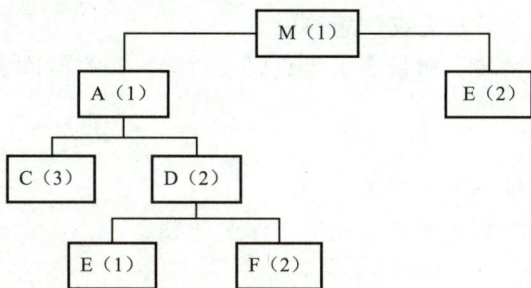

图 5-4　M 产品的物料结构

表 5-1　物料清单表

产品或物料名称	产品或物料编码	层次	结构数量	单位	备注
M 产品	100000	0	1	台	
A 物料	110000	1	1	件	
E 物料	112100	1	2	件	
C 物料	111000	2	3	件	
D 物料	112000	2	2	件	
E 物料	112100	3	1	件	
F 物料	112200	3	2	件	

表 5-2　主生产计划表

周次	1	2	3	4	5	6	7	8	9
需求									150

表 5-3　库存状态表

产品或物料编码	产品或物料名称	现有数	提前期
100000	M 产品	10	1
110000	A 物料	50	3
111000	C 物料	0	2
112000	D 物料	100	2
112100	E 物料	0	1
112200	F 物料	10	2

任务要求：通过物料需求计划确定采购计划和生产作业计划。

1. 任务分析

这是一个主生产计划分析的问题，通过主生产计划的制订，按 MRP 的流程推导出采购计划与生产作业计划。整体解决方案的思路如下。

（1）分析订单时间、数量、质量需求等数据，对照自身产能确定能否满足需求。

（2）分解产品的物料清单。

（3）编制主生产计划。

（4）根据主生产计划编制物料需求计划。

（5）根据主生产计划编制采购计划和生产作业计划。

2. 实操步骤

（1）关于产能。由于任务中未说明产能约束，因此可以默认为产能可行。

（2）关于订购提前期。根据库存状态表，各产品或物料的订购提前期如下。

① M 产品的提前期（生产期）为 1 周。

②A 物料的提前期（生产期）在 M 产品提前期的基础上为 3 周，即总共为 4 周。

③C 物料的提前期（采购期）在 A 物料提前期的基础上为 2 周，即总共为 6 周，因此在 6 周之前（即提前 7 周）采购满足要求。

④D 物料的提前期（生产期）在 A 物料提前期的基础上为 2 周，即总共为 6 周。

⑤E 物料的提前期（采购期）在 D 物料提前期的基础上为 1 周，即总共为 7 周，因此在 7 周之前（即提前 8 周）采购满足要求；E 物料组装成 M 产品的提前期为 1 周，即总共为 2 周（提前 3 周采购）。

⑥F 物料的提前期（采购期）在 D 物料提前期的基础上为 2 周，即总共为 8 周，因此在 8 周之前（即提前 9 周）采购满足要求。

因此，最长的提前期为 9 周，与订单时间一致，可以生产。

经过上述粗能力估算，可以接受订单，接下来就可进入下面的步骤。

（3）分析物料清单表（见表 5-1）。

（4）确定主生产计划与物料需求计划运算总体框架，具体内容如表 5-4 所示。

表 5-4　主生产计划与物料需求计划运算总体框架

制订主生产计划									
工序 0，1 周	M 产品								
周次	1	2	3	4	5	6	7	8	9
总需求量 / 台									
现有数 / 台									
净需求量 / 台									
计划生产数 / 台									
工序 1-1，3 周	A 物料								
周次	1	2	3	4	5	6	7	8	9
总需求量 / 件									
现有数 / 件									
净需求量 / 件									
计划生产数 / 件									
工序 2-1，2 周	C 物料								
周次	1	2	3	4	5	6	7	8	9
总需求量 / 件									
现有数 / 件									
净需求量 / 件									
计划采购数 / 件									
工序 2-2，2 周	D 物料								
周次	1	2	3	4	5	6	7	8	9

续表

制订主生产计划									
总需求量/件									
现有数/件									
净需求量/件									
计划生产数/件									
工序 3-1，1 周					E 物料				
周次	1	2	3	4	5	6	7	8	9
总需求量/件									
现有数/件									
净需求量/件									
计划采购数/件									
工序 1-2，1 周					E 物料				
周次									
总需求量/件									
现有数/件									
净需求量/件									
计划采购数/件									
工序 3-2，2 周					F 物料				
周次	1	2	3	4	5	6	7	8	9
总需求量/件									
现有数/件									
净需求量/件									
计划采购数/件									

从最终成品的末端工序 0 往前端工序推进，推导出每层的产品或物料总需求量、现有数、净需求量，以及相应的开始时间。

① 分析末端工序 0 的开始时间和净需求量。

本工序净需求量 = 总需求量 - 现有数

本工序开始时间 = 订单需求时间 -（加工时间 + 订购提前期）

② 分析本工序开始时间和净需求量：根据后一工序开始时间、所需物料，确定本工序开始时间、所需物料的总需求量。

本工序净需求量 = 后一工序净需求量 - 本工序现有数

本工序开始时间 = 后一工序开始时间 -（本工序加工时间 + 本工序订购提前期）

根据任务条件，依次推导计算净需求量，开始生产时间；再分别推导出物料的净需求量数据，从而计算出下一订单的净需求量和开始时间。

③ 重复步骤①、②，直到最前端工序。

④ 形成主生产计划。主生产计划与物料需求计划的运算过程如表 5-5 所示。

表 5-5　主生产计划与物料需求计划的运算过程

制订主生产计划									
工序 0，1 周	M 产品								
周次	1	2	3	4	5	6	7	8	9
总需求量 / 台									150
现有数 / 台	10	10	10	10	10	10	10	10	0
净需求量 / 台									140
计划生产数 / 台								140	
工序 1-1，3 周	A 物料								
周次	1	2	3	4	5	6	7	8	9
总需求量 / 件								140	
现有数 / 件	50	50	50	50	50	50	50	0	
净需求量 / 件								90	
计划生产数 / 件					90				
工序 2-1，2 周	C 物料								
周次	1	2	3	4	5	6	7	8	9
总需求量 / 件					270				
现有数 / 件	0	0	0	0	0				
净需求量 / 件					270				
计划采购数 / 件			270						
工序 2-2，2 周	D 物料								
周次	1	2	3	4	5	6	7	8	9
总需求量 / 件					180				
现有数 / 件	100	100	100	100	0				
净需求量 / 件					80				
计划生产数 / 件			80						
工序 3-1，1 周	E 物料								
周次	1	2	3	4	5	6	7	8	9
总需求量 / 件			80						
现有数 / 件	0	0	0	0	0	0	0	0	
净需求量 / 件			80						
计划采购数 / 件		80							
工序 1-2，1 周	E 物料								

续表

制订主生产计划									
周次	1	2	3	4	5	6	7	8	9
总需求量 / 件								280	
现有数 / 件	0	0	0	0	0	0	0	0	
净需求量 / 件								280	
计划采购数 / 件							280		
工序 3-2，2 周	F 物料								
周次	1	2	3	4	5	6	7	8	9
总需求量 / 件			160						
现有数 / 件	10	10	0						
净需求量 / 件			150						
计划采购数 / 件	150								

（5）根据主生产计划与物料需求计划的运算结果，生成采购计划与生产作业计划表，如表 5-6 所示。

表 5-6 采购计划与生产作业计划表

物料需求计划表									
周次	1	2	3	4	5	6	7	8	9
C 物料总需求量 / 件	0	0	0	0	270	0	0	0	0
E 物料总需求量 / 件	0	0	80	0	0	0	0	280	0
F 物料总需求量 / 件	0	0	150	0	0	0	0	0	0
采购计划									
周次	1	2	3	4	5	6	7	8	9
C 物料 / 件	0	0	270	0	0	0	0	0	0
E 物料 / 件	0	80	0	0	0	0	280	0	0
F 物料 / 件	150	0	0	0	0	0	0	0	0
生产作业计划									
周次	1	2	3	4	5	6	7	8	9
M 产品 / 台	0	0	0	0	0	0	0	140	0
A 物料 / 件	0	0	0	0	90	0	0	0	0
D 物料 / 件	0	0	80	0	0	0	0	0	0

在物料需求计划表中，E 物料的需求计划包括工序 3-1 与工序 1-2 两个工序的汇总。

【微视频】MPS 与 MRP 的求解过程

二、生产进度控制与分析

（一）生产控制

生产控制是指为保证生产计划目标的实现，按照生产计划的要求，对企业生产活动全过程的检查、监督、分析偏差和合理调节的系列活动。广义的生产控制是指从生产准备开始到进行生产，直至成品出产入库的全过程的全面控制，包括计划安排、生产进度控制、在制品控制、生产调度、库存控制、质量控制、成本控制等内容；狭义的生产控制主要指的是对生产活动中生产进度的控制，又称生产作业控制。

1. 生产进度控制

（1）投产前控制。投产前控制是生产过程控制的开始，主要指对投产前的各项准备工作的控制（准备工作包括技术准备、物资准备、设备准备、动力准备、劳动力准备等），以保证投产后整个生产过程能均衡协调、连续进行。

（2）产中控制。产中控制即投入产出控制，是在投料运行后对生产过程的控制。它具体分为投入控制和产出控制两个方面。投入控制是指按计划要求对产品开始投入的日期、数量、品种的控制，是预先性控制；产出控制是指对产品（零件）出产日期、生产提前期、出产数量、出产均衡性和成套性的控制。

2. 在制品控制

在制品控制是对生产过程中各个环节的在制品实施和账目进行控制。做好这一控制工作，不仅对实现生产作业计划有重要作用，而且有利于减少在制品积压、节约流动资金、提高经济效益。在制品控制主要包括车间内流转的在制品控制和跨车间协作工序的在制品控制。进行在制品控制要求建立并严格执行在制品出、入库制度和手续，定期清点，发现问题及时调整。

3. 生产调度

生产调度是以生产作业计划为依据，及时了解和把握生产活动进展情况，组织和动员各方面的力量，灵活、快速地处理生产中出现的各种状况，协调各环节的工作，使生产得以顺利进行的过程。生产调度主要有以下几个方面的内容。

（1）依据生产作业计划下达指令去检查生产各个环节的运行情况。

（2）检查、督促生产之前的作业准备工作。

（3）根据生产的实际需要，做好劳动力的调配工作，保证设备的正常运转。

（4）做好运输的日常调度工作，及时处理、解决物料供应出现的问题。

（5）及时掌握动力的供应和保证情况，出现问题及时处理。

（6）组织好企业级和车间级的生产调度会，协调车间之间、工段之间、班组之间的生产问题，克服困难，解决矛盾。

（二）生产进度控制的方法、手段及改进措施

1. 生产进度控制的方法

（1）现场观察记录法。该方法是一种在工作现场观察员工的作业状况，用数字记录核对生产预计与实际产量的差异，掌握生产进度状况的方法。

（2）每日作业进度表统计法。批量生产的产品的生产周期在一天以上，且生产的产品具有同样的重复性，就可以采用每日作业进度表进行统计的方法，对每天或每小时的实际生产数与计划数进行对比，以便生产管理人员能及时采取相应对策。

2. 生产进度控制的手段

生产进度最常用的控制手段是生产部门定期编制生产报表。生产计划部门对各生产部门提交上来的生产报表进行系统分析，编制生产进度跟踪表，从而得知目前产品生产进度的实际情况。常用的生产报表主要有生产日报表、生产月报表、生产进度跟踪表等。

3. 生产进度控制的改进措施

通过生产进度跟踪表，知道实际产品生产进度如何。如果产品生产进度跟不上，就要对落后的原因进行分析。主要从人力、机器设备、材料、工作方法、客户的订单量等方面去分析生产进度落后的原因，进而制定并落实改进措施。

（1）事前防范。合理安排生产日程，充分考虑以下因素。

① 交货期。客户交货期靠前的产品要优先安排生产。

② 客户。公司重要的客户要优先安排生产，并安排专人重点管理其产品。

③ 瓶颈。通过各部门协调，克服生产流程中的瓶颈，防止生产过程阻塞。

（2）事中改进。针对生产进度落后的情况，分析其落后原因，并制定相应的改进措施。

① 协调人力、机器设备、材料，保证不待工待料。

② 做好生产订单管理，尽量避免突发性更改的情况发生。

③ 改善工作方法，提高员工工作效率。

④ 必要时延长员工工作时间或增加人力。

⑤ 协调出货计划，对紧急订单的追加要和业务部协调生产周期。

⑥ 针对目前生产设备不足而今后生产量稳定的情况，可考虑增加影响生产瓶颈环节的设备。

生产计划部门在明确进度控制的改进措施后，应编制进度改善计划表并下达各部门实施。

（三）排程技术在生产进度控制中的运用

排程是控制工作中利用资源配置技术进行控制活动的一种方法。企业在明确了其目标之后，下一个重要环节是确定实现目标的方法。常用的排程工具包括甘特图、负荷图和PERT（项目评审技术）网络分析等。下面重点介绍甘特图和负荷图。

1. 甘特图

甘特图是20世纪初由管理学家弗雷德里克·泰勒的助手亨利·甘特发明的。甘特图的原理很简单：它本质上是一个条形图，横轴和纵轴分别代表执行时间和活动内容。条形框代表工作进度，包括目标进度和实际进度。甘特图可以直观地展现任务的预期完成时间，并将实际进度与目标进度相对比。它是一个简单而重要的工具，可以帮助管理者便捷、准确地了解距离工作或项目结束还有哪些任务待完成，以及评估一项活动是超前、落后于进度还是符合预期进度。

图5-5描绘了一位出版公司经理制作的一个简单的甘特图，它反映的是图书的生产情况。在图的上侧，是以月为单位的执行时间，主要的活动内容被自上而下地罗列在图的左侧。管理者所要做的计划工作，包括确定这些事项的完成日期、执行顺序和所需时间。每个条形框所坐落的时间区域，就代表执行相应活动的时间进程。其中，条形中的阴影部分代表实际进度。这张图之所以可以用作控制工具，是因为管理者可以从中看到实际进度与目标进度之间的偏差。

在这个例子中，设计封面与审阅样稿这两项工作均落后于目标进度。设计封面落后大概1周（需要注意的是，大概落后一周是指截至报告日期，因为实际进度是用浅灰色的条形表示的），而审阅样稿落后大概2周（应注意，截至报告日期，浅灰色条形所表示的实际进度已经进行了 5 周，距离预计的 7 周完工时间还差 2 周）。基于这些信息，管理者应该采取相应的行动，比如补上 2 周的进度，或者确保将来的进度不再延误。在当前情况下，如果不采取任何行动，管理者可以预计，这本书将会比原定计划至少延迟 2 周出版。

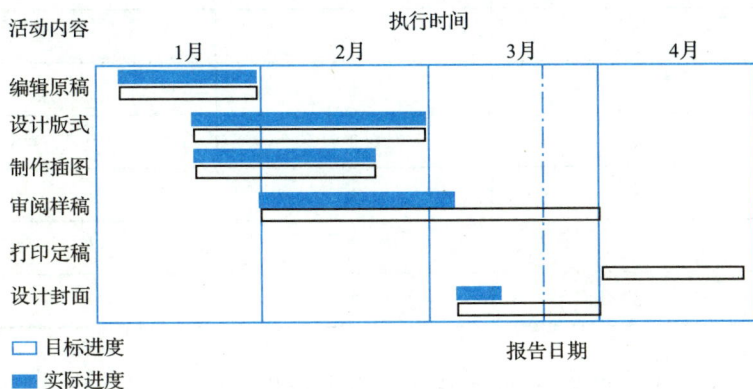

图 5-5　甘特图应用举例

2. 负荷图

负荷图是一种改进的甘特图。与甘特图在左侧罗列各种活动内容不同，负荷图在左侧列出了各个独立部门或者具体资源。这种设计可以帮助管理者计划和控制对产能的利用。换言之，负荷图是根据工作领域分配产能的。

例如，图 5-6 中展示了一张用于管理同一家出版社内四名编辑的工作的负荷图。每名编辑都负责制作和设计几本不同的书籍。通过观察这张负荷图，负责监督这四名编辑的执行编辑可以看到哪些编辑有空闲时间来负责一本新书。如果每名编辑的日程都已经排满，这位执行编辑将不再接受新的出版任务，或者延迟其他书籍的出版以接受新的项目，或者让编辑们加班工作，或者雇用更多的编辑。如果某名编辑还有一些空余时间，因而有可能承担新的任务或者协助那些进度落后的编辑。

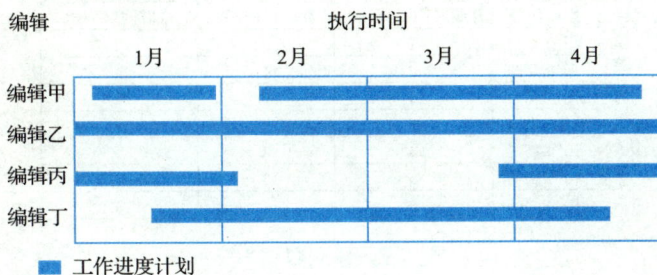

图 5-6　负荷图应用举例

（四）生产进度控制图制作实操

【实操任务 5-2】 根据点石智能设备制造公司的采购计划与生产作业计划制定生产过程控制图。

根据前一实操任务整理点石智能设备制造公司的订单采购与生产任务时间表，如表 5-7 所示。

表 5-7　点石智能设备制造公司的订单采购与生产任务时间表

作业任务	开始时间（周次）	耗费时间 / 周	完成时间（周次）
采购 C 物料	3	2	5
采购 E 物料	2	1	3
采购 E 物料	7	1	8
采购 F 物料	1	2	3
生产 M 产品	8	1	9
生产 A 物料	5	3	8
生产 D 物料	3	2	5

任务要求：用 Excel 表格或 WPS 表格工具制作该作业任务控制的甘特图（这里以 WPS 表格工具制作为例）。

1. 任务分析

在这个任务中主要是做出方便进行生产进度控制的甘特图，整体解决方案的思路如下。

（1）生成堆积条形图。

（2）制作甘特图。

（3）修饰甘特图。

2. 任务步骤

（1）生成堆积条形图。

① 建立数据表。为了更符合浏览习惯，先对数据按“开始时间（周次）”进行排序，如图 5-7 所示。

	A	B	C	D
1	作业任务	开始时间（周次）	耗费时间/周	完成时间（周次）
2	采购F物料	1	2	3
3	采购E物料	2	1	3
4	采购C物料	3	2	5
5	采购E物料	7	1	8
6	生产D物料	3	2	5
7	生产A物料	5	3	8
8	生产M产品	8	1	9

图 5-7　建立数据表

② 选择“插入”→“图表”→“条形图”→“堆积”→“插入预设图表”选项，如图 5-8 所示，单击表格中需要插入图表的位置，即可生成堆积条形图（见图 5-9）。

（2）制作甘特图。

① 甘特图的作业任务轴（纵向）生成。选中生成的图表，选择“图表工具”→“选择数据”选项，如图 5-10 所示。

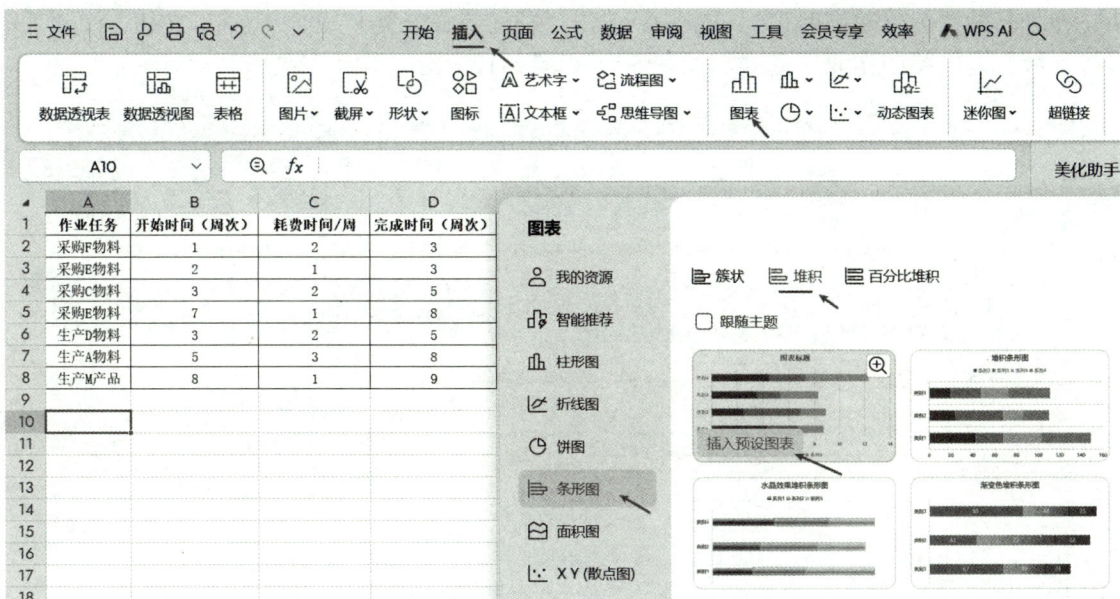

图 5-8　选择条形图与堆积类型

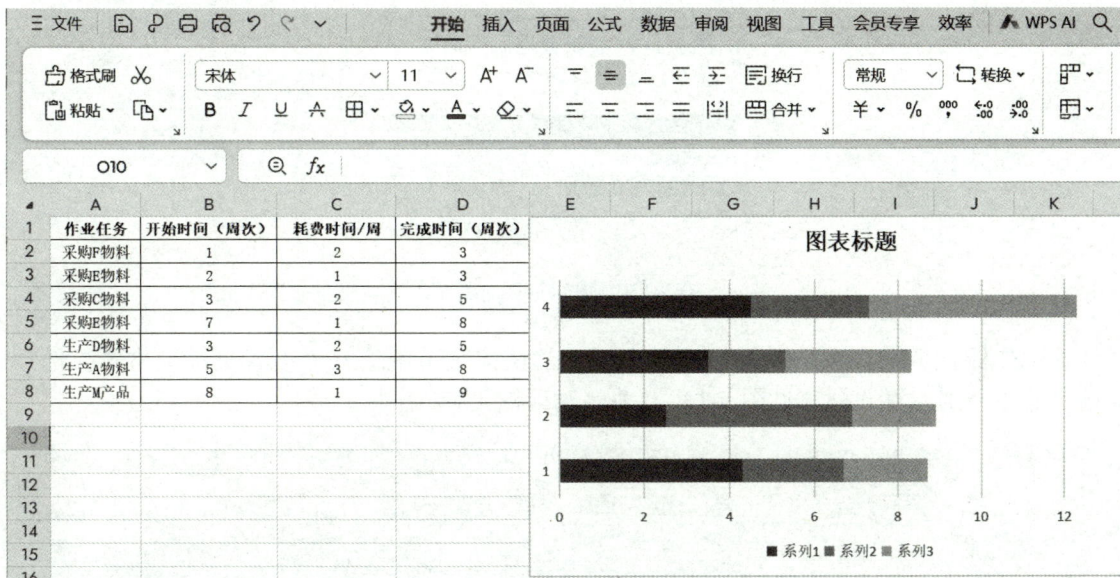

图 5-9　生成的堆积条形图

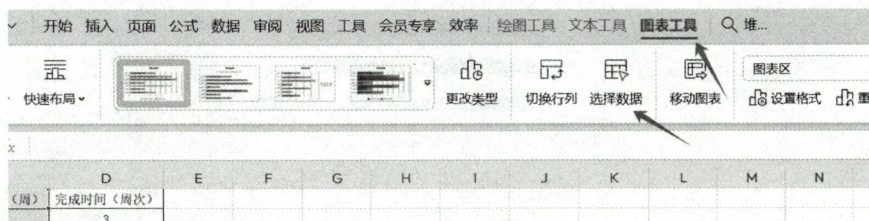

图 5-10　"选择数据"选项入口

在打开的"编辑数据源"对话框中，单击"轴标签（分类）"的"类别"按钮，修改"轴标签区域"为甘特图作业任务列，如图 5-11 和图 5-12 所示。

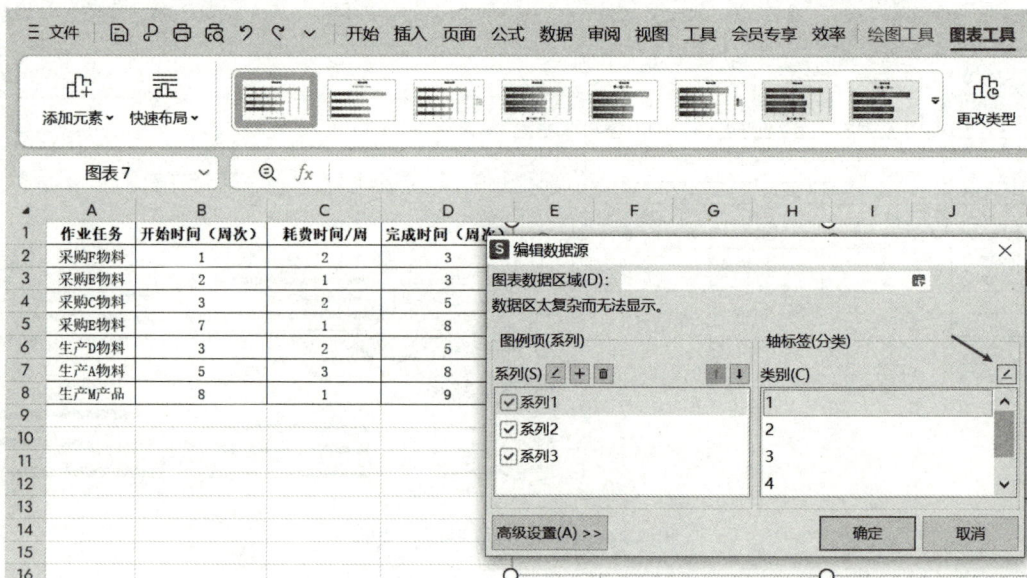

图 5-11 "编辑数据源"页面

图 5-12 "轴标签"对话框

选中作业任务轴，单击鼠标右键，在弹出的快捷菜单中选择"设置坐标轴格式"选项，勾选"逆序类别"复选框（见图 5-13），关闭对话框。

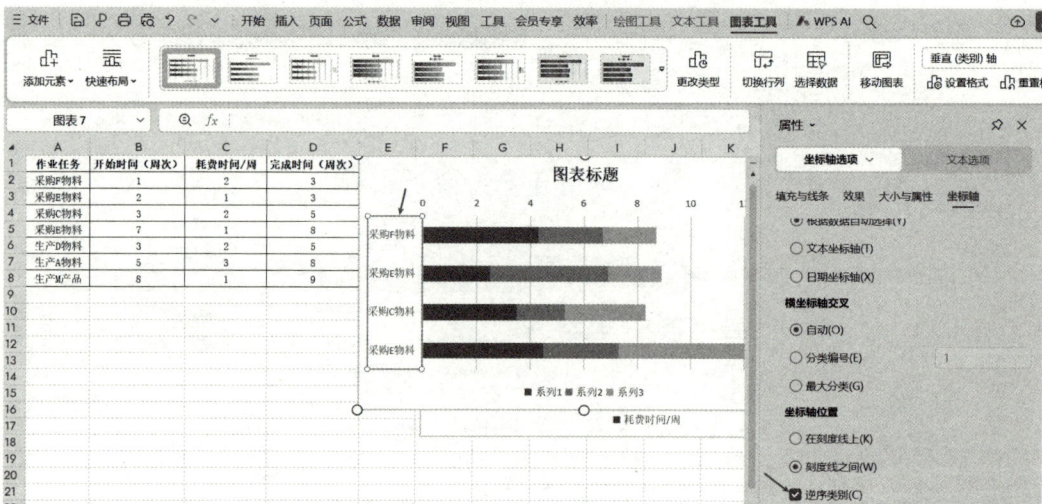

图 5-13 "逆序类别"页面

② 甘特图的开始时间轴（横向）生成。打开"编辑数据源"对话框，单击"系列1"选项，再单击"系列"的增加按钮，打开"编辑数据系列"对话框，在"系列名称"中选择"开始时间（周次）"所在单元格，"系列值"选择作业任务的"开始时间（周次）"的单元格列（见图 5-14），单击"确定"按钮。用同样的方法添加"耗费时间/周"系列，如图 5-15 所示。

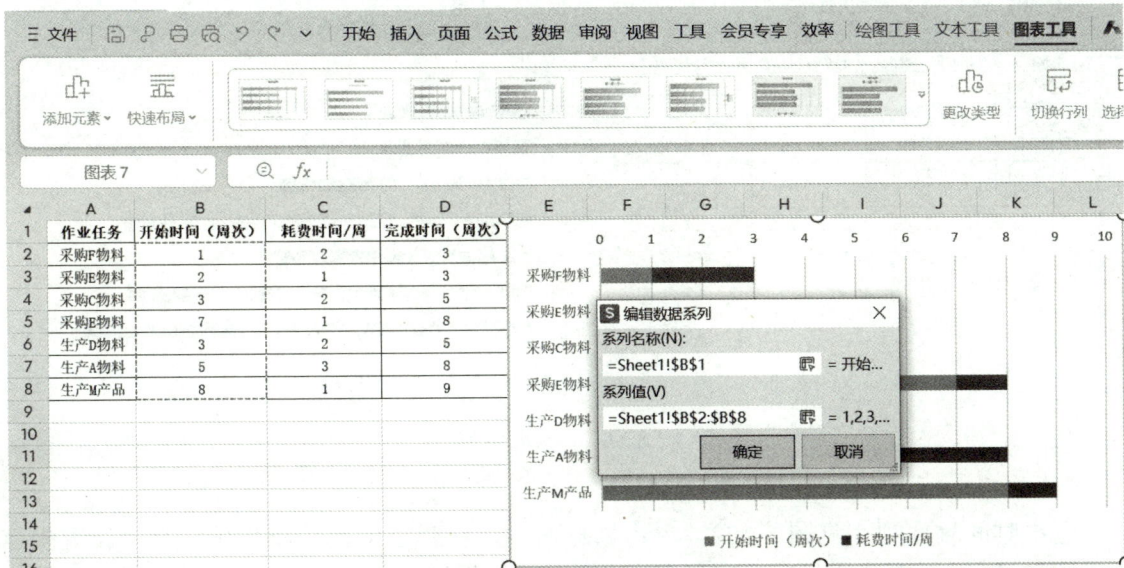

图 5-14　编辑数据系列

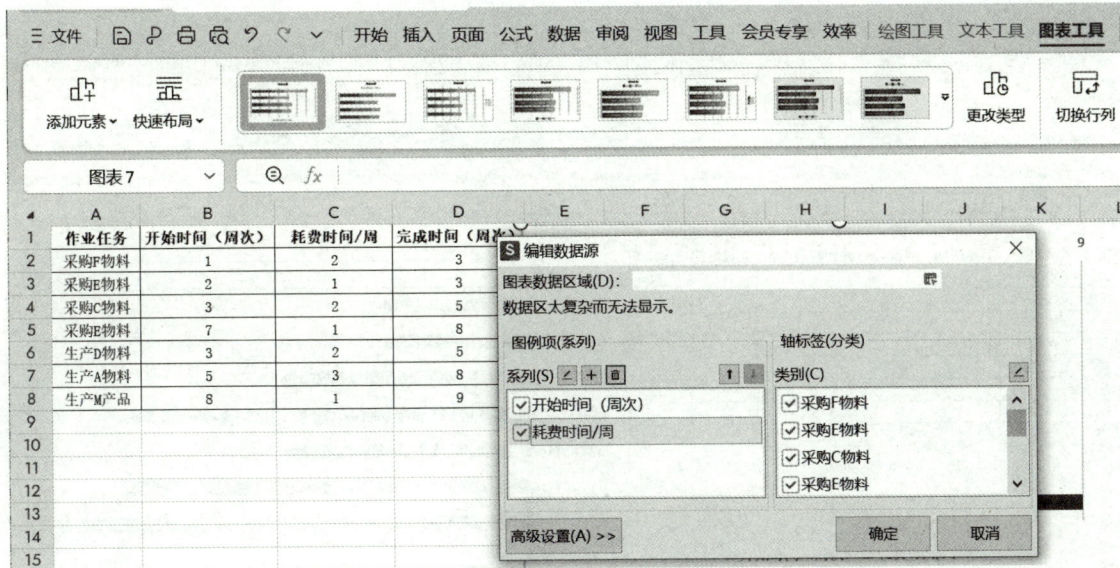

图 5-15　设置开始时间与进度

③ 选中图中条形图，查看对应的"开始时间"单元格，核对无误之后，形成甘特图，如图 5-16 所示。

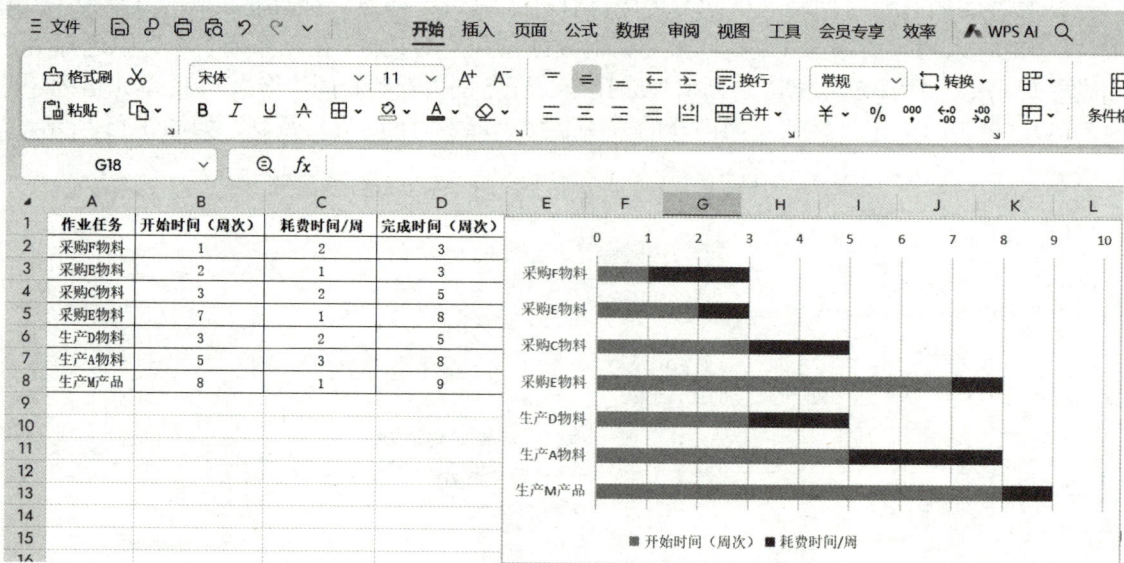

图 5-16　形成甘特图

　　选中时间轴序列（见图 5-17），单击鼠标右键，在弹出的快捷菜单中选择"设置坐标轴格式"选项，选择"坐标轴选项"选项卡中的"边界"选项，在"最小值"文本框中输入作业开始日期（数值型）"1"，生成如图 5-18 所示的甘特图。

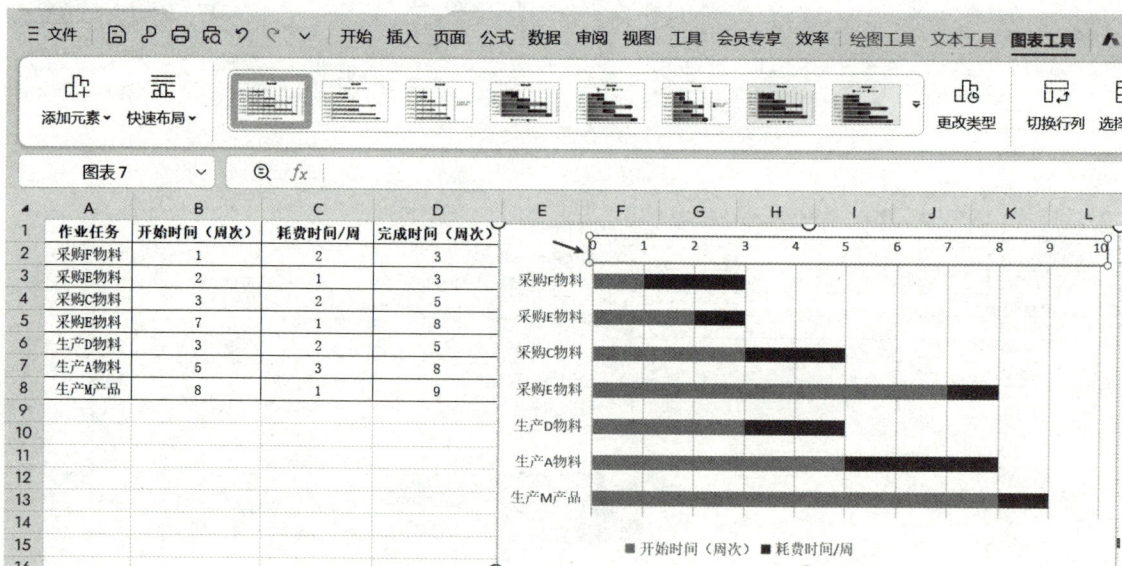

图 5-17　选中时间轴序列

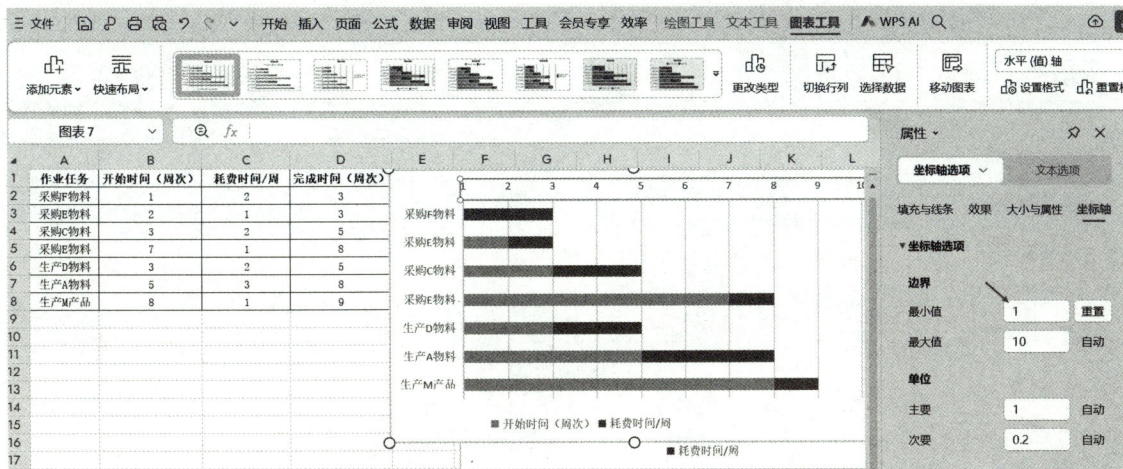

图 5-18　设置时间轴序列

（3）修饰甘特图。

① 对甘特图进行格式处理。选中甘特图中的"开始时间（周次）"条形框，单击鼠标右键，在弹出的快捷菜单中选择"设置数据系列格式"，选择"系列选项"选项卡中的"填充与线条"选项，在"填充"选项中单击"无填充"单选按钮，如图 5-19 所示；用同样的方法，可更改需要部分的颜色。

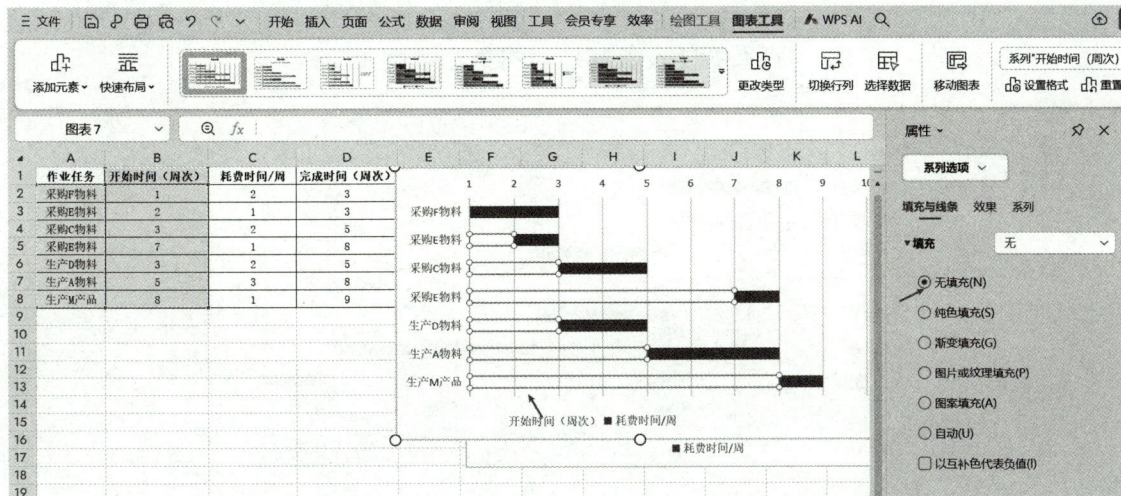

图 5-19　修改甘特图条形颜色

② 图表标题的修饰或增加。删除"开始时间"图例。执行"添加元素"→"图表标题"→"图表上方"命令，将"图表标题"改为"点石智能设备制造公司生产进度表"；用同样的方法增加"作业任务"与"开始与完成时间（周次）"等坐标轴标题，如图 5-20 所示。

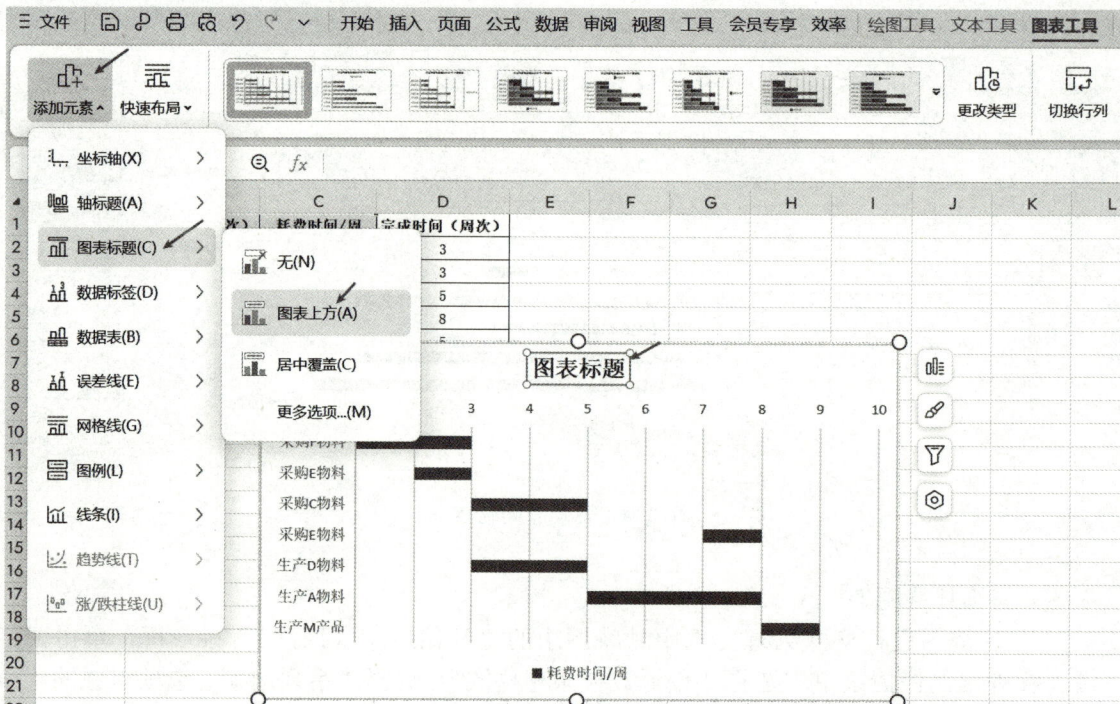

图 5-20　增加甘特图中图表标题、坐标轴信息

至此，甘特图制作完成，如图 5-21 所示。

点石智能设备制造公司生产进度表

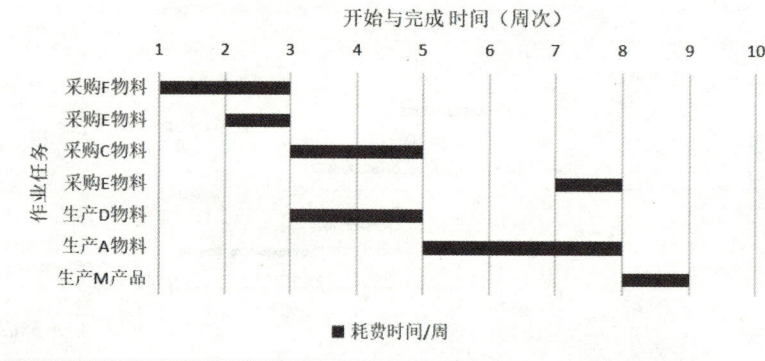

图 5-21　完成的甘特图

甘特图可作为任务或项目的执行看板，对任务或项目执行过程进行透明化管理，以便项目组所有人可以及时掌握任务或项目的进展和管理现状，从而能够快速制定并实施应对措施。

【微视频】生产进度控制的甘特图制作过程

学习感悟

第一，主生产计划和物料需求计划是企业生产计划中的两个重要组成部分，它们之间存在着密切的关系。具体来说，主生产计划中的生产计划是物料需求计划的基础，物料需求计

划需要根据主生产计划中的生产需求，对所需物料进行计划和控制。

第二，在供应链环境下，生产进度控制需要考虑的不再是单一企业的生产过程控制，而是需要考虑供应链合作伙伴之间的生产协同，因此控制过程变得更加复杂。这需要采用更多先进的控制技术进行协调才能达成目标。但单一企业的生产控制仍然很重要。

任务实训

1. 扫描右侧二维码进行在线测试。
2. 完成本模块"知识复习与巩固"中的"情景实践与应用题"1～2题。

在线测试 5.2

任务评价

评价类目	评价内容及标准	分值/分	自己评分	小组评分	教师评分
学习态度	✓ 全勤（5分） ✓ 遵守课堂纪律（5分）	10			
学习过程	➢ 能说出本次工作任务的学习目标，上课积极发言，积极回答问题（5分） ➢ 能够回答主生产计划的作用（5分） ➢ 能够说明主生产计划与物料需求计划之间的关系（5分） ➢ 能够说明生产进度控制的相关内容（5分）	20			
学习结果	◆ "在线测试5.2"考评（3分×10=30分） ◆ 完成本模块"知识复习与巩固"中的"情景实践与应用题"1～2题（每题各20分）	70			
合　计		100			
所占比例		100%	30%	30%	40%
综合评分					

知识拓展与技能实践

知识拓展

生产流程控制的新技术与方法

在全球范围内，生产流程控制是最为重要的生产活动之一。现在的生产流程控制已经广泛使用先进的技术来掌控生产流程，使其变得高效且容易。虽然这项任务看似简单无比，但在实践中，其工作流程却十分复杂。为了提高生产流程控制的效率，产生了许多新的技术与方法。

1. 物联网（Internet of Things，IoT）技术

物联网是有关不同设备之间的网络通信技术，它可以将生产流程控制的各个环节相连。物联网可以跨越多个领域，从生产设备到后端管理，包括质量检验、运输和销售等各个方面。IoT技术可以为生产环节带来几乎无限的进步潜力。

例如，当原材料提供商将一批货物交付给生产商时，货物就被标记、识别并被记录在数据库中。数据库可以将批次信息传递给机器、员工和管理层。这样生产商可以更好地掌控生产流程并及时获得必要的数据，以确保质量，减少浪费，提高效率。

2. 人工智能（Artificial Intelligence，AI）技术

人工智能技术已经在生产流程控制中得到广泛应用。人工智能技术可帮助分析生产流程中的大量数据，以便做出更准确的预测和决策。它可以快速确定最佳机器配置和操作方法，以确保产量和时间最优。

例如，人工智能可能会处理大量从生产车间上传的传感器数据，以检测任何潜在的质量问题。如果它检测到了这些问题，就会向生产团队发出预警，并提出解决方案。

3. 云制造技术

云制造技术是一个综合概念，旨在在生产环节中提高效率和准确性。通过云制造技术，生产商可以在线分配物料、人员和设备，以达到最佳的生产流程。在某些情况下，云制造还可通过无人机或自动驾驶车辆、智能设备和传感器来实现。

例如，当生产商需要分配设备和人员时，可以在线向系统提交请求。后台系统将分析设备的可用性、员工的工作时间表和预算限制等，然后将自动分配最佳的资源，以便在最短时间内完成任务。

总之，以上这些新方法使得生产流程控制更加高效，控制水平也更有竞争力。通过物联网、人工智能和云制造等技术的应用，生产商可以更轻松地掌控制造过程、控制成本和提高生产效率。同时，这些技术的应用也可以带来质量保证、更高的透明度和更满意的用户体验。因此，这些新的技术逐渐成为生产流程控制的首选。

技能实践

以小组为单位研讨新技术是如何影响供应链生产管理的。需要从生产组织、生产计划、生产控制等方面进行研讨，在选择新技术时可以从物联网技术、人工智能技术、云制造技术中任选一种，也可结合其中的几种来进行。具体要求如下。

（1）分析新技术是如何影响生产信息的传递的？信息传递在供应链生产计划中解决了什么问题？

（2）讨论在新技术条件下传统的控制方法还能使用吗？

（3）讨论新技术的出现对生产组织有什么影响？

知识复习与巩固

一、填空题

1. 生产管理的目标和任务是确保企业能够高效、高质地_____或_____，实现企业的_____。

2. 通过生产组织工作，按照企业目标的要求，设置_____可行、_____合算、_____条件和_____允许的生产系统。

3. 生产物流计划是指为保证生产顺利进行而编制的生产物流_____，是企业计划期内生产物流_____的行动纲领。

4. 在传统的生产计划决策模式中，计划决策的信息来自两个方面：一方面是_____，

另一方面是_____。

5. 传统的生产计划决策模式是一种_____决策，而供应链环境下的决策模式是_____的群体决策。

6. 供应链生产计划编制是纵向和横向的信息集成过程。纵向信息集成是指供应链由_____向_____的信息集成，而横向信息集成指生产相同或类似产品的_____的信息共享。

7. _____和_____是集中体现供应链横向集成的环节。

8. 生产计划的目标是提高_____和_____，而供应链管理的目标则是最大限度地_____，以避免在供应链的不同环节出现_____。

9. 缩小提前期，提高交货期的准时性是保证供应链获得_____和_____的关键。

10. 制造资源计划（MRP Ⅱ）是以_____为核心，基于采购、库存、生产、销售、财务等整体最优，对企业的各种制造资源和生产经营各环节实行合理的管理。

11. _____是确定为完成生产任务需要多少劳动和设备等资源的过程，把物料需求转化为能力需求，判断能力的供需是否平衡。

12. 主生产计划是_____、_____、_____实施的关键内容。

13. 生产作业控制是_____的组成部分，是实现_____和_____的重要手段。

14. 排程是控制工作中利用_____进行控制活动的一种方法。

二、多选题

1. 生产管理中提高生产效率的具体内容包括（　　）。

A. 降低生产成本　　　　　　　　　B. 缩短生产周期
C. 提高生产能力　　　　　　　　　D. 实现可视化生产

2. 生产管理包括（　　）等方面的内容。

A 生产组织　　　　B. 生产计划　　　　C. 生产控制　　　　D. 交付管理

3. 生产计划管理包括（　　）等。

A. 市场调查与预测　　　　　　　　B. 编制生产计划
C. 生产技术准备计划　　　　　　　D. 生产作业计划

4. 生产控制包括控制（　　）等。

A. 生产进度　　　　B. 生产库存　　　　C 生产质量　　　　D. 生产成本

5. 企业生产物流计划的主要内容包括（　　）。

A. 需求预测

B. 确定企业计划期的生产物料需用量

C. 确定生产物料的消耗定额

D. 清查企业的库存资源，经过综合平衡，编制出物料需求计划，并组织实现

6. 传统生产管理与供应链管理思想的差异主要表现为（　　）。

A. 决策信息来源的差异　　　　　　B. 决策模式的差异
C. 信息反馈机制的差异　　　　　　D. 计划运行环境的差异

7. 供应链环境下编制生产计划的过程，主要面临以下（　　）问题。

A. 柔性约束　　　　B. 生产成本　　　　C. 生产进度　　　　D. 生产能力

8. 采用 MRP 进行生产控制时，输入信息涉及（　　）等方面。

A. 主生产计划　　　　B. 物料清单　　　　C. 生产计划　　　　D. 库存文件

9. MRP Ⅱ 由三个功能模块组成，即（　　）。

A. 销售系统   B. 计划与控制系统

C. 基础数据   D. 财务系统

10. 生产数据包括（   ）。

A. 原材料数据   B. 设备数据

C. 工艺数据   D. 产品数据

11. 生产数据管理主要涉及（   ）等方面的内容。

A. 数据采集与记录   B. 数据分析与挖掘

C. 数据可视化   D. 数据在生产中的应用

12. MRP 的输出信息包括（   ）。

A. 主生产计划   B. 采购计划

C. 能力计划   D. 生产计划

13. 生产作业控制的主要内容包括（   ）等。

A. 生产进度控制   B. 在制品控制

C. 生产调度   D. 生产计划

三、简答题

1. 简述生产管理的目标和任务。

2. 简述传统生产管理与供应链管理在思想上的差异。

3. 简述供应链环境下编制生产计划面临的问题。

4. 简述供应链生产计划编制过程中的纵向和横向的信息集成过程。

5. 简述生产计划与供应链管理之间的关系。

6. 简述供应链环境下的生产控制特点。

7. 简述 MRP 控制生产物流的原理与方法。

8. 简述 MRP Ⅱ 与 MRP 之间的关系。

9. 简述 ERP 系统与 MRP Ⅱ 之间的区别。

10. 简述 ERP 系统的管理思想。

11. 简述主生产计划在生产过程中的作用。

12. 简述 MRP 的运算流程。

13. 简述生产进度控制的方法与手段。

四、情境实践与应用题

1. 某装修公司利用买进的部件为酒店组装餐桌，每张餐桌有 1 个桌面和 4 个桌腿。桌面和桌腿的前置期分别为 2 周和 1 周，组装餐桌的前置期为 1 周。现公司收到两张同型号餐桌的订单，分别要求在第 4 周送 20 张，第 5 周送 30 张。公司存货中有 2 张成品餐桌、12 个桌腿和 4 个桌面。企业要实现 JIT 生产，应该如何组织生产、订购零部件而保证订单按时交付。

2. 点石智能设备制造公司准备新开办事处，为了控制好进度，新办事处负责人对作业任务制定了几个时间节点：5 月 1 日成立工作组，5 月 7 日前完成建设方案初稿，5 月 10 日方案论证完毕，5 月 17 日完成办公物资采购，5 月 25 日硬件改造完成，5 月 28 日文化墙布置完毕，5 月 31 日接受验收，具体需要耗费的时间如表 5-8 所示。请用 WPS 表格工具或 Excel 表格工具制作该作业任务的甘特图。

表 5-8 不同作业任务的时间耗费情况表

作业任务	开始时间	耗费天数	结束时间
成立工作组		3	5 月 1 日
建设方案初稿		7	5 月 7 日
方案论证		3	5 月 10 日
办公物资采购		8	5 月 17 日
硬件改造		14	5 月 25 日
文化墙布置		3	5 月 28 日
验收		2	5 月 31 日

供应链配送管理与数据分析

在供应链中，每一环节都是关键。优化只有从细节开始，才能构建高效而稳固的供应链网络。

任务一　认识供应链配送管理

学习指南

任务清单

工作任务	认识供应链配送管理	
建议学时	2 学时	
任务描述	本任务通过对配送管理以及供应链环境下的配送管理知识的学习，掌握配送管理的特点及基本特征等知识，能与供应链管理思想结合起来，从供应链视角来理解与运作配送管理，培养供应链环境下的配送管理运作能力	
学习目标	知识目标	1. 掌握配送的基本内涵及相关特点 2. 掌握配送管理的基本特征与基本原则 3. 理解供应链环境下配送管理的内容与发展趋势

学习目标	能力目标	1. 具备识别不同配送作业的基本能力 2. 具备运用配送管理基本知识的能力 3. 具备利用供应链管理思维进行配送管理改进的基本能力
	素质目标	1. 培养从供应链视角系统化思考配送管理的意识 2. 培养多角度观察与优化配送管理的意识 3. 培养供应链配送管理的客户服务理念与意识
	思政目标	通过对供应链环境下配送以及配送管理知识的学习，培养系统意识、安全与风险意识、合作意识、以客户为中心意识，以及遵守职业规范的意识
关键词	配送　配送管理　供应链配送管理	

知识树

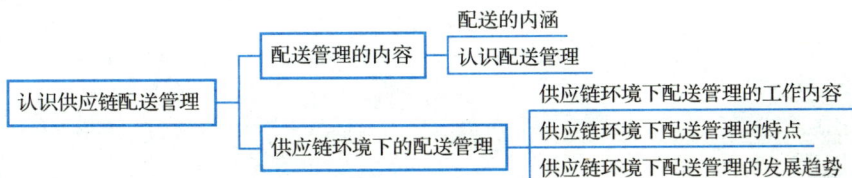

任务引入

任务背景

盒马生鲜的供应链是如何运作的

盒马生鲜（以下简称盒马）的供应链模式可以从四个部分得以体现，即供应端、加工检查中心（DC）、门店和物流。

供应端：坚持直采模式。海外采购方面，盒马主要采购全球优质水产、肉制品、果蔬、乳制品等商品；国内直采分为原产地直采和本地直采，如赣南脐橙、阿克苏苹果等国内有成熟基地的商品，盒马会直接到基地做品控、采购，如蔬菜、肉类等商品基于与本地企业合作，早上采摘下午送到门店售卖。

加工检查中心（DC）：商品的加工或储存。除常温、低温仓库外，盒马的DC具备商品质量检验、包装、标准化功能。此外，从国外购置的海鲜活物也会在DC中转或暂养。

门店：店仓一体化，兼具销售和仓储功能。盒马的门店又被称为店仓，即为销售加餐饮的一体化互动式体验门店，同时也是线上销售的仓储和物流中心，人员和场地都可以重复使用，是盒马高"坪效"（门店每平方米面积每年能创造较高的销售额）的秘诀之一。

物流：30分钟近场景极速送达。盒马承诺门店3千米范围内30分钟送货到家。

盒马以"买手制"（具有专业知识的买手负责商品的选购、管理和销售）为抓手重塑商品供应体系，具体表现在以下几个方面。

与供应商重塑"新零供"关系。"新零供"关系就是让盒马、供应商各司其职：盒马负责渠道建设、商品销售、用户体验，如果有商品滞销，盒马自行负责，供应商不再承担责任。供应商专注商品生产研发，提供最具性价比的商品，不再缴纳任何进场费、促销费、新品费等渠道费用，也不需要管理陈列或派驻商品促销员。

从门店效率角度看，盒马拥有先进的管理系统和自动化设备。首先，盒马的智能仓店系统可以根据门店的销售情况均衡店员数量，可以根据线上线下订单的状况智能安排店员的工作内容。其次，盒马的订单库存分配系统根据盒马和阿里系零售终端的数据预测门店的商品品类，预判消费者线上购买的趋势。最后，盒马在门店内拥有悬挂链、传送带等自动化运送、分挑设备，不仅大大节约了人力成本，还充分利用了门店空间，提高了"人效"和"坪效"。

从配送效率角度看，盒马拥有先进的算法和调度系统。一方面，盒马的智能履约集单系统可以将大量的线上订单统一集合，根据商品的生鲜程度、冷热情况和订单的远近合理安排配送路径和时间，实现订单综合成本最低；另一方面，盒马根据订单、批次和包裹大小合理调度配送员和配送次数，实现配送效率的最大化。

任务目标

1. 根据案例，分析高效的供应链配送需要的条件。
2. 采用供应链配送方式，传统的仓储管理需要做哪些方面的改变？

任务实施

知识必备

一、配送管理的内容

（一）配送的内涵

1. 配送的定义

根据国标物流术语 GB/T 18354—2021 定义，配送是指根据客户要求，对物品进行分类、拣选、集货、包装、组配等作业，并按时送达指定地点的物流活动。

配送是物流活动中一种特殊的、综合的活动形式，它将商流与物流紧密结合起来，既包含了商流活动，也包含了物流活动中的若干功能要素，是物流的一个缩影或是某小范围内全部物流活动的体现。一般的配送集装卸、包装、保管、运输于一身，通过这一系列的物流活动完成将货物送达的目的；特殊的配送则还要进行流通加工活动，它的目标指向是安全、准确、优质服务和较低的物流费用。

【阅读材料】配送与其相关概念的区别

2. 配送的特点

配送的概念既不同于运输，也不同于送货，而有着物流大系统所赋予的以下几个特点。

（1）配送是一种特殊的送货形式。在配送业务中，除了送货，还包括拣选、分类、集货、组配等工作，因此，配送是从物流据点到客户之间一种特殊的送货形式。其特殊性表现为配送的主体是专门经营物流的企业，而不是生产企业；配送进行的是中转送货，而不是直接送货；配送是客户需要什么送什么，而不是有什么送什么、生产什么送什么。

（2）配送提供的是一种综合服务。配送是许多业务活动有机结合的整体，为客户提供的是一种综合服务，集送货、分货、配货等功能于一体，同时还需要强大的信息系统作支持，使其成为一种现代化的作业系统，从而适应发达的商品经济和现代化的管理水平，这是以往的送货形式无法比拟的。

（3）配送要有现代化的技术和装备作为保证。在配送过程中，由于大量采用先进的信息技术和各种传输设备及拣选机电设备，使得配送作业像工业生产中广泛应用的流水线，使得流通工作工厂化，从而大大提高了商品流转的速度，使物流创造"第三利润"变成了现实。可以说，配送不仅是市场经济的产物，而且是科技进步的产物。

（4）配送是一种专业化的分工方式。以往的送货只是作为推销的一种手段，而配送则是一种专业化的流通分工方式，是大生产、专业化分工在流通领域的反映。因此，如果说一般的送货是一种服务方式，配送则是一种物流形式。它根据客户的订货要求准确及时地为其提供物资保证，在提高服务质量的同时，可以通过专业化的规模经营降低成本。

3. 配送在供应链物流中的作用

配送是物流系统重要的功能之一，是物流中一种特殊的、综合的活动形式。其将商流与物流紧密结合，既包含了商流活动，也包含了物流中若干功能要素的一种形式。

（1）配送有利于促进物流的社会化、合理化。社会化大生产要求社会化大流通与之相匹配。商品流通的社会化自然要求物流的社会化。社会化是以行业、技术的分工和全社会的广泛协作为基础的。商品经济的发展和现代化生产的建立，客观上要求社会提高分工协作水平。

（2）配送有利于促进物流设施和装备的技术进步。发展配送，有利于促进物流设施和装备的技术进步，具体表现在三个方面：一是促进信息处理技术的进步。随着配送处理的信息量越来越大，必然要求大量应用计算机等现代化的信息处理技术。二是促进物流处理技术的进步，从而提高物流速度，缩短物流时间，降低物流成本，减少物流损耗，提高物流服务质量，如机器人等现代化物流技术的应用。三是推动物流规划技术的开发和应用。配送业务的开展，配送货主越来越多，随之而来的就是产生了诸如配送路线的合理选择、配送中心选址、配送车辆的配置和配送效益的经济核算等问题，对于这些问题的研究解决，必然会促进我国物流技术的发展，并使之达到一个新阶段。

（3）配送使仓储的职能发生变化。配送的发展，使仓储业从储存、保管的静态储存转向以保管、储存、流通加工、分类、拣选、商品输送等连为一体的动态储存。建立配送中心后，仓储业的经营活动将由原来的储备型转变为流通型。不仅要保证商品的使用价值完好无损，而且要做到货源充足、品种齐全、供应及时、送货上门，其经营方式将从等客上门转为主动了解客户的需求状况以满足客户的各种要求。

（4）配送有利于促进商物分离。未开展配送业务之前，各个商店都有自己的仓库，并各自进行物流活动，这就是商物一致。开展配送业务以后，配送中心就可以充分发挥自己网络覆盖广、信息快、物流手段先进和物流设施齐全的优势，专门从事物流活动，而各商店只要保持较低水平的库存。这大大改善了零售企业的外部环境，使零售企业有更多的资金和精力来专心从事商流活动，这就是商物分离。

（5）配送有利于提高物流的经济效益。通过配送中心，开展"计划配送""共同配送"等形式，能够消除迂回运输、重复运输、交叉运输、空载运输等不合理运输。用大型卡车成批量地送到消费地配送中心，再用自用小型车从配送中心运给客户的方法，也可以从总体上节省费用；集中配送，又有利于集中库存，维持合理的库存水平，消除分散库存造成的各种浪费；同时还能减少不必要的中转环节，缩短物流周转时间，减少商品的损耗。因此，配送对提高物流综合经济效益有利。

4. 配送的功能和意义

（1）配送的功能。配送的基本功能包括以下几个方面。

① 备货。备货是配送的准备工作或基础性工作，备货工作包括筹集货源、订货或购货、集货、进货及有关的质量检查、结算、交接等。配送的优势之一，就是可以集中客户的需求进行一定规模的备货。备货是配送的基础环节，同时，它也是决定配送效益高低的关键环节。如果备货不及时或不合理，成本较高，那么就会大大降低配送的整体效益。

② 储存。配送中心是物资的集散中心，为了保证客户的需要，配送中心必须广泛组织货源、集中储备，必须具备相应的仓储能力。

③ 分拣及配货。这是配送独特的基本业务活动，它不同于其他物流形式及特点的功能要素，是关系到配送是否成功的重要工作。由于每个客户对商品的品种、规格、型号、数量、质量、送达时间和地点等的要求不同，配送中心就必须按客户的要求对商品进行分拣及配货，因而必须具备现代化的物流技术装备和高水平的理货、备货能力。分拣及配货是送货向配送发展的必然要求，是不同配送企业进行竞争和提高自身经济效益的必然延伸。所以，分拣及配货水平是决定整个配送系统水平的关键要素。

【阅读材料】存储的储备及暂存两种形态

④ 配装。当单个客户配送数量不能达到运输车辆的有效载运负荷时，就存在如何集中不同客户的不同配送货物，进行搭配装载以充分利用运能、运力的问题，这时就需要配装。通过这项工作，可以大大提高送货水平，降低送货成本。所以，配装也是配送系统中有现代特点的功能之一，是现代配送不同于以往送货的重要区别之处。

⑤ 运输。配送运输与一般运输不同，它属于运输中的末端运输、支线运输，其特点是运输距离较短、规模较小、频度较高，一般使用汽车作为交通工具。

【阅读材料】干线运输与支线运输

⑥ 送达服务。配好的货运到客户还不算配送工作的终结，这是因为货物送达后和客户接货往往还会出现不协调，使配送前功尽弃，如客户认为所送的货物与要求的存在差异等。因此，要圆满地实现货物的移交，并有效、方便地处理相关手续并完成结算，必须提高配送管理水平，严格执行订单有关要求。同时，还应讲究卸货地点、卸货方式等送达服务工作。在市场经济环境下，强调配送业务的送达服务是非常必要的，这也是配送与运输的主要区别之一。

⑦ 配送加工。为满足客户对物资不同形态的要求，充分利用资源，提高配送中心的经济效益，根据客户要求，在配送中心对物资进行必要的分等、分割、包装等加工也是十分必要的。在配送中，这一功能不具有普遍性，但往往具有重要的作用。它可以提高配送的服务质量，降低配送成本，提高配送加工的经济效益。配送加工是流通加工的一种，但配送加工有它不同于一般流通加工的特点，即配送加工一般只取决于客户要求，其加工的目的较为单一。

（2）发展配送业务对供应链物流的意义。

① 配送完善了输送及整个物流系统。整个物流系统的结构由方式（运输手段）、节点和线路组成。物流总体合理化可以说就是要使方式和节点现代化，使线路完善化，并达到方式、节点和线路的协调运行。发展配送制，通过建立大型的现代化的物流节点，实现仓库布局合理，货物包装的集装化、装卸机械化、托盘化、省力化、自动化等来加强节点的改造和完善，促进物流系统的完善；配送制的发展可以提高专业营运车辆的比例和运输效率，降低空载率，减少迂回运输、相向运输等，完善整个社会的输送系统。

② 配送可以实现企业的低库存或零库存。实现了高水平的配送之后，尤其是采取准时配

送方式之后，生产企业可以完全依靠配送中心的准时配送而不需保持自己的库存或者只需保持少量保险储备而不必留有经常储备，甚至有可能实现生产企业多年追求的"零库存"，将企业从库存的包袱中解脱出来，同时解放出大量储备资金，从而改善企业的财务状况。同时，配送的功能是将企业外和企业内的两次供应合二为一，承担了企业外部和内部的双重供应，直接将货物供应到车间或流水线，从而取代了原来由商业部门承担的工作，也减少了企业内部的供应库存。同时加强了调节能力，提高了社会经济效益。此外，采用集中库存可以利用规模经济的优势，使单位存货成本下降。

③ 配送提高了末端物流的经济效益。配送中所包含的运输活动，在整个运输过程中是处于末端输送的位置，其起止点是物流节点至客户。采用配送方式，通过集中客户订单增大订货批量而实现了经济批量，又通过将客户所需的各种商品集中起来一次发货，代替过去的分散发货，并使客户以一处订货代替过去的多处订货，以一次接货代替过去的频繁接货等。配送以灵活性、适应性、服务性的特点，解决了过去末端物流的运力安排不合理、成本过高等问题，从而提高了末端物流的经济效益。

④ 配送可以简化手续，方便客户。每个客户由于自身的实际情况不同，对供应的要求也有所不同。物流节点按照服务范围内客户的需要，批量购进各种物资，与客户建立比较稳定的供需关系。一般实行计划配送，而对少数客户的临时需要进行即时配送服务，客户一次购买活动就可以买到多种商品，简化了交易次数及相应的手续。由于配送的"送"的功能，客户不必考虑运输方式、路线及装卸货物等问题，就可在自己的工厂或流水线处接到所需的物品，大大减轻了客户的工作量，节省了开支，方便了客户，从而提高了物流服务质量。

⑤ 配送提高了物资供应保证程度。配送企业依靠自己联系面广、多方组织货源的优势，按客户的要求及时供应。若组织到的货源不能满足客户的需要，配送企业还可利用自己的加工能力进行加工改制，以适应客户的需要并及时将货物送到客户手中。如果客户自己去采购，由于精力或其他方面所限没有采购到或采购到的物品不适用，必将影响到物资的供应，使生产受到影响。所以，配送的发展在某种程度上可以提高供应的保证程度，使整个社会的生产比较协调地发展。

⑥ 配送能有效降低成本，提高效益。专业化是高效率、低成本的基础，在企业进行营销活动实现实体分配时，如果不引入专业的渠道成员参与实体分配，则由于每个企业的核心能力不同，进行运作时必然使成本上升、效率下降。而引入专业化的配送，这类企业在完成配送时能够比其他人更好地承担实体分配功能，从而把经济性引入企业的物流系统，实现高效率、低成本。

（二）认识配送管理

1. 配送管理的定义

配送管理是指对物品从供应地到需求地的整个流通过程进行规划、实施和控制的管理活动。它涵盖了从接收订单、拣选、加工、包装、分割、组配到最终送达客户手中的所有环节，确保物品按时、按量、按质地送达目的地。配送管理的目标是实现物流的高效运作，降低成本，提高服务质量，满足用户需求。

2. 配送管理的主要内容

配送管理是供应链物流管理中不可或缺的一部分，它涉及物品从供应地到需求地的整个流通过程。通过合理的配送管理活动，可以实现物流的高效运作，降低成本，提高服务质量，满足客户需求。具体而言，配送管理的主要工作内容包括以下几个方面。

（1）配送策略与计划。配送策略是指导配送活动的基本方针和原则，它涉及配送网络的设计、运输方式的选择、库存水平的设定等。配送计划则是根据配送策略制订的具体行动计划，包括配送时间、路线、车辆调度等。

（2）配送网络与设施。配送网络是连接供应商和客户之间的物流通道，它包括仓库、配送中心、转运站等设施。合理的配送网络设计可以提高配送效率，降低物流成本。

（3）库存与订单管理。库存管理是配送管理的重要组成部分，它涉及物品的存储、保管和库存水平的控制。订单管理则是处理客户订单、进行订单确认、拣选和打包等环节，确保订单能够及时准确地被处理。

（4）配送路径与优化。配送路径的选择直接影响到配送效率和成本。通过合理的路径规划和优化，可以减少运输时间和成本，提高配送效率。

（5）配送技术与装备。配送技术的发展和进步为配送管理提供了有力支持。现代配送管理采用了许多先进的技术和装备，如自动识别技术、电子数据交换（EDI）技术、地理信息系统（GIS）等，以提高配送的效率和准确性。

（6）配送成本与效益。配送管理需要对成本和效益进行综合分析和评估。通过合理的成本控制和效益分析，可以找到配送过程中的瓶颈和问题，从而采取相应的措施来提高配送效率，降低成本，提高效益。

（7）配送服务质量。配送服务质量是衡量配送管理水平的重要指标之一。它包括配送时间、准确性、可靠性和客户满意度等方面。配送管理需要通过持续改进和创新，提高配送服务质量，满足客户的需求和期望。

二、供应链环境下的配送管理

（一）供应链环境下配送管理的工作内容

供应链环境下的配送管理涵盖了多方面的内容。通过全面优化配送环节，可以实现配送的高效、稳定、经济、环保，从而提高整个供应链的竞争力和可持续发展能力。具体而言，供应链环境下的配送管理包括以下几个方面的内容。

（1）编制配送计划。在供应链环境中，配送计划的编制是至关重要的。这涉及对需求的预测、库存的考量、运输能力的评估及时间管理等多个方面。有效的配送计划能够确保产品按时、按量、按地点准确地送达客户手中，从而满足客户需求，保持供应链的高效运作。

（2）优化库存控制。库存控制是配送管理中的重要环节。通过合理的库存控制，可以实现库存成本的最小化，同时避免库存积压和缺货现象。通过实时监控库存状况，以及时调整库存策略，可以确保供应链的稳定性和连续性。

（3）优化运输管理。运输管理优化是配送管理的核心。通过对运输路线的合理规划、运输方式的选择以及运输资源的有效利用，可以降低运输成本，提高运输效率，从而实现配送的优化。

（4）信息技术应用。在供应链环境下的配送管理中，信息技术扮演着至关重要的角色。通过信息技术的应用，可以实现对配送过程的实时监控，提高决策效率，优化资源配置。例如，通过物联网技术可以实时追踪货物的位置和状态，通过大数据分析可以预测需求变化等。

（5）控制配送成本。配送成本控制是配送管理的重要组成部分。通过合理的成本控制策略，可以降低配送成本，提高经济效益。例如，通过合理的运输安排可以降低运输成本，通过减少库存积压可以降低库存成本等。

（6）提升客户服务水平。客户服务是配送管理的重要目标之一。通过提升客户服务水平，可以增强客户对供应链的信任和依赖，从而提高供应链的竞争力。例如，通过提高配送的准时率、降低货物损坏率等方式可以提升客户满意度。

（7）应对经营风险。在供应链环境下的配送管理中，风险管理是不可或缺的。通过对潜在风险的识别和评估，可以制定相应的应对策略，以降低风险对供应链的影响。例如，对于天气变化、交通拥堵等不可控因素，可以通过提前预测和规划来降低其对配送的影响。

（8）实施绿色配送策略。随着环保意识的日益增强，绿色配送策略越来越受到关注。通过采用环保的运输方式、减少包装材料的使用、提高能源利用效率等，可以实现配送的绿色环保，降低对环境的影响。同时，绿色配送策略也可以提高供应链的社会责任感，增强供应链的品牌形象。

（二）供应链环境下配送管理的特点

供应链环境下的配送管理具有以下特点。

（1）实现信息共享。在供应链环境下，各节点企业之间的信息共享程度更高。通过信息技术的应用，供应链上各节点企业可以及时地掌握市场的需求信息和整个供应链的运行情况，从而避免需求信息的失真现象。这种信息共享有助于配送管理更加精准和高效。

（2）计划和调度协同。供应链环境下的配送管理需要与生产、销售等环节密切协作，进行有效的计划和调度。通过对整个供应链流程的精细管理，企业可以实现对物流流程的可控和优化，提高运输效率，减少配送时间和成本。

（3）优化配送网络。供应链环境下的配送管理需要建立完善的配送网络，优化网络布局和资源配置。通过对配送路径的优化和配送技术的升级，企业可以提高运输效率、减少能源消耗和降低排放，实现绿色物流。

（4）库存管理协同。供应链环境下的配送管理与库存管理密切相关。通过对库存状态的实时监控和预测，可以及时调整配送计划和库存管理策略，避免库存积压和浪费，提高库存周转率和降低库存成本。

（5）提供个性化服务。供应链环境下的配送管理需要注重个性化服务，满足客户的多样化需求。通过与制造商、分销商等节点企业的信息交换，可以及时掌握客户的需求和反馈，提供定制化的配送服务和解决方案。

（三）供应链环境下配送管理的发展趋势

随着全球化和信息技术的飞速发展，供应链环境对配送管理提出了更高的要求。为了满足市场的多样化和快速变化的需求，配送管理在供应链环境下呈现出以下几个主要发展趋势。

（1）智能化配送规划。借助先进的物流技术，如人工智能、大数据分析和物联网等，配送管理正逐步实现智能化规划。这包括自动化仓库管理、智能调度系统、配送网络优化及路径规划优化等，以提高配送效率和准确性。

（2）协同化管理。在供应链环境中，配送管理更加强调与上下游企业的协同合作。通过完善的信息化管理，实现配送管理与供应商、生产商、分销商等合作伙伴的紧密配合，实现资源共享、信息互通，共同应对市场变化，提升整体竞争力。

（3）多元化服务模式。随着消费者需求的多样化，配送管理需要提供更加多元化的服务模式。这包括定制化配送、个性化服务、准时达等，以满足不同客户的独特需求，提高客户满意度。

（4）绿色化运输方式。随着环保意识的增强，绿色化运输方式成为配送管理的重要发展方向。通过采用清洁能源、减少排放、优化运输路线等措施，降低配送过程中的环境影响，实现可持续发展。

（5）数据分析与预测。借助数据分析技术，配送管理可以对市场需求、运输成本、库存情况等进行深入挖掘和分析，从而更准确地预测未来趋势，制定科学合理的配送策略。

（6）风险控制与应对。在供应链环境下，配送管理面临着诸多风险，如物流延误、货物损失、市场需求波动等。因此，建立有效的风险控制机制，及时应对各种风险，确保配送活动的稳定和安全至关重要。

供应链环境下的配送管理发展呈现出智能化、协同化、多元化、绿色化等趋势。只有不断创新和适应市场变化，才能确保配送管理在供应链中发挥更大的作用，为企业创造更大的价值。

学习感悟

第一，配送功能是物流管理的基本功能之一。在供应链环境下，由于信息系统以及各种软硬件设备设施的广泛应用，配送功能得到了进一步加强。

第二，在配送活动中，通过合理的配送策略与计划、配送网络与设施、库存与订单管理、配送路径与优化、配送技术与装备、配送成本与效益以及配送服务质量的综合管理，达到实现物流的高效运作，降低成本，提高服务质量，满足用户需求的目标。

第三，供应链环境下的配送管理发展呈现智能化、协同化、多元化、绿色化等趋势，这对配送管理的水平、技术装备水平等提出了更高的要求，对配送系统的数据分析能力、规划能力、配送网络优化能力、风险控制能力等也提出了更高的要求。

任务实训

1. 扫描右侧二维码进行在线测试。
2. 举例说明配送管理的作用。
3. 举例说明供应链环境下配送管理的特点。

在线测试 6.1

任务评价

评价类目	评价内容及标准	分值／分	自己评分	小组评分	教师评分
学习态度	✓ 全勤（5分）	10			
	✓ 遵守课堂纪律（5分）				
学习过程	➢ 能说出本次工作任务的学习目标，上课积极发言，积极回答问题（5分）	20			
	➢ 能够回答配送的定义（5分）				
	➢ 能够说明配送管理的定义（5分）				
	➢ 能够说明供应链环境下配送管理的发展趋势（5分）				
学习结果	◆ "在线测试6.1"考评（4分×10=40分）	70			
	◆ "举例说明配送管理的作用"考评（15分）				
	◆ "举例说明供应链环境下配送管理的特点"考评（15分）				
合　计		100			
所占比例		100%	30%	30%	40%
综合评分					

知识拓展与技能实践

知识拓展

供应链的优化问题

供应链优化（Supply Chain Optimization）即在有约束条件或资源有限的情况下的决策方案，它主要有整体优化和局部优化两种类型。整体优化是从大量方案中找出最优方案，然而，实际情况下可能没有最优方案或者没有方法来检测所得方案是否最优，因此有必要进行局部优化。局部优化是在大量类似方案中找出最优方案，此法取决于方案的最初解，最初方案不同，优化结果也不同。

供应链优化问题由决策变量、目标函数和约束条件组成。

决策变量是需要做的决策，供应链物流中有如下决策变量：何时、何地从供应商中订购原材料，何时生产，何时把产品交给客户、交多少。

目标函数是经济上或其他方面所要达到的目标，有如下目标函数：利润最大，供应链成本最低、生命周期最短，客户服务质量最高，延误最短，产量最大，满足所有客户需求等。

约束条件是变量必须满足的条件，物流中有下列约束条件：供应商生产材料、零件的能力，生产线每天工作的时间、负荷，配送中心的处理数据等能力。

从企业的角度来看，供应链管理系统中的优化目标的定义有许多种形式，如优化是投资回报率（ROI）达到最高的关键，它的目标包括成本最低、客户服务水平最高、生产周期最短。然而，在讨论库存链优化时，有人认为最大 ROI 的目标是在增加利润的同时，提高客户服务水平、减少总成本、减少工作负荷、减少库存；资产回报率（ROE）最大或竞争力提高；公司盈利最大，市场份额最大。

然而，如果把这些目标用于决策模型中，那么这些目标必须转换成明确的、可以衡量的目标。更具体的目标通常是利润及其衍生物——成本和收入。其中，成本包括资本、生产运营成本、仓储和运输成本、库存持有成本、行政管理成本、IT 成本和包装成本；收入受公司可提供服务质量的影响，包括准时性、产品可得性等。

成本因素（最低）和客户服务质量（最高）通常是矛盾的，为了能相互比较，必须转换成同一量纲，把所有的目标转成一个总目标。成本最低包含许多不同的成本因素；客户服务质量通常用收入来表达，这样它可以和成本一起用利润最大来衡量。如果不是所有目标都能转换成和金钱有关的因素，就必须使用权重。权重反映了不同目标的相对重要程度，这样问题就成为一个单目标规划，可以用一些复杂的方法得出权重，也可以运用一些软件提供可视化的权重设置。另一种方法是先定义这些目标的优先级，然后再优化。

技能实践

对大多数传统仓储企业来说，在供应链环境下已经表现出明显的不适应性，向供应链环境下的配送中心转变已经成为一种趋势。但是，我国仍然存在着大量的传统仓储企业，如果能转型为供应链环境下的配送中心，极可能为盘活这些企业创造了良好条件。

请选取一家传统仓储企业或部门（如可以是建材商的某仓库），调查其经营状况，分析其向配送中心转型的可能性，并提出相应的解决方案。具体要求如下。

（1）通过调研，了解其经营状况，包括库存周期、资金、成本、利润等，相对类似企业或部门来说，具有哪些有利条件或不利条件？

（2）根据供应链环境下配送中心的特点与作业任务要求，分析从哪些方面可进行企业的改进？

（3）将调研结果整理成相对完整的转型方案或建议。

任务二　供应链配送管理数据分析

学习指南

任务清单

工作任务	供应链配送管理数据分析		
建议学时	4 学时		
任务描述	本任务通过对供应链配送管理数据分析的学习，掌握供应链配送管理中的线性规划方法的使用，学会建立基本线性规划模型，能用 Excel 表格进行配送资源调配、任务指派以及作业人员排班等操作，培养供应链配送作业数据处理的基本能力		
学习目标	知识目标	1. 掌握建立线性规划基本模型的步骤与决策思路 2. 掌握确定决策变量与目标函数的基本方法 3. 掌握运用 Excel 表格进行配送数据分析的过程	
	能力目标	1. 具备建立供应链配送作业线性规划模型的能力 2. 具备运用 Excel 表格进行数据规划处理的操作能力 3. 具备根据数据分析结果进行供应链配送经营建议的能力	
	素质目标	1. 培养供应链配送管理数据分析的系统思维 2. 培养构建数据处理模型的思考与钻研精神 3. 培养用数据说话的专业素养	
	思政目标	通过对供应链配送管理数据分析的学习，培养实事求是、用数据说话的工作作风，培养遵守职业规范的意识	
关键词	线性规划　资源调配　任务指派　作业排班		

知识树

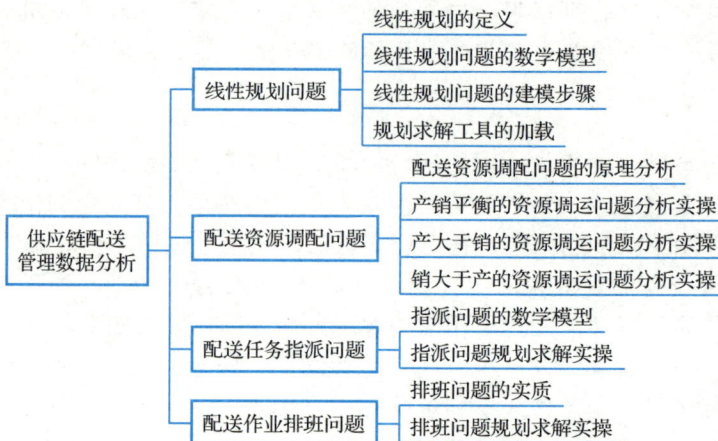

任务引入

任务背景

J公司的电商物流优化

　　J公司是一家电商企业，拥有自己的物流配送网络和仓储中心。为了提升物流运作的效率，J公司决定利用物流大数据分析技术对物流进行优化。

　　首先，J公司搜集了大量的物流运输数据，包括订单信息、车辆信息、运输轨迹等。通过对这些数据的整理和清洗，将其转化为可分析的数据集。

　　接下来，J公司运用数据挖掘和机器学习技术对这些数据进行分析，目的是挖掘出潜在的问题和改进的机会。通过对订单信息的分析，J公司发现了一些常见的问题，如订单延迟、配送路径不合理等；通过分析车辆信息，对车辆的使用率和路线进行优化；通过对运输轨迹的分析，发现了一些可以优化的路线和配送点，提升了配送效率和客户满意度。

　　通过物流大数据分析，J公司改进了自己的订单管理系统。他们引入了实时预测模型，通过对订单数据的分析，预测订单的数量和分布，进行合理的运输资源规划。这使得J公司能够更好地应对订单高峰期和营销活动，提前做好准备，减少峰值时段的滞后和延迟。

　　此外，J公司还利用物流大数据分析技术来改进自己的仓储管理。通过对库存数据的分析，他们发现了一些库存过高或过低的情况，并根据需求进行库存的合理调配。这不仅减少了库存积压和缺货情况，还提升了仓储的效率和空间利用率。

　　通过物流大数据分析，J公司成功优化了自己的物流运作。借助数据分析的技术和方法，他们发现了问题，并提出了相应的解决方案。通过优化订单管理、运输资源规划和仓储管理，J公司提升了物流运作的效率和客户满意度，降低了运营成本和错误率。

任务目标

1. 根据案例，说明对供应链配送网络进行优化需要哪些基本数据？
2. 为什么对配送网络进行优化不可避免地会涉及对仓储管理的优化？

任务实施

知识必备

一、线性规划问题

　　在进行配送管理数据分析时，我们通常需要用到线性规划模型。线性规划（Linear Programming，LP）是运筹学中研究较早、发展较快、应用广泛、方法较成熟的一个重要分支，是辅助人们进行科学管理的一种数学方法，是研究线性约束条件下线性目标函数的极值问题的数学理论和方法。在我们常用的WPS或Excel软件中，均可调用表格中提供的关于规划求解的基本工具。

（一）线性规划的定义

　　求解线性规划问题的一般解法是单纯形法。线性规划模型由一个目

【阅读材料】关于单纯形法

标函数和若干个约束方程组成，目标函数和约束方程是线性函数。用线性规划来求解的典型问题有运输资源调配问题、人员任务分配问题、人员分工问题，以及网络最大流量、最短路径问题等。

（二）线性规划问题的数学模型

现实生活中人们关心、研究的实际对象通常称为原型。模型是指将某一部分信息隐藏提炼而构造的原型替代物。数学模型则是对现实世界的一个特定对象，为达到一定目的，依据内在规律做出必要的简化假设，并运用适当数学工具得到的一个数学结构。一般线性规划求解模型由一个目标函数、一组约束条件组成。目标函数和约束条件是线性函数，决策变量为一阶，可以表示为

$$\max/\min Z = c_1 x_1 + c_2 x_2 + \cdots + c_n x_n$$

$$\text{s.t.} \begin{cases} a_{11} x_1 + a_{12} x_2 + \cdots + a_{1n} x_n = b_1 \\ a_{21} x_2 + a_{22} x_2 + \cdots + a_{2n} x_n = b_2 \\ \cdots \\ \cdots \\ \cdots \\ a_{m1} x_1 + a_{m2} x_2 + \cdots + a_{m \cdot n} x_n = b_m \\ x_1, x_2, \cdots, x_n \geq 0 \end{cases} \tag{6-1}$$

目标函数中：Z 为目标值，c 为价值常量，x 为决策变量。

约束条件中：a 为技术常量，b 为资源约束常量。s.t. 是 subject to 的缩写，表示"在……约束条件之下"，或者说"约束为……"。目标函数达到最大值/最小值的可行解（$x_1, x_2, \cdots, x_n$）称为最优解。

（三）线性规划问题的建模步骤

建立线性规划问题的数学模型一般要经过以下三个步骤。

（1）确定决策变量。根据影响所要达到目标的因素来确定决策变量。对于一个决策问题，首先要明确的是我们要决策什么？也就是说，有哪些可供选择的方案。一般情况下，一个决策问题应有一个以上可供选择的方案。因此，可以将其设置为变量，并以变量的不同取值来表示可供选择的各个不同方案，这些假设的变量就是决策变量。

例如，在一个运输资源调度问题中，要决策将某几个城市生产出来的商品，运往另外几个城市进行销售。现实中，已知从这几个生产城市到销售城市的运输价格，形成一个矩阵数组，同时，每个生产商品的城市受到生产能力限制，每个销售商品的城市受到销售能力限制。在这个运输资源调度问题中，决策变量就是哪个生产城市向哪个销售城市运输多少商品，决策目标就是最终使总运输费用最少。

一个决策问题到底要设多少个决策变量，取决于决策问题本身，但所有假设的决策变量及其取不同的值，应反映并包含该决策问题中所有可供选择的方案，以免在建模计算分析过程中遗漏最优的决策方案。少设一个决策变量，实际上就意味着这个变量取值为零；多一个决策变量，则其取值可以是零，也可以不为零，这大大增加了可供选择的决策方案，增加了决策问题更多的机会与选择。但是，过多的决策变量会使数学模型复杂、计算困难，所以必须在两者之间做出恰当的选择。

（2）建立目标函数。由决策变量和所有达到目的之间的函数关系确定目标函数。作为一

个决策问题，在决策者的心目中，必然会有各种决策的目标，如希望产品产量最大、利润最大、成本最低等。而这些目标实现的好坏，取决于采用的决策方案。因此，决策目标是决策方案的函数，也就是决策变量的函数，即目标函数。因此，建立数学模型的第二步，就是要对每个决策目标建立目标函数，找到目标值与决策变量之间的数量关系。在本任务的线性规划问题中，讨论的数学模型只含一个目标函数，且函数关系是线性的。

（3）确定约束条件。一个决策问题的决策目标一般不可能无限制地被优化。在实现优化的过程中，必然会受到有关外界条件的制约。例如，一个利润最大化的决策目标，就可能受制于资源和市场容量的限制等；一个成本最小化的决策目标，就可能受制于一定的产量要求等。这些限制用数学语言表述出来就是约束条件。在一个决策问题中，增加一个约束条件，往往会给决策目标带来影响，当然也可能没有影响。没有影响的约束条件就成为多余的条件。相反，如果遗漏了一个或几个约束条件，则可能使计算出的最优目标无法得以实现，因为它不能满足那些遗漏的约束条件。因此，在建立决策问题的数学模型时，必须要全面地考虑所有与决策目标有关的约束条件，建立一个完整的数学模型。

（四）规划求解工具的加载

在 WPS 中，可直接从电子表格中调用规划求解工具。如果使用 Excel 表格，以 Excel 2013 为例，由于其默认不加载规划求解工具，因此，要使用该功能时需要手动加载。当加载完成后，其使用方法跟 WPS 中电子表格的使用方法类似，这里不一一比较。

关于规划求解工具的调用将在后面的实例中逐一介绍。

【阅读材料】Excel 表格加载　　【微视频】规划求解工
规划求解工具　　　　　具的调用

二、配送资源调配问题

（一）配送资源调配问题的原理分析

1. 线性规划方法在配送资源调配问题的应用

运输问题是一类特殊的线性规划问题，最早是从物资调运中提出来的。运输资源配置的方法有多种，可根据客户所需货物，配送中心站点交通线路布局不同而选用不同的方法。简单的运输可采用定向专车运行调度法、循环调度法、交叉调度法等。如果运输任务较重，交通网络较复杂，为合理调度车辆的运行，可运用运筹学中线性规划的方法，如最短路径法、表上作业法、图上作业法等。下面将介绍如何采用线性规划方法建模，用 Excel 表格中的"规划求解"工具进行求解。

运输资源配置问题的数学模型，可以用以下数学语言描述。

设有某种物资需要从 m 个产地 $A_1, A_2, \cdots, A_m$，运到 n 个销地 $B_1, B_2, \cdots, B_n$。其中产地 A_i 的产量为 $a_i(i=1,2,\cdots,m)$，销地 B_j 的销量为 $b_j(j=1,2,\cdots,n)$。设从产地 A_i 到销地 B_j 的单位运价为 $c_{i \cdot j},(i=1,2,\cdots,m; j=1,2,\cdots,n)$，问该怎样进行物资调运才能使总费用最少？

这是由多个产地供应多个销地的品种物资调运问题。根据上述参数的解释，可列出如表 6-1 所示的已知条件。

表 6-1　产销调运的已知条件

运价		销 地				产量
		B_1	B_2	$\cdots$	B_j	
产地	A_1	c_{11}	c_{12}	$\cdots$	c_{1j}	a_1
	A_2	c_{21}	c_{22}	$\cdots$	c_{2j}	a_2
	$\cdots$	$\cdots$	$\cdots$	$\cdots$	$\cdots$	$\cdots$
	A_i	c_{i1}	c_{i2}	$\cdots$	$c_{i \cdot j}$	a_i
销量		b_1	b_2	$\cdots$	b_j	
总产量		$\sum a_i = a_1 + a_2 + \cdots + a_i$				
总销量		$\sum b_j = b_1 + b_2 + \cdots + b_j$				

在表 6-1 中，产量 a_i 和销量 b_j 的单位根据实际情况可以为吨、公斤、件等；运价 $c_{i \cdot j}$ 的单位为元 / 吨、元 / 公斤、元 / 件等。$\sum a_i$ 表示各产地产量的总和，即总产量或总供给量；$\sum b_j$ 表示各销地销量的总和，即总销量或总需求量。

令 $x_{i \cdot j}$ 表示某物资从发点 A_i 到收点 B_j 的调运量（运输量），列出产销调运关系表，如表 6-2 所示。

表 6-2　产销调运关系表

运价		销地				产量
		B_1	B_2	$\cdots$	B_j	
产地	A_1	x_{11}	x_{12}	$\cdots$	x_{1j}	a_1
	A_2	x_{21}	x_{22}	$\cdots$	x_{2j}	a_2
	$\cdots$	$\cdots$	$\cdots$	$\cdots$	$\cdots$	$\cdots$
	A_i	x_{i1}	x_{i2}	$\cdots$	$x_{i \cdot j}$	a_i
销量		b_1	b_2	$\cdots$	b_j	

2. 产销运输问题模型建立

在调运问题中，如果总产量等于总销量，则称该问题为产销平衡的运输问题，否则，称为产销不平衡的运输问题。综合来说有三种情况：一是产销平衡问题，即 $\sum a_i = \sum b_j$；二是产大于销的不平衡问题，即 $\sum a_i > \sum b_j$；三是销大于产的不平衡问题，即 $\sum a_i < \sum b_j$。

（1）产销平衡的运输问题建模。当 $\sum a_i = \sum b_j$ 时，总供给量（产量）等于总需求量（销量）。已知从发点 A_i 到收点 B_j 的单位运价为 $c_{i \cdot j}$、物资调运量（运输量）为 $x_{i \cdot j}$，结合表 6-1、表 6-2 可以列出如表 6-3 所示的调运关系表。

表 6-3　调运关系表

运价		销地				产量
		B_1	B_2	…	B_j	
产地	A_1	c_{11} x_{11}	c_{12} x_{12}	…	c_{1j} x_{1j}	a_1
	A_2	c_{21} x_{21}	x_{22} x_{22}	…	x_{2j} x_{2j}	a_2
	…	…	…	…	…	…
	A_i	x_{i1} x_{i1}	x_{i2} x_{i2}	…	$x_{i \cdot j}$ $x_{i \cdot j}$	a_i
销量		b_1	b_2	…	b_j	

则产销平衡的运输问题求解模型为

$$\min Z = \sum_{i=1}^{m}\sum_{j=1}^{n} c_{i \cdot j} x_{i \cdot j}$$

$$\text{s.t.} \begin{cases} \sum_{j=1}^{n} x_{i \cdot j} = a_i, & i = 1, 2, \cdots, m \\ \sum_{i=1}^{m} x_{i \cdot j} = b_j, & j = 1, 2, \cdots, n \end{cases} \quad (6\text{-}2)$$

目标函数中，Z 为总运输费用，c 为运价，x 为决策变量。

约束条件中，a 为各产地产量，b 为各销地销量。

目标函数达到最小值的可行解 $x_1, x_2, \cdots, x_n$ 称为最优解。

（2）产大于销的不平衡运输问题。当 $\sum a_i > \sum b_j$ 时，是产销不平衡的运输问题。此时，总供给量（产量）大于总需求量（销量）。也就是说，在供大于求情况下，需求方可以满足需求，但供给方不可能完全分配，有剩余。相比于产销平衡运输问题，它的变化在于约束条件设计上，即每个产地分配出去的运输量要小于或等于当地产量。其求解模型为

$$\min Z = \sum_{i=1}^{m}\sum_{j=1}^{n} c_{i \cdot j} x_{i \cdot j}$$

$$\text{s.t.} \begin{cases} \sum_{j=1}^{n} x_{i \cdot j} < a_i, & i = 1, 2, \cdots, m \\ \sum_{i=1}^{m} x_{i \cdot j} = b_j, & j = 1, 2, \cdots, n \\ x_{ij} \geqslant 0, & i = 1, 2, \cdots, m; \quad j = 1, 2, \cdots, n \end{cases} \quad (6\text{-}3)$$

目标函数中，Z 为总运输费用，c 为运价，x 为决策变量。

约束条件中，a 为各产地产量，b 为各销地销量，$\sum_{j=1}^{n} x_{i \cdot j} < a_i$。

目标函数达到最小值的可行解 x_1，x_2，$\cdots$，x_n 称为最优解。

（3）产小于销的不平衡运输问题。当 $\sum a_i < \sum b_j$ 时也是产销不平衡的运输问题。此时，总供给量（产量）小于总需求量（销量）。调运时供给方可以满足总运出量等于总供给量，但需求方不可能完全满足，即每个销地接收的运输量要小于或等于当地需求量（销量）。它的求解变化出在于约束条件上，其求解模型为

$$\min Z = \sum_{i=1}^{m} \sum_{j=1}^{n} c_{i \cdot j} x_{i \cdot j}$$

$$\text{s.t.} \begin{cases} \sum_{j=1}^{n} x_{i \cdot j} = a_i, & i=1,2,\cdots,m \\ \sum_{i=1}^{m} x_{i \cdot j} < b_j, & j=1,2,\cdots,n \\ x_{i \cdot j} \geq 0, & i=1,2,\cdots,m; \quad j=1,2,\cdots,n \end{cases} \quad （6\text{-}4）$$

目标函数中，Z 为总运输费用，c 为运价，x 为决策变量。

约束条件中，a 为各产地产量，b 为各销地销量，$\sum_{i=1}^{m} x_{ij} < b_j$ 。

目标函数达到最小值的可行解 x_1，x_2，$\cdots$，x_n 称为最优解。

（二）产销平衡的资源调运问题分析实操

【实操任务 6-1】 某省内的某物资主要由 P_1、P_2、P_3 三个城市生产，现由四方达配送中心对 M_1、M_2、M_3、M_4 四地进行该物资配送。该物资的销量（需求量）、产量（供给量）及各城市间的单位运价如表 6-4 表示（产销量单位为吨，运价单位为百元/吨）。

表 6-4　运价和产销量表

运价		销地				产量
		M_1	M_2	M_3	M_4	
产地	P_1	2	8	8	12	27
	P_2	7	5	14	16	24
	P_3	3	12	3	5	20
销量		15	21	17	18	

任务要求：实现四方达配送中心需设计最优调运方案。

1. 实操任务分析

已知产量（供给量）之和为 71 吨，销量（需求量）之和也是 71 吨，这是产销平衡资源调运问题。在保证各供应地产量都能调出、各需求地的需求量都能得到满足的条件下，使总运输成本 Z 最小。因此，x 是决策变量，$\min Z$ 为目标函数，而保证各供应地产量都能调出、各需求地需求都能得到满足是主要约束条件。因此，在建立模型后，可以在 Excel 表格中建立数据模型，并运用规划求解工具进行求解，具体步骤如下。

（1）分析问题，确定决策变量。

（2）分析问题，建立目标函数。

（3）分析问题，确定约束条件。

（4）在 Excel 表格中建立数据模型，并体现必要的数据关系。

（5）通过规划求解工具进行求解。

2. 实操步骤

（1）确定决策变量。根据任务分析可知，x 是决策变量，建立一个含 12 个变量的 $x_{i·j}$（$i=1,2,3$；　$j=1,2,3,4$）数组。

（2）建立目标函数。通过表上作业法可将运价 c、决策变量 x（即将分配的运量）直观表示，各地间运价、产销量和决策变量表如表 6-5 所示。表中第 2 至第 4 行、第 2 至第 5 列单元格左上角的数据是运价 c，右下角则是决策变量 x。min Z 为目标函数，它是供求各地决策变量 x 和运输价格 c 的乘积之和。

表 6-5　各地间运价、产销量和决策变量表

运价		销地				产量（调出量）
		M_1	M_2	M_3	M_4	
产地	P_1	2　　x_{11}	8　　x_{12}	8　　x_{13}	12　　x_{14}	27
	P_2	7　　x_{21}	5　　x_{22}	14　　x_{23}	16　　x_{24}	24
	P_3	3　　x_{31}	12　　x_{32}	3　　x_{33}	5　　x_{34}	20
销量（调入量）		15	21	17	18	

根据分析建立目标函数

$$\min Z = \sum_{i=1}^{3}\sum_{j=1}^{4} c_{ij}x_{ij} = 2x_{11} + 8x_{12} + 8x_{13} + 12x_{14} + 7x_{21} + 5x_{22} + 14x_{23} + 16x_{24} + 3x_{31} + 12x_{32} + 3x_{33} + 5x_{34}$$

（3）确定约束条件。约束条件分成三类。这是产销平衡问题，因此它的约束条件为：一是产量全部调出，即每个产地（供给方）调往各销地的调出量之和等于该产地的产量，设计约束条件为

$$\text{s.t.}\begin{cases} x_{11} + x_{12} + x_{13} + x_{14} = 27 \\ x_{21} + x_{22} + x_{23} + x_{24} = 24 \\ x_{31} + x_{32} + x_{33} + x_{34} = 20 \end{cases}$$

二是销量全部调入，即每个销地（需求方）从各产地调入的调入量之和等于该销地的需求量，设计约束条件为

$$\text{s.t.}\begin{cases} x_{11} + x_{21} + x_{31} = 15 \\ x_{12} + x_{22} + x_{32} = 21 \\ x_{13} + x_{23} + x_{33} = 17 \\ x_{14} + x_{24} + x_{34} = 18 \end{cases}$$

三是所有决策变量非负，即

$$x_{i \cdot j} \geq 0, \quad i=1,2,3; \quad j=1,2,3,4$$

综合上述条件，得到完整的产销平衡资源调运的数学模型为

$$\min Z = \sum_{i=1}^{3}\sum_{j=1}^{4} c_{i \cdot j} x_{i \cdot j} = 2x_{11} + 8x_{12} + 8x_{13} + 12x_{14} + 7x_{21} + 5x_{22} + 14x_{23} + 16x_{24} + 3x_{31} + 12x_{32} + 3x_{33} + 5x_{34}$$

$$\text{s.t.}\begin{cases} x_{11} + x_{12} + x_{13} + x_{14} = 27 \\ x_{21} + x_{22} + x_{23} + x_{24} = 24 \\ x_{31} + x_{32} + x_{33} + x_{34} = 20 \\ x_{11} + x_{21} + x_{31} = 15 \\ x_{12} + x_{22} + x_{32} = 21 \\ x_{13} + x_{23} + x_{33} = 17 \\ x_{14} + x_{24} + x_{34} = 18 \\ x_{i \cdot j} \geq 0, \ i=1,2,3; \ j=1,2,3,4 \end{cases}$$

（4）在 Excel 表格中求解资源调运问题模型。

① 在 Excel 表格中建立数据关系框架。由于规划求解工具中没有"加、减、乘、除"等运算功能，因此，在调用它之前，要在表格中做好相关数据关系。求解资源调运问题模型结构（1）如图 6-1 所示，将表格中的单元格 A1:F6 设计为"数据部分"，导入原始数据，这是已知条件；"解决方案"部分，设计了决策变量区域为单元格 B11:E13，B9 为目标函数单元格，F11:G13 和 B14:E15 为约束条件关系区域。

设置目标函数。根据模型，目标函数是决策变量数组和运价数组的乘积和。在单元格 B9 中输入"=SUMPRODUCT（B3:E5，B11:E13）"，代表单元格 B3:E5 表示的运输量数组和单元格 B11:E13 表示的决策变量数组的乘积和，如图 6-2 所示。

设置行、列约束条件。在单元格 F11 中输入"=SUM（B11:E11）"，如图 6-3 所示，代表 P_1 分配给 4 个销地的调出量之和，同理，可建立其他 2 个产地的调出量之和，以及 4 个销地的调入量之和的求和公式。F11:F13 是各产地调出量之和，可与 G11:G13 形成一组产量约束条件。同理，B14:E14 是各销地调入量之和，可与 B15:E15 建立一组销量约束条件。

	A	B	C	D	E	F	G
1	数据部分						
2	产地/销地	M_1	M_2	M_3	M_4	产量	
3	P_1	2	8	8	12	27	
4	P_2	7	5	14	16	24	
5	P_3	3	12	3	5	20	
6	销量	15	21	17	18		
7							
8	解决方案						
9	目标函数						
10	产地/销地	M_1	M_2	M_3	M_4	行约束	
11	P_1						27
12	P_2						24
13	P_3						20
14	列约束						
15		15	21	17	18		
16							

图 6-1　求解资源调运问题模型结构（1）

B9　fx　=SUMPRODUCT(B3:E5, B11:E13)

	A	B	C	D	E	F	G
1	数据部分						
2	产地/销地	M_1	M_2	M_3	M_4	产量	
3	P_1	2	8	8	12	27	
4	P_2	7	5	14	16	24	
5	P_3	3	12	3	5	20	
6	销量	15	21	17	18		
7							
8	解决方案						
9	目标函数	0					
10	产地/销地	M_1	M_2	M_3	M_4	行约束	
11	P_1						27
12	P_2						24
13	P_3						20
14	列约束						
15		15	21	17	18		
16							

图 6-2　求解资源调运问题模型结构（2）

F11　fx　=SUM(B11:E11)

	A	B	C	D	E	F	G
1	数据部分						
2	产地/销地	M_1	M_2	M_3	M_4	产量	
3	P_1	2	8	8	12	27	
4	P_2	7	5	14	16	24	
5	P_3	3	12	3	5	20	
6	销量	15	21	17	18		
7							
8	解决方案						
9	目标函数	0					
10	产地/销地	M_1	M_2	M_3	M_4	行约束	
11	P_1					0	27
12	P_2					0	24
13	P_3					0	20
14	列约束	0	0	0	0		
15		15	21	17	18		
16							

图 6-3　求解资源调运问题模型结构（3）

② 运用规划求解工具进行求解，步骤如下。

➢ 在菜单栏中单击"数据"工具栏，选择"模拟分析"→"规划求解"选项，打开"规划求解参数"对话框。

➢ 设置目标单元格。在"设置目标"中选择或输入"$B$9"。

➢ 选择最大值/最小值。这里单击"最小值"单选框。

➢ 输入可变（决策）单元格区域。在"通过更改可变单元格"中输入"$B$11:$E$13"。

➢ 继续增加约束条件。

单击"遵守约束"列表右边的"添加"按钮，弹出"添加约束"对话框。

首先，添加调出量（行）、调入量（列）约束条件。在"规划求解参数"列表设置中，逐条设置如图 6-4 所示的约束条件。如果希望求出的解是数，还可自行添加取整约束。

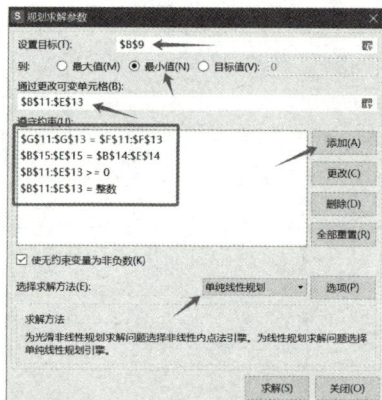

图 6-4 "规划求解参数"对话框

单击"求解"按钮,在打开对话框中选择"保存规划求解结果"选项,即可求得如图 6-5 所示的产销调运方案。从 P_1 地调出 12 吨,从 P_2 地调出 3 吨,总共 15 吨货物给 M_1 地,其余 依此类推。从约束条件所示的数据看,此时所有产地需要调出的商品均已调出,所有销地需 要的商品均已调入,产销平衡,目标函数最小总运费为 36600 元。

图 6-5 产销调运方案

【微视频】产销平衡的
资源调运问题求解过程

(三)产大于销的资源调运问题分析实操

【实操任务 6-2】某省内的某物资主要由 P_1、P_2、P_3 三个城市生产,现由四方达配送中心 对 M_1、M_2、M_3、M_4 四地进行该物资配送。对该物资的销量(需求量)、产量(供给量)及 各城市间的单位运价如表 6-6 表示(产、销量单位为吨,运价单位为百元/吨)。

表 6-6 运价和产、销量表

运价		销地				产量
		M_1	M_2	M_3	M_4	
产地	P_1	2	8	8	12	27
	P_2	7	5	14	16	24
	P_3	3	12	3	5	20
销量		12	17	14	19	

任务要求：为实现四方达配送中心的需要设计最优调运方案。

1. 实操任务分析

从表 6-6 中可以算出，供给量（产量）之和为 71 吨，需求量（销量）之和是 64 吨，这是"产大于销"的资源调运问题。根据前述知识点，"产销不平衡"与"产销平衡"的资源调运问题主要区别在约束条件设置上。此时设计约束条件，优先满足所有销地的需求量得到满足。供求各地的运价 c、x 是决策变量，$\min Z$ 为目标函数。在保证各销地需求量都能得到满足的条件下，求解如何分配各产地的调出量 x，使总运输成本 Z 最小。

具体步骤如下。

➢ 分析问题，确定决策变量。

➢ 分析问题，建立目标函数。

➢ 分析问题，确定约束条件。

➢ 在 Excel 表格中建立数据模型，并体现必要的数据关系。

➢ 通过规划求解工具进行求解。

2. 实操步骤

（1）确定决策变量，建立目标函数，确定约束条件。

$$\min Z = \sum_{i=1}^{3}\sum_{j=1}^{4} c_{i \cdot j} x_{i \cdot j} = 2x_{11} + 8x_{12} + 8x_{13} + 12x_{14} + 7x_{21} + 5x_{22} + 14x_{23} + 16x_{24} + 3x_{31} + 12x_{32} + 3x_{33} + 5x_{34}$$

$$\text{s.t.}\begin{cases} x_{11} + x_{12} + x_{13} + x_{14} < 27 \\ x_{21} + x_{22} + x_{23} + x_{24} < 24 \\ x_{31} + x_{32} + x_{33} + x_{34} < 20 \\ x_{11} + x_{21} + x_{31} = 12 \\ x_{12} + x_{22} + x_{32} = 17 \\ x_{13} + x_{23} + x_{33} = 14 \\ x_{14} + x_{24} + x_{34} = 19 \\ x_{i \cdot j} \geqslant 0, \quad i = 1,2,3; \quad j = 1,2,3,4 \end{cases}$$

（2）在 Excel 表格中建立数据模型。

① 在 Excel 表格中建立如图 6-6 所示的数据关系框架，然后设置目标函数，设置行、列约束条件。

图 6-6　求解运输调配问题模型结构

② 运用规划求解工具求解。与产销平衡的调运相比，主要区别在于规划求解参数中的约束条件。产大于销情况下的调运，用"$F$11:$F$13<$G$11:$G$13"和"$B$15:$E$15=$B$14:$E$14"来表示产量（行）约束条件中的二类约束条件，如图 6-7 所示。

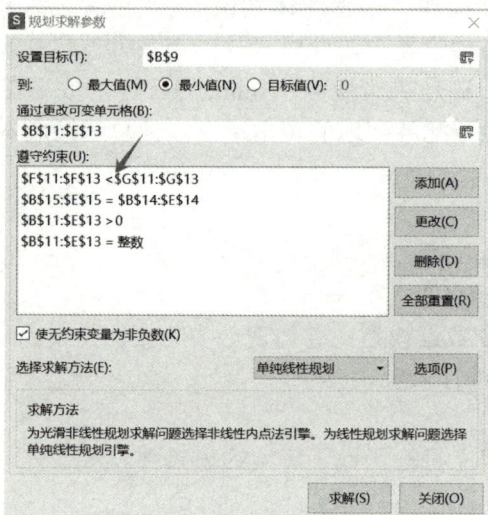

图 6-7　调用"规划求解参数"对话框

③ 单击"求解"按钮，并在打开的对话框中选择"保存规划求解结果"选项，即可求得如图 6-8 所示的产销调运方案：P_1 地分别调给 M_1 地 12 吨、M_3 地 13 吨，剩余 2 吨；P_2 地调给 M_2 地 17 吨、剩余 7 吨；P_3 地分别调给 M_3 地 1 吨、M_4 地 19 吨，无剩余。此时 P_1 地、P_2 地还有剩余，仅有 P_3 地全部调出，所有销地需要的物资均已调入，目标函数最小总运费为 31100 元。

▲	A	B	C	D	E	F	G
1	数据部分						
2	产地/销地	M_1	M_2	M_3	M_4	产量	
3	P_1	2	8	8	12	27	
4	P_2	7	5	14	16	24	
5	P_3	3	12	3	5	20	
6	销量	12	17	14	19		
7							
8	解决方案						
9	目标函数	311					
10	产地/销地	M_1	M_2	M_3	M_4	行约束	
11	P_1	12	0	13	0	25	27
12	P_2	0	17	0	0	17	24
13	P_3	0	0	1	19	20	20
14	列约束	12	17	14	19		
15		12	17	14	19		

图 6-8　产销调运方案

【微视频】产大于销的资源调运问题求解过程

（四）销大于产的资源调运问题分析实操

【实操任务 6-3】某省内的某物资主要由 P_1、P_2、P_3 三个城市生产，现由四方达配送中心对 M_1、M_2、M_3、M_4 四地进行该物资配送。对该物资的销量（需求量）、产量（供给量）及各城市间的单位运价如表 6-7 表示（产、销量单位为吨，运价单位为百元 / 吨）。

表 6-7　运价和产、销量表

产地	销地				产量
	M_1	M_2	M_3	M_4	
P_1	2	8	8	12	21
P_2	7	5	14	16	19
P_3	3	12	3	5	18
销量	12	17	14	19	

任务要求：为实现四方达配送中心的需要设计最优调运方案。

1. 实操任务分析

从表 6-7 中可以算出，供给量（产量）之和为 58 吨，需求量（销量）之和是 62 吨，这是销大于产的产销不平衡资源调运问题。设计约束条件，优先满足所有产地的销量得到满足。供求各地的运价 c、x 是决策变量，$\min Z$ 为目标函数。在保证各销地需求量都能得到满足的条件下，求解如何分配各产地的调出量 x，使总运输成本 Z 最小。

具体步骤如下。

➤ 分析问题，确定决策变量。

➤ 分析问题，建立目标函数。

➤ 分析问题，确定约束条件。

➤ 在 Excel 表格中建立数据模型，并体现必要的数据关系。

➤ 通过规划求解工具进行求解。

2. 实操步骤

（1）确定决策变量，建立目标函数，确定约束条件。

$$\min Z = \sum_{i=1}^{3}\sum_{j=1}^{4} c_{i\cdot j}x_{i\cdot j} = 2x_{11} + 8x_{12} + 8x_{13} + 12x_{14} + 7x_{21} + 5x_{22} + 14x_{23} + 16x_{24} + 3x_{31} + 12x_{32} + 3x_{33} + 5x_{34}$$

$$\text{s.t.} \begin{cases} x_{11} + x_{12} + x_{13} + x_{14} = 21 \\ x_{21} + x_{22} + x_{23} + x_{24} = 19 \\ x_{31} + x_{32} + x_{33} + x_{34} = 18 \\ x_{11} + x_{21} + x_{31} < 12 \\ x_{12} + x_{22} + x_{32} < 17 \\ x_{13} + x_{23} + x_{33} < 14 \\ x_{14} + x_{24} + x_{34} < 19 \\ x_{i\cdot j} \geq 0, \quad i = 1,2,3; \quad j = 1,2,3,4 \end{cases}$$

（2）在 Excel 表格中建立数据模型。

① 在 Excel 表格中建立如图 6-9 所示的数据关系框架，然后设置目标函数，设置行、列约束条件。

② 运用规划求解工具求解。与产销平衡的调运相比，主要区别在于规划求解参数中的约束条件。销大于产情况下的调运，用"\$F\$11:\$F\$13=\$G\$11:\$G\$13"和"\$B\$15:\$E\$15<\$B\$14:\$E\$14"来表示产量（行）约束条件中的二类约束条件，如图 6-10 所示。

图 6-9　求解运输调配问题模型结构

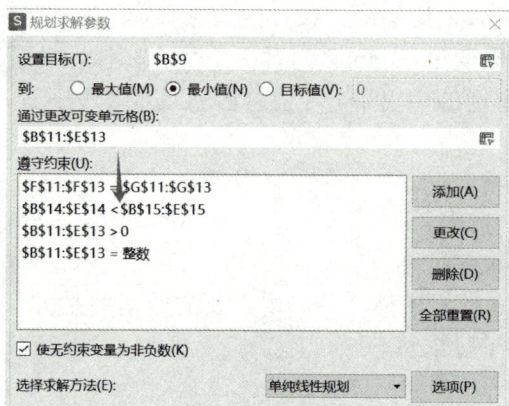

图 6-10　调用"规划求解参数"对话框

③ 单击"求解"按钮，并在打开的对话框中选择"保存规划求解结果"选项，即可求得如图 6-11 所示的产销调运方案：P_1 地分别调给 M_1 地 10 吨、M_3 地 11 吨；P_2 地调给 M_1 地 2 吨、M_2 地 17 吨；P_3 地分别调给 M_3 地 3 吨、M_4 地 15 吨，均已经调出。此时 M_4 地还差 4 吨，其余的需求全部满足，目标函数最小总运费为 29100 元。

【微视频】销大于产的资源调运问题求解过程

图 6-11　产销调运方案

三、配送任务指派问题

（一）指派问题的数学模型

假如有 n 项不同的任务，恰好团队有 n 个人承担。由于团队每个人的工作能力不一样，完成各项任务的效率不同。如果必须指派每个人去完成 1 项任务，或者每项任务要指派 1 个人去完成，如何把这 n 项不同的任务分给 n 个人，使团队的总效率最高呢？

以上问题在物流活动中其实就是经常遇到的各种性质的指派问题。如有 n 项运输任务恰好有 n 辆车可承担，由于车型、载重及司机对道路熟悉程度等方面不同，效率也不一样，于是产生了应指派哪辆车去完成哪项运输任务，使总效率最高（费用最小、时间最短）的问题，这类问题称为指派问题（Assignment Problem）。

指派问题与前面讨论的线性规划问题有些不同。线性规划问题中的最优解可能是整数，也可能不是。在很多实际问题中，全部或部分变量的取值必须是整数，如所求解的是上班的人数、开出多少台机器等。对于这些问题有时候不能简单地用四舍五入取整法加以处理，而是要用整数规划法加以解决，以求得可行解和最优解。整数规划（Integer Programming）所有变量的解都限制为整数。如果它的解只有 0 或 1 两种情况，那么它就是整数规划的一种特殊情形——0—1 规划。

指派问题的数学模型由一个目标函数、一组约束条件组成，目标函数和约束条件都是线性函数。目标函数中，Z 为目标值，c 为价值常量，x 为决策变量，$x=0$ 或 $x=1$。其模型公式如式（6-5）所示。

【阅读材料】线性规划与整数规划的区别

$$\min Z = \sum_{i=1}^{m}\sum_{j=1}^{n} c_{i\cdot j}x_{i\cdot j}$$

$$\text{s.t.}\begin{cases}\sum_{j=1}^{n}x_{i\cdot j}=1, & i=1,2,\cdots,m \\ \sum_{i=1}^{m}x_{i\cdot j}=1, & j=1,2,\cdots,n \\ x_{i\cdot j}=0 \text{ 或 } x_{i\cdot j}=1\end{cases} \tag{6-5}$$

前面所说的有 n 项不同的任务，恰好团队有 n 个人承担，即在模型中为 $m=n$ 情况下的 0—1 规划问题。指派问题也有 m 项不同的任务，团队有 n 个人承担的 $m\neq n$ 的情况。当 $m>n$ 时，说明任务多、人少，对某几项任务作归并，即有人要做不止一项任务，使 $m=n$；当 $m<n$ 时，说明任务少、人多，这时对人员进行组合，即有的任务不止一个人承担，使 $m=n$。这样就可以用 0—1 规划模型求解。

（二）指派问题规划求解实操

【实操任务 6-4】某配送中心需要 5 个人去完成 5 项配送任务，每人完成任务耗费时间如表 6-8 所示。

表 6-8　每人完成任务耗费时间

时间 / 小时		任务				
		A_1	A_2	A_3	A_4	A_5
人员	甲	6	10	4	8	9
	乙	5	7	9	10	4
	丙	6	3	3	5	4
	丁	4	6	5	7	6
	戊	9	4	6	4	8

任务要求：对该配送中心进行任务分配，使任务完成的总时间最少。

1. 实操任务分析

人员任务指派问题是一种特殊的线性规划问题，可参照线性规划问题求解，分为两大步骤。

（1）建立 0—1 整数规划模型。分析确定决策变量，确定目标函数，确定约束条件。

（2）用 Excel 表格求解规划模型。在 Excel 表格中建立数据关系，运用规划求解工具进行求解。

2. 实操步骤

（1）建立 0—1 整数规划模型。

① 确定决策变量。根据任务分析可知，该配送中心指派 5 个人去完成 5 项配送任务。决策变量 $x_{i \cdot j}$ 即为第 i 个人是否去执行第 j 项任务，表示为

$$x_{i \cdot j} = \begin{cases} 0, \text{第} i \text{个人不执行第} j \text{项任务} \\ 1, \text{第} i \text{个人执行第} j \text{项任务} \end{cases}, \quad i = 1, 2, \cdots, 5; \ j = 1, 2, \cdots, 5$$

② 分析目标函数，建立 0—1 整数规划模型。该问题的目标是如何安排人员执行任务，以取得最大时间效益，即所有任务完成的时间和最小。约束条件就是每个人只能完成 1 项任务，每项任务只能由 1 个人完成。人员、任务完成时间、数量和决策变量表如表 6-9 所示，表中第 2 至第 6 列、第 2 至第 6 行，左上角为每人完成每项任务所需要的时间，右下角是决策变量：第 i 个人是否去执行第 j 项任务；第 7 列是每个人只能完成 1 项任务的约束，第 7 行表示每项任务只能 1 个人完成的约束。

表 6-9　人员、任务完成时间、数量和决策变量表

时间 / 小时		任务					每人完成任务数量
		A_1	A_2	A_3	A_4	A_5	
人员	甲	6　　　x_{11}	10　　　x_{12}	6　　　x_{13}	8　　　x_{14}	9　　　x_{15}	1
	乙	5　　　x_{21}	7　　　x_{22}	9　　　x_{23}	10　　　x_{24}	4　　　x_{25}	1
	丙	6　　　x_{31}	3　　　x_{32}	3　　　x_{33}	5　　　x_{34}	4　　　x_{35}	1

时间 / 小时		任务					每人完成任务数量
		A_1	A_2	A_3	A_4	A_5	
人员	丁	4 x_{41}	6 x_{42}	5 x_{43}	7 x_{44}	6 x_{45}	1
	戊	9 x_{51}	4 x_{52}	6 x_{53}	4 x_{54}	8 x_{55}	1
每项任务执行人数		1	1	1	1	1	

根据以上分析，建立目标函数

$$\min Z = \sum_{i=1}^{m}\sum_{j=1}^{n} c_{i \cdot j} x_{i \cdot j}$$

$$= 6x_{11}+10x_{12}+6x_{13}+8x_{14}+9x_{15}+5x_{21}+7x_{22}+9x_{23}+10x_{24}+4x_{25}+$$

$$6x_{31}+3x_{32}+3x_{33}+5x_{34}+4x_{35}+4x_{41}+6x_{42}+5x_{43}+7x_{44}+6x_{45}+$$

$$9x_{51}+4x_{52}+6x_{53}+4x_{54}+8x_{55}$$

$$\text{s.t.}\begin{cases} x_{11}+x_{12}+x_{13}+x_{14}+x_{15}=1 \\ x_{21}+x_{22}+x_{23}+x_{24}+x_{25}=1 \\ x_{31}+x_{32}+x_{33}+x_{34}+x_{35}=1 \\ x_{41}+x_{42}+x_{43}+x_{44}+x_{45}=1 \\ x_{51}+x_{52}+x_{53}+x_{54}+x_{55}=1 \\ x_{11}+x_{21}+x_{31}+x_{41}+x_{51}=1 \\ x_{12}+x_{22}+x_{32}+x_{42}+x_{52}=1 \\ x_{13}+x_{23}+x_{33}+x_{43}+x_{53}=1 \\ x_{14}+x_{24}+x_{34}+x_{44}+x_{54}=1 \\ x_{15}+x_{25}+x_{35}+x_{45}+x_{55}=1 \\ x_{i \cdot j}=0 \text{ 或 } x_{i \cdot j}=1,\ i=1,2,3,4,5;\ j=1,2,3,4,5 \end{cases}$$

（2）用 Excel 表格求解规划模型。

① 在 Excel 表格中建立如图 6-12 所示的指派问题模型结构。设定 B12:F16 为决策变量区，即可变单元格区域。

② 设定目标函数和约束条件关系。在目标函数单元格 B10 中输入"=SUMPRODUCT（B3:F7，B12:F16）"，表示决策变量"第 i 个人是否去执行第 j 项任务"数组和"第 i 个人完成第 j 项任务所需时间"数组的乘积之和。G12:H16 和 B17:F18 为约束条件关系区域，如 G12 单元格中输入"=SUM（B12:F12）"。

事实上，在行约束和列约束中，常量相同（都是"1"），可以不列出，在规划求解中构建约束条件关系时可以直接输入。

▲	A	B	C	D	E	F	G	H
1	数据部分							
2	人员任务	A_1	A_2	A_3	A_4	A_5		
3	甲	6	10	4	8	9		
4	乙	5	7	9	10	4		
5	丙	6	3	3	5	4		
6	丁	4	6	5	7	6		
7	戊	9	4	6	4	8		
8								
9	模型部分							
10	目标函数	0						
11		A_1	A_2	A_3	A_4	A_5	行约束	
12	甲						0	1
13	乙						0	1
14	丙						0	1
15	丁						0	1
16	戊						0	1
17	列约束	0	0	0	0	0		
18		1	1	1	1	1		

图 6-12　Excel 表格求解指派问题模型结构

③ 调用规划工具。调用规划工具，在"规划求解参数"对话框中的"设置目标""目标值""通过更改可变单元格""遵守约束"等项目中一一设置,具体参数设置可参考如图 6-13 所示的"规划求解参数"设置页面。

图 6-13　"规划求解参数"设置页面

④ 进行求解。点击"求解"按钮，求出如图 6-14 所示的配送任务指派方案。即甲执行 A_3 任务，乙执行 A_5 任务，丙执行 A_2 任务，丁执行 A_1 任务，戊执行 A_4 任务，此时，5 个人完成 5 项任务花费的总时间为 19 小时。

| B10 | | f_x | =SUMPRODUCT(B3:F7,B12:F16) | | | | |

	A	B	C	D	E	F	G	H
1	数据部分							
2	人员任务	A_1	A_2	A_3	A_4	A_5		
3	甲	6	10	4	8	9		
4	乙	5	7	9	10	4		
5	丙	6	3	3	5	4		
6	丁	4	6	5	7	6		
7	戊	9	4	6	4	8		
8								
9	模型部分							
10	目标函数	19						
11		A_1	A_2	A_3	A_4	A_5	行约束	
12	甲	0	0	1	0	0	1	1
13	乙	0	0	0	0	1	1	1
14	丙	0	1	0	0	0	1	1
15	丁	1	0	0	0	0	1	1
16	戊	0	0	0	1	0	1	1
17	列约束	1	1	1	1	1		
18		1	1	1	1	1		

图 6-14 某配送中心配送任务指派方案

【微视频】配送任务指派问题求解过程

四、配送作业排班问题

（一）排班问题的实质

实质上，排班问题也是整数规划问题。它同样由一个目标函数、一组约束条件组成，目标函数和约束条件是线性函数，其最优解必须是整数。

（二）排班问题规划求解实操

【实操任务 6-5】某供应链客服中心需要 24 小时上班，因此采用每 4 个小时为一时段，每位员工连续工作 2 个时段，实行 8 小时工作制。分别将时段取为 A、B、C、D、E、F，每个时段所需的员工数与所付出的报酬不同，具体数据见表 6-10。

表 6-10 每天各时间段工作人员需求表

时段序号	A	B	C	D	E	F
时段	0—4:00	4:00—8:00	8:00—12:00	12:00—16:00	16:00—20:00	20:00—24:00
所需人数 / 人	5	4	12	10	8	6
每人每小时报酬 / 元	45	40	30	30	35	40

任务要求：

（1）进行排班，既能保证每个时段所需人数，又能使每天用工总数最少。

（2）进行排班，既能保证每个时段所需人数，又能使企业的人工总成本最低。

1. 实操任务分析

进行人员排班的问题是典型的整数规划问题，它由一个目标函数、一组约束条件组成。因此，首先要找出该问题的决策变量，构建目标函数和约束条件，然后建立模型，最后求解。

2. 实操步骤

任务 1：进行排班，既能保证每个时段所需人数，又能使每天用工总数最少。

（1）建立整数规划模型。

分析问题，找出决策变量。由任务已知条件，每个时段的上班人数是上一时段开始上班的原上班人数和本时段开始新上班的人数之和，每天 6 个时段所需的总人数就是每个时段开始上班的新上班人数之和。设每个时段新上班人数为决策变量 x，则第 i 时段的上班人数为 $x_i + x_{i-1}$（见表 6-11）。

表 6-11　每天各时段所需人数和决策变量设计表

时段序号	A	B	C	D	E	F
时段	0—4:00	4:00—8:00	8:00—12:00	12:00—16:00	16:00—20:00	20:00—24:00
所需人数	5	4	12	10	8	6
每人每小时报酬/元	45	40	30	30	35	40
新上班人数	x_1	x_2	x_3	x_4	x_5	x_6

该问题目标"每天用工总数最少"，即要使每个时段开始上班的原上班人数之和最小。

约束条件是上一时段开始上班的原上班人数和本时段开始上班的新上班人数之和，相加后大于或等于每个时段所需人数。根据分析建立如下数学模型

$$\min Z = x_1 + x_2 + x_3 + x_4 + x_5 + x_6$$

$$\text{s.t.} \begin{cases} x_6 + x_1 \geq 5 \\ x_1 + x_2 \geq 4 \\ x_2 + x_3 \geq 12 \\ x_3 + x_4 \geq 10 \\ x_4 + x_5 \geq 8 \\ x_5 + x_6 \geq 6 \\ x_i \geq 0 \text{ 且为整数，} i=1,2,3,4,5,6 \end{cases}$$

（2）用 Excel 表格求解规划模型。

在 Excel 表格中建立如图 6-15 所示的数据关系框架。设定 B11:G11 为决策变量区域（可变单元格区域）。在目标函数单元格 B9 中输入"=SUM（B11:G11）"。因为模型中每个约束条件左侧均为求和运算，分别在 B12:G12 单元格中构建"和关系"，如在单元格 B12 中输入"=G11+B11"，单元格 C12 中输入"=B11+C11"，单元格 D12 中输入"=C11+D11"，单元格 E12 中输入"=D11+E11"，单元格 F12 中输入"=E11+F11"，单元格 G12 中输入"=F11+G11"。

	A	B	C	D	E	F	G
1	数据部分						
2	时段序号	A	B	C	D	E	F
3	时段	0:00—4:00	4:00—8:00	8:00—12:00	12:00—16:00	16:00—20:00	20:00—24:00
4	所需人数/人	5	4	12	10	8	6
5	每人每小时报酬/元	45	40	30	30	35	40
6	配备人数	x_1	x_2	x_3	x_4	x_5	x_6
7							
8	（1）解决方案						
9	目标函数						
10	决策变量	x_1	x_2	x_3	x_4	x_5	x_6
11							
12	约束条件	0	0	0	0	0	0

图 6-15　建立数据关系框架

调用规划求解参数，进行如图 6-16 所示的设置。

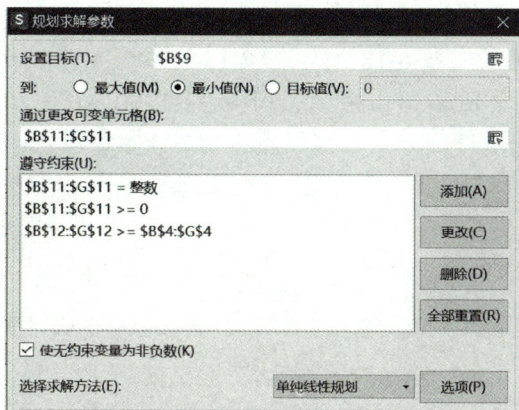

图 6-16　"规划求解参数"设置界面

求解得到如图 6-17 所示的排班问题解决方案：安排 A 时段 5 人开始上班、B 时段 4 人开始上班、C 时段 8 人开始上班、D 时段 2 人开始上班、E 时段 6 人开始上班、F 时段不安排人上班，用工总数为 25 人。

图 6-17　排班问题解决方案

任务 2：进行排班，既能保证每个时段所需人数，又能使企业的人工总成本最低。

（1）建立整数规划模型。由题意可知，任务 2 相比于任务 1，目标函数发生了变化，决策变量和约束条件没变。同样，每个时段的上班人数是上一时段开始上班的原上班人数和本时段开始新上班的人数之和，那么人工总成本也由两部分组成。目标函数是"人工总成本最低"，即求解"每时段用工人数、小时单位报酬和时长的乘积和"最小。整数规划模型为

$$\min Z = 45 \times 4 \times (x_6 + x_1) + 40 \times 4 \times (x_1 + x_2) + 30 \times 4 \times (x_2 + x_3) +$$

$$30 \times 4 \times (x_3 + x_4) + 35 \times 4 \times (x_4 + x_5) + 40 \times 4 \times (x_5 + x_6)$$

$$\text{s.t.} \begin{cases} x_6 + x_1 \geq 5 \\ x_1 + x_2 \geq 4 \\ x_2 + x_3 \geq 12 \\ x_3 + x_4 \geq 10 \\ x_4 + x_5 \geq 8 \\ x_5 + x_6 \geq 6 \\ x_i \geq 0 \text{且为整数}，i = 1,2,3,4,5,6 \end{cases}$$

（2）用 Excel 表格求解规划模型。

① 在 Excel 表格中建立如图 6-18 所示的数据关系框架。设定 B17:G17 为决策变量区（可变单元格区域）。在目标函数单元格 B15 中输入"=SUMPRODUCT（B5:G5，B18:G18）*4"，每个时段上每个约束条件的关系处理参考"任务 1"公式。

	B15		f_x	=SUMPRODUCT(B5:G5, B18:G18)*4		
	A	B	C	D	E	F	G
1	数据部分						
2	时段序号	A	B	C	D	E	F
3	时段	0:00—4:00	4:00—8:00	8:00—12:00	12:00—16:00	16:00—20:00	20:00—24:00
4	所需人数/人	5	4	12	10	8	6
5	每人每小时报酬/元	45	40	30	30	35	40
6	配备人数	x_1	x_2	x_3	x_4	x_5	x_6
7							
8	（1）解决方案						
9	目标函数	25					
10	决策变量	x_1	x_2	x_3	x_4	x_5	x_6
11		5	4	8	2	6	0
12	约束条件	5	9	12	10	8	6
13							
14	（2）解决方案						
15	目标函数	0					
16	决策变量	x_1	x_2	x_3	x_4	x_5	x_6
17							
18	约束条件						

图 6-18　数据关系框架

② 调用规划求解参数，进行如图 6-19 所示的设置。

求解得到如图 6-20 所示的用工总成本最低排班方案，每天安排的人数同"任务 1"的求解结果，每个时段上班人数如图中单元格 B17:G17 所示，此时每天用工总成本为 7060 元。

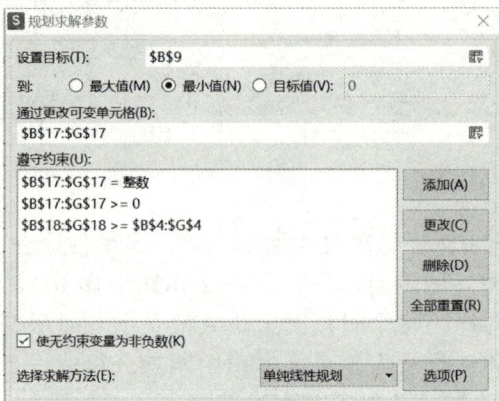

规划求解参数　　　　　　　　　　　　×

设置目标(T)：　$B$9

到：　○ 最大值(M)　● 最小值(N)　○ 目标值(V)：　0

通过更改可变单元格(B)：
$B$17:$G$17

遵守约束(U)：

$B$17:$G$17 = 整数　　　　　　　　　添加(A)
$B$17:$G$17 >= 0
$B$18:$G$18 >= $B$4:$G$4　　　　　　更改(C)

删除(D)

全部重置(R)

☑ 使无约束变量为非负数(K)

选择求解方法(E)：　单纯线性规划　　　选项(P)

图 6-19　"规划求解参数"设置界面

	A	B	C	D	E	F	G
1	数据部分						
2	时段序号	A	B	C	D	E	F
3	时段	0:00—4:00	4:00—8:00	8:00—12:00	12:00—16:00	16:00—20:00	20:00—24:00
4	所需人数/人	5	4	12	10	8	6
5	每人每小时报酬/元	45	40	30	30	35	40
6	配备人数	x_1	x_2	x_3	x_4	x_5	x_6
7							
8	（1）解决方案						
9	目标函数	25					
10	决策变量	x_1	x_2	x_3	x_4	x_5	x_6
11		5	4	8	2	6	0
12	约束条件	5	9	12	10	8	6
13							
14	（2）解决方案						
15	目标函数	7060					
16	决策变量	x_1	x_2	x_3	x_4	x_5	x_6
17		5	4	8	2	6	0
18	约束条件	5	9	12	10	8	6

【微视频】配送作业排
班问题求解过程

图 6-20　用工总成本最低排班方案

学习感悟

第一，当构建线性规划数学模型时，首先需要确定决策变量，然后确定目标函数，最后确定约束条件。按照这样的步骤构建模型，能更好地理清规划的思路，为准确地构建出合格的模型创造条件。

第二，线性规划与整数规划求解过程类似，但约束条件加了更多的限制。因此不能把二者等同起来，更不能简单地将线性规划的结果做四舍五入之类的处理就当成整数规划的结果，而是要用整数规划法加以解决，以求得可行解和最优解，这是初学者经常容易犯的错误。

第三，线性规划的约束条件和目标函数都是线性的，这意味着它们可以用直线或线性方程来表示。线性规划是一种比较成熟的方法，其最优解只能在可行域的边界上找到，特别是在可行域的顶点上。线性规划问题通常比非线性规划问题更容易解决，并且存在统一的求解方法。非线性规划的最优解可能存在于可行域的任意一点，这增加了其求解的复杂性和难度。

任务实训

1. 扫描右侧二维码进行在线测试。
2. 完成模块"知识复习与巩固"中的"情景实践与应用题" 1 ～ 3 题。

任务评价

在线测试 6.2

评价类目	评价内容及标准	分值/分	自己评分	小组评分	教师评分
学习态度	✓ 全勤（5分）	10			
	✓ 遵守课堂纪律（5分）				
学习过程	➢ 能够回答线性规划求解的基本步骤（5分）	15			
	➢ 能够回答资源调派问题的求解步骤（5分）				
	➢ 能够回答任务指派问题的求解步骤（5分）				
学习结果	◆ "在线测试6.2"考评（2分×10=20分）	75			
	◆ 完成模块"知识复习与巩固"中的"情景实践与应用题"1～3题（第1题15分，第2题20分，第3题20分）				
合　　计		100			
所占比例		100%	30%	30%	40%
综合评分					

知识拓展与技能实践

知识拓展

配送业务发展的若干思路

发展供应链中的配送业务，可以从以下几个方面进行考虑。

1. 加强配送中心的发展建设

随着商品流通体制改革的进一步深化和连锁商业的快速发展，建设和发展商品物流（配送）中心已成为整个商品流通的一个重要问题。做好流通企业的资产重组，完善销售代理和商品配送基本功能，充分发挥现有仓库、货场、汽车、码头、铁路专线等物流设施以及现有的渠道等有利条件，并在此基础上逐步着手进行技术改造，兴建现代化的物流设施，以实现向供应链物流配送中心的转变。

2. 配送制可与代理制、连锁经营紧密结合

在商品流通领域里，代理配送制已取得一定的成效，促进了生产资料流通的发展。在连锁商业中也需要发展规范的连锁商业配送中心。但并不是所有企业都要建立自己的物流配送中心，实力较弱的企业可以利用社会化的物流中心，也可以通过与不同连锁企业合资等形式建立共同配送中心；相反，实力较强的企业除了自建配送中心，还可为社会承担一部分配送服务。总之，配送中心的具体实施要结合具体条件，不能一概而论。

3. 加强配送业务的硬件建设

在硬件配置上，针对目前的薄弱环节，加快仓储设施改造，推广采用自动化立体仓库、自动分拣装置、托盘、集装箱等现代物流技术和设施，提高仓储效益。实现装卸搬运等过程的机械化，提高装卸效率，加快流通速度，缩短物流时间，降低物流成本。

4. 灵活多样的配送形式

针对实际情况，配送可采取灵活多样的业务流通和作业形式。

（1）定配送。定点、定时、定量配送给用户。

（2）零库存配送。物流企业或用户不设仓库，由配送中心按照需要及时配送。

（3）加工配送。根据用户需要进行粗加工或深加工后再配送给用户。

（4）共同配送。生产、批发同零售、连锁企业共同参与，由一家配送中心承担它们的配送作业。

（5）社会化配送。共同配送的进一步发展就是专业性社会化配送中心，即配送功能的专业化、社会化。

技能实践

在进行规划求解时，采用 WPS 与 Excel 中的电子表格会有不同的规划求解方法，如 WPS 的表格中有"单纯线性规划""非线性内点法"，而 Excel 中的表格有"单纯线性规划""非线性 GRG""演化"等。

请采用非线性规划的方法，比较 WPS 与 Office 采用不同的求解方法得到的结果的差异。具体要求如下。

（1）参考线性规划求解的步骤，确定目标函数是否为非线性规划。

（2）比较两种工具的结果，说明选择哪种工具的理由。

（3）总结在具体的工作中应该如何选择工具。

知识复习与巩固

一、填空题

1. 根据国标物流术语 GB/T 18354—2021 的定义，配送（Distribution）是指根据_____要求，对物品进行_____、_____、_____、_____、_____ 等作业，并按时送达的物流活动。

2. 配送的发展,使仓储业将从_____、_____的静态储存转向以_____、_____、_____、分类、拣选、商品输送等连为一体的_____储存。

3. _____水平是决定整个配送系统水平的关键要素。

4. 配送管理是指对物品从供应地到需求地的整个流通过程进行_____、_____和_____的管理活动。

5. 配送策略是指导配送活动的_____和_____,它涉及_____的设计、_____的选择、_____的设定等。配送计划则是根据_____制订的具体行动计划,包括_____、_____、_____等。

6. 通过实时监控库存状况, 以及时调整库存策略,可以确保供应链的_____和_____。

7. 通过对_____的合理规划、_____的选择以及_____的有效利用,可以降低运输成本, 提高运输效率,从而实现配送的_____。

8. 在供应链环境下的配送管理中,_____是不可或缺的。通过对潜在风险的_____和_____,可以制定相应的应对策略,以降低_____对供应链的影响。

9. 供应链环境下的配送管理需要建立完善的_____,优化_____和_____。通过对_____的优化和_____的升级,可以提高运输效率、减少能源消耗和降低排放,实现绿色物流。

10. 线性规划是运筹学的一个重要分支。求解线性规划问题的一般解法是_____。线性规划模型由一个_____和若干个_____组成,_____和_____是线性函数。

11. 整数规划所有变量的解都限制为_____。如果它的解只有_____或_____两种情况,那么它就是整数规划的一种特殊情形,即 0—1 规划。

二、多选题

1. 以下选项中,属于配送的功能的有（　　　）。

A. 备货　　　　　　　B. 存储　　　　　　　C. 分拣及配货　　　D. 配装

2. 发展配送, 有利于促进物流设施和装备的技术进步,具体表现在（　　　）。

A. 促进信息处理技术的进步　　　　　　B. 促进物流处理技术的进步

C. 推动物流规划技术的开发和应用　　　D. 改善工作条件

3. 通过配送中心,开展"计划配送""共同配送"等形式,能够消除（　　　）等不合理运输。

A. 迂回运输　　　　　B. 重复运输　　　　　C. 交叉运输　　　　　D. 空载运输

4. 配送管理的目标包括以下（　　　）等方面。

A. 实现物流的高效运作　　　　　　　　B. 降低成本

C. 提高服务质量　　　　　　　　　　　D. 满足用户需求

5. 通过对（　　　）,可以降低运输成本, 提高运输效率,从而实现配送的优化。

A. 作业人员的优化管理　　　　　　　　B. 运输方式的选择

C. 运输资源的有效利用　　　　　　　　D. 运输路线的合理规划

6. 可以实现配送的绿色环保,降低对环境的影响的方式包括以下（　　　）等方式。

A. 采用环保的运输方式　　　　　　　　B. 减少包装材料的使用

C. 减少车辆使用量　　　　　　　　　　D. 提高能源利用效率

7. 供应链环境下的配送管理包括的特点有（　　　）。

A. 实现信息共享　　　　　　　　　　　B. 计划和调度协同

C. 库存管理协同　　　　　　　　　　　D. 个性化服务

8. 借助数据分析技术，配送管理可以对（　　　）等进行深入挖掘和分析，从而更准确地预测未来趋势，制定科学合理的配送策略。

A. 市场需求　　　　　　B. 生产情况　　　　C. 运输成本　　　　　D. 库存情况

9. 建立线性规划数学模型的步骤包括（　　　）。

A. 分析需求　　　　　　　　　　　　B. 确定决策变量

C. 建立目标函数　　　　　　　　　　D. 确定约束条件

10. 以下属于资源调配问题的有（　　　）。

A. 人员排班　　　　　B. 任务指派　　　　C. 产销平衡　　　　D. 产大于销

三、简答题

1. 简述配送的特点。

2. 简述配送在供应链物流中的作用。

3. 简述发展配送业务对供应链物流的意义。

4. 简述配送管理的主要内容。

5. 简述供应链环境下配送管理的主要内容。

6. 简述供应链环境下配送管理的特点。

7. 简述供应链环境下的配送管理的发展趋势。

8. 简述线性规划问题的数学模型的构成。

9. 比较产销平衡、产大于销、销大于产的资源调配问题的异同。

10. 比较线性规划与整数规划、0—1 规划的关系与异同。

四、情境实践与应用题

1. 假设甲配送中心网络在 A_1、A_2、A_3 三个产地设有 M 产品子配送中心，现有 B_1、B_2、B_3、B_4 四个用户需要供货，每个子配送中心的能力以及各用户的需要量、各子配送中心与各用户之间的运输价格如表 6-12 所示。

表 6-12　产销两地供需情况表

运价		用户				产量
		B_1	B_2	B_3	B_4	
产地	A_1	5	8	7	10	21
	A_2	7	4	12	13	26
	A_3	5	10	6	7	17
销量		15	17	16	16	

任务：如何安排子配送中心的配送任务，使总体运输成本最小（运量单位为吨，运价单位为百元/吨）。

2. 假设乙配送中心网络在 A_1、A_2、A_3 三个产地设有 M 产品子配送中心，现有 B_1、B_2、B_3、B_4 四个用户需要供货，每个子配送中心的能力以及各用户的需要量、各子配送中心与各用户之间的运输价格如表 6-13 所示。

表 6-13　产销两地供需情况表

运价		用户				产量
		B₁	B₂	B₃	B₄	
产地	A₁	5	8	7	10	21
	A₂	7	4	12	13	22
	A₃	5	10	6	7	17
销量		17	14	18	16	

任务：如何安排子配送中心的配送任务，使总体运输成本最小（运量单位为吨，运价单位为百元/吨）。

3. 丙配送中心急需将 A、B、C、D 四辆车卸货，现有甲、乙、丙、丁四个班组待命，四个班组完成卸货任务所需时间如表 6-14 所示。

表 6-14　装卸任务安排表

时间/小时		待卸车 A	待卸车 B	待卸车 C	待卸车 D
班组	甲	3	4	5	2
	乙	2	2	4	3
	丙	5	3	5	5
	丁	3	5	4	4

任务：如何分配各班组任务，使每个班组都有卸货任务，且在每个待卸车都有班组负责的条件下，如何使四辆车的总卸货时间加起来最少？

4. 丁配送中心每周每天需要的配送人数及日报酬如表 6-15 所示，为保证配送人员充分休息，实行五天工作制，连休两天。

表 6-15　每天需要的配送人数及日报酬

星期	星期一	星期二	星期三	星期四	星期五	星期六	星期天
所需人数/人	25	24	22	18	18	15	18
日报酬/元	200	200	200	200	200	260	260

任务：如何安排配送人员的休息日，既能满足每天工作需要，又能使用工的人数最少，此时每周用工的总成本是多少？

供应链节点布局与运输线路分析

供应链管理是一个不断改进和创新的过程，我们需要不断探索新的方法和技术，以适应市场的变化。

任务一　认识供应链节点与运输

学习指南

任务清单

工作任务	认识供应链节点与运输	
建议学时	2 学时	
任务描述	本任务通过对供应链节点与运输的学习，理解供应链节点与运输在供应链网络中的重要作用，理解如何通过供应链节点与运输网络的优化为供应链效率与优化提供直接的支持，培养供应链网络运营思维	
学习目标	知识目标	1. 掌握供应链节点的基本内涵及相关特点 2. 掌握供应链运输的基本特征与要求 3. 理解供应链网络中节点与运输优化的基本思路

续表

学习目标	能力目标	1. 具备供应链节点与运输路网优化的综合管理能力 2. 具备处理供应链节点与运输相互关系的能力 3. 具备供应链网络优化的管理能力
	素质目标	1. 培养供应链网络运营的整体观念 2. 培养系统化思考供应链拓扑网络结构的管理意识 3. 培养供应链网络经营的成本与客户服务意识
	思政目标	通过对供应链节点与运输知识的学习，培养供应链系统思维、担当意识、客户服务意识，以及遵守职业规范的意识
关键词	供应链节点　供应链运输　供应链网络优化	

知识树

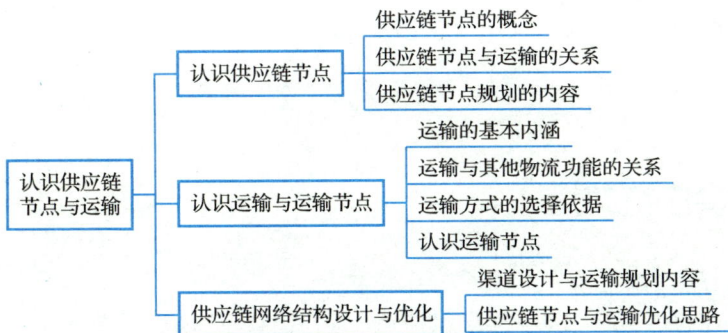

任务引入

任务背景

华为智慧物流：为数字化自动物流网络而生

华为的智慧物流与数字化仓储项目，利用物联网、大数据、IT 服务化平台等技术，结合业界的数字化转型领先实践经验，与整个物流生态链伙伴一起，在物流领域开展物流对象过程数字化、资源规划智能化、实物履行自动化等方面的建设。通过实时可视、安全高效、按需交付的物流服务能力构建，主动支撑交付保障，提升客户体验，改善物流运营效率。

在物流的关键节点，智慧物流可依据不同节点类型及场景优化流程，并匹配最适宜的自动化工具和设备，从而实现小时级的履行能力，大大提高了工作效率。其中，重点仓储通过利用宽窄一体的 eLTE 无线通信技术和 IoT 平台，统一连接和管理 AGV 无人车、自动扫码机等物流自动化设备，同时通过窄带物联网络广泛地连接到托盘、叉车等资产，从而实现自动进出库、自动盘点以及资产精准定位跟踪等功能，打造了高效快速的数字化仓储。不仅如此，在各个节点之间还可实现节点作业与实物运输的无缝连接、风险主动预警、全程可视可管理、实物"一个流"等高效运作模式。

通过移动 App、AIS、物联网等物流先进技术应用，可实时掌握运载工具位置、库内作业状态等信息，通过打通各环节实现了信息的透明共享，以及实物流全过程可视，更好地在线协同人、车、货、仓。同时，通过与外部风险信息的实时互联，还可实现风险的主动预警，物流备选方案的智能提醒等。在配送环节，通过应用大数据及人工智能技术，可对货物的配载及配送路线等情况进行智能计算，并给出最佳货物配载方案及最优运输路径，更加智能地实现资源规划，并有效地提升货物配送效率。

从生产到运输的全生命周期的流程可视，真正做到"人与物的高效沟通"。相较于传统的人力作业模式，降低信息处理成本，提高了信息处理效率及准确率，并促进跨部门、跨企业的运营管理。通过提供一体化的数据集成服务，让客户获得了更高效、便捷、贴心的智慧物流体验。

任务目标

1. 根据案例，分析华为供应链物流中心作为供应链节点具有哪些功能？
2. 在智慧技术加持下，供应链节点（物流中心）呈现出什么样的趋势？

任务实施

知识必备

一、认识供应链节点

（一）供应链节点的概念

供应链节点指的是在供应链中连接供应商、制造商、分销商、零售商以及最终用户的整体功能网链结构中的各个组成部分。这些组成部分包括供应商、制造商、分销商、零售商等，都可以被视为供应链中的节点，也就是供应链节点。这些节点通过相互协作和配合，实现商品的采购、生产、加工、分销和最终销售等环节，从而完成整个供应链的价值创造过程。

因此，供应链节点是供应链网络中的关键点，这些节点负责处理、存储和转运产品或原材料。具体而言，这些节点包括生产设施、仓库、配送中心等，它们通过运输线路连接成一个整体的功能网链结构来实现产品或服务的流动。供应链节点的选址和功能布局对供应链的效率和整体表现具有重要影响。合理的节点选址可以减少运输距离和时间，降低运输成本，而高效的功能布局则可以满足供应链的需求，提高物流效率。因此，供应链节点的管理和优化是供应链管理中非常重要的一部分。

（1）供应链节点选址是供应链系统规划的重要环节，也是供应链网络规划的重要内容。供应链节点选址决定了供应链企业的物流与商流网络的构成，它不仅影响供应链的运作能力，还影响供应链实际营运效率与成本，对供应链及供应链上的企业来说是非常重要的战略规划问题。特别是进入21世纪以来，生产全球化、资本全球化和市场全球化，跨国公司的经济活动使供应链节点的选址已经超越了国界，在全球范围内的供应链节点选址决策显得更为重要。

（2）对供应链节点的优化和控制是供应链管理的重要内容。通过合理布局和管理供应链节点，可以提高供应链的效率和灵活性，降低运营成本，提高客户满意度，进而增强企业的竞争力。同时，供应链节点的稳定性和安全性也是供应链管理中需要重点考虑的因素，以确保供应链的可靠运行和风险控制。

当供应链中的节点通过运输路网连接起来，便形成了供应链系统的网络拓扑结构。供应链系统的网络拓扑结构是供应链整体运作的实体支撑，对供应链整体的响应速度、服务质量、运作成本、运作效率和一体化运作的流畅性等有重要影响作用。优良的网络结构是供应链系统合理化和科学性运作的前提和保证。

【阅读材料】供应链网络结构问题

（二）供应链节点与运输的关系

供应链节点与运输是供应链管理中至关重要的组成部分，二者的有效整合与优化对提高物流效率和供应链的整体表现至关重要。通过合理的节点选址和功能布局以及优化运输策略和路线规划，可以显著提高供应链的整体效率并降低运营成本。这对于企业在竞争激烈的市场环境中取得优势至关重要。

供应链节点是供应链网络中的关键点，包括生产设施、仓库、配送中心等。这些节点负责处理、存储和转运产品或原材料。节点的选址和功能布局直接影响到供应链的效率。例如，节点的选址应考虑到生产和销售地点的位置，尽量选择离生产地点和销售地点近的位置，以减少物流距离和时间。同时，节点的功能布局应根据不同物流环节的紧密程度和需求量来灵活设置，以满足供应链的需求。

运输是将产品从供应链中的一个节点转移到另一个节点的过程。在运输过程中，需要选择合适的运输方式和路线，以降低运输成本并确保产品的及时交付。运输管理的优化包括选择合适的运输工具、规划高效的运输路线以及实施有效的装载策略等。

供应链节点与运输的协同优化可以显著提高供应链的整体效率。通过合理的节点选址和功能布局，可以减少运输距离和时间，从而降低运输成本。同时，通过优化运输策略和路线规划，可以进一步提高运输效率并确保产品的及时送达。这种协同优化有助于提升供应链的可靠性和灵活性，从而更好地应对市场需求的变化和不确定性。

在实际应用中，供应链节点与运输的优化可以采用各种先进技术和管理方法。例如，运用数据分析、人工智能等技术手段可以对供应链节点和运输进行更精确的预测和规划。同时，实施供应链协同管理、建立信息共享机制等也有助于提高供应链节点与运输的协同效率。

（三）供应链节点规划的内容

供应链节点规划是一个复杂而系统的过程，需要综合考虑多个方面。通过合理的供应链规划可以提高供应链节点的运行效率和服务质量，为供应链的整体优化提供有力支持。具体而言，供应链节点规划包括以下内容。

（1）节点选址决策。节点选址决策是供应链节点规划的首要步骤。在选址时，需要综合考虑多个因素，如运输成本、市场需求、供应链网络结构、地区政策、人力资源等。选址决策的目标是确保节点能够有效地服务于供应链，同时实现成本最小化。

（2）节点类型选择。节点类型选择取决于供应链的具体需求和策略。常见的节点类型包括生产节点、物流节点、分销节点等。当选择节点类型时，需要考虑产品的特性、市场需求、运输方式等因素，以确保节点能够满足供应链的需求。

（3）节点功能设计。节点功能设计是指根据节点的类型和定位规划节点的具体功能和服务，包括存储、加工、包装、配送、信息处理等。功能设计应确保节点能够有效地完成其任务，并提供高效、可靠的服务。

（4）节点布局优化。节点布局优化是指对节点内部的空间和设施进行合理的布局，以提高节点的运行效率，包括仓库货架的布置、设备的摆放、货物的流向等。通过合理的布局优化，可以减少货物的搬运距离和时间，提高节点的作业效率。

（5）节点协同机制。节点协同机制是指通过建立信息共享、合作协调等机制，促进供应链节点之间的合作和协同。这包括信息共享平台的建立、定期沟通会议的组织、协同计划的制订等。通过节点协同机制，可以实现供应链的协同优化，提高整体效率。

（6）节点风险管理。节点风险管理是指对节点运行过程中可能出现的风险进行识别、评估和控制，这包括货物损坏、丢失、延误等风险。通过风险管理，可以及时发现并应对潜在风险，确保节点的稳定运行。

（7）节点绩效评估。节点绩效评估是指对节点的运行效率、服务质量等方面进行评价和考核。这可以通过建立绩效评估指标体系、定期收集和分析数据等方式实现。绩效评估的目的是发现节点的不足和问题，并采取相应的改进措施，提高节点的运行效率和服务质量。

【阅读材料】网络规划所需的数据

二、认识运输与运输节点

运输不仅能使世界各地的人出行方便并与不同民族和文化的人相互交流，还能使人们享用其他国家生产的产品和服务。运输是供应源与市场之间的桥梁。

（一）运输的基本内涵

1. 运输的定义

从广义上来讲，运输是人和物的载运及输送。在供应链中专指"物"的载运及输送，即在不同地域范围内，以改变"物"的空间位置为目的，对"物"进行空间位移。根据国家标准《物流术语》（GB/T 18354—2021）的定义，运输（Transport）是指利用运载工具、设施设备及人力等运力资源，使货物在较大空间上产生位置移动的活动。

2. 运输的测量单位

货物运输从根本上而言，是一定数量的货物对特定距离的位移，因而货物运输的测量单位是货重乘以距离，即吨公里。吨公里是一个复合单位，如200吨公里的货物运输需求可以是将200吨的货物运送1公里，也可以是将100吨的货物运送2公里，还可以是将1吨的货物运送200公里，并且不同的客户会在方向、设备和服务方面有不同的运输要求。

3. 运输的实质

当产品从一个地方转移到另一个地方而价值增加时，运输就创造了空间效用。在需要的时候提供，运输就创造了时间效用。所以，运输又可定义为"空间效用和时间效用的创造"。

从运输企业的角度来看运输。作为运输服务的供应商，运输企业可能是某物流货运公司或某专业运输公司。除了为客户提供满意的服务，运输服务供应商还关注运输成本费用。

提供运输服务的成本包括基本费用支出和附加费用支出，前者主要指燃油费、过路费、人工费、事故处理费、维修费等，后者包括取货和送货成本、包装成本、装卸成本等以及其他特殊服务的费用。这些成本费用是运输企业制定运输服务价格的基础。运输企业通过向运输用户收取服务费用以及附加服务费用的方式，弥补自己的成本支出以及利润的获取。

运输是为使用者提供的一种服务（空间移动服务），而不是可以触摸的实体产品。运输服务是运输用户在特定价格下从运输企业那里购买到的一揽子服务，这一揽子服务因不同的运输企业和运输方式而不同。

运输用户面对多种多样可供选择的服务，如果选择最简单的运输方式，则价格也最低。然而，价格更高的服务（运送时间更短、波动更小）可能是更好的选择。因为更优质的运输服务意味着可以保有较少的库存和（或）完成运作计划的把握更大，使运输用户业务进一步扩大，带来利润的增加，

【阅读材料】从运输用户的角度看运输

进而将弥补优质运输服务导致的成本增加。

（二）运输与其他物流功能的关系

1. 运输与包装的关系

运输与包装是相互影响的。为了保证货物安全运输，各种运输方式对货物包装都有严格的要求，如汽车运输和铁路运输对货物包装就有不同的要求，汽车运输对货物包装的要求相对简单一些。同时，包装影响运输的效率和质量，例如，运输散装水泥的集装罐、运输石油的油罐车，集装化运输的效率往往比散装货物运输的效率高得多，也可靠得多。

货物在运输过程中，不一定都需要包装。如粮食、水泥、石油等，都采用散装方式，即直接装入运输工具内运送，配合机械化装卸工作，既降低了成本，又加快了速度。又如车辆、钢材、木材等可以裸装的物品，只需加以捆扎即可。

2. 运输与装卸的关系

习惯上，物流领域常将装卸搬运这一整体活动称作货物装卸。一次运输前后往往伴有两次装卸作业，其基本动作包括装车、卸车、堆、入库、出库及连接上述各项活动的短程输送（即搬运）。装卸搬运影响运输活动的质量和速度，例如，货物装车积载方法不当往往会引起运输过程中的损失，且存在一定的安全隐患；卸放不当、堆码不当会导致下一步运输的困难；袋装水泥纸袋破损和水泥散失主要发生在装卸过程中；玻璃、器皿等产品在装卸时最容易造成损失。

3. 运输与储存的关系

运输的两端是仓库，货物从起点仓库运送到终点仓库。库存控制出问题，有时是运输造成的，如运输的提前或延误，运输提前会增大库存水平，延误则会使库存水平下降甚至出现失控状态。

企业的库存管理提倡"零库存"管理，采用"零库存"管理的先决条件之一是货物可以被快速、可靠、小批量运送。"零库存"理念的产生经历了从靠库存满足需求到靠对需求本身进行精细计划来满足需求的思想转变，这对运输服务提出了更高、更严格的质量要求。

4. 运输与配送的关系

货物运输分为干线部分的长距离运输和支线部分的短距离运输。相对干线运输而言，配送是指面对客户的支线部分的短距离运输。直观上理解，生产厂家到配送中心之间的物品空间移动叫"运输"，从配送中心到客户之间的物品空间移动叫"配送"。一般来讲，配送中心的辐射范围小于 60 公里。

5. 运输与信息的关系

顺利地完成运输任务离不开信息的支持，如货物的位置与处理状态等实时信息，是调度人员计划和控制运输活动所必需的信息；另外，客户也需要了解物品处于运输状态的实时信息，以便及时调整库存和生产计划。运输管理信息支持系统一般包括条码系统、全球定位系统、地理信息系统及智能交通系统等。

（三）运输方式的选择依据

所有运输服务都围绕五种基本运输方式展开，运输用户会选择一种服务或几种服务混合在一起，以求得服务质量和服务成本之间的最佳均衡。

1. 五种基本运输方式

五种基本运输方式中的每一种都直接向用户提供服务。

（1）铁路运输。铁路基本上运输的是距离长、运输时效性不强但运量很大的原材料（煤炭、圆木、化工品等）和价值低的制成品（食品、纸张、木制品等），且较多地运输至少一整车皮的批量货物。

（2）道路运输。道路运输一般也称公路运输，道路汽车运输服务的对象主要是半成品和成品，运距及平均运输批量比铁路运输小。

（3）航空运输。虽然航空运价比厢式货车运输高 2 倍，比铁路运输高 16 倍，但还是有越来越多的托运人考虑经常使用航空运输服务，如鲜活物品、季节性物品、贵重物品等。任何运输方式都无法企及的起讫点间的运输速度是航空运输的魅力所在，在长途运输中尤其如此。

（4）水上运输。出于某些原因，水运服务仅限于一定范围内使用。国内水运服务受限于内陆水运系统，要求托运人靠近水路或使用其他运输方式接应水运。同时，水运服务一般比铁路运输慢，但水运船只的承载能力强。

（5）管道运输。迄今为止，管道运输的服务范围和服务能力都十分有限。利用管道运输的最经济可行的货物是原油及其成品。

2. 多式联运

如今，越来越多的运输使用两种以上的运输方式，这种运输方式称多式联运。除了显著的经济效益，国际航运的发展是其主要动力。多式联运的主要特点是在不同运输方式间自由变化运载工具。例如，将拖车上的集装箱装上飞机，或者铁路车厢被拖上船等。这种转换运载工具的服务是单一运输方式无法实现的。多式联运服务通常需要在彼此合作的各承运人单独提供的服务间达成妥协，也就是说，服务成本和绩效特征介于所涉及的那些运输服务之间。

3. 运输方式的选择

运输方式的选择或某运输方式中服务内容的选择取决于运输服务的众多特性，从速度到对解决用户关心的问题的解决程度。大量的研究表明，并非所有的服务特性都同等重要。调查显示，运输成本、速度和可靠性往往是决策者最为关心的。

运输用户面对多种多样可供选择的服务，所有这些服务都围绕五种基本运输方式展开。运输服务就是在特定价格下购买到的一整套服务。运输服务的种类几乎是无限的，五种基本运输方式可以联合使用，也可以单独使用。

五种运输方式联合使用，如多式联运或集装箱运输；为方便运输服务，可以使用运输代理人、托运人协会和经纪人；可以利用小件货物承运人（如快递服务公司）的服务提高小件包裹的运送效率；可以仅仅使用单一运输方式。用户可以从这些可供选择的服务中选择一种服务或几种服务混合在一起，以求得服务质量和服务成本之间的最佳均衡。

事实上，选择运输服务并非看上去那么困难，因为特定货物运输条件的要求常常使可选择的范围大大缩小。

为了解决运输服务的选择问题，我们可以将适用于所有运输服务的基本特征归为价格、平均运送时间、运送时间的变化率、货物灭失和损坏记录情况。多年以来，大量的研究已证实这些指标对决策者是最重要的。

（四）认识运输节点

运输节点是运输网络中运输线路的连接点，它既是货物的集散地，又是办理运输业务的重要场所。例如，公路运输的停车场、货运站，铁路运输的中间站、区段站、编组站、货运站，水运港口，民航的空港，管道运输的管道站，均属于运输节点。

运输节点大多是集管理、指挥、调度、信息、衔接及货物处理于一体的运输综合设施。例如，在零担货运站内，要完成支干线接车、货物验收入库、分线配装、支干线发车、单据交接等作业活动。

1. 运输节点的主要功能

（1）衔接功能。运输节点将各条运输线路连接成一个网络系统，良好的衔接可使各条线路车辆通过节点时更为顺畅、便利，运输时间更为短暂。

（2）信息功能。运输节点是整个运输系统以及与节点相接的运输信息传递、信息收集处理、信息发送的集中地。

（3）管理功能。运输系统的管理设施和指挥机构设置于运输节点之中。

2. 运输节点的种类及其特点

一般来说，运输节点可分为三类，有些运输节点本身就是供应链节点的组成部分。

（1）转运型节点。转运型节点是以接连不同运输方式为主的节点，如货运场站、港口、空港等都属于此类节点，货物在节点上停留的时间较短。

（2）储存型节点。储存型节点是以存放货物为主要功能的节点，货物在节点上停留时间较转运型节点长。在物流系统中，仓库、货栈等都属于此种类型的节点。

（3）流通型节点。流通型节点是以组织物流活动为主要功能的节点，主要有流通仓库、转运仓库、集货中心、分货中心、加工中心等。

3. 运输线路

运输线路是供运输工具定向移动的通道，是运输的基础设施。在运输系统中，运输线路有道路、铁路、航道、管道以及航线与航路等。

在道路货物运输系统各构成要素中，运输线路是运输工具赖以运行的物质基础，运输节点是系统中运输线路的连接点，运输工具是在运输线路上用于装载货物并使它们发生位移的各种车辆，线路上、节点内、车辆中被移动其所在位置的运输对象就是货物。线路、节点、车辆等设施设备的技术状况以及货物包装技术决定了运输生产力的基础水平。

三、供应链网络结构设计与优化

供应链网络结构设计的现代方法是使用计算机分析处理涉及的大量数据。当处理网络规划选址问题时，对计算机模型的使用尤其普遍。计算机模型被用于解决以下的问题：工厂、仓库和运输场站的数量、规模和位置，安排满足需求的设施，各设施应该储存的产品种类等。供应链网络结构设计的目标如下。

（1）满足物流客户服务约束条件的同时，使所有相关物流成本最小化；

（2）在保持总成本的限制水平下，使物流客户服务水平最大化；

（3）尽量扩大物流服务水平所产生的收入和提供这种服务水平所需要的成本之间的差异，使物流对利润的贡献最大。

（一）渠道设计与运输规划内容

1. 供应链渠道设计问题

当供应链网络满足了客户服务水平目标之后，在进行供应链网络的构造时主要关心的是选址问题。它在总体水平上处理了有关库存和运输问题，除此之外，对于产品流经成型网络的路径也进行了考虑。当产品流经一个典型的物流渠道的过程时，下列各类问题随之产生。

（1）各类产品在各层级和各存储点内应该存放多少？

（2）各层级之间最好采用哪种运输服务？

（3）应该采用推动式，还是拉动式库存策略，还是分拨需求规划？

（4）各级存储点之间使用哪种信息传递方法最好？

（5）哪种预测方法最好？

因此，从解决上述问题的角度来说，渠道设计也就是关于成型网络的运作设计。

渠道设计的基本方法包括使用计算机模拟物流渠道。这类仿真器精确模仿特定网络内订单和产品的流动。生成订单的模式类似于公司的实际情况。已知渠道的设计情况、运作程序和政策、运输服务、客户服务政策，跟踪产品通过渠道的过程就可以满足模拟的订单模式，通过模拟可以得到有关销售、成本和提前期的统计数字。通过改变某些因素，如预测销售的方法、运输方式、库存控制政策和订单履行方式，就可以估计出渠道设计以有效方式满足客户需求要求的程度。

2. 供应链运输规划问题

运输规划是供应链物流战略规划中的另一个重要问题。虽然运输方式的规划已经包含在网络构造和渠道规划程序之中，但自有车辆的运输路线和时间安排决策并不包括在内。这类问题包括应该安排哪辆车在什么地方取货和送货、停靠各站点的顺序是什么样的等。

由于没有一种有效的、一体化的模型可以解决物流系统的规划问题，所以常常需要将复杂的问题分解成若干部分。实际上，这就意味着分别解决设施选址问题、库存政策问题和运输规划问题，再利用递推的方法将某一项分析的结果用作另一项分析的输入信息。经过这样的过程，可以很快地对更综合的问题得出满意的答案。

（二）供应链节点与运输优化思路

在供应链拓扑网络中，通过对供应链节点与运输方面的优化，可以有效提高供应链节点与运输的效率和效益，为企业创造更大的价值。具体而言，可从节点与运输两个方面提供一些主要的优化思路。

1. 供应链节点方面的优化思路

（1）节点选址合理化。节点选址的合理化直接影响到供应链的运作效率和成本。在选址决策中，应综合考虑市场需求、物流网络结构、运输成本等因素。利用数据分析工具和模型，对候选地点进行评估，选择具有战略意义的位置，以便更好地服务市场和降低物流成本。

（2）节点功能完善化。供应链节点的功能设计应满足供应链运作的需求。通过完善节点的功能，如增加分拣、包装、信息处理等服务，可以提高供应链的附加值和响应速度。同时，根据供应链的实际情况，灵活调整节点功能，以适应市场变化和客户需求。

（3）节点效率提升。提高节点效率是降低供应链成本、提高竞争力的关键。可以通过引入自动化设备、优化作业流程、提高员工素质等措施来提升节点效率。此外，建立高效的信息管理系统，实现信息共享和协同作业，也可以显著提高节点效率。

（4）节点成本降低。降低节点成本是提高供应链整体效益的重要手段。可以通过优化节点布局、提高资源利用率、减少能源消耗等措施来降低节点成本。同时，加强节点间的协同合作，实现资源共享和互利共赢，也有助于降低节点成本。

2. 供应链运输方面的优化思路

（1）运输路径优化。运输路径的优化可以提高运输效率、降低运输成本。利用先进的物流技术和数据分析工具，对运输路径进行合理规划，选择最优的运输路线。同时，考虑运输过程中的不确定因素，如交通拥堵、天气变化等，制订灵活的运输方案以应对突发情况。

（2）运输方式选择。选择合适的运输方式对于提高运输效率和降低成本具有重要意义。根据货物的性质、运输距离、时间要求等因素，选择最合适的运输方式。例如，对于紧急货物可以选择空运或高铁运输，对于大宗货物可以选择铁路运输或水路运输。

（3）运输时间管理。运输时间管理对于保证货物按时送达和提高客户满意度至关重要。

通过制订合理的运输计划、加强运输过程中的时间监控和调度、及时处理运输延误等问题，确保货物能够按时送达目的地。

（4）运输成本控制。控制运输成本是降低供应链总成本的关键环节。可以通过提高装载率、减少空驶率、优化运输策略等措施来降低运输成本。同时，建立合理的运输价格机制和市场竞争机制，也有助于控制运输成本并提高运输服务质量。

学习感悟

第一，供应链网络结构设计中的一个重要问题就是选址问题。有利的选址能有效地处理好库存与运输问题，而且能更大限度地方便供应链运作，降低供应链成本。但如果受到地段价格的影响，对选址带来的成本却又有可能上升，因此，在选址时需要综合考虑。

第二，事实上，在供应链网络规划的时候，除节点选址与运输方式选择外，保证客户服务水平是需要重点考虑的问题。因此，在规划时需要综合考虑这三方面的因素，甚至可以说客户服务水平是首要的因素，在保证客户服务水平的情况下再考虑选址与运输方式。

第三，在进行供应链网络优化时，需要注意的是很多原来无法预测的状况在现代智慧技术的加持下提供了更多选择，如运输线路优化、运输工具的升级（如新能源汽车的替代升级）、节点处理物流的效率等都有可能大大降低运作的成本，因此在进行规划时需要综合考虑，从而更好地提高供应链网络的效能。

任务实训

1. 扫描右侧二维码进行在线测试。
2. 举例说明供应链节点在供应链中的作用。
3. 举例说明供应链渠道设计与运输规划的意义。

在线测试 7.1

任务评价

评价类目	评价内容及标准	分值/分	自己评分	小组评分	教师评分
学习态度	✓ 全勤（5分） ✓ 遵守课堂纪律（5分）	10			
学习过程	➤ 能说出本次工作任务的学习目标，上课积极发言，积极回答问题（5分） ➤ 能够回答供应链节点的定义（5分） ➤ 能够说明运输的基本类型（5分） ➤ 能够说明供应链网络优化的基本思路（5分）	20			
学习结果	◆"在线测试 7.1"考评（4分×10=40分） ◆"举例说明供应链节点在供应链中的作用"考评（15分） ◆"举例说明供应链渠道设计与运输规划的意义"考评（15分）	70			
合　计		100			
所占比例		100%	30%	30%	40%
综合评分					

知识拓展与技能实践

知识拓展

供应链网络设计中的客户服务水平审计

进行供应链网络设计的第一步应该是客户服务水平审计，这符合逻辑顺序，但却不是必须的步骤。该步骤包括询问客户当前享受到的物流服务水平与期望得到的服务水平。典型的方法是访问客户个人或发送电子邮件问卷，这属于外部审计，要求回答的问题如下。

➤ 客户期望什么水平的服务？

➤ 竞争对手提供什么水平的服务？

➤ 竞争对手是怎样实现其服务水平的？

➤ 公司能在多大程度上保证其战略可以达到成本与对最终用户服务的期望水平？

➤ 公司在多大程度上从"渠道观点"来决定分拨渠道中哪个部门该做什么，什么时候做，在哪里做，怎么做的问题？

➤ 企业的物流战略是否支持企业的战略发展规划？

这类审计有助于确定网络设计的物流客户服务的目标水平。但是，常见的情况却是由管理部门决定物流服务水平或按照目前水平决定服务水平。

外部审计之后就是内部审计。其目的是了解企业实际提供的服务水平，界定服务标杆。一般来说，内部审计应该问答下列问题。

➤ 目前，在企业内部是如何衡量服务水平的？

➤ 衡量单位是什么？

➤ 业绩标准或目的是什么？

➤ 目前达到什么水平——结果与目标各是什么？

➤ 这些部门在交流和控制中是如何相互作用的？

➤ 订单周转时间的波动有多大，是如何影响客户业务的？

尽管进行这样的内部审计是有益的，但大多数规划人员并不这样做。相反，他们更愿意复制目前的网络设计，并将其视为公司目前所能提供的客户服务水平的最好表示。

最理想的情况是通过这些审计确定客户服务水平和特定网络设计实现的收入之间的可靠关系，但这种理想状况很少能实现。因此，企业常常会将客户服务当作网络设计的约束条件，通过改变约束条件，考察其对总成本的影响就能间接地估计服务的价值。

技能实践

保证客户服务水平是供应链网络优化与设计的首要目标，但客户服务水平的提高有可能造成供应链成本的大幅增加。因此，供应链企业都试图保持与成本一致的有竞争力的客户服务水平。正因为如此，在进行供应链网络优化的时候都需要对供应链的客户服务水平进行认真的调查与审计。

请调查供应链（或供应链核心企业）的客户服务水平，并提出客户服务水平的改进目标。具体要求如下。

（1）调查外部的客户服务水平（即外部审计），可参考"知识拓展"部分问题进行调研，并形成材料。

（2）调查供应链内部的客户服务水平（即内部审计），并形成材料。

（3）比较供应链内外部的客户服务水平，提出客户服务水平目标（或标杆）与相应的评价指标。

任务二　供应链节点数据分析与优化

学习指南

任务清单

工作任务	供应链节点数据分析与优化
建议学时	2 学时
任务描述	本任务通过对供应链节点规划与优化的学习，掌握供应链节点规划选址的基本要求，能根据基础数据采用重心法与 0—1 规划方法进行基本的供应链节点选址分析，并能用 Excel 表格进行运算，培养供应链网络选址的基本技能
学习目标	知识目标 1. 掌握供应链节点选址的基本内容、影响因素等 2. 掌握供应链重心法选址方法的运用 3. 理解供应链节点 0—1 规划方法的运用 能力目标 1. 具备分析供应链节点规划与选址要求的能力 2. 具备利用 Excel 表格处理供应链节点规划与选址问题的能力 3. 具备供应链网络优化的思维能力 素质目标 1. 培养供应链运营的整体观与系统观 2. 培养供应链优化的数据素养与管理意识 3. 培养供应链系统规划的思维 思政目标 通过对供应链节点选址方法的学习与实践，培养供应链网络优化意识、系统思维意识、担当意识、合作意识，以及职业规范意识
关键词	节点选址　重心法选址　0—1 规划选址

知识树

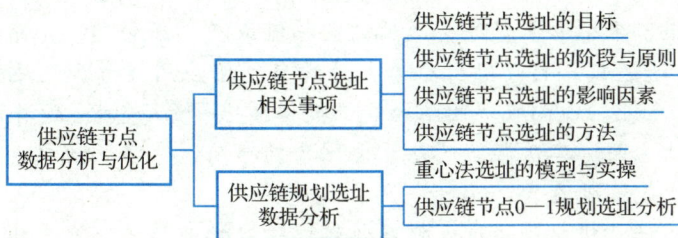

任务引入

任务背景

升级供应链解决方案，京东物流助力广东服装产业"织"出新蓝图

纺织服装产业是广东的传统优势产业。为此，广东省工业和信息化厅发布的《关于2024年开展"穿粤时尚潮服荟"打造纺织服装新质生产力行动方案》提出，在新产业、新制造、新技术、新模式、新消费、新服务等方面实施六大专项行动，推动纺织服装产业提质升级，打造产业新质生产力。京东物流聚焦行业需求，从服饰行业痛点出发，助力供应链全环节降本增效，为广东服装产业高质量发展提供专业支持。

1. 布局产业带服饰专仓，升级供应链解决方案

经过多年发展，华南地区纺织服装产业已形成要素全、规模大、特色鲜明、产业链完备等诸多优势。而实际上，伴随纺织服装产业蓬勃发展同时出现的，还有目前国内服饰产业普遍存在运转时间长、库存压力大等难题，行业更新迭代加速，人、货、场等服饰零售核心组成要素都在不断变化，服饰供应链在所难免的面临更高要求。

针对服饰行业在这些场景上面临的难题，京东物流基于覆盖全国仓网布局，打造服饰行业的供应链解决方案，帮助企业优化存货布局、提升存货周转、降低运营成本，实现高效履约。京东物流在全国布局多个产业带服饰专仓，其中就包括广东知名的新塘牛仔城以及东莞大朗毛织城等，这些专仓为行业提供了新的解决思路。

京东物流依托丰富的资源，针对不同需求的客户，灵活推出了"京仓＋京东快递"与"京仓＋三方快递"不同形式的服务，帮助服饰品牌打造更加柔性、敏捷的供应链体系。其中，"京仓＋京东快递"适用于对仓储及配送稳定性和服务能力要求高的客户，可以实现次日达，"京仓＋三方快递"可满足订单波动性强、对弹性保障要求高、订单结构复杂的客户需求，能做到隔日达。

2. 洞察服饰行业供应链难点，双端齐发促进降本增效

京东物流从电商服饰客户的供应链需求出发，针对行业"以销定采"与"快进快出"的特性需求，为电商客户提供正逆向增值一体化服务，解决了电商服饰复杂供应链中最核心、最难应对的需求及痛点。京东物流持续探索自主创新研发、联合行业头部定制等方式，构建服务服饰行业的技术最前沿可落地型方案，助推电商服饰供应链产品的迭代，致力于满足更多业务场景需求。

区别于其他消费品，服饰行业具有很强的季节性，这就导致换季时期有大量退货入库，退货引起的逆向物流成本已成为服饰品牌的重要成本之一。京东物流服饰行业解决方案也形成了逆向仓解决方案，来帮助服饰品牌降低逆向物流成本。在仓内，京东物流不仅会配备交叉带分拣机、RFID通道机、自动贴标机等大量的自动化应用提升现场运营效率，有效应对高峰期的退货压力，专业的逆向服务团队还能够提供质检、换新包装、清洗清洁、熨烫等服务，加速退货商品的快速上架和二次售卖。基于全国仓网布局，京东物流更是能搭建一套逆向处置网络，帮助品牌实现就近退货。

此外，京东物流还积极打通渠道营销及物流保障双端，携手京东零售在广东服饰专仓内打造"仓库时装周"沉浸式仓播体验，通过将直播场景从传统意义上的直播间转换到物流仓内，真实仓储环境更直观地展现，消费者下单后的发货流程也清晰可视，为商家创新营销方式、

提升大促销量，也为消费者带来低价消费体验。

任务目标

1. 根据案例，京东物流提供的供应链解决方案提出了哪些优化措施？
2. 在京东物流进行专仓（即供应链节点）规划时，需要考虑哪些影响因素？

任务实施

知识必备

一、供应链节点选址相关事项

（一）供应链节点选址的目标

供应链节点选址就是确定所要分配的设施的数量、位置以及分配方案。就供应链而言，供应链节点的选址决定了整个供应链系统及其他层次的结构；反过来，供应链系统的其他层次的规划又会影响供应链节点选址。合理的供应链节点选址可以降低供应链运营成本、提高业务量、提高服务水平和增强发展潜力。

（1）成本最小化。成本最小化是供应链节点选址决策最直接的目标，与供应链节点选址相关的成本主要有三个：运输成本、土地成本和库存成本，合理的节点选址可以有效降低这些成本。

（2）业务量最大化。业务量最大化是反映供应链节点作业能力的指标，主要指标包含货物吞吐量、客流量、销售量、货物周转量等。在供应链节点选址决策时，货物吞吐量可作为重要参考目标。

（3）服务最优化。服务最优化是供应链节点选址决策的最终目标。与供应链相关的服务指标主要有速度和准时率等。供应链节点与顾客距离近，则送货速度快，订货周期短；而订货期越短，准时率就越高。

（4）发展潜力最大化。选址决策时，不仅要考虑在现有市场条件下的成本、服务目标，还要考虑供应链发展潜力。供应链发展潜力包括供应链节点生产、经营扩展的可行性及顾客需求增长的潜力等。

（二）供应链节点选址的阶段与原则

1. 供应链节点选址的阶段

供应链节点选址工作分为准备工作、调查研究及制定方案三个阶段。

（1）准备工作。准备工作主要包括确定选址基本思路、总体目标，围绕选址目标，对涉及的相关政策、环境、流程、交通运输、工作要求等各种资料进行分析，成立专门组织等。

（2）调查研究。开展选址调查研究需要多方实地勘察，如调研现场及周围环境、市场、资源状况，走访相关部门了解、咨询有关政策、规定和相关要求，深入调研，提出初步意见。

（3）制定方案。在掌握内外部情况的基础上，制定选址方案。制定选址方案要结合选址现场实际情况，考虑可能的多种方案及其利弊，请专家及相关人员进行可行性评议，经过反复调研论证，制定出一个多方满意的方案，报上级主管部门审批。

2. 供应链节点选址的原则

供应链节点选址总体上应遵循以下四项原则。

（1）经济性原则。供应链管理是以供应链企业利润最大化为目标的。在供应链节点选址决策过程中，要通过分析比较若干个备选地点成本与收益的关系，以确保最终选址科学合理，企业投入成本最低而获益最大。

（2）适应性原则。供应链节点建设是一个大项目，供应链节点选址不能仅仅看到选址地点对企业自身的利弊，还应该将企业、国家、社会作为一个统一体来考虑。在选址时，积极主动适应政府对该地区的城市规划，同时还要考虑与地方经济发展、消费需求相匹配。

（3）协调性原则。国家、社会、企业处于同一个整体之中，三者相互交融、相互制约，供应链运营离不开国家、社会的支持。在分析供应链节点选址的过程中要与政府政策、社会资源相协调，宏观与微观实际情况相吻合，要做到统筹兼顾、综合考虑。

（4）战略性原则。建设供应链节点是一项十分耗资的项目，在供应链节点选址决策时，要具有前瞻性，一切从长远出发，既要看到当前所面临的问题与实际需要，更要考虑将来可能出现的情况，既要考虑全局，又要考虑长远，局部服从全局，当前利益服从长远利益。

（三）供应链节点选址的影响因素

选址问题很重要，也很困难，影响选址的因素有很多，且各因素相互矛盾。例如，市中心设配送点会有较大业务量，但常常地价贵、租金高；不同因素的相对重要性很难确定和度量；判断的标准会随着时间的变化而变化，现在认为好的选址，过几年就不一定是好的选址。影响供应链节点选址的因素包括以下几个方面。

（1）客户的分布。在进行供应链节点选址时，首先要考虑的是客户的分布情况。例如，对于零售型供应链节点，其主要客户是超市和零售店，这些客户大部分分布在人口密集的地方或大城市。为了提高服务水平及降低配送成本，供应链节点多建在城市边缘接近客户分布的地区。

（2）供应商的分布。供应链节点选址应该考虑的另一个因素是供应商的分布地区。供应链节点的商品是由供应商供应的，供应链节点越接近供应商，商品的安全库存就越可以控制在较低水平。

（3）交通条件。交通条件是影响供应链物流成本及效率的重要因素。交通运输条件的好坏将直接影响配送服务效率和水平。因此在进行供应链节点选址时，必须考虑对外运输通道，以及未来交通规划与邻近地区的发展情况等因素。选址宜紧邻重要的运输线路，以方便配送运输作业。

（4）土地条件。对于供应链节点用地，必须符合相关法规及城市规划的限制，尽量选在用地成本较低的物流园区或经济开发区等。此外，还应考虑到建设用地的形状、长宽、面积与未来扩充的可能性。

（5）自然条件。自然条件也是影响供应链节点选址的重要因素。掌握当地自然环境有助于降低建设风险。在自然环境中有湿度、盐分、降雨量、台风、地震、河川等多种自然现象，有的地方靠近山边湿度比较高，有的地方湿度比较低，有的地方靠近海边盐分比较高，这些都会影响商品的储存品质。自然灾害，对于供应链节点的影响也非常大，因此选址时必须特别留意。

（6）人力资源条件。人力资源是供应链运营管理的重要资源。为保障供应链正常运作，供应链节点内部必须要有足够的作业人力，因此在进行供应链节点选址时，必须考虑人力资源的来源、技术水平、工作习惯、工资水平等因素。

（7）政策环境。政策环境也是影响供应链节点选址的因素之一。政策环境包括企业优惠措施（土地提供、减税）、城市规划（土地开发、道路建设计划）、地区产业政策等。

（四）供应链节点选址的方法

供应链节点选址方法总的来说包含两大类。

1. 定性分析法

定性分析法主要是根据选址影响因素和选址原则，依靠专家或管理人员丰富的经验、知识及其综合分析能力，确定供应链节点的具体位置。定性分析法主要有专家打分法、头脑风暴法、德尔菲法等。定性分析法的优点是注重历史经验，简单易行；缺点是容易犯经验主义和主观主义的错误，并且当可选地点较多时，不易做出理想的决策，导致决策的可靠性不高。

2. 定量分析法

定量分析法有很多，如重心法、运输规划法、0—1规划法、层次分析法、遗传算法等。定量分析法选址的优点是可以求出比较准确可信的解；缺点是过分依赖各种假设条件，对现实情况考虑不足。下面主要介绍重心法和0—1规划法。

二、供应链规划选址数据分析

（一）重心法选址的模型与实操

重心法是一种确定单一供应节点的方法，其目的是降低供应链运营成本。它把运营成本看成运输距离和运输数量的线性函数。

重心法是一种模拟方法，它将物流系统中的需求点和资源点看成是分布在某一平面范围内的物体，各点的需求量和资源量分别看成物体的重量，将物体系统的重心作为物流网点的最佳设置点，即利用求物体系统重心的方法来确定物流网点的位置。

1. 重心法选址模型

假设平面坐标内有 n 个用户，$C_1, C_2, \cdots, C_n$，客户所在位置的坐标为 (x_i, y_i) 已知，客户的需求货物运输量为 w_i，且运输成本只与运输距离和运输量有关，客户分布图如图7-1所示。

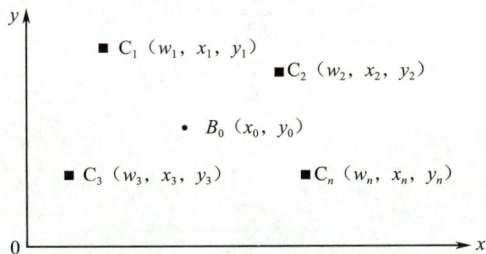

图7-1　客户分布图

重心法选址就是要在该平面内设置一个供应节点（B_0），使从 B_0 节点配送货物到各客户的总运输成本最低。因此，使总运输成本最低就是目标函数，记为 F。假设运输成本只与运输量和运输距离有关，则从 B_0 节点到顾客 C_i 运输成本 F 可由式（7-1）得到。

$$F_i = c_i w_i d_{i0} \tag{7-1}$$

式中，c_i——供应链节点到客户 C_i 的运输费用率；

　　　　w_i——运输量（客户 C_i 货物需求量）；

　　　　d_{i0}——供应链节点 B_0 到客户 C_i 的距离，B_0 坐标为 (x_0, y_0)，C_i 坐标为 (x_i, y_i)，

$i = 1, 2, \cdots, n$。

d_{i0} 的计算如式（7-2）所示。

$$d_{i0} = \sqrt{(x_i - x_0)^2 + (y_i - y_0)^2} \tag{7-2}$$

供应链节点到各客户的物流总费用如式（7-3）所示。

$$F = \sum_{i=1}^{n} c_i w_i d_{i0} = \sum_{i=1}^{n} c_i w_i \sqrt{(x_i - x_0)^2 + (y_i - y_0)^2} \tag{7-3}$$

客户 C_i 的坐标 (x_i, y_i)、运输费用率 c_i、运输量 w_i 均可知，该问题即为求解 B_0 坐标为 (x_0, y_0)，使送货里程最短，物流总费用 F 最小。目标函数如式（7-4）所示。

$$\min F = \sum_{i=1}^{n} c_i w_i d_{i0} = \sum_{i=1}^{n} c_i w_i \sqrt{(x_i - x_0)^2 + (y_i - y_0)^2} \tag{7-4}$$

这是一个多元变量函数，x_0、y_0 是两个自变量。因此只需对 x_0、y_0 求偏导，并令其等于零即可求出。

分别在等式两边对 x_0 和 y_0 求导，并令一阶导数等于 0，可得

$$\frac{\partial F}{\partial x_0} = \sum_{i=1}^{n} c_i w_i (x_i - x_0)/d_{i0} = 0$$

$$\frac{\partial F}{\partial y_0} = \sum_{i=1}^{n} c_i w_i (y_i - y_0)/d_{i0} = 0$$

求解得到结果如式（7-5）和式（7-6）所示。

$$x_0 = \frac{\sum_{i=1}^{n} c_i w_i x_i / d_{i0}}{\sum_{i=1}^{n} c_i w_i / d_{i0}} \tag{7-5}$$

$$y_0 = \frac{\sum_{i=1}^{n} c_i w_i y_i / d_{i0}}{\sum_{i=1}^{n} c_i w_i / d_{i0}} \tag{7-6}$$

至此，可以求出重心坐标 (x_0, y_0)。在公式中，由于 d_{i0} 本身包含了 x_0、y_0 的数据，因此无法直接求出结果，可用迭代法求解。

2. 重心法选址数据分析实操

【实操任务 7-1】现有两个工厂向供应链节点供货，由供应链节点向三个需求中心供货，生产中心供需情况表如表 7-1 所示。产品 A 由 P_1 负责供应，产品 B 由 P_2 供应。这些产品随后再被运到 M_1、M_2、M_3 三个需求中心。各节点坐标值、总运输量和运输费率均已知。

任务要求：根据条件确定该生产中心仓库的位置，使总运输成本最小。

1. 实操任务分析

用 Excel 表格求解重心法选址一共有四步。

（1）构建 Excel 表格求解框架。

（2）构建距离求解关系。

（3）根据公式建立目标函数。

表 7-1　生产中心供需情况表

地点	总运输量 /kg	运输费率（元 /kg/km）	坐标值	
	w_i	c_i	x_i	y_i
P_1	7000	0.050	5	8
P_2	4000	0.050	8	2
M_1	3500	0.070	3	6
M_2	2000	0.075	6	4
M_3	5500	0.070	8	7

（4）调用规划求解工具求解。

2. 实操步骤

（1）根据任务要求，在 Excel 表格中建立选址求解结构，如图 7-2 所示。

图 7-2　选址求解结构

（2）求解供应链节点与各个物流节点的距离及单位运费（基于重量）。以计算 P_1 到仓库（x_0, y_0）距离为例，根据距离公式 $d_{i0} = \sqrt{(x_i - x_0)^2 + (y_i - y_0)^2}$，首先在图 7-3 中的单元格 F6 输入求两点间距离函数 "=SQRT（（D6-B3）^2+（E6-C3）^2）"，然后向下填充至单元格 F10，即可求出供应节点到各物流需求节点的距离，如图 7-3 中的 F 列所示。

图 7-3　求解两点间距离

需要注意的是，F6:F10 区域单元格中虽然已经有数据，但不是最终距离。只有当 (x_0, y_0) 求解完成时，距离才会因已经构建的关系自动计算，此时的数据才是真实的距离数据。

（3）构建目标函数求解关系。根据公式 $F = \sum_{i=1}^{n} c_i w_i d_{i0} = \sum_{i=1}^{n} c_i w_i \sqrt{(x_i - x_0)^2 + (y_i - y_0)^2}$ 建立目标函数，在图 7-4 所示的单元格 B1 中输入"=SUMPRODUCT（B6:B10,C6:C10,F6:F10）"，此时得到的 11768.92 也仅是中间数据，而不是最终结果。

	B1		f_x	=SUMPRODUCT(B6:B10, C6:C10, F6:F10)	
	A	B	C	D	E	F
1	目标函数	11768.92				
2	仓库位置	x_0	y_0			
3						
4	地点	总运输量/kg	运输费率/(元/kg/km)	坐标值		距离 d_i/km
5		w_i	c_i	x_i	y_i	
6	P_1	7000	0.05	5	8	9.43
7	P_2	4000	0.05	8	2	8.25
8	M_1	3500	0.07	3	6	6.71
9	M_2	2000	0.075	6	4	7.21
10	M_3	5500	0.07	8	7	10.63

图 7-4　构建目标函数求解公式

（4）调用规划求解参数求解。

打开"规划求解参数"对话框，在"设置目标"中填入已设置目标函数的求解关系（见图 7-5）。由于求解运输成本最小，所以取最小值。将"通过更改可变单元格"内容设定为 B3、C3 两个单元格。"选择求解方法"为"非线性 GRG"（如果采用 WPS 中的非线性内点法，最终目标函数可能会大一些，可选用 Excel 表格中的规划求解工具进行比较后选择），保存求解结果。

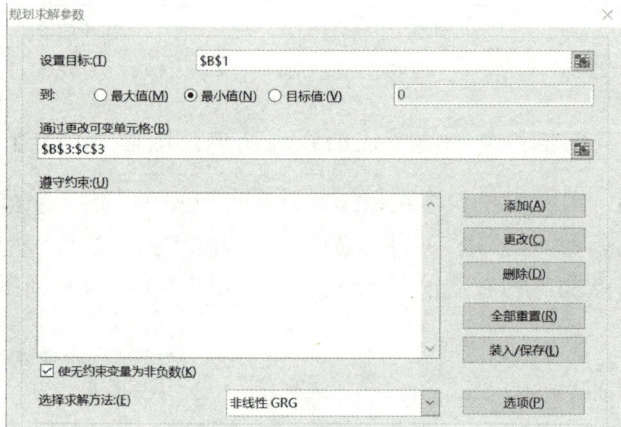

图 7-5　规划求解参数设置

此时，可求出供应链节点坐标 $(x_0, y_0) = (6.07, 6.53)$，得到最低运输成本 3528.85。$(x_i, y_i)$ 到 (x_0, y_0) 的距离也因为 (x_0, y_0) 的求出，发生了相应的变化，此时的这组距离就是产生最低运输成本的距离（见图 7-6）。

图 7-6　重心法选址求解结果

【微视频】重心法选址
求解过程

（二）供应链节点 0—1 规划选址分析

在进行供应链节点规划的时候，如果可供选择的地点已经确定，需要从已经确定的地点中选择某些地点作为供应链节点，这时可借助 0—1 规划方法进行供应链节点的选址。

1. 采用 0—1 规划求解供应链节点选址问题

求解 0—1 规划最容易想到的方法就是穷举法，即检查变量取值为 0 或 1 的每一种组合，比较目标函数值以求得最优解，这就需要检查变量取值的 2^n 个组合。但当变量个数 n 较大（例如 >10）时，几乎是不可能实现的。因此常设计一些方法，只检查变量取值组合的一部分，就能求到问题的最优解。这种方法称隐枚举法。

由于隐枚举法计算过程比较复杂，因此在供应节点选址决策实践中，我们常用 Excel 表格进行求解 0—1 规划选址问题。

2. 采用 0—1 整数规划进行供应链节点选址实操

【实操任务 7-2】某公司准备在全省的西部、南部、北部区域建立配送中心，初步设想有 9 个配送中心点可供选择。现根据业务情况确定：在西部区域的 A_1、A_2、A_3 三个点中至多选两个，在南部区域的 B_1、B_2、B_3 中至少选一个，在北部区域的 C_1、C_2、C_3 点中至少选两个，这样可同时兼顾东部地区的业务。经过调研，发现不同节点选址的设施设备投资额和每年预计可获利如表 7-2 所示，且要求投资总额不能超过 300 万元。

表 7-2　某公司不同节点选址的设施设备投资额和每年预计可获利

费用	西部			南部			北部		
	A_1	A_2	A_3	B_1	B_2	B_3	C_1	C_2	C_3
投资额 / 万元	27	32	18	44	53	51	74	68	80
年获利 / 万元	15	17	8	22	30	27	35	32	45

任务要求：根据调研情况，确定应该选址哪几个点可使年利润最大。

1. 实操任务分析

这是典型的 0—1 规划问题，首先引入 0—1 变量 $x_i(i=1,2,\cdots,9)$，当 A_i、B_i、$C_i(i=1,2,3)$ 点被选用的时候，$x_i=1$；当 A_i、B_i、$C_i(i=1,2,3)$ 点没有被选用的时候，$x_i=0$。

由任务可知：目标函数为年利润最大。

$$\max Z = \sum_{i=1}^{9} c_i x_i$$

式中，c_i 表示节点 i 产生的年利润。

总投资额不超过 300 万元，约束条件为 $\sum\limits_{i=1}^{9} b_i x_i \leqslant 300$，其中 b_i 表示节点 i 的投资额。

根据约束条件，可建立以下模型：

$$\max Z = \sum_{i=1}^{9} c_i x_i$$

$$\text{s.t.} \begin{cases} \sum\limits_{i=1}^{9} b_i x_i \leqslant 300 \\ x_1 + x_2 + x_3 \leqslant 2 \\ x_4 + x_5 + x_6 \geqslant 1 \\ x_7 + x_8 + x_9 \geqslant 2 \\ x_i = 0 \text{ 或 } x_i = 1 \end{cases}$$

2. 实操步骤

（1）建立已知数据模型。根据上述实操任务的条件，在 Excel 表格中建立数据模型，如图 7-7 所示。

	A	B	C	D	E	F	G	H	I	J	K
1		总投资额	≤300								
2											
3		费　用		西部			南部			北部	
4			A_1	A_2	A_3	B_1	B_2	B_3	C_1	C_2	C_3
5		投资额/万元	27	32	18	44	53	51	74	68	80
6		年获利/万元	15	17	8	22	30	27	35	32	45

图 7-7　建立数据模型

（2）设置变量。在单元格 B8 中输入"变量 x_i"，设置 C8：K8 为变量区域，如图 7-8 所示。

	A	B	C	D	E	F	G	H	I	J	K
1		总投资额	≤300								
2											
3		费　用		西部			南部			北部	
4			A_1	A_2	A_3	B_1	B_2	B_3	C_1	C_2	C_3
5		投资额/万元	27	32	18	44	53	51	74	68	80
6		年获利/万元	15	17	8	22	30	27	35	32	45
7											
8		变量 x_i									

图 7-8　设置变量

（3）计算投资总额。在单元格 C9 中输入"=C5*C8"，采用同样的计算方法填充至单元格 K9；在单元格 L9 中输入"=SUM（C9：K9）"，如图 7-9 所示。

（4）设置约束条件。在单元格 M9 中输入"=C1"；在单元格 B10 中输入" $x_1 + x_2 + x_3$ "，在单元格 C10 中输入"=C8+D8+E8"，在单元格 D10 中输入"≤"，在单元格 E10 中输入"2"。用同样的方法设置 B11：E12 单元格的约束条件，如图 7-10 所示。

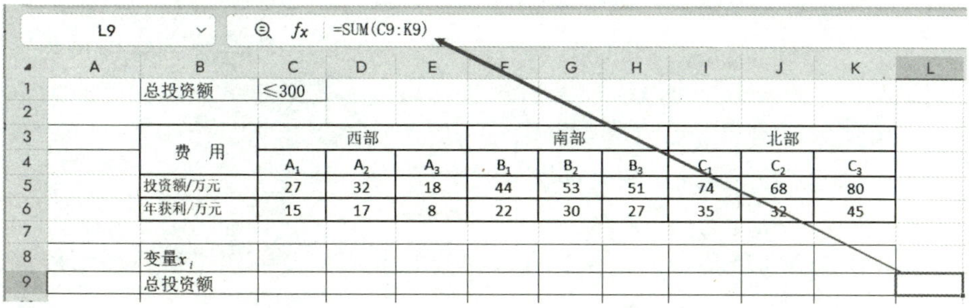

图 7-9　计算投资总额

图 7-10　设置约束条件

（5）设置目标函数。在单元格 B13 中输入"maxZ="，在单元格 C13 中输入"=SUMPRODUCT（C6:K6,C8:K8）"，如图 7-11 所示。

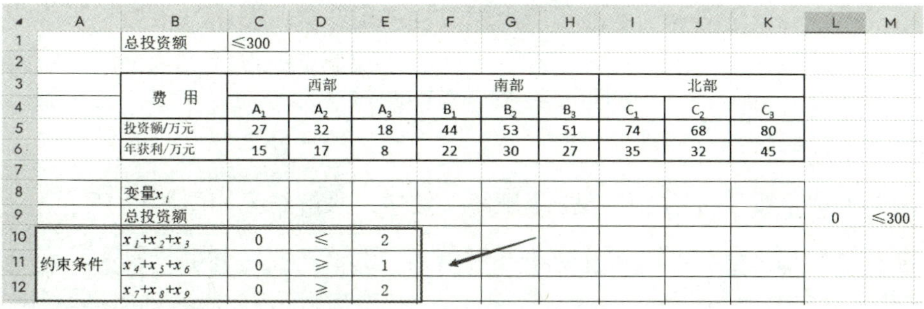

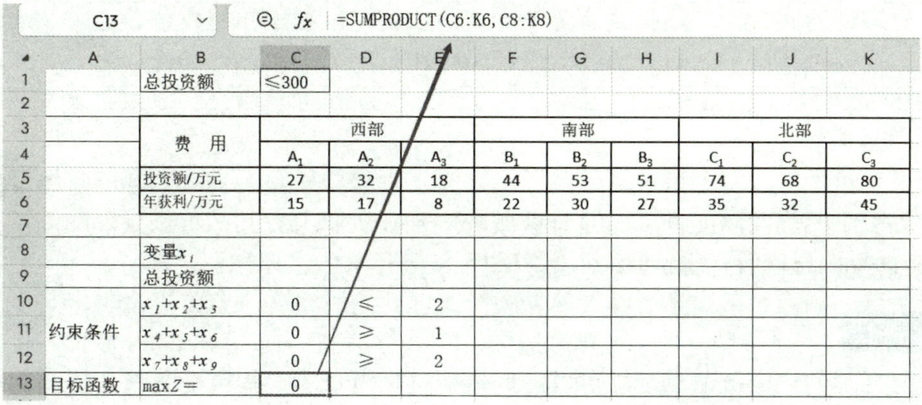

图 7-11　设置目标函数

（6）设置规划求解。

打开"规划求解参数"对话框，在"设置目标"中输入"$C$13"，选择"最大值"单选按钮，在"通过更改可变单元格"中输入"$C$8:$K$8"，如图 7-12 所示。单击"添加"按钮，打开"添加约束"对话框，依次完成所有约束条件参数的添加。对于单元格"$C$8:$I$8"，选择"bin"选项，单击"添加"按钮。

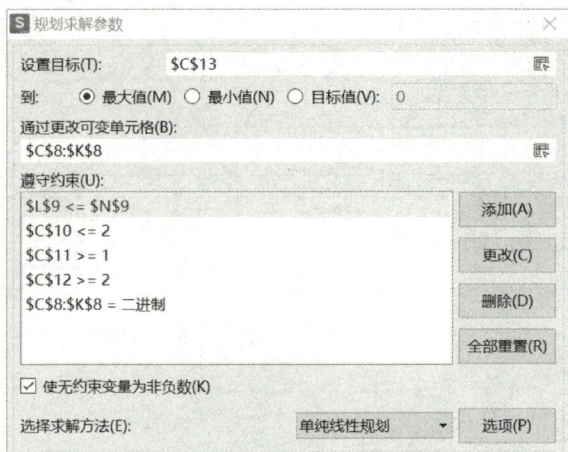

图 7-12　设置规划求解参数

（7）规划求解。

在"规划求解参数"对话框中单击"求解"按钮，求解结果如图 7-13 所示。

	费　用	西部			南部			北部				
		A_1	A_2	A_3	B_1	B_2	B_3	C_1	C_2	C_3		
	投资额/万元	27	32	18	44	53	51	74	68	80		
	年获利/万元	15	17	8	22	30	27	35	32	45		
	变量x_1	1	0	1	0	1	1	0	1	1		
	总投资额	27	0	18	0	53	51	0	68	80	297	≤300
约束条件	$x_1+x_2+x_3$	2	≤	2								
	$x_4+x_5+x_6$	2	≥	1								
	$x_7+x_8+x_9$	2	≥	2								
目标函数	max$Z=$	157										

（总投资额 ≤300）

图 7-13　求解结果

至此，得到了供应链节点的最佳选址区域，选择 A_1、A_3、B_2、B_3、C_2、C_3 六个区域设置供应链节点，可获得利润最大，为 157 万元。

【微视频】0—1 规划
选址求解过程

学习感悟

第一，合理的供应链节点选址可以降低供应链运营成本、提高业务量、提高服务水平和增强发展潜力，其最直接的目标是达到成本最小化。进行供应链节点选址的影响因素是比较多的，其中客户的分布是首要考虑因素。

第二，在进行供应链节点选址的时候，仅仅考虑成本最小化是不够的，还必须考虑供应链战略，也就是在未来相当长一段时间的发展情况，要从长远和全局来考虑。因此，要求供应链选址与供应链网络构建的过程中需要具有前瞻性。

第三，在供应链节点选址的方法中，重心法选址更适合新建供应链节点的选择，而 0—1 规划则更适合对目前已经存在的供应链节点进行优化升级，确定对现有供应链节点中选择最有利的节点进行优化升级的规划。

任务实训

1. 扫描右侧二维码进行在线测试。
2. 完成本模块"知识复习与巩固"中的"情况实践与应用题"1～2题。

在线测试 7.2

任务评价

评价类目	评价内容及标准	分值/分	自己评分	小组评分	教师评分
学习态度	✔ 全勤（5分） ✔ 遵守课堂纪律（5分）	10			
学习过程	➤ 能说出本次工作任务的学习目标，上课积极发言，积极回答问题（5分） ➤ 能够回答重心法选址的基本做法（5分） ➤ 能够说明0—1规划选址的基本做法（5分） ➤ 能够比较重心法与0—1规划法的区别（5分）	20			
学习结果	◆ "在线测试7.2"考评：（4分×10=40分） ◆ 完成本模块"知识复习与巩固"中的"情况实践与应用题"1～2题（每题各15分）	70			
合　　计		100			
所占比例		100%	30%	30%	40%
综合评分					

知识拓展与技能实践

知识拓展

AI 技术在供应链中的应用

随着人工智能（AI）技术的迅猛发展，其在各个行业的应用越来越广泛。供应链管理作为现代企业不可或缺的重要环节，受益于AI技术的深入应用，已经在供应链的诸多方面取得了良好的效果。

1. AI技术在供应链规划中的应用

（1）数据分析与预测。数据是供应链管理的核心资源，AI技术可以快速处理大量数据并进行准确预测。例如，通过机器学习算法分析历史销售数据和市场趋势，企业可以更准确地预测需求量，并根据预测结果做出相应调整，以避免库存积压或供货不足。

（2）优化物流路径与运输计划。运输成本是制约供应链效率和利润增长的重要因素之一。借助AI技术，在复杂多变的运输网络中进行路径规划和货物配载最优化，可以有效降低物流成本并提高配送效率。例如，利用AI技术分析交通拥堵状况和运输路线的实时数据，可以选择最佳路径并进行动态调整，以确保货物按时送达。

2. AI技术在供应链采购中的应用

（1）自动化采购决策。AI技术可以通过分析供应商的历史表现、信用评级和市场价格等信息，为企业提供智能化的采购决策建议。基于机器学习算法的采购系统可以根据预设的规则和条件自动选择最佳供应商，并生成相应的采购订单，大大提高了采购流程的效率与准确性。

（2）风险管理与监测。供应链中存在各种风险因素，包括原材料短缺、质量问题、交付延迟等。AI技术可以通过对大量数据源（如供应商相关新闻、社交媒体信息等）进行监测与分析来识别潜在的风险，并及时发出预警。此外，AI技术还可以通过智能合同管理系统进行合同履约情况跟踪，避免潜在质量和合规问题。

3. AI技术在仓储与库存管理中的应用

（1）智能仓库管理。AI技术可以通过使用传感器和无线通信设备，对仓库内物品的位置、状态进行实时监测和定位。此外，AI技术还可以通过物流机器人和自动化设备实现智能存储、自动拣货等功能，提高仓储效率并降低人力成本。

（2）库存优化与预测。AI技术结合大数据分析，可以实现更精确的库存控制和预测。通过机器学习算法对销售数据、市场趋势以及季节性因素进行综合分析，企业可以制定更精细化的库存策略，避免过剩或短缺情况的发生，并最大限度地降低库存成本。

AI技术在供应链管理中发挥着越来越重要的作用。从供应链规划到采购、仓储与库存管理，AI技术都提供了一系列强大的工具和方法来优化运营效率、降低成本并提升竞争力。随着AI技术的不断发展，我们将看到更多企业将其应用于供应链领域，实现更高效、更可靠和可持续的供应链管理。

技能实践

无论是供应链规划还是开设门店，都涉及选址问题，这两者考虑的因素并不完全相同。但当考虑到具体选址位置时，进行选址的方法或模型却是基本一致的。假如你打算开设一家门店，你跟你的合作伙伴将怎么做呢？

请选择某一类型的门店（可以是物流门店，也可以是零售门店，依小组成员的兴趣而定），进行门店选址方案的设计。具体要求如下。

（1）调研门店选址的影响因素。

（2）设计门店选址的基本步骤或过程。

（3）确定门店选址的方法或模型并进行试算。

任务三　供应链运输线路优化

学习指南

任务清单

工作任务	供应链运输线路优化
建议学时	2学时
任务描述	本任务通过对供应链运输线路优化的学习，掌握供应链运输网络最大流量与最短路径的基本分析方法，并能根据基础数据使用Excel表格进行分析求解，培养供应链运输线路优化的基本技能

续表

学习目标	知识目标	1.了解供应链运输服务选择的影响因素 2.掌握运输线路选择与路网分析的基本方法 3.掌握运输网络最大流量与最短路径的分析方法
	能力目标	1.具备分析供应链运输路网与运输线路选择的能力 2.具备利用 Excel 表格进行运输网络最大流量分析的能力 3.具备利用 Excel 表格进行运输网络最短路径分析的能力
	素质目标	1.培养供应链运输方式选择的基本理念 2.培养供应链运输线路优化的数据分析素养与意识 3.培养用数据说话的意识与思维
	思政目标	通过对供应链运输线路优化相关知识的学习与实践,培养供应链运输线路优化意识、成本意识、全局意识,以及遵守职业规范的意识
关键词	运输服务　运输网络最大流量　运输最短路径	

知识树

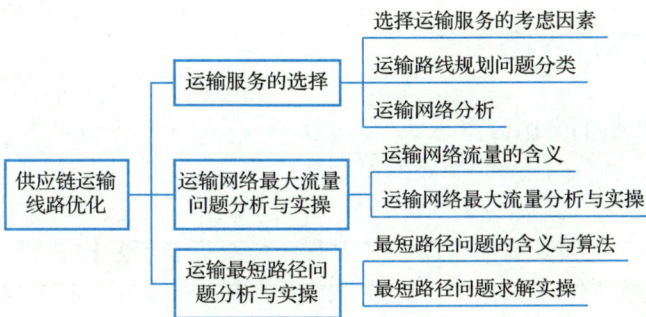

任务引入

任务背景

优化运输结构　推动跨方式互联互通

近年来,交通运输部围绕物流降本增效加快推进运输结构调整,大力发展多式联运,"公转铁""公转水"建设步伐加快。2023 年 1—11 月,我国完成港口集装箱铁水联运量 935 万标箱,港口"散改集"作业 850 万标箱,同比分别增长 15.7% 和 19.6%。

与此同时,多式联运在发展中仍存在数据难以打通共享、物流基础设施衔接不畅等问题,制约着多式联运高质量发展。

聚焦陆海联运"一单制",2023 年 8 月,一个装有 25 吨电刷胶带等五金制品的集装箱由福建泉州出发运抵厦门,随后通过陆海联运"一单制"方式无缝衔接,经厦门海天码头直运泰国林查班。"与传统模式相比,这批货物全程运输时间比原来节省 2～3 天,运输成本下降 10%,客户产品在外贸出口中更占优势。"福建卡车集市科技有限公司负责人表示,"一箱到底、一次托运、一票付费、一单到底"解决了以往不同运输方式间换单手续烦琐、运输数据无法共享等短板。

面对物流基础设施衔接不畅问题,广西钦州铁路集装箱中心站挂牌成立铁海联运一体化调度中心，出台合署办公方案，同时拆除码头与中心站间的物理围网，共同纳入海关监管区，将海铁联运倒运车辆运行由原来的"二进二出"闸口优化为"一进一出"闸口等，实现海铁联运的自动化衔接。数据显示，每个集装箱可为货主节约运输成本 100 多元。

广西钦州铁路集装箱中心站相关负责人表示，下一步中心站将加快推进铁海联运数据互联互通，持续优化铁海联运一体化作业流程，完善交换数据需求清单，完成数据交换通道建设；同时，通过积极探索机器人货检作业，完善中心站远程自动化门吊作业功能，有效提升场站整体作业能力，降低物流成本。

任务目标

1. 根据案例，分析优化运输结构可以采取哪些优化措施？
2. 在进行运输服务方式规划与优化时，需要考虑哪些影响因素？

任务实施

知识必备

一、运输服务的选择

（一）选择运输服务的考虑因素

在考虑运输服务的时候，最先想到的可能就是成本。事实上，在考虑运输服务的直接成本的同时，我们有必要考虑运输方式对库存成本和运输绩效对物流渠道成员购买选择的影响。除此之外，还有其他一些因素需要考虑，其中有些是决策者不能控制的。

首先，如果运输服务供应方和买方对彼此的成本有一定了解，将会促进双方的有效合作。但供应方和买方是相互独立的实体，二者之间若没有某种形式的信息交流，双方就很难获得完全的成本信息。在任何情况下，合作都应该更密切关注对方对运输服务选择的反应，或者对方购买量的变化。

其次，在进行运输服务方式选择时，如果分拨渠道中有相互竞争的运输服务供应商，买方和供应方都应该采取合理的行动来平衡运输成本和运输服务，以获得最佳收益。当然，无法保证各方都会理智行事。

第三，选择运输服务方式没有考虑对产品价格的影响。假如服务供应方提供的运输服务优于竞争对手，其很可能会提高产品的价格来补偿（至少是部分补偿）增加的成本。因此，买方在决定是否购买时应同时考虑产品价格和运输绩效。

第四，运输费率、产品种类、库存成本的变化和竞争对手可能采取的反击措施都增加了问题的动态因素，在进行运输服务方式选择时并没有直接涉及。

第五，在选择运输服务方式时没有考虑其对供应方存货的间接作用。供应方也会和买方一样由于运输方式的变化而改变运输批量，进而导致库存水平的变化。供应方可以调整价格来反映这一变化，反过来又影响运输服务的选择。

（二）运输路线规划问题分类

由于在整个物流成本中运输成本占 1/3 ～ 2/3，因而最大化地利用运输设备和人员，提高运作效率是我们关注的首要问题。

货物运输在途时间的长短可以通过运输工具在一定时间内运送货物的次数和所有货物的

总运输成本来反映。其中，最常见的决策问题就是，找到运输工具在公路网、铁路线、水运航道和航空线运行的最佳路线以尽可能地缩短运输时间或运输距离，从而使运输成本降低的同时客户服务也得到改善。

尽管路线选择问题的类型繁多，但我们可以将其归为几个基本类型：一是起讫点不同的单一路径规划，二是多个起讫点的路径规划，三是起点和终点相同的路径规划。

（三）运输网络分析

1. 影响运输网络系统规划的因素

为了确保运输网络功能的实现，促进整个运输网络的协调运行，在进行运输网络系统规划的同时要综合考虑如下关键因素。

（1）运输成本。运输网络系统规划需要考虑物流系统的总成本问题。简言之，通过合理的运输网络系统规划，确保物流系统总成本降到最低限度。这意味着低费用的运输不一定能获得最低的物流总成本，也是物流一体化的具体体现。显然，从整个运输网络系统的角度来考虑合理的运输网络系统规划更为复杂。

（2）运输速度。确保及时送达是运输网络系统规划的核心目标，该目标的实现需要适当的运输速度来作保证。一般情况下，在进行运输网络系统规划时，运输速度越快越好，但这需要有一个前提来保证，即成本可接受。因为，在绝大多数情况下运输速度和运输成本呈现同向变化，提高了运输速度的同时也会加大运输成本。

（3）运输一致性。所谓运输一致性，是指在若干次装运中履行某一特定运输任务所需的的时间与计划的时间或前几次运输所需的时间是一致的。运输一致性是运输可靠性的反映，如果某个运输作业花费时间变动的弹性非常大，这种不一致性就会导致整个物流系统的不一致性，从而形成低效率。

（4）与物流节点的匹配程度。运输网络的核心功能是其在各物流节点间所起的桥梁作用。桥梁作用的发挥首先要求运输网络与其他物流节点之间的良好对接。例如，公路集装箱运输车辆的规格必须与散货堆场的集装箱规格一致，否则就无法完成二者之间的对接而导致运输网络无法发挥作用。当然，运输网络与其他物流节点的匹配还涉及很多其他类似的问题，需要在运输网络系统规划时综合考虑。

2. 运输路网的分析方法

在进行运输路网分析时，运筹学提供了图与网络等经典分析方法，也是近年来最优化领域发展最活跃的分支之一，其优化理论具有很强的建模能力，对实际问题的描述直观且易于计算机实现，因而，图与网络成为经济管理、工业工程、交通运输、计算机科学与信息技术、通信与网络技术等诸多领域中的一种重要的数学方法和工具。最短路径问题、最大流量问题等都是图与网络的基本问题。

（1）图的概念。图是由若干给定的节点及连接两节点的边所构成的图形，如图 7-14 所示。一般用 G（Graph）来表示图，用 V（Vertex）表示顶点，用 E（Edge）表示边。记为

$$G=(V,E)$$

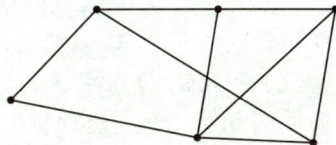

式中，V——G 的点集，记为 $V=\{v_1, v_2, \cdots, v_n\}$；

E——G 的边集，记为 $E=\{e_1, e_2, \cdots, e_n\}$。

图 7-14　图的组成

几个常用概念介绍如下：

① 无向图、有向图。图有无向图、有向图之分。若点与点之间的连线没有方向，即边没

有方向，由此构成的图称为无向图，如图7-15所示。如果图中每一条边都规定了方向，则称为有向图，如图7-16所示。

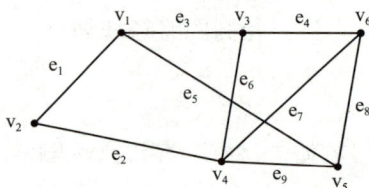

图7-15 无向图

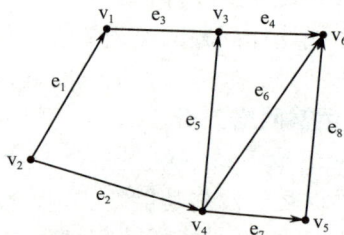

图7-16 有向图

② 路径、链、通路。如果图中的某些点、边可以排成点和边的交错序列，则称此为一条路径、一条链或一条通路。

（2）网络的概念。如果在图的各边上标有数量指标（边的权）来表示距离、单价、通行能力等数量含义，通常把这种赋权图称为网络。网络分有向网络和无向网络。如果网络中每条边都有方向，就称为有向网络（见图7-17）。如果边没有方向，就称为无向网络（见图7-18）。

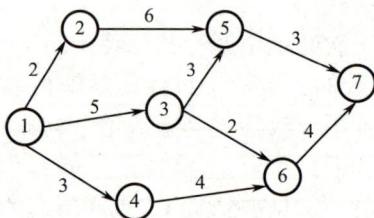

图7-17 有向网络

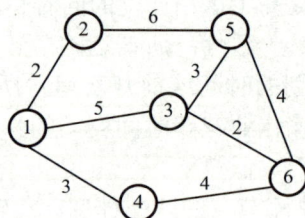

图7-18 无向网络

如果有向网络中的边是双向的，有时为了使图看上去更清晰，也会不标箭头。如最短路问题中，任两个顶点v_1、v_2，都可以互通，v_2可以到v_1，v_1也可以到v_2，是双向的。

二、运输网络最大流量问题分析与实操

（一）运输网络流量的含义

运输网络流量是指在选定时间段内通过道路某一地点、某一断面或某一车道的实体数，也叫交通流量。

运输网络最大流量问题是一种组合最优化问题，就是要讨论如何充分利用装置的能力，使运输的流量最大，以取得最好的效果。它是一类应用极为广泛的问题，在交通网络中有车流、客流、货物流，供水网络中有水流等。求最大流量的算法最早由福特和福克逊于1956年提出，他们建立的"网络流理论"是网络应用的重要组成部分。

假设某区域交通网络中有n个点，有m条有向边，有两个点很特殊，一个叫作源点，只出不进，通常定义为起点（v_0）；另一个点叫作汇点，只进不出，通常规定为终点（v_n）。每条边有容量和流量两个量，从i到j的容量通常用$C_{i\cdot j}$表示；流量则通常用$f_{i\cdot j}$表示。如图7-19所示的交通网络图中，n为7，m为10，起点v_0为1，终点v_n为7。括号中的数值，前面为

容量 $C_{i \cdot j}$ 的值，后面为流量 $f_{i \cdot j}$ 的值。

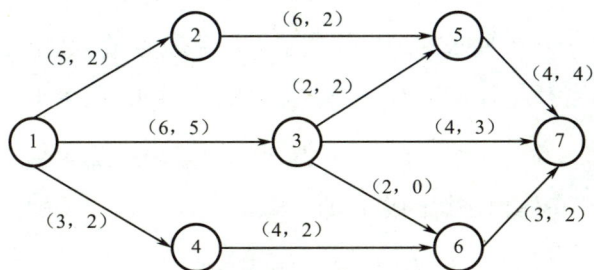

图 7-19　某区域的交通网络

在交通网络中，这些边代表的就是路段或道路，流量就是路段的车流量，容量就是路段可承受的最大车流量。很显然，流量≤容量。而对于每个不是源点和汇点的点来说，可以类比地想象成没有存储功能的货物的中转站，所有"进入"它们的流量和，要等于所有从它们本身"出去"的流量和，即要遵循流量守恒定律。

如果把源点比作超级配送中心，网络最大流量问题就是求从配送中心可以发多少车辆，不至于超过任何一条车辆途经路段的容量限制，而且每个节点的进出流量守恒，也就是求网络最大流量。

（二）运输网络最大流量分析与实操

【实操任务 7-3】某市西郊运输网络图如图 7-20 所示，括号里的第一个数字代表该公路最大允许的车流量（容量），第二个数字表示当下的车流量。

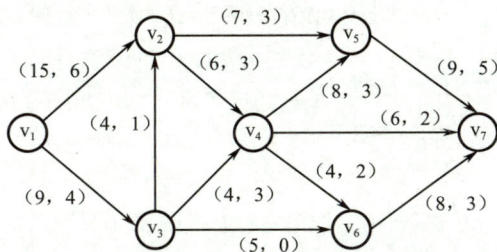

图 7-20　某市西郊运输网络图

任务要求：求解该地区网络最大流量。

1. 实操任务分析

该问题就是求从 v 入口流入或流出西郊运输网络的车流量。

首先，建立运输网络最大流量问题模型。求解运输网络最大流量问题模型包括两个步骤：一是建立线性规划模型，二是用 Excel 表格求解规划模型。

2. 实操步骤

（1）建立线性规划模型。

① 分析确定目标函数、决策变量。网络流入量和或流出量和最大，用 maxflow 表示。各路段边的最大流量为决策变量，用 f 表示。这里，选择流入量和的最大化为问题目标，则目标函数为

$$\text{maxflow} = f_{12} + f_{13}$$

② 确定约束条件。

第一类约束条件：每个路段要求的最大流量不大于路段容量，2 个路段有 12 个约束条件。

$$f_{12} \leqslant 15;\ f_{13} \leqslant 9;\ f_{24} \leqslant 6;\ f_{25} \leqslant 7;\ f_{32} \leqslant 4;\ f_{34} \leqslant 4;$$

$$f_{36} \leqslant 5;\ f_{45} \leqslant 8;\ f_{46} \leqslant 4;\ f_{47} \leqslant 6;\ f_{57} \leqslant 9;\ f_{67} \leqslant 8$$

第二类约束条件：流量守恒定律约束，即

$$f_{12} + f_{32} = f_{24} + f_{25}$$

$$f_{13} = f_{32} + f_{34} + f_{36}$$

$$f_{24} + f_{34} = f_{45} + f_{46} + f_{47}$$

$$f_{25} + f_{45} = f_{57}$$

$$f_{36} + f_{46} = f_{67}$$

整个网络流入量总和与流出量总和相等，也是遵循流量守恒定律，即

$$f_{47} + f_{57} + f_{67} = f_{12} + f_{13}$$

每个路段上的流量非负约束

$$f_{i \cdot j} \geqslant 0,\ i = 1,2,3,4,5,6,7;\ j = 1,2,3,4,5,6,7$$

则完整的运输网络最大流量模型为

$$\text{maxflow} = f_{12} + f_{13}$$

$$\text{s.t.} \begin{cases} f_{12} + f_{32} = f_{24} + f_{25} \\ f_{13} = f_{32} + f_{34} + f_{36} \\ f_{24} + f_{34} = f_{45} + f_{46} + f_{47} \\ f_{25} + f_{45} = f_{57} \\ f_{36} + f_{46} = f_{67} \\ f_{47} + f_{57} + f_{67} = f_{12} + f_{13} \\ f_{12} \leqslant 15;\ f_{36} \leqslant 5;\ f_{13} \leqslant 9;\ f_{45} \leqslant 8;\ f_{24} \leqslant 6;\ f_{46} \leqslant 4 \\ f_{25} \leqslant 7;\ f_{47} \leqslant 6;\ f_{32} \leqslant 4;\ f_{57} \leqslant 9;\ f_{34} \leqslant 4;\ f_{67} \leqslant 8 \\ f_{i \cdot j} \geqslant 0,\ i = 1,2,3,4,5,6,7;\ j = 1,2,3,4,5,6,7 \end{cases}$$

（2）用 Excel 表格求解规划模型。

① 向 Excel 表格导入各边的容量数据。

② 构建求解模型框架，如图 7-21 所示。图中 A3:M4 是原始数据区域，A7:M11 是模型区域，单元格 B9:M9 定义为决策变量值区域，B7 定义为目标函数单元格，C10：M11 是约束条件设置区域。

设置目标函数。目标函数单元格中输入流入量和或者流出量和。这里选用流入量和。B9:M9 为决策变量值区域，即以运输网络最大流量为目标，求出的每个路段的流量将在该区域显示。在如图 7-22 所示的单元格 B7 中输入目标函数 "=B9+C9"，即 f_{12}、f_{13} 的流入量和。

这个引用计算关系确定后，当 f_{12}、f_{13} 的流量求出后，B7 单元格中会自动显示 f_{12}、f_{13} 的流量和。

⊿	A	B	C	D	E	F	G	H	I	J	K	L	M
1	问题求解												
2	数据区域												
3	路段容量	f_{12}	f_{13}	f_{24}	f_{25}	f_{32}	f_{34}	f_{36}	f_{45}	f_{46}	f_{47}	f_{57}	f_{67}
4	（允许容量）	15	9	6	7	4	4	5	8	4	6	9	8
5													
6	模型区域												
7	目标函数												
8	决策变量	f_{12}	f_{13}	f_{24}	f_{25}	f_{32}	f_{34}	f_{36}	f_{45}	f_{46}	f_{47}	f_{57}	f_{67}
9													
10	约束条件	左式											
11		右式											

图 7-21　Excel 表格求解模型框架

B7			⊕	fx	=B9+C9								
⊿	A	B	C	D	E	F	G	H	I	J	K	L	M
1	问题求解												
2	数据区域												
3	路段容量	f_{12}	f_{13}	f_{24}	f_{25}	f_{32}	f_{34}	f_{36}	f_{45}	f_{46}	f_{47}	f_{57}	f_{67}
4	（允许容量）	15	9	6	7	4	4	5	8	4	6	9	8
5													
6	模型区域												
7	目标函数	0											
8	决策变量	f_{12}	f_{13}	f_{24}	f_{25}	f_{32}	f_{34}	f_{36}	f_{45}	f_{46}	f_{47}	f_{57}	f_{67}
9													
10	约束条件	左式											
11		右式											

图 7-22　目标函数设计

设置约束条件。根据模型，流量守恒的 6 个约束条件有计算要求，即每个节点的流入量、流出量需求和。具体做法是把各节点流入量、流出量求和关系确定，放在指定单元格中，然后用规划求解工具调用该单元格。以 v_2 节点为例，流入量之和 $= f_{12} + f_{32}$，流出量之和 $= f_{24} + f_{25}$。在单元格 C10 中输入流入量之和"=B9+F9"的引用关系，在单元格 C11 中输入流出量之和"=D9+E9"的引用关系，如图 7-23、图 7-24 所示。同理，将其他 5 个流量守恒约束条件关系设置好。这样模型部分的前期准备就做好了。当决策变量的解求出后，目标函数、约束条件值都能显示在相应的单元格中。

SUM			× ✓	fx	=B9+F9								
⊿	A	B	C	D	E	F	G	H	I	J	K	L	M
1	问题求解												
2	数据区域												
3	路段容量	f_{12}	f_{13}	f_{24}	f_{25}	f_{32}	f_{34}	f_{36}	f_{45}	f_{46}	f_{47}	f_{57}	f_{67}
4	（允许容量）	15	9	6	7	4	4	5	8	4	6	9	8
5													
6	模型区域												
7	目标函数	0											
8	决策变量	f_{12}	f_{13}	f_{24}	f_{25}	f_{32}	f_{34}	f_{36}	f_{45}	f_{46}	f_{47}	f_{57}	f_{67}
9													
10	约束条件	左式	=B9+F9										
11		右式											

图 7-23　v_2 节点左式流入量设计

图7-24   v₂节点右式流出量设计

设计流量约束条件。添加路段容量约束条件，即要求的12条路段流量不能超出各自路段容量模型中所列的12个约束条件。这个部分没有运算，因此，可以在规划求解工具中直接引用相应单元格。

③ 运用规划求解工具求解。

选择规划求解。单击工具栏"数据"选项，选择"规划求解"选项。

输入目标函数单元格。打开"规划求解参数"对话框，在"设置目标"中选择或输入"$B$7"，单击"最大值"单选按钮，在"通过更改可变单元格"中输入"$B$9:$M$9"，如图7-25所示。

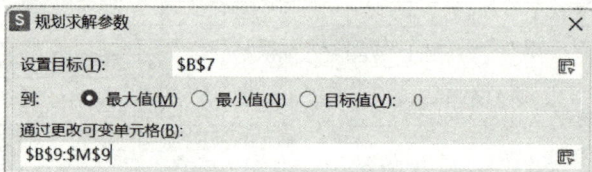

图7-25   目标值和变量设置

增加基础约束条件。单击"遵守约束"右边的"添加"按钮，弹出"添加约束"对话框，逐条增加约束条件，完成后的界面如图7-26所示。

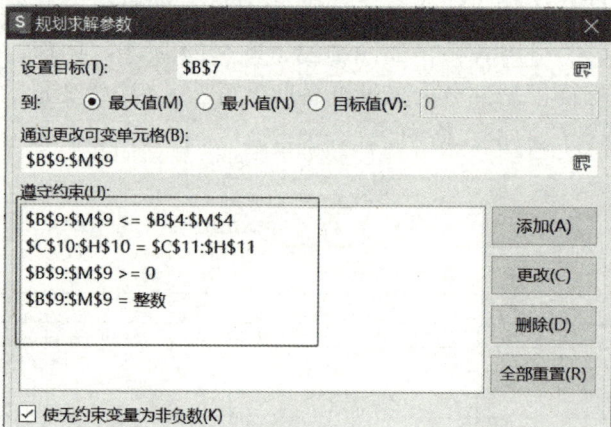

图7-26   "规划求解参数"设置界面

设置"选择求解方法"为"单纯线性规划"，如图7-27所示，单击"求解"按钮。

图 7-27　设置"选择求解方法"选项

保存规划求解结果。单击"求解"按钮后，出现"规划求解结果"对话框，单击"确定"按钮，求解完成，得到如图 7-28 所示的结果。

	A	B	C	D	E	F	G	H	I	J	K	L	M
1	问题求解												
2	数据区域												
3	路段容量	f_{12}	f_{13}	f_{24}	f_{25}	f_{32}	f_{34}	f_{36}	f_{45}	f_{46}	f_{47}	f_{57}	f_{67}
4	（允许容量）	15	9	6	7	4	4	5	8	4	6	9	8
5													
6	模型区域												
7	目标函数	22											
8	决策变量	f_{12}	f_{13}	f_{24}	f_{25}	f_{32}	f_{34}	f_{36}	f_{45}	f_{46}	f_{47}	f_{57}	f_{67}
9		13	9	6	7	0	4	5	2	2	6	9	7
10	约束条件 左式	13	9	10		7	22						
11	右式	13	9	10		7	22						

图 7-28　规划求解结果

在图 7-28 中可以看出，决策区域求出的解和目标值都已产生，约束条件都成立。交通网络 12 个路段的最大流量如 B9:M9 区域中所示，该网络最大流量为 22，也就是说，如果该区域流入量大于 22，网络可能发生拥堵。由于整体网络中的流量守恒和相互制衡等因素，各路段求出的流量已经是最大流量，尽管都小于或等于路段容量。

【微视频】运输路网最大流量求解过程

三、运输最短路径问题数据分析与实操

（一）最短路径问题的含义与算法

1. 最短路径的含义

最短路径问题是图论理论的一个经典问题。寻找最短路径就是在指定网络中两节点间找到一条距离最小的路径。最短路径问题是网络分析中的一类优化问题，它不仅仅指一般地理

意义上的距离最短，还可以引申到其他的度量，如时间、费用、线路容量等，也可直接应用于解决生产实际中的许多问题，如管道铺设、线路安排、厂区布局等优化问题。

2. 最短路径问题求解算法

如果将地图中任意两节点的连接线定义为路段，从起点到终点称为路径，路径由多个节点和路段组成。求解最短路径，就是找出连接起点和终点的多条路径中最短的那一条。下面结合实操任务介绍一种利用 Excel 表格求解最短路径的方法。

（二）最短路径问题求解实操

【实操任务 7-4】 某公司要运输一批物料给 t 地的客户，该地区路网结构如图 7-29 所示。每个路段上的数字表示两节点间的距离。

任务要求：请帮他们选择一条最短路径，并计算其长度。

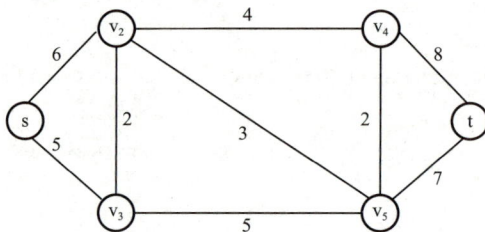

图 7-29　某公司运输的路网结构

1. 任务分析

根据条件，整体解决方案的框架思路如下。

（1）建立最短路问题模型，依次确定决策变量、目标函数、约束条件。

（2）求解最短路问题模型，包括在 Excel 表格中构建模型结构，即构建决策变量、约束条件和目标函数的数据关系；运用规划求解工具求解。

2. 实操步骤

（1）建立线性规划模型。

① 分析确定目标函数，确定决策变量（整数规划）。根据条件，开车从 s 地到 t 地，可选择不同的线路到达，如可以选择 s—v_2—v_4—t、s—v_2—v_5—t，此外，还有很多种选择。该问题求解实质是：选择走哪些相连路段，使整个路径的里程最短？

因此，目标函数为路径里程最短；而决策变量选择走哪些路段，即表述某路段走或不走。

$$\min Z = \sum_{i=1}^{m}\sum_{j=1}^{n} d_{i\cdot j} x_{i\cdot j}$$

式中，Z——路径里程；

$d_{i\cdot j}$——$v_i \to v_j$ 的里程；

$x_{i\cdot j}$——决策变量，$x_{i\cdot j} = \begin{cases} 1, & \text{走 } v_i \to v_j \text{ 路段} \\ 0, & \text{不走 } v_i \to v_j \text{ 路段} \end{cases}$。

② 确定约束条件。

遵守流量守恒定律设置约束条件。

起点：由于只能选择一条路径，因此流出量和 =1，即

$$x_{12} + x_{13} = 1$$

终点：只能选择一条路径，因此流入量和 =1，即

$$1 = x_{46} + x_{56}$$

其他节点的总流入量 = 总流出量，即

$$x_{23} + x_{24} + x_{25} = x_{12} + x_{32} + x_{42} + x_{52}$$

$$x_{32} + x_{35} = x_{13} + x_{23} + x_{53}$$

$$x_{42} + x_{45} + x_{46} = x_{24} + x_{54}$$

$$x_{52} + x_{53} + x_{54} + x_{56} = x_{25} + x_{35} + x_{45}$$

决策变量有且仅有两种答案：走或不走，则约束条件为

$$x_{i \cdot j} = 0 \text{ 或 } x_{i \cdot j} = 1, \ i = 1, 2, \cdots, 6; \ j = 1, 2, \cdots, 6$$

此时完整的运输最短路问题模型构建完成

$$\min Z = \sum_{i=1}^{6} \sum_{j=1}^{6} d_{i \cdot j} x_{i \cdot j} = d_{12} x_{12} + d_{13} x_{13} + d_{23} x_{23} + d_{24} x_{24} + d_{25} x_{25} + d_{32} x_{32} + d_{35} x_{35} + d_{42} x_{42} +$$

$$d_{45} x_{45} + d_{46} x_{46} + d_{52} x_{52} + d_{53} x_{53} + d_{54} x_{54} + d_{56} x_{56}$$

$$\text{s.t.} \begin{cases} x_{12} + x_{13} = 1 \\ x_{23} + x_{24} + x_{25} = x_{12} + x_{32} + x_{42} + x_{52} \\ x_{32} + x_{35} = x_{13} + x_{23} + x_{53} \\ x_{42} + x_{45} + x_{46} = x_{24} + x_{54} \\ x_{52} + x_{53} + x_{54} + x_{56} = x_{25} + x_{35} + x_{45} \\ 1 = x_{46} + x_{56} \\ x_{i \cdot j} = 0 \text{ 或 } x_{i \cdot j} = 1, \ i = 1, 2, \cdots, 6; \ j = 1, 2, \cdots, 6 \end{cases}$$

（2）用 Excel 表格求解规划模型。

求解分为三大步骤：一是向 Excel 表格导入数据；二是构建模型框架；三是运用规划求解工具求解。规划求解工具中没有计算功能，只能直接调用单元格，因此相关中间计算工作或数据之间的关系就要先在 Excel 表格中完成。也就是说，运用它求解之前，需要在 Excel 表格中架构出与其功能相匹配的模型结构，然后再调用规划求解功能求解。

① 向 Excel 表格导入数据。

② 构建模型框架，如图 7-30 所示。

该模型框架中，数据区域和模型区域一体。单元格 D5:D18 定义为决策变量区域，就是要求解的决策变量，即决策这些路段走哪些，不走哪些。根据模型可以看出，只有两种结果，即 1 表示走，0 表示不走。B2 定义为目标函数单元格，E5:H10 是约束条件设置区域。C5:C18 为数据区域，列出了每条路段的距离，设所有路段都是双向通车的。

设置目标函数，如图 7-31 所示。本问题的目标是求所有路段的"距离"与"是否走"（0 或 1）的乘积和最小。

图 7-30　Excel 表格中构建模型框架

图 7-31　设置目标函数

设置约束条件。约束条件有三类。其中，第一类约束条件就是流量守恒约束。首先是起点与终点，起点只能选一条路段出来，终点只能从一条路段到达。

从起点 s 出来有 s—v_2 和 s—v_3 两条路段，但只能选 1 条，所以 s 节点的约束条件就是 D5+D6=1，如图 7-32 所示。

同理，终点 t 也有 v_4—t 和 v_5—t 两条路段，此时也只会选 1 条到 t，其他中间节点也是这样，最多 1 条路进，1 条路出。同理，设定好其他节点的约束条件。

此时，模型框架部分的各类数据关系就设置好了，如图 7-33 所示。此时，可以运用规划求解工具求解。

SQRT | × ✓ fx | =D5+D6

	A	B	C	D	E	F	G	H
1	模型求解							
2	目标函数	0						
3	数据区域/弧数据区			决策变量	约束条件/节点数据区			
4	从	到	距离	是否走	节点	流出量	=	流入量
5	S	v_2	6		S	=D5+D6	=	1
6	S	v_3	5		v_2		=	
7	v_2	v_3	2		v_3		=	
8	v_2	v_4	4		v_4		=	
9	v_2	v_5	3		v_5		=	
10	v_3	v_2	2		t		=	
11	v_3	v_5	5					
12	v_4	v_2	4					
13	v_4	v_5	2					
14	v_4	t	8					
15	v_5	v_2	5					
16	v_5	v_2	3					
17	v_5	v_4	2					
18	v_5	t	7					

图 7-32　设置约束条件

	A	B	C	D	E	F	G	H
1	模型求解							
2	目标函数	0						
3	数据区域/弧数据区			决策变量	约束条件/节点数据区			
4	从	到	距离	是否走	节点	流出量	=	流入量
5	s	v_2	6		s	0	=	1
6	s	v_3	5		v_2	0	=	0
7	v_2	v_3	2		v_3	0	=	0
8	v_2	v_4	4		v_4	0	=	0
9	v_2	v_5	3		v_5	0	=	0
10	v_3	v_2	2		t	1	=	0
11	v_3	v_5	5					
12	v_4	v_2	4					
13	v_4	v_5	2					
14	v_4	t	8					
15	v_5	v_2	5					
16	v_5	v_2	3					
17	v_5	v_4	2					
18	v_5	t	7					

图 7-33　设置完成各类数据关系

③ 运用规划求解工具求解。打开"规划求解参数"对话框，按图7-34所示设置各项数据，即可求解。

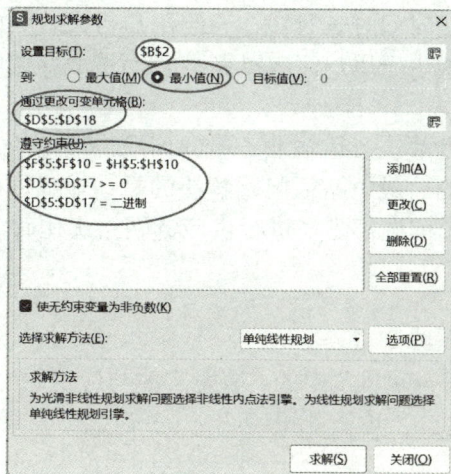

图 7-34　"规划求解参数"设置对话框

求解结果。在 Excel 表格中可以看到决策区域求出的解和目标值都已经产生，此时约束条件都成立，则求出的最短路径为 s—v_2—v_5—t，里程为 16，如图 7-35 所示。

B2			f_x	=SUMPRODUCT(C5:C18,D5:D18)			
	A	B	C	D	E	F	G	H
1	模型求解							
2	目标函数	16						
3	数据区域/弧数据区			决策变量	约束条件/节点数据区			
4	从	到	距离	是否走	节点	流出量	=	流入量
5	s	v_2	6	1	s	1	=	1
6	s	v_3	5	0	v_2	1	=	1
7	v_2	v_3	2	0	v_3	0	=	0
8	v_2	v_4	4	0	v_4	0	=	0
9	v_2	v_5	3	1	v_5	1	=	1
10	v_3	v_2	2	0	t	1	=	1
11	v_3	v_5	5	0				
12	v_4	v_5	4	0				
13	v_4	v_5	2	0				
14	v_4	t	8	0				
15	v_5	v_3	5	0				
16	v_5	v_2	3	0				
17	v_5	v_4	2	0				
18	v_5	t	7	1				

图 7-35　求解结果

【阅读材料】日常生活中的运输路网电子地图　　　　　【微视频】运输最短路径求解过程

学习感悟

第一，在进行运输网络优化时往往希望获得最低的运输成本，但在供应链中需要注意，运输成本只是局部成本，局部成本最优并不一定能保证供应链成本最低。因此，最终仍然需要从整个供应链成本最低来考虑运输网络优化问题。

第二，运输一致性对用户来说是非常重要的因素，因此往往要求每次运输的时间与承诺的时间尽可能一致。如果运输时间时长时短，会给用户带来较大的困扰，甚至会打乱用户的生产节奏。比如提前到达可能由于用户没有准备接货而造成存储空间的紧张，推迟到达则可能造成用户缺料，甚至停产。

第三，最大运输流量问题解决了运输业务量的问题，确定的是运输的规模问题，这在供应链节点选址时是必须考虑的。最短路径问题解决的是运输成本问题，通常来说最短路径能带来更低的运输成本。这两个问题都是在进行供应链网络优化时需要考虑的。

任务实训

1. 扫描右侧二维码进行在线测试。
2. 完成本模块"知识复习与巩固"中的"情境实践与应用题"第 3～4 题。

在线测试 7.3

任务评价

评价类目	评价内容及标准	分值/分	自己评分	小组评分	教师评分
学习态度	✔ 全勤（5分） ✔ 遵守课堂纪律（5分）	10			
学习过程	➤ 能说出本次工作任务的学习目标，上课积极发言，积极回答问题（5分） ➤ 能够回答运输最大流量的约束条件（5分） ➤ 能够说明最短路径的约束条件（5分） ➤ 能够说明最短路径的求解过程（5分）	20			
学习结果	◆ "在线测试7.3"考评（4分×10=40分） ◆ 完成本模块"知识复习与巩固"中的"情境实践与应用题"第3～4题（每题各15分）	70			
合　计		100			
所占比例		100%	30%	30%	40%
综合评分					

知识拓展与技能实践

知识拓展

数据分析报告的撰写

在大数据和人工智能迅猛扩展的时代，很多企业的岗位都需要进行数据分析。对于数据分析行业来说，做好数据分析是本职工作，不过在做好数据分析工作之后还需要写出一份清晰明了的数据分析报告。那么，数据分析报告到底应该怎么写呢？

1. 数据分析报告的框架内容

一般来说，一份完整的数据分析报告至少包括以下几个内容：标题，目录，背景与意义，数据来源、数据量等基本情况，问题分析与小结，最终结论，优化建议或策略，附录。其中，背景与意义部分决定了报告逻辑，即解决什么问题；数据来源、数据量等基本情况部分说明采用了什么样的数据，可信度如何，数据量的规模等；问题分析与小结部分的主要作用是分析问题、查找问题、总结问题；优化建议或策略部分则是一份好的数据分析报告的加分项。

2. 数据分析报告撰写要领

（1）搭框架。好的数据分析报告一定是有基础、有层次、有逻辑，架构清晰、主次分明的报告，让读者易读懂、有兴趣。

（2）数据分析要具体、翔实，重点突出、表现力好。分析就是要发现问题，从不同维度去发现问题。而且尽可能用图、表等可视化方式呈现数据，形象直观，运用对比方式分析数据，有重点地对确定的优化事项进行重点分析、详尽展示。

（3）结论要明确。如果没有结论或没有明确的结论，分析就不是分析了，因为原本就是要寻找或者印证一个明确结论而进行分析的，否则就失去了数据分析的意义。因此，结论一定是明确、准确，甚至精确，不要有猜测性结论，一定是基于严谨的数据分析推导过程而形成的。

另外，数据分析是"以数据说话"，所使用的数据单位、术语一定要标准统一、前后一致、量化规范。如果能够将一些新的分析方法和模型引入数据分析，就能够体现报告的方法创新性。

技能实践

一般来说，数据分析报告有专题分析报告、综合分析报告和日常数据通报等内容。从专题分析报告来说，是对社会经济现象的某一方面或某一个问题进行专门研究的一种数据分析报告，它的主要作用是为决策者制定某项政策、解决某个问题提供决策参考和依据。

专题分析报告需要注意两个地方：第一，注意专题分析的单一性，专题分析不要求反映事物的全貌，主要针对某一方面或者某一问题进行分析，如用户流失分析、提升用户转化率分析等；第二，需要注意深入性，有的分析报告由于内容单一，重点突出，因此要集中精力解决主要的问题，包括对问题的具体描述、原因分析和提出可行的解决办法，这需要对公司业务有足够的认识。

请根据以上数据分析报告的介绍，选择某一主题，撰写一份数据分析的专题分析报告，具体要求如下。

（1）针对选定的主题收集数据，并能运用本课程相应的方法进行分析。

（2）数据分析报告的撰写内容完整，结论明确。

（3）对数据分析的问题描述具体，原因分析准确，并有可行的解决措施。

知识复习与巩固

一、填空题

1. 供应链中的各节点之间通过相互协作和配合，实现商品的_____、_____、_____、_____和_____等环节，从而完成整个供应链的_____过程。

2. 供应链节点选址决定了企业_____与_____网络的构成，它不仅影响供应链的运作能力，还影响供应链实际_____与_____。

3. 供应链节点是供应链网络中的关键点，节点的_____和_____直接影响供应链的效率。

4. 节点类型选择取决于供应链的具体需求和策略。常见的节点类型包括_____、_____等。

5. 节点布局优化是指对节点_____和_____进行合理的布局，以提高节点的_____。

6. 节点协同机制是指通过建立_____、_____等机制，促进供应链节点之间的合作和协同。

7. 节点风险管理是指对供应链节点运行过程中可能出现的风险进行_____、_____和_____。这包括货物_____、_____、_____等风险。

8. 节点绩效评估是指对节点的_____、_____等方面进行评价和考核。

9. 货物运输的测量单位是货重乘以距离，即_____。

10. 运输节点是运输网络中_____的连接点，它既是货物的_____，又是办理_____的重要场所。

11. 重心法是一种确定_____的方法，其目的是降低供应链运营成本。它把运营成本看成_____和_____的线性函数。

12. 在进行供应链节点规划的时候，如果_____已经确定，需要从已经确定的地点中选择某些地点作为供应链节点，这时可借助_____方法进行供应链节点的选址。

13. 运输网络流量是指在_____内通过道路某一地点、某一断面或某一车道的实体数，也叫_____。

14. 交通网络中，容量就是路段可承受的_____。

15. 最短路径问题是网络分析中的一类优化问题，它不仅仅指一般地理意义上的距离_____，还可以引申到其他的度量，如_____、_____、_____等。

二、多选题

1. 供应链系统的网络拓扑结构是供应链整体运作的实体支撑，对供应链整体的（　　）和一体化运作的流畅性等有重要影响作用。

A. 响应速度　　　　B. 服务质量　　　　C. 运作成本　　　　D. 运作效率

2. 供应链节点与运输的协同优化可以显著提高供应链的整体效率。通过（　　），可以减少运输距离和时间，从而降低运输成本。

A. 合理的节点选址　　　　　　　　B. 合理的节点功能布局

C. 成本控制　　　　　　　　　　　D. 管理改善

3. 在供应链节点选址时，需要综合考虑多个因素，以下属于需要考虑的因素有（　　）。

A. 运输成本　　　　B. 市场需求　　　　C. 地区政策　　　　D. 人力资源

4. 选择供应链节点类型时需要考虑（　　）等因素，以确保节点能够满足供应链的需求。

A. 供应链网络结构　　B. 产品的特性　　　C. 市场需求　　　　D. 运输方式

5. 以下属于基本运输方式的有（　　）。

A. 水上运输　　　　B. 道路运输　　　　C. 航空运输　　　　D. 多式联运

6. 运输节点的种类包括（　　）。

A. 销售型节点　　　B. 转运型节点　　　C. 储存型节点　　　D. 流通型节点

7. 成本最小化是供应链节点选址决策最直接的目标，与供应链节点选址相关的成本主要有（　　），合理的节点选址可以有效降低这些成本。

A. 运输成本　　　　B. 管理成本　　　　C. 土地成本　　　　D. 库存成本

8. 供应链节点选址的原则包括（　　）。

A. 经济性原则　　　B. 适应性原则　　　C. 协调性原则　　　D. 战略性原则

9. 影响运输网络规划的因素包括（　　）。

A. 运输成本　　　　　　　　　　　B. 运输速度

C. 运输一致性　　　　　　　　　　D. 与物流节点的匹配程度

三、简答题

1. 简述为什么说供应链节点的管理和优化是供应链管理中非常重要的一部分？

2. 简述供应链节点的规划内容。

3. 简述运输与其他物流功能之间的关系。

4. 简述运输方式的选择。

5. 简述运输节点的主要功能。

6. 简述供应链网络结构优化的目标。

7. 简述供应链渠道设计中产生的问题。

8. 简述供应链节点和运输优化的基本思路。

9. 简述供应链节点选址的目标。

10. 简述供应链节点选址的原则。

11. 简述供应链节点选址的影响因素。

12. 简述选择运输服务需考虑的因素。

13. 简述影响运输网络规划的影响因素。

14. 简述运输网络最大流量规划求解的约束条件。

四、情境实践与应用题

1. 生产中心供应链节点选址决策。某集团公司的两个工厂 P_1、P_2 分别生产 A、B 两种产品，供应三个市场 M_1、M_2、M_3，其中转仓库供需情况表如表 7-3 所示。现需设置一个中转仓库，A、B 两种产品通过该仓库间接向三个市场供货。请使用重心法求出仓库的最优选址。

表 7-3　中转仓库供需情况表

地点	总运输量 /kg	运输费率 /（元 /kg/km）	坐标值	
	w_i	c_i	x_i	y_i
P_1	14200	0.050	42	38
P_2	5600	0.050	28	16
M_1	5700	0.070	30	45
M_2	6600	0.075	16	4
M_3	7500	0.070	28	17

2. 物流配送中心选址。公司打算在武汉、长沙或衡阳设立配送中心（也许在两个地方设立配送中心），以增加市场份额。决策层的同时也计划在新设配送中心的城市最多下设一个中转站（当然也可以不设）。各种选择配送中心的净收益、总投资如表 7-4 所示，总的预算费用不得超过 600 万元。如何决策既能满足约束条件又使总净收益最大？

表 7-4　各种选配中心的净收益、总投资表

决策编号	选址	净收益 / 万元	总投资 / 万元
1	武汉设立配送中心	40	280
2	长沙设立配送中心	30	220
3	衡阳设立配送中心	20	150
4	武汉设立中转站	15	120
5	长沙设立中转站	10	80
6	衡阳设立中转站	7	60

3. 用 Excel 表格求解如图 7-36 所示的网络最大运输流量。

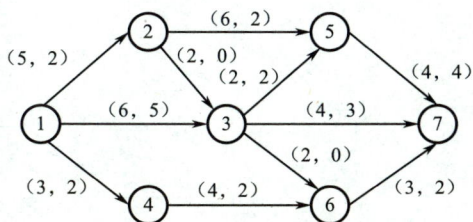

图 7-36　某市的交通网络

4. 用 Excel 表格求解送货最短路径问题。小秦是某配送中心（位于 s 地）的送货员，现承运位于同城 t 地顾客的送货任务。从 s 地到 t 地的路网结构如图 7-37 所示，求解小秦从配送中心 s 地到 t 地的最短路径及其距离。

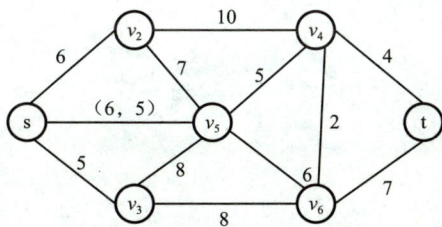

图 7-37　s 地到 t 地的路网结构

供应链绩效管理与分析

供应链管理不是单兵作战，而是协同作战。各部门、各伙伴之间的紧密合作，是提升整体效率的关键。

任务一　认识供应链绩效管理

学习指南

任务清单

工作任务	认识供应链绩效管理	
建议学时	4 学时	
任务描述	本任务通过对供应链绩效管理以及供应链绩效评价指标体系的建立等内容的学习，掌握供应链绩效评价的基本内容与过程，能根据供应链及相关企业的特点选择评价指标，并能对供应链绩效进行客观评价	
学习目标	知识目标	1. 掌握供应链绩效评价的基本内涵 2. 掌握供应链绩效的评价指标选取与评价的基本方法 3. 理解供应链绩效评价与企业绩效评价的异同

续表

学习目标	能力目标	1. 具备正确选择供应链绩效评价指标的能力 2. 具备建立供应链评价指标体系框架的能力 3. 具备基本的供应链绩效评价运用能力
	素质目标	1. 培养供应链管理的系统思维与共赢意识 2. 培养供应链绩效的优化意识 3. 培养以客户为中心的供应链经营理念
	思政目标	通过对供应链绩效评价知识的学习，培养立足实际、实事求是的管理意识，培养合作意识、客户服务意识，以及遵守职业规范的意识
关键词	供应链绩效评价　评价指标体系	

知识树

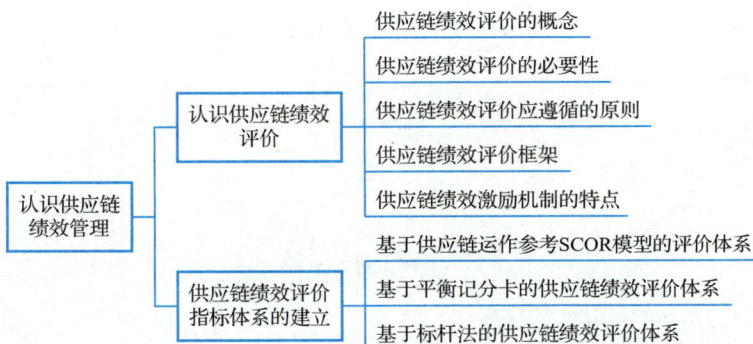

任务引入

任务背景

某企业的供应链绩效评价与改进

某电子产品制造企业的供应链包括原材料供应商、生产工厂、物流配送和销售渠道等环节。为了提高供应链的运作效率和降低成本，该企业决定进行供应链绩效评价，并根据评价结果进行改进。

（一）绩效评价

首先，该企业建立了一套完整的供应链绩效评价指标体系。这些指标包括供应商交货准时率、库存周转率、订单处理时间等。通过收集和分析数据，企业可以了解每个环节的运作情况，并对供应链的整体绩效进行评估。

其次，该企业运用信息技术来支持绩效评价工作。他们建立了一个供应链绩效管理系统，可以实时监控各个环节的绩效指标，并生成相应的报告。这样，管理层可以及时了解供应链的运作情况，并采取相应的措施来改进。

（二）改进实践

评价结果显示，该企业的供应链存在一些问题，如供应商交货准时率较低、库存周转率不理想等。为了解决这些问题，该企业采取了一系列改进措施。

首先，企业与供应商进行了深入的沟通和合作。他们共同制定了交货时间表，并建立了一个供应商绩效评价机制。通过激励措施和奖惩制度，供应商的交货准时率得到了显著提高。

其次，该企业优化了库存管理。他们引入了先进的库存管理技术，通过精确的需求预测和合理的订货策略，实现了库存周转率的提高。此外，他们还与物流配送商合作，优化了物流网络，减少了运输时间和成本。

最后，该企业加强了内部协调和沟通。他们建立了一个跨部门的供应链协同工作组，定期召开会议，分享信息和经验。这样，各个环节之间的合作得到了加强，供应链的整体绩效得到了提升。

（三）改进成果

通过供应链绩效评价与改进的实践，该企业取得了显著的成果。供应商交货准时率从60%提高到了90%，库存周转率提高了30%。这不仅帮助企业降低了成本，还提高了客户满意度和市场竞争力。

任务目标

1. 根据案例分析进行供应链绩效管理能带来什么好处？
2. 如何做好供应链绩效改进？

任务实施

知识必备

一、认识供应链绩效评价

（一）供应链绩效评价的概念

供应链绩效评价是指围绕供应链的目标，对供应链整体、各个环节（尤其是核心企业运营状况以及各环节之间的运营关系等）所进行的事前、事中和事后的分析评价。因此，供应链绩效评价是对整个供应链的整体运行绩效、供应链节点企业、供应链节点企业之间的合作关系做出的评价。从这个概念里可以看出，供应链绩效评价指标是基于业务流程的绩效评价指标。

供应链绩效与传统的企业绩效有明显的不同。传统的企业绩效评价指标主要是基于功能的评价，体现在会计、财务指标上，注重的是对过程的结果的反映，具有静止、单一和被动的特点，不能全面、动态地反映企业生产经营过程中的问题，不能主动进行分析和管理，也不能有机地融合组织的战略目标和战略管理手段。因此，传统的企业绩效评价指标不适于对供应链运营绩效的评价，其原因有以下几点。

（1）传统的企业绩效评价指标的数据来源于财务结果，在时间上比较迟缓，不能反映供应链动态运营情况。

（2）传统的企业绩效评价指标主要评价企业职能部门工作完成情况，不能对企业业务流程进行评价，不能科学地、客观地评价供应链的运营情况。

（3）传统的企业绩效评价指标不能对供应链的业务流程进行实时评价和分析，而是侧重于事后分析。

因此，在传统的企业绩效评价过程中，当发现偏差时，偏差已成为

【阅读材料】传统业务
流程绩效评价的不足

事实，已经造成了危害和损失，并且往往很难加以补偿。

在供应链环境下，供应链绩效直接体现为供应链管理的绩效。其具有如下特点。

（1）静态性和动态性相结合。供应链绩效既可以是一个静态的评价结果，也可以是产生该结果的活动和过程。两者既可以单独地评价，也可以一起作为考核指标，充分体现了应用灵活的特点。

（2）可组合性和可分解性。供应链绩效是供应链成员通过各种活动增加和创造的价值总和，该价值由顾客价值和供应链价值两部分组成，而且每一部分又可进一步分解成不同的价值组合。在实际应用中，使用者可以根据评价目的和具体需要自由地选取各种组合，充分体现简洁、方便的特点。

（3）完整性。供应链绩效的定义在强调信息重要性的基础上，完整地阐述了供应链增加和创造价值的条件和方式，形成一个系统的整体。

（二）供应链绩效评价的必要性

供应链管理的潜力已经越来越被企业所重视，但是如果缺乏有效的绩效评价策略及指标，仍然难以形成一套完整的供应链体系。

1. 传统的绩效评价指标的局限性

传统的供应链各个部分独立地追求各自的目标，是不可能达到提高供应链生产率的目的的。这种局限性表现在以下两个方面。

一方面，许多企业已经意识到财务指标和非财务指标对绩效评价的重要性，但是不能在评价框架范围内很好地对两者进行平衡。有些企业只注意财务绩效指标，另一些企业则专注于经营操作性指标，这种指标的片面性是很难清晰地了解企业的经营效果的。财务绩效指标对于战略性决策非常重要，而非财务指标对日常的生产控制和销售非常有帮助，企业必须综合考虑这两方面的因素。当然，需要注意的是，绩效评价指标并非越多越好，只有使用关键的指标才会获得更好的效果。

另一方面，缺乏一套在战略、战术和操作层次上有明显差别的评价指标。绩效评价指标会对企业在战略、战术和操作三个层次上的决策产生影响，因此需要对供应链管理中的三个层次指标进行区分，并根据三个层次的特点选用适合各层次的评价指标。

因此，供应链绩效的评价必须考虑到供应链所有层次的目标及相应的评估标准。这要求有一套在战略、战术和操作层次上有所区别，在财务和非财务指标上都能够平衡的指标体系。

2. 供应链绩效评价的要求

供应链管理在实施过程中，需要耗费大量的人力、物力和财力，承受来自管理、组织和产品的风险，因此必须进行严格的核算和绩效评价，才能实现企业资源和社会资源的最大化应用。只有知道某一战略的成本和实施效果，才能使管理者做出有效决策，绩效评价机制作为保持战略层和执行层迈向共同目标的黏合剂，具有不容忽视的价值。

任何一种绩效评价体系的设计，都应该反映它所支持组织的远景目标、管理模式、沟通与联系方式、反馈与学习方式、业务规划方式等基本状况。而且，绩效评价体系应该随着组织结构的改变而改变，不应该成为组织发展的阻力。因此，传统的企业绩效评价体系并不能完全适应供应链管理的需要，必须建立新的绩效评价体系。建立有效的供应链管理绩效评价机制，对有效地监督资源和优化配置资源起着非常重要的作用。

有效的绩效评价系统，可以解决供应链管理过程中四个方面的问题。

（1）评价企业原有供应链，发现原有供应链的缺陷和不足，并提出相应的改进措施。

（2）评价新构造的供应链，监督和控制供应链运营的效率，充分发挥供应链管理的作用。

（3）作为供应链业务流程重组的评价指标，建立基于时间、成本和绩效的供应链优化体系。

（4）寻找供应链约束和建立有效激励机制的参照系，同时也是建立标杆活动、标杆节点企业和标杆供应链体系的基准。

总之，科学合理的供应链绩效体系作为供应链绩效评价的标准，能够准确地描述供应链的运营状况，为供应链管理体系的优化提供科学的依据。

（三）供应链绩效评价应遵循的原则

随着供应链管理理论的不断发展和供应链实践的不断深入，客观上要求建立与其相适应的供应链绩效评价方法，并确定相应的绩效评价指标，以科学客观地反映供应链的运营情况。供应链绩效评价指标有其自身的特点，其内容比现行的企业评价指标更为广泛，它不仅代替会计数据，同时还提出一些方法来测定供应链是否有能力及时满足用户或市场的需求。

在实际操作中，为了建立能有效评价供应链绩效的指标体系，在衡量供应链绩效时应遵循如下原则。

（1）要能对关键绩效指标进行重点分析，能够综合反映所评价对象的真实价值。

（2）要采用能反映供应链业务流程的绩效指标体系，可以作为一个标准的、通用的衡量尺度。

（3）指标要能反映整个供应链的运营情况，适用性要广，而不仅仅是反映单个节点企业的运营情况。

（4）应尽可能采用实时分析与评价的方法，因为能反映供应链实时运营状况的信息要比事后分析更有价值。

（5）要采用能反映供应商、制造商及客户之间关系的绩效评价指标，反映客户、企业和供应链自身的需求。

（6）要能够全方位、多角度地反映供应链的竞争优势和竞争能力，做出前后一致的解释。

（四）供应链绩效评价框架

供应链绩效涵盖的内容广泛，一般来说需要从顾客价值和供应链价值两个方面来考虑。这两种价值分别从外部和内部定义了供应链整体应该达到的绩效水平，因而对供应链整体的绩效进行评价时也必须从这两个方面入手。供应链是一个大系统，该系统由供应商（包括供应商的供应商）、核心企业和分销商（包括分销商的分销商）等子系统组成。要评价供应链的整体绩效，根据投入产出模型，人们可以把它看作一个黑箱，只要知道该黑箱的两端（即输入和输出）以及财务成果即可。至于内部运作状况如何，则还要进一步考核各个子系统。严格地说，上述的产出是一种供应链"内部产出"，外部产出是顾客价值。研究表明，顾客满意是顾客价值的集中体现。因而可以采用顾客满意度作为衡量顾客价值的一级指标。供应链整体绩效评价的框架体系如图8-1所示。

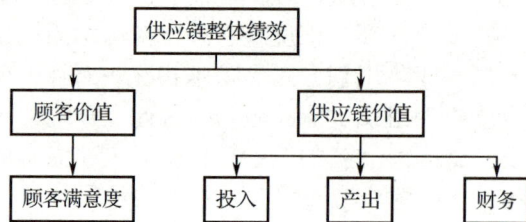

图 8-1　供应链整体绩效评价的框架体系

1. 顾客价值评价

顾客价值是供应链整体绩效的外部体现，而顾客满意度则是顾客价值的集中反映。顾客满意度一般可以采用柔性、可靠性、价格和质量四个二级指标来具体描述。但是从实用的角度来看，这四个指标还不够具体，缺乏可操作性，还必须引入更为详细、能够直接利用客观数据评价的三级指标。

（1）柔性。供应链的柔性是指对环境变化的适应能力。供应链之所以要具有一定的柔性，原因就在于环境的不确定性。但是在顾客眼里并没有所谓的"不确定性"，他们唯一关心的就是供应链能够把正确的产品或服务在正确的时间以正确的数量送到他们手中。这为评价供应链的柔性提供了依据，即供应链应具有产品柔性、时间柔性和数量柔性。产品柔性反映了供应链（零售端）在一定时间内引进新产品的能力，可以用新产品数量与产品总量之比来表示；时间柔性反映了供应链对顾客需求的响应速度，具体到零售业，时间柔性包含售前和售后服务的响应速度（简称响应速度）、售中改变交货时间的能力（简称交货柔性）；数量柔性反映了供应链对顾客需求数量变化的适应能力，该指标可以采用供应链能够获利的产品数量范围进行描述。

（2）可靠性。该指标反映了供应链以及节点企业履行合同的能力。可靠性的高低会影响顾客对供应链的信赖程度。可靠性越高，信赖度越强，越容易培养顾客的忠诚度；反之，则容易导致顾客的不满意。

例如，从消费者的角度来看，如果是自己购买，则要求每次都能买到自己需要的产品；如果是送货上门，则希望按时收到供应商的送货。但无论哪种情况，消费者在产品的使用过程中都希望没有令人不满意之处。这样，就可以采用失去销售百分比、准时交货率和顾客抱怨率来描述供应链的可靠性。失去销售百分比反映了供应链无法满足既定需求的情况；准时交货率反映了供应链在规定的时间内准时交货的情况，可用准时交货次数与总交货次数的百分比来表示；顾客抱怨率反映了供应链提供的产品或服务不符合顾客要求的程度，可用顾客抱怨次数与总交易次数的百分比来表示。

（3）价格。价格是影响顾客满意度的重要因素之一，而且价格和顾客满意度之间存在着无法割舍的依赖关系。例如，针对零售业的特点，我们可以选择同比平均价格优势和平均单品促销频率两个指标来评价价格对顾客满意度的影响。同比平均价格优势反映了目标供应链与其他供应链各单品综合平均价格的比较；平均单品促销频率反映了企业营销政策的导向，可以采用一定时间段内每种单品的平均促销数量来衡量平均单品促销频率。

（4）质量。质量包括产品质量和服务质量，其一直被视为影响顾客满意度的重要因素。大量的实证分析验证了质量与顾客满意度之间的关系。其中，绝大部分是探讨中间顾客对质量的满意程度，对最终用户（或者消费者）的研究大多采用问卷调查的方法，通过对顾客主观判断结果的分析来研究其满意程度，这样做不仅成本高、时间长，而且效果也不是十分理想。因此，应该采用那些容易度量、数据采集方便的客观指标来评价顾客对质量的满意度。例如，可采用报修退货比率和顾客抱怨解决时间指标。报修退货比率可采用一段时间内累计报修退货数量占产品总销售数量的比例表示；顾客抱怨解决时间是指从顾客发出抱怨时刻起到抱怨得到满意解决时刻止的一段时间，顾客抱怨解决时间段越短，说明顾客的满意程度越高。

2. 供应链价值评价

供应链价值体现了集成化供应链的内部绩效，是供应链发展和获取竞争优势的原动力，它具体可以通过投入、产出（输出）和财务评价三个方面来描述。

（1）供应链投入评价。供应链整体要保持正常的运行，首先必须投入足够的有效资源。为了使供应链创造出高于平均水平的绩效，所投入的资源还必须具有价值性、稀缺性和不可模仿性。由于供应链运行过程中投入的资源在数量、种类和性质等方面存在巨大的差异，人们一般采用会计指标即供应链总成本来衡量资源的投入大小。所谓供应链总成本是指为了保证供应链正常运作而支付的各种成本、费用的总和。尽管供应链总成本并不能完全体现各种资源的所有特性，但其有效性却得到了广泛的认可。供应链总成本由人力成本、资产成本、信息成本和物流成本所组成。

① 人力成本包括直接人力成本和间接人力成本。前者主要是指员工的收入支出，具体包括与生产直接相关的成本和各种福利费用、津贴、奖金等；后者主要包括招聘费用、培训费用和遣散费用等。

② 资产成本由固定资产成本和流动资产成本组成。固定资产成本是指为保证采购、生产、销售等基本运作流程的正常运行而做的大额投资；流动资产成本包括物料取得成本、制造费用及各种管理费用。当然，供应链作为一个系统，它只有一个物料取得成本，成员企业之间的物料转移只能看作内部交易，否则将视为重复计算。

③ 信息成本可分为固定信息成本和变动信息成本。固定信息成本是指为建立信息系统而做的一次性支出，具体包括硬件费用和软件费用；变动信息成本包括为保持信息系统正常运行而支付的维护费用和信息取得成本。

④ 物流成本主要包括运输成本、存货成本、仓储成本和管理费用。运输成本包括供应链成员企业之间的物料转移成本和系统外部的配送成本；存货成本是指物料、在制品、半成品和产成品所占用的资金成本，因而又可以看作一种机会成本；仓储成本主要包括存储成本和缺货成本；管理费用即为维护仓储和运输的正常运行而支付的维护费用。

（2）供应链产出（输出）评价。所谓产出，是指供应链运用投入的各种资源，经过生产、加工、存储、包装、运输等一系列操作后获得的成果。产出是供应链效益的集中体现，也是供应链得以健康发展的前提条件，为供应链的持续改进指明了方向。产出绩效评价指标可以分为两类：效益型指标和非效益型指标。

① 效益型指标是指那些能够反映供应链收益大小的指标，并不包含效率指标（如净资产收益率等比率指标）。从这个角度来看，收入、利润和经济附加价值（EVA）三个指标基本反映了效益型指标的主要内容。收入即供应链的总销售额；利润是指收入与供应链总成本的差额，它反映了供应链的盈利状况；经济附加价值是指企业收益与资本成本的差额。其特点在于用经济利润代替了会计利润，将研究开发费用、顾客与市场开发、人力资源培养等方面支出由费用化转变为资本化，并在受益年限内摊销。同时，向管理者增加了新的资本增值理念，即强调只有当投资于现有资产上的实际收益大于资本供应者的预期收益时，资本才得到了增值。

② 非效益型指标是指那些能够体现供应链内部和外部效率的指标，它虽然没有反映供应链的收益情况，但是对供应链的稳定发展具有重要意义。具体来说，非效益型指标主要包括：缺货比率、平均延迟交货订单比率、平均提前交货订单比率和平均等待订单比率。缺货比率反映了供应链以现有库存水平满足顾客需求的能力，可以采用缺货天数与该产品的销售天数之比来表示；平均延迟交货订单比率即迟于规定时间交货的订单数占总订单数的百分比，反映了供应链的交货能力；平均提前交货订单比率是指提前交货的订单数占总订单数的百分比，它与延迟交货订单比率一样共同反映了供应链交货的准时性；平均等待订单比率是缺货比率

和提前期的综合反映，可以采用等待订单数占总订单数的百分比来表示。

（3）供应链财务评价。企业绩效的财务评价很早就得到了广泛的重视，并一度在企业绩效评价中占有重要地位。尽管如此，由于供应链和企业在很多方面存在较大的差异，因此并不能简单地将企业绩效的财务评价体系应用到供应链绩效评价中，还需要根据供应链自身的特点，按照一定的原则选择恰当的指标组成供应链绩效的财务评价体系。供应链的财务评价指标可以从供应链自身角度和股东角度两个方面进行评价。

① 从供应链的角度来看，财务指标应能反映供应链的财务收益状况、资产运营状况和发展能力状况。财务收益状况的评价指标为总资产报酬率；资产运营状况的评价指标包括总资产周转率和库存周转率；发展能力状况的评价指标包括销售增长率和利润增长率。

② 从股东的角度来看，财务指标应能反映供应链净资产的盈利状况，因而可以选择净资产收益率和资本保值增值率作为其评价指标。

（五）供应链绩效激励机制的特点

供应链绩效评价的一个重要目的是对供应链企业形成有效的激励机制。在供应链环境下，供应链激励机制有着与传统的企业激励机制不同的特点，主要表现在以下几个方面。

（1）供应链激励的主体与客体的变化。激励主体是指激励者；激励客体是指被激励者，即激励对象。供应链激励的主体不再是企业主、企业管理者委托人，而是供应链中的核心企业；相应地，供应链激励的客体也转变为整个供应链中的上下游成员企业。

（2）供应链激励的目标的变化。传统的企业激励目标是实现企业自身利益的最大化，而供应链激励则追求供应链整体效益的最大化，也就是通过激励充分调动供应链成员企业的积极性，兼顾合作双方的共同利益，消除信息不对称情况下的逆向选择和道德风险，从而使供应链的运作更加流畅，实现供应链企业共赢。

（3）供应链激励的绩效评价指标的变化。传统的企业绩效评价指标主要是基于职能部门的，不适用于对供应链整体的运营绩效的评价；供应链绩效评价指标则是基于业务流程的，它从供应链整体出发，可以对整个供应链的运作情况进行有效的评估。它们之间的差异如图 8-2 所示。

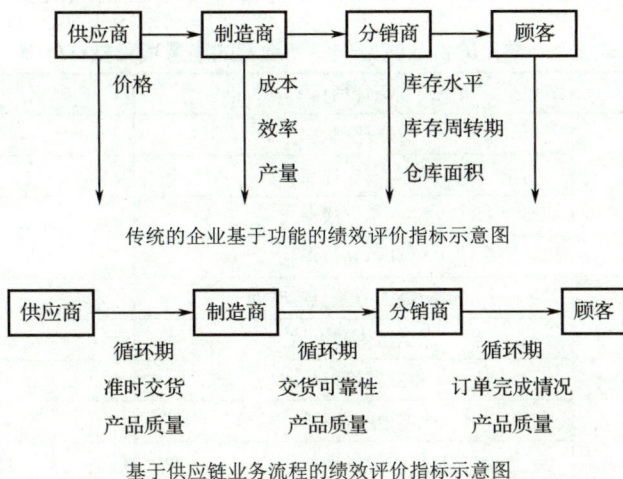

传统的企业基于功能的绩效评价指标示意图

基于供应链业务流程的绩效评价指标示意图

图 8-2　传统的企业绩效评价指标与供应链绩效评价指标的差异

供应链管理需要一个新的绩效评估系统。为使整个供应链的效益最大化，有时需要牺牲某个企业或某个部门的局部利益。新的绩效评价体系应该能够对每个成员企业、每个职能部门在优化供应链中所起的作用做出正确的评估，并在此基础上进行利益的分配与激励。

二、供应链绩效评价指标体系的建立

供应链绩效评价体系分为两大类：一类是方法类的评价体系；另一类是技术类的评价体系。方法类的评价体系包括平衡计分卡（Balanced Score Card，BSC）评价法、SCOR 模型分析法、以层级为基础的评价方法（如分别从战略、战术、运营层面对供应链进行评价分析）、以流程为基础的评价方法（如从计划、采购、生产、交付等供应链运营流程进行评价分析）；技术类的评价体系包括 DEA 数据包络分析法、AHP 层次分析法、情境仿真法，这几种分析方法比较数学化、技术化，这里不详细讲解。

下面主要介绍供应链运作参考模型评价体系、平衡记分卡评价体系，以及标杆法在供应链评价中的应用。

（一）基于供应链运作参考 SCOR 模型的评价体系

SCOR 模型是目前影响最大、应用面最广的供应链运作参考模型，它能测评和改善企业内外部业务流程，使战略性地进行供应链管理成为可能。

SCOR 模型是一个基于流程管理的工具，国内外许多公司已经开始重视、研究和应用 SCOR 模型。在应用 SCOR 模型时，大多数公司都是从 SCOR 模型的第二层开始构建它们的供应链的，此时常常会暴露出现有流程的低效问题，因此需要时间对现有的供应链进行重组。典型的做法是减少供应商、工厂和配送中心的数量，有时公司也可以取消供应链中的一些环节。一旦供应链重组工作完成，就可以开始进行性能指标的评测和争取最佳业绩的工作。

SCOR 模型中的所有流程元素都附有：流程元素的综合定义；循环周期、成本、服务/质量和资金的性能属性；与这些性能属性相关的评测尺度，以及软件特性要求。供应链运作参考模型采用了流程参考模式，包括分析公司流程和目标的现状，对作业绩效量化，与目标数据进行对照。如表 8-1 所示给出了常见的供应链运作参考模型的衡量项目指标体系。

表 8-1　常见的供应链运作参考模型的衡量项目指标体系

类别	衡量项目	衡量单位
供应链可靠性	按时交货率	百分比
	订单完成提前期	天数
	订单完成率	百分比
	订单履行率	百分比
柔性和反应力	供应链的有效反应时间	天数
	上游生产柔性	天数
费用	供应链管理成本	百分比
	成本占收益的比例	百分比
	每位员工增加的价值	现金
资产/利用	供应库存总天数	天数
	现金周转时间	天数
	净资产周转次数	次数

SCOR 模型体现了"从供应商的供应商到客户的客户"的供应链管理思想。SCOR 模型的覆盖范围非常广泛，它包含了与所有客户的交互，从订单到付款等；从供应商的供应商到客户的客户的所有物流转运；与所有的市场交互，从总体需求的了解到每个订单的执行。SCOR 模型是一个标准过程的参考模型，它提供一种语言，使企业内和企业外的供应链节点企业之间直接进行交流，形成了供应链体系内部信息共享和交流的纽带，特别是形成了供应链体系之间进行沟通、比较和评价的标准。

（二）基于平衡记分卡的供应链绩效评价体系

平衡记分卡（BSC）评价法，又称平衡记分法，不仅是一种评价体系，而且是一种管理思想的体现，其最大的特点是集评价、管理、沟通于一体，即通过将短期目标和长期目标、财务指标和非财务指标、滞后型指标和超前型指标、内部绩效和外部绩效结合起来，使管理者的注意力从短期的目标实现转移到兼顾战略目标的实现。该体系分别从财务角度、顾客角度、内部过程角度、学习和创新角度来建立评价体系。其中，财务角度指标显示企业的战略及其实施和执行是否正在为供应链的改善做出贡献；顾客角度指标显示顾客的需求和满意程度；内部过程角度指标显示企业的内部效率；学习和创新角度显示企业未来成功的基础。

平衡记分法分为四个方面，代表了三个利害相关的群体，即股东、客户和员工，确保企业从系统观的角度进行战略的实施。

1. 顾客角度

企业为了获得长远的财务业绩，就必须创造出客户满意的产品和服务。平衡记分法给出了两套绩效评价方法：一是企业为客户服务所期望达到绩效而采用的评价指标，主要包括市场份额、客户保有率、客户获得率、客户满意等；二是针对第一套各项指标进行逐层细分，制定出评分表。

2. 流程角度

流程角度是平衡记分法突破传统绩效评价的显著特征之一。传统绩效评价虽然加入了生产提前期、产品质量回报率等评价，但是往往停留在单一部门绩效上，仅靠改善这些指标，只能有助于组织生存，但不能形成组织独特的竞争优势。平衡记分法从满足投资者和客户需要的角度出发，从价值链上针对内部的业务流程进行分析，提出了四种绩效属性：质量导向的评价、基于时间的评价、柔性导向评价和成本指标评价。

3. 学习和创新角度

学习和创新方面的观点为其他领域的绩效突破提供手段。平衡记分法实施的目的和特点之一就是避免短期行为，强调未来投资的重要性。同时，它并不局限于传统的设备改造升级，而更注重员工系统和业务流程的投资。注重分析满足需求的能力和现有能力的差距，将注意力集中在内部技能和能力上，这些差距将通过员工培训、技术改造、产品服务得以弥补。相关指标包括新产品开发循环期、新产品销售比率、流程改进效率等。

4. 财务角度

企业各个方面的改善只是实现目标的手段，而不是目标本身。企业的改善都应通向财务目标。平衡记分法将财务方面作为所有目标评价的焦点。如果说每项评价方法是综合绩效评价制度这条纽带的一部分，那么因果链上的结果还是归于"提高财务绩效"。

（三）基于标杆法的供应链绩效评价体系

标杆法是企业将那些出类拔萃企业的绩效作为自己的测定基准，以它们为学习的对象，意图迎头赶上进而超过它们。通过标杆法的实施过程，企业可以找到竞争对手的优势，利用在向标杆学习的过程中获得的知识，创造各种方法，超过竞争对手。行业领先企业也应该经常性地开展标杆活动。

标杆法以定量分析自己公司现状与其他公司现状，并加以比较。其主要特点在于：将那些出类拔萃的企业作为企业测定基准；除了要求测定相对最好公司的企业的绩效，还要发现这些优秀公司是如何取得这些成就的，并利用这些信息作为制定企业绩效目标、战略和行动计划的基准。作为企业测定基准的优秀公司也并非局限于同行业中的佼佼者，也可以是各种业务流程的活动中已取得出色成绩的企业。而且，标杆法也并不总是一定要与竞争对手比较，也经常与非竞争对手比较。

基本的绩效标杆有以下三种。

（1）战略性标杆。战略性标杆针对竞争对手强调哪些市场、竞争对手的战略、支持竞争对手市场战略的资源水平、竞争对手的竞争优势主要集中在哪些方面等主要问题，将一个企业的市场战略与其他企业的市场战略进行比较，使一个企业能获得领先地位的市场战略。

（2）操作性标杆。操作性标杆以职能性活动的各个方面为重点，找出有效的方法，以便在各个职能上都能取得更好的成绩。

（3）支持活动性标杆。企业内的支持功能应该显示出比竞争对手更好的成本效益，通过支持活动性标杆控制内部间接费用和预防费用的上升。

标杆法在供应链绩效管理中的应用，就是将标杆法管理的思想和工作方法贯穿于供应商、制造商、分销商、第三方物流企业到最终用户的整个供应链过程，以促进供应链绩效水平的提高。供应链中标杆法的实施应特别注重两个方面：客户服务的标杆管理、供应链流程的标杆管理。

（1）客户服务的标杆管理。在供应链管理中，提高客户服务水平是供应链管理目标的重要目标之一，良好的客户服务有利于供应链企业赢得顾客、抢占市场。通过客户服务标杆进行供应链绩效管理一般分为以下四个阶段。

① 明确顾客倾向于把供应链企业与哪几家进行相互参照，同时划定比较的范围，选定比较企业。

② 供应链必须掌握顾客需求及所提供的产品或服务与顾客需求的差距，并找出影响顾客需求的关键因素。一般情况下，关键因素包括产品特性、价格、质量、交货、服务、灵活性等方面。

③ 将影响顾客需求的关键因素按照相对重要性进行排序。具体方法是将每一个关键因素细分为多项指标，用以对相关顾客进行调查，同时将指标的重要性进行评定。

④ 将各企业的顾客需求关键因素与各比较企业进行对比，分析企业对顾客的满意程度。

根据上面的分析结果，选定供应链企业的标杆企业，改进绩效，满足顾客的需求。

（2）供应链流程的标杆管理。产品是投入的结果，要提高供应链的绩效，还要进一步从供应链流程着手。因此，实施供应链流程标杆管理主要解决以下两个关键问题。

① 供应链流程识别。由于制造业产品的原材料占产品成本的一大部分，流通渠道及路径直接影响企业的成本。因此，提高企业绩效不仅需关注企业自身的行为，还要考虑供应链中的供应商、分销商、零售商的效率与经营成本。

评价供应商的相对绩效，必须找出工作流程、职能部门的工作效率与行业领先水平。在物流、供应链流程中，除了要把供应链中所有企业清晰地表达出来，还需注意各企业间的界面接触问题。不仅供应商、分销商的行为需要与领先企业相比较并控制，供应链界面也需要与其他竞争力更强的供应链界面相比较，分析其他供应链中的组织是如何有效地在供应商与制造商间传递信息或制造商与分销商间协调生产计划等，以便向他们学习。

② 供应链流程标杆管理的优先环节。供应链流程是相当复杂的，需要进行标杆管理的环节很多，所以应确定标杆管理的优先环节。选择优先环节可以从以下四个方面进行综合评价和选择。

> 对战略的影响程度。

> 对相关企业的影响程度。

> 对标杆管理的主观迫切性。

> 对该环节必须进行自制与外购的选择。

因此，在将标杆法运用于供应链绩效管理与评价时，应充分考虑供应链的复杂性和供应链绩效管理的特殊性，分析标杆法实施的可行性。同时，还应进行详细的成本效益分析，只有在确定实施的收益将大于成本时，才能做出实施标杆法的决策。

【阅读材料】供应链管理绩效评价常用指标

学习感悟

第一，供应链绩效评价与传统的企业绩效评价有明显的不同。供应链的绩效评价是对整个供应链的整体运行绩效、供应链节点企业、供应链上的节点企业之间的合作关系所做出的评价。因此，供应链绩效评价指标是基于业务流程的绩效评价指标。而传统的企业绩效评价指标主要是基于功能的评价，体现在会计、财务指标上，注重的是对过程的结果的反映，既不能主动进行分析和管理，也不能有机地融合组织的战略目标和战略管理手段。

第二，在供应链环境下，供应链的绩效直接体现为供应链管理的绩效。因此，在进行供应链管理绩效评价的时候，通常利用供应链绩效的评价结果仍然是有效的。供应链的绩效涵盖的内容广泛，一般来说需要从顾客价值和供应链价值两个方面来考虑。

第三，供应链评价的方法有很多，甚至不同的企业对供应链绩效的评价指标并不相同。因此，在确定评价指标体系的时候需要根据企业或供应链的具体情况进行指标的选取。目前比较流行的参考指标选取方法主要有平衡记分法、SCOR 模型评价法以及标杆法等。

任务实训

1. 扫描右侧二维码进行在线测试。

2. 举例说明供应链绩效评价与传统的企业绩效评价的区别。

3. 举例说明供应链绩效评价指标体系的基本内容。

在线测试 8.1

任务评价

评价类目	评价内容及标准	分值/分	自己评分	小组评分	教师评分
学习态度	✓ 全勤（5分）	10			
	✓ 遵守课堂纪律（5分）				
学习过程	> 能说出本次工作任务的学习目标，上课积极发言，积极回答问题（5分）	20			
	> 能够回答供应链绩效评价的内涵（5分）				
	> 能够说明供应链评价的基本框架（5分）				
	> 能够说明供应链绩效评价的基本指标体系（5分）				

评价类目	评价内容及标准	分值/分	自己评分	小组评分	教师评分
学习结果	◆ "在线测试8.1"考评（4分×10=40分） ◆ "举例说明供应链绩效评价与传统的企业绩效评价的区别"考评（15分） ◆ "举例说明供应链绩效评价指标体系的基本内容"考评（15分）	70			
合　计		100			
所占比例		100%	30%	30%	40%
综合评分					

知识拓展与技能实践

知识拓展

中国企业供应链管理绩效评价参考模型

中国企业供应链管理绩效评价参考模型（Supply Chain Performance Metrics Reference Model，SCPR）于2003年10月由当时的中国电子商务协会供应链管理委员会（Supply Chain Council of CECA，简称CSCC）推出，是中国第一个正式由全国性行业组织制定并推荐使用的定量评价供应链管理绩效水平和科学实施供应链管理工程的指导性工具。CSCC吸取了各绩效模型的长处，并结合大量中国企业的供应链实证数据进行抽象，对来自成熟工业社会的供应链绩效指标做了必要的修改和移植，最终形成真正适合中国本土企业的供应链管理绩效水平评价参考模型。

SCPR的指标体系由五大类指标组成，分别从不同的方面对企业的供应链管理水平进行评价，如表8-2所示。

表8-2　SCPR的指标体系

序号	一级指标	说明	权重
1	订单反应能力指标	包括3个二级指标，10个三级指标	15%
2	客户满意度指标	包括4个二级指标，10个三级指标	15%
3	业务标准协同指标	包括4个二级指标，9个三级指标	20%
4	节点网络效应指标	包括3个二级指标，8个三级指标	25%
5	系统适应性指标	包括4个二级指标，8个三级指标	25%

（1）订单反应能力指标：从订单实现角度评价企业对客户需求反应的水平。

（2）客户满意度指标：通过满意度来反映供应链管理绩效。

（3）业务标准协同指标：评价供应链上各节点企业业务上的标准协同状况。

（4）节点网络效应指标：反映加入供应链的企业数量、互动能力等因素。

（5）系统适应性指标：从建设方式、业务适应能力等角度评价企业的供应链管理绩效。

SCPR成为企业实现供应链管理的目标愿景的风向标和导航器的原因正是基于：通过

SCPR 五大类共 45 个三级指标，利用操作简洁、实用的 SCPR 评价软件工具，企业就能够对其供应链绩效水平有一个全面的、定量的评估，了解供应链管理投入的产出效应，有效规避"IT 黑洞"；准确地描述供应链管理效果和存在的问题，可以帮助企业有针对性地找到供应链管理工程导入方式；在供应链管理建设的各个阶段，持续获得基于 SCPR 的建议和现状评价，以监督、控制实施过程和方向，全面促进与提升供应链管理工程的成功概率。

技能实践

在进行供应链绩效评价的过程中，如何对各项指标进行定义是一项重要工作。在对不同的供应链绩效评价指标进行定义时会有一定差异，并且对其标准也会不相同。例如，在本任务的 SCOR 模型衡量项目中，零售供应链可能要求按时交货率达到 99% 才能算优秀，而且对一些库存水平高的供应链，可能 90% 就算优秀。因此，对于不同的供应链绩效评价指标一般都需要进行定义，并将其列入绩效评价作业文件之中。请结合某一类型供应链上的 SCOR 模型中的衡量指标项目确定其供应链评价指标的评分标准。具体要求如下。

（1）结合所属供应链对指标内容进行定义。

（2）确定各指标的评分标准。

（3）对于指标定义与评分标准体现出可执行性，即能让不同的评价人员进行评分的时候给出的分数尽可能一致。

任务二　供应链绩效分析

学习指南

任务清单

工作任务	供应链绩效分析		
建议学时	2 学时		
任务描述	本任务通过对供应链绩效分析与供应链成熟度的应用等内容的学习，学会基本的供应链绩效评价方法，并能对供应链正确地做出评价；通过供应链成熟度的分析与评价，能提出供应链改进策略		
学习目标	知识目标	1. 掌握标杆法供应链绩效评价的方法 2. 掌握 SCOR 模型的供应链绩效评价方法 3. 理解供应链绩效评价与传统的企业绩效评价的异同	
学习目标	能力目标	1. 具备运用标杆法评价供应链绩效的能力 2. 具备运用 SCOR 模型评价供应链绩效的能力 3. 具备运用供应链成熟度进行供应链绩效改进的能力	
	素质目标	1. 培养供应链绩效管理的系统思维 2. 培养供应链绩效持续改进与优化意识 3. 培养供应链经营与管理理念	
	思政目标	通过对供应链绩效评价与供应链成熟度评价知识的学习，培养立足实际，实事求是的职业意识，培养合作意识、服务意识、遵守职业规范的意识	
关键词	供应链绩效评价　供应链管理成熟度　持续改进		

知识树

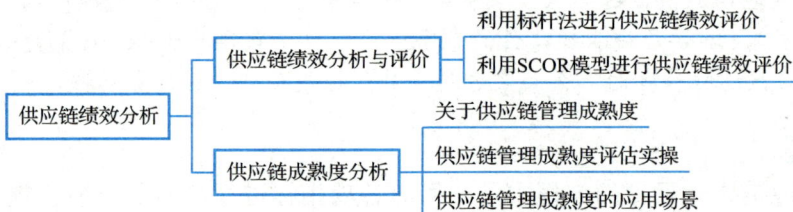

任务引入

任务背景

《企业采购供应链数字化成熟度模型》正式发布

2023年6月13日，中国物流与采购联合会批准发布《企业采购供应链数字化成熟度模型》，标准号为T/CFLP 0058—2023，于7月12日在北京举办的"第四届国有企业数智化采购与智慧供应链论坛"上正式发布，7月15日开始实施。

该标准提出了采购供应链数字化成熟度模型架构及指标、成熟度等级，适用于衡量企业采购供应链的数字化成熟度水平。该标准为我国企业衡量采购供应链数字化水平、明确企业采购供应链数字化程度和发展阶段提供指导，有助于促进企业采购供应链数字化建设，加快企业采购供应链数字化转型。

中国物流与采购联合会公共采购分会秘书长彭新良介绍，《企业采购供应链数字化成熟度模型》标准的发布，对于提高企业采购供应链数字化建设工作效率、避免企业在采购供应链数字化建设上走弯路、走错路，加快企业采购供应链数字化转型具有重要意义。

从现实来看，企业要达到《企业采购供应链数字化成熟度模型》要求的转型效果，离不开优秀的第三方数字化技术服务商的支持。

据京东企业业务相关负责人介绍，作为京东集团面向企业客户的重要窗口，京东企业业务的多项理念就与《企业采购供应链数字化成熟度模型》高度一致，对于企业采购数字化"达标"能够起到积极的助推作用。通过将京东集团在电商、技术、供应链、金融等方面长期积累的优势与自身对企业采购场景、流程以及需求的深刻理解相结合，京东企业业务打造了多场景的灵活、可定制的数智化采购解决方案，不仅能够针对过往企业采购长期存在的流程复杂、周期漫长、差错率高、难以监管等问题提供一站式服务，还能够实现非标品物资标品化、线上流程自动化、采购网络一体化、财务结算智能化及全流程采购体系可追溯，显著提升采购决策效率、降低采购综合成本。

任务目标

1. 根据案例分析企业如何用好《企业采购供应链数字化成熟度模型》？
2. 企业根据供应链成熟度可如何做好供应链绩效改进？

任务实施

知识必备

一、供应链绩效分析与评价

（一）利用标杆法进行供应链绩效评价

1. 实施标杆法的步骤

一般来说，采用标杆法对供应链绩效进行评价有以下几个基本步骤。

（1）明确标杆管理的内容。标杆管理的第一步是从改进和提高绩效的角度出发，明确本企业和本部门的任务是什么，这些任务实际上是企业成功的关键因素，这是标杆管理首先考虑的目标，接着将这些任务具体分解，并确定标杆管理的具体内容。

（2）选择标杆企业或部门。选择标杆企业应遵循两个原则：一是选择具有卓越的业绩与经济效益，并采用了有效策略与方法的企业或部门；二是选择与本企业或部门有相似特点的企业或部门。同时，选择的标准要具有可比性和可操作性。

（3）收集资料和数据。实施标杆法需要收集的资料和数据包括：标杆企业的资料和数据，主要是标杆企业的绩效以及优良的绩效管理方法、措施和管理诀窍等；实施标杆法的企业或部门自身的绩效和管理现状。

资料数据可以来自单个的标杆企业或部门，也可以来自行业、全国乃至全球的某些样本。通过同这类数据比较，可以了解企业部门在行业及国内同行中所处的相对位置，明确努力的方向。资料数据来源主要有：政府统计部门、资讯部门、各种协会、顾客、标杆企业工作过的雇员等，通过访问、座谈、问卷调查及实地考察等方法获得。

（4）分析差距。对收集的数据进行比较分析，找出本企业与目标企业在绩效管理水平以及管理措施和方法上的差异。

（5）制定绩效目标。确定追赶绩效目标，明确应该学习的绩效管理方法和措施等。

（6）综合与交流。将绩效管理所要达到的目标前景向全体员工通报，进行反复交流，征询意见，修正已制定的绩效目标，改进计划方案。

（7）制定具体的行动方案。具体的行动方案主要包括计划、实施方法和技术以及阶段性的绩效评估等。

（8）标杆法的实施与连续执行。标杆管理活动成功开展以后，应被作为企业经营的一项职能活动融入日常工作中去。标杆管理活动最终成果应具备以下两个特点。

① 企业标杆管理应获得与领先企业相同甚至超越领先企业的竞争实力。

② 单独进行的各项标杆管理活动应融合到企业日常经营活动的整体中。

2. 供应链客户服务评价与标杆选取实操

【实操任务 8-1】某供应链企业根据客户服务情况打算选取竞争对手的客户服务水平作为标杆，从而提高自身的客户服务水平。为此，企业分析了影响客户服务水平的产品特性、价格、质量、交货、服务、灵活性等关键因素，决定优先确定交货水平的标杆企业。为此，进行了以下工作。

（1）对交货水平的指标与重要程度进行了细分与排序，如表 8-3 所示。

表 8-3　交货水平的指标与重要程度

指标	重要程度
准时交货	5
按质按量交货	3
交货周期	1

（2）选取行业内代表性的三家企业 A、B、C，连同供应链企业进行调查其满意度评价情况，得到如表 8-4 所示的评分情况，其中 5 分表示顾客最满意，3 分表示一般满意，1 分表示不满意。

表 8-4　顾客满意程度

指标	供应链企业 / 分	A 企业 / 分	B 企业 / 分	C 企业 / 分
准时交货	5	4	5	3
按质按量交货	4	3	5	4
交货周期	4	5	4	4

任务要求：从三家企业中确定本企业的标杆企业。

任务实操步骤如下。

（1）以表 8-3 所示的各项指标的重要程度为权数（这里权数可不做归一化处理，直接采用重要程度的数值），计算各企业的顾客满意程度。

（2）计算各企业的评分情况。

供应链企业：5×5+3×4+1×4=41（分）。

A 企业：5×4+3×3+1×5=34（分）。

B 企业：5×5+3×5+1×4=44（分）。

C 企业：5×3+3×4+1×4=31（分）。

（3）客户服务评价。通过对比评分情况，在交货方面，顾客对 B 企业最为满意（44 分），其次是供应链企业（41 分），不太满意的是 C 企业（31 分）和 A 企业（34 分）。

（4）确定标杆企业。根据上面的分析结果，供应链企业应该将 B 企业作为标杆，向 B 企业学习，尽最大努力改进绩效，满足顾客的需求。

【微视频】供应链标杆企业的确定过程

（二）利用 SCOR 模型进行供应链绩效评价

1. 供应链绩效评价的基本步骤

利用 SCOR 模型进行供应链绩效评价的过程包括以下步骤。

（1）确定关键绩效指标。关键绩效指标是指影响供应链绩效的重要因素，通常包括成本、速度、质量、服务、灵活性等方面。

（2）收集数据。收集与关键绩效指标相关的数据，包括供应商的交货速度、库存水平、顾客满意度等。

（3）分析数据。通过数据分析，确定供应链绩效的优劣和改进方向，识别供应链中的瓶颈和隐患。

（4）制订改进计划。根据分析结果，制订改进计划，包括修改供应链流程、改进供应商选择标准、提高库存管理水平等。

（5）实施改进计划。根据改进计划实施改进，监测改进效果，并持续改进供应链绩效。

通过供应链绩效评价，企业能够全面了解供应链的情况，快速发现问题，及时调整，提高企业的市场竞争力和持续发展能力。

2. 供应链绩效评价实操

【实操任务 8-2】某企业打算针对行业内的不同供应链做绩效评价，为此，对不同的供应链根据 SCOR 模型进行绩效评价，并按以下步骤进行。

首先，确定关键绩效指标。根据 SCOR 模型，其选定了供应链可靠性、柔性和反应力、费用、资产 / 利用四类指标，并对各类指标细化了衡量项目和衡量单位，确定了评分标准与权重，其评分规则：各指标相应的最佳企业为 10 分，按标准进行扣分，具体评分标准如表 8-5 所示。

表 8-5　供应链评价指标与评分标准

类别	衡量项目	衡量单位	评分标准	权重
供应链可靠性	按时交货率	百分比	每减少 1% 减 1 分	0.1
	订单完成提前期	天数	每增加 1 天减 1 分	0.1
	订单完成率	百分比	每减少 1% 减 1 分	0.07
	订单履行率	百分比	每减少 1% 减 1 分	0.08
柔性和反应力	供应链的有效反应时间	天数	每增加 1 天减 1 分	0.15
	上游生产柔性	天数	每增加 1 天减 1 分	0.1
费用	供应链管理成本	百分比	每减少 1% 减 1 分	0.07
	成本占收益的比例	百分比	每减少 1% 减 1 分	0.08
	每位员工增加的价值	现金	每减少 1 万元减 1 分	0.05
资产 / 利用	供应库存总天数	天数	每增加 1 天减 1 分	0.07
	现金周转时间	天数	每增加 1 天减 1 分	0.07
	净资产周转次数	次数	每减少 1 次减 1 分	0.06

其次，对本企业所在的供应链 M 和行业中的三条供应链 S、T、U 进行数据收集，整理后得到如表 8-6 所示的数据。

表 8-6　各供应链的数据收集

类别	衡量项目	供应链 M	供应链 S	供应链 T	供应链 U
供应链可靠性	按时交货率 /%	97	98	96	94
	订单完成提前期 / 天	3	4	3	3
	订单完成率 /%	99	99	99	98
	订单履行率 /%	98	98	99	99
柔性和反应力	供应链的有效反应时间 / 天	3	3	2	2
	上游生产柔性 / 天	7	8	10	12
费用	供应链管理成本 /%	15	16	15	14
	成本占收益的比例 /%	68	70	69	71
	每位员工增加的价值 / 万元	25	27	24	26

续表

类别	衡量项目	供应链 M	供应链 S	供应链 T	供应链 U
资产 / 利用	供应库存总天数 / 天	30	28	27	25
	现金周转时间 / 天	32	33	29	27
	净资产周转次数 / 次	12	11	12	12

任务要求：对供应链 M、S、T、U 进行绩效评价。

任务步骤：

（1）对收集的绩效评价数据按评分标准进行处理，得到如表 8-7 所示的评分表。

表 8-7　供应链指标评分表

类别	衡量项目	供应链 M	供应链 S	供应链 T	供应链 U
供应链可靠性	按时交货率	9	10	8	6
	订单完成提前期	10	9	10	10
	订单完成率	10	10	10	9
	订单履行率	9	9	10	10
柔性和反应力	供应链的有效反应时间	9	9	10	10
	上游生产柔性	10	9	7	6
费用	供应链管理成本	9	8	9	10
	成本占收益的比例	10	8	9	7
	每位员工增加的价值	8	10	7	9
资产 / 利用	供应库存总天数	5	7	8	10
	现金周转时间	5	4	8	10
	净资产周转次数	9	10	12	9

（2）根据权重进行综合评分。将表 8-7 中的数据导入 Excel 表格中进行计算，可采用 Excel 表格中的“SUMPRODUCT()”函数进行处理，得到如图 8-3 所示的综合得分。

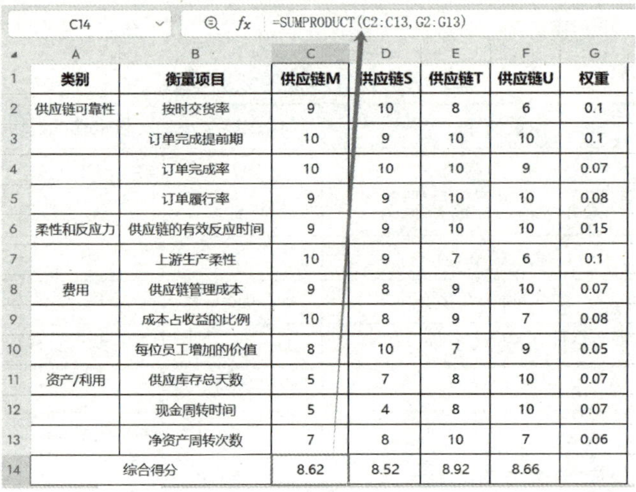

	A	B	C	D	E	F	G
1	类别	衡量项目	供应链M	供应链S	供应链T	供应链U	权重
2	供应链可靠性	按时交货率	9	10	8	6	0.1
3		订单完成提前期	10	9	10	10	0.1
4		订单完成率	10	10	10	9	0.07
5		订单履行率	9	9	10	10	0.08
6	柔性和反应力	供应链的有效反应时间	9	9	10	10	0.15
7		上游生产柔性	10	9	7	6	0.1
8	费用	供应链管理成本	9	8	9	10	0.07
9		成本占收益的比例	10	8	9	7	0.08
10		每位员工增加的价值	8	10	7	9	0.05
11	资产/利用	供应库存总天数	5	7	8	10	0.07
12		现金周转时间	5	4	8	10	0.07
13		净资产周转次数	7	8	10	7	0.06
14	综合得分		8.62	8.52	8.92	8.66	

图 8-3　各供应链赋权后综合得分表

（3）分析绩效评价结果。从综合得分情况可以看出，四条供应链综合评价得分非常接近，表明四条供应链都具有较强的竞争力，因此市场相对稳定，但供应链 S 表现更优。进一步分析，相对于本企业所在的供应链 M 而言，首先可在供应链可靠性、柔性和反应力、资产 / 利用这些指标上进行一步改进，控制好订单履行率、供应链的有效反应时间、供应库存总天数、现金周转时间以及净资产周转次数等方面的管理水平。

【微视频】供应链绩效的评价过程

二、供应链成熟度分析

（一）关于供应链管理成熟度

1. 供应链管理成熟度的定义

供应链管理作为一个管理体系，管理能力的高低更多地表现为管理绩效，为了综合测量供应链管理的绩效，可引入供应链成熟度来衡量供应链管理能力及评价供应链管理体系的增值能力。

根据供应链管理的定义可以看出，供应链管理是有效实现从源头供应商到最终消费者价值增值的集成业务流程。供应链的价值增值能力充分反映了供应链的价值，也应该成为衡量供应链管理成熟度的重要指标。供应链管理成熟度（Supply Chain Management Maturity，SMM）是衡量供应链管理水平和能力的一项重要指标，它能从不同的管理角度、管理层次分析和描述供应链，形成一个综合的管理评价体系。

在一个管理层次上，供应链管理成熟度可以用管理结构、管理策略和管理环境三方面指标来描述，从而形成一个具有价值增值能力的指标体系。

供应链管理成熟度作为一项综合管理指标，可以用管理回报率（Return of Management，ROM）进行量化。管理回报率表达了管理者单位时间和精力所获得的生产性组织能量，它是管理价值的具体体现。管理回报率可用如下公式进行计算

管理回报率（ROM）= 释放的生产性组织能量 / 投入的管理时间和精力

供应链管理成熟度和管理回报率存在正比关系，供应链管理成熟度越高，管理回报率也就越高。一个优化的供应链管理体系能够释放更多的生产性组织能量（包含采购、生产和销售环节）。

2. 供应链管理成熟度的指标

研究表明，将供应链管理引向成功的几个管理组件包括规划与控制方法、工作流 / 活动结构、组织结构、产品流设施结构、沟通与信息流设施结构、管理方法、权力与领导结构、风险与回报结构以及文化与态度等。因此，所有这些管理组件应该成为衡量供应链管理成熟度的重要指标，在评价供应链成熟度时可以将这些指标集成到管理结构、管理策略和管理环境中，形成一个指标体系。如图 8-4 所示。

（1）管理结构。在供应链管理成熟度的管理结构中，主要包含工作流 / 活动结构、组织结构 / 活动结构、产品流设施结构、沟通与信息流设施结构、权力与领导结构、风险与回报结构。

工作流 / 活动结构描述了企业完成任务的业务流程，需要实现跨节点企业的供应链业务流程的优化，面向供应链业务流程重组水平的高低是对组织结构的一种度量。

组织结构能参照单一企业和供应链节点企业跨功能集成的作用，有效地运用业务流程重组技术来设计。从简单的功能集成向过程集成发展，创建更加优化的组织结构。

物理—技术管理组件

```
┌─────────────────────┐
│   工作流/活动结构    │
├─────────────────────┤
│      组织结构        │
├─────────────────────┤
│   产品流设施结构     │          ┌──────────────┐      ┌──────────────────┐
├─────────────────────┤          │ 规划与控制方法 │      │ 环境/社会/公司治理 │
│ 沟通与信息流设施结构 │          └──────────────┘      └──────────────────┘
└─────────────────────┘                 │                       │
          │                             │                       │
    ┌───────────┐             ┌───────────┐           ┌───────────┐
    │  管理结构  │─────────────│  管理策略  │───────────│  管理环境  │
    └───────────┘             └───────────┘           └───────────┘
          │                         │                       │
┌─────────────────────┐      ┌──────────────┐       ┌──────────────┐
│   权力与领导结构     │      │   管理方法    │       │  文化与态度   │
├─────────────────────┤      └──────────────┘       └──────────────┘
│   风险与回报结构     │
└─────────────────────┘
```

管理—行为管理组件

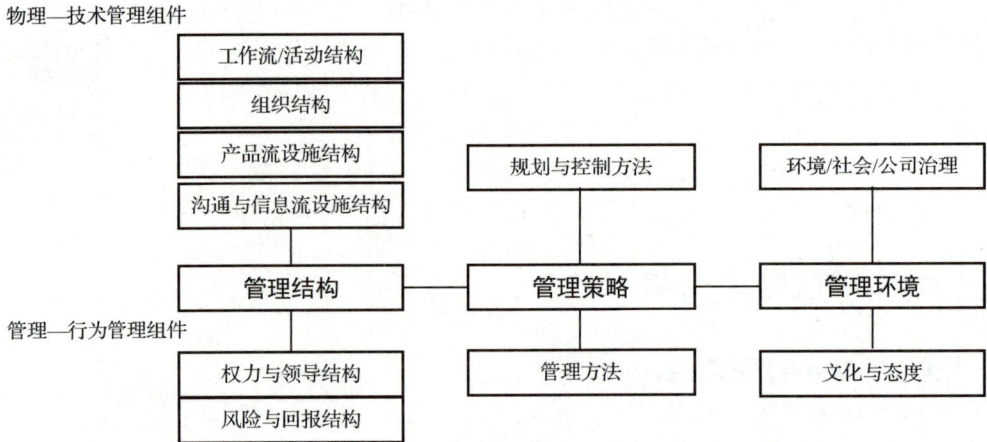

图 8-4　供应链管理成熟度指标体系

产品流设施结构集成了供应商、制造商和分销商的资源而形成的网络结构，它实现了跨供应链节点企业的物流资源的共享。

沟通与信息流设施结构描述了信息沟通和传递的渠道。在供应链管理体系中，信息流是非常关键的，在渠道成员中传递的信息种类以及信息刷新频率都对供应链的效率产生了非常大的影响。

供应链的权力与领导结构直接影响着供应链的结构和运营效率，一个强有力的渠道领导能够驾驭整条供应链的运营。

跨供应链的风险与回报结构影响着供应链渠道成员长期的合作关系，将形成并促进供应链合作关系的可持续发展。

（2）管理策略。在供应链管理成熟度的管理策略中，主要包含规划与控制方法和管理方法。其中，规划与控制方法是推动供应链向着提高客户满意度方向发展的关键因素，动态联盟计划从单一企业向供应链体系的延伸成为成功构筑供应链关系的基础；管理方法则融合了企业的管理理念和管理技术，借助于管理方法能够实现管理思想自上游而下游和自下游而上游的贯穿和集成。在供应链节点企业中，管理方法和管理水平是有差异的，但是这种差异并不影响供应链管理方法的完善。

（3）管理环境。在供应链管理成熟度的管理环境中，主要包含环境/社会/公司治理、文化与态度。而文化与态度在整个供应链成员企业管理中也是非常重要的，跨供应链节点企业文化的兼容性不能低估。融合文化和个人态度不仅是必需的，而且在某种程度上需要时间。企业文化方面包括企业员工如何确定价值取向以及他们如何将自己融入企业的管理之中。

ESG（Environmental、Social、Governance）是一种关注企业环境、社会、公司治理绩效而非财务绩效的投资理念和企业评价标准。在供应链管理体系中，ESG 涉及供应链管理及投资决策中的多个方面，客观分析自身能力以及有效利用行业整体信息披露情况关注 ESG 的状况，是供应链成员改善 ESG 以提升供应链管理能力的重要途径。

3. 供应链管理成熟度的特点

供应链管理成熟度充分展现了供应链管理体系的魅力，对于评价供应链管理体系的完善程度提供了可行的方法与价值增值的可行途径。供应链管理成熟度的特点主要表现在以下几个方面。

（1）以提高客户满意度为目标。供应链管理成熟度，注重从客户视角考察供应链管理体系满足客户需求的能力，从供应链视角考察客户满意度，沿着"增强客户体验→提高客户满意度→提高客户支付意愿"的理想路径，培育优质客户资源。

（2）管理思想的渗透程度。供应链管理更多地体现了管理思想、管理理念和管理方法的集成，特别是管理思想的渗透。供应链管理成熟度成为分析和评价管理思想渗透程度的一项重要指标。

（3）综合的管理评价体系。供应链管理成熟度综合反映了供应链评价体系的结构，分别从活动、组织、产品、信息、权力和风险六个方面描述了供应链的管理结构，从规划与控制、方法两个方面描述了供应链的管理策略，从文化和态度两个方面刻画了供应链的管理环境。

（4）交叉的管理体系结构。供应链管理成熟度模型描述了一个交叉的管理体系结构，横向（即广度）由物理—技术管理组件和管理—行为管理组件构成，纵向（即深度）由管理结构、管理策略和管理环境构成，形成了一个管理层次和管理体系交叉的结构。

（5）可量化的指标体系。构成供应链管理成熟度的各项指标都是可以量化的，可以以数值的形式表征指标对应的供应链管理成熟度的高低。通过对不同权重指标的综合分析，科学准确地描述供应链管理的能力和水平。

（6）动态的评价体系。供应链管理成熟度所描述的供应链管理评价体系，不仅反映了管理层次的变化，而且能够面向不同的管理环境反映各项指标的动态变化，这些指标能够随着管理层次的变化、管理环境的变化而变化。

4. 供应链管理成熟度的表现

在"利益共享，风险共担"的供应链思想引领下，成熟的供应链管理体系能够实现信息、资源和能力整合，实现共同利益驱动下的客户价值创造，有效提升供应链竞争力。供应链管理成熟度直接表现为供应链成熟度，具体表现为应用供应链管理思想、管理理念和管理方法培育的柔性、敏捷性和弹性等基本属性。

（1）供应链柔性。前面的内容已经介绍到，在供应链管理体系中，供应链柔性就是为了应对供应链成员动态变化、市场需求动态变化、供应链结构动态变化等不稳定性而培养的一种能力，一种能够让供应链以变应变并成功规避不稳定性风险的能力。

可以将柔性定义为一种快速响应变化的适应能力。供应链柔性的实质在于低成本、便捷、准确地整合资源满足客户需求。供应链柔性管理水平的高低受资源约束影响，不仅取决于时间、成本和绩效资源的可扩展能力，而且取决于环境对不确定性因素的吸附能力。

（2）供应链敏捷性。在供应链管理体系中，供应链敏捷性就是为了应对不确定性与持续变化叠加的市场环境而培养的一种能力，以避免供应链因无法快速有效地响应客户需求而遭受不必要的损失。

敏捷性是一种在不断变化、不可预测环境中善于应变的能力。敏捷性作为一个业务概念，源于敏捷制造，逐步延伸到敏捷供应链、柔性快反供应链。敏捷组织的一个关键特性是敏捷性，具备强有力的应对变化与驾驭变化的能力，能够快速响应、灵活赋能于行动。如果将供应链视为一个动态联盟，敏捷供应链就是一类敏捷组织。

敏捷性不同于精细化，不能混淆这两个概念。精细化强调以少量的投入产出更多的产品、提供更丰富的服务，它经常应用于精细化生产、个性化服务，以实现零库存的准时制方法。具有敏捷性的敏捷供应链，不仅具有市场敏感性、虚拟性、过程集成性和基于网络的特性，而且还具有精细化和柔性。

敏捷供应链构筑了基于时间竞争的优势，能够满足个性化、碎片化、场景化市场需求，保持与市场需求的同步。敏捷供应链的敏捷性主要来自以下几个方面。

① 战略伙伴关系。良好的战略伙伴关系涉及所有成员，不仅包括良好的客户关系，而且包括良好的供应商关系，通过实施客户关系管理、供应商管理库存和早期供应商参与策略，有利于建立良好的战略伙伴关系，形成一个关系协调的供应链管理体系。

② 客户价值创造。在信息、资源和能力整合的基础上，供应链成员可以通过深层次合作缩短时间为客户创造价值，如缩短采购提前期、生产提前期、交货提前期等一系列提前期，提高供应链快速响应市场需求的能力。

③ 全渠道合作。改变传统的由采购部门、销售部门建立的供应链成员之间的关联渠道，形成一个线上线下融合的全渠道、具有多重链接的全方位的战略伙伴关系。供应链成员与供应商之间，可以通过研究与开发（R&D）、供应商寻源、信息系统集成等建立联系；供应链成员与客户之间，可以通过市场、客户关系管理、信息系统集成等建立联系。

④ 降低复杂性。供应链复杂性表现为结构复杂性、关系复杂性和过程复杂性，不同程度地影响了供应链快速响应市场需求的敏捷性。为了有效降低供应链复杂性，可以通过供应链结构优化、功能完善和行为规范，以逐步增强的供应链适应性降低供应链复杂性，提高供应链低成本、便捷地满足客户需求的能力。

敏捷供应链以信息、资源和能力的透明化管理，以及结构、功能和行为的协调管理，借助增强的时间竞争优势提升供应链竞争力。敏捷供应链管理覆盖了从供应商的供应商到客户的客户的全过程，包括计划、采购、生产、交付、物流和服务等环节。敏捷供应链管理是一项复杂的系统工程，不仅需要持续激励每一个供应链成员的参与意愿，而且需要持续优化每一个供应链环节的产品和服务流程。

供应链敏捷性直接反映了供应链竞争力，为供应链成员之间信息、资源和能力整合创造了条件，有助于促进供应链成员之间合作方式、生产模式、运营策略的转变。供应链敏捷性作为供应链管理成熟度的具体表现，致力于以时间竞争优势创造客户价值，在复杂的环境中提升供应链竞争力。

（3）供应链弹性。供应链弹性是供应链面对冲击时所表现出来的自适应能力和自修复能力，它直接影响着整个供应链竞争力。供应链韧性是供应链面对冲击时所表现出来的自适应能力，包含协调能力和学习能力，它直接影响着整个供应链抵御中断风险的能力。

（二）供应链管理成熟度评估实操

供应链管理成熟度评估是决策者根据自身需要、依据供应链管理成熟度评价指标体系，对供应链管理能力和水平的综合评价。供应链管理成熟度评估是一个管理思想渗透的过程，能否真实、准确地评价供应链管理成熟度，不仅取决于供应链管理成熟度概念模型和架构，而且取决于供应链管理成熟度评估过程的科学性和合理性。

（1）供应链管理成熟度的评估过程。供应链管理成熟度作为一个抽象概念，需要通过构建概念模型从不同维度实现定义解构，以"管理工具"可操作化为目标将供应链管理成熟度概念从抽象多元化的背景中分离出来。供应链管理成熟度架构关系到如何从一个抽象概念转变为一个切实指导并引导组织供应链管理实践的"管理工具"。正是由于不同组织在管理能力上存在的差异，所以将"管理工具"运用在供应链管理实践的各管理过程域会产生不同的能力水平，具体表现在不同的供应链管理成熟度等级上。

在供应链管理成熟度评估中，管理工具运用水平和管理能力的成熟度级别特征共同体现在供应链管理成熟度等级上。供应链管理工具的管理结构、管理策略和管理环境，在不同的供应链管理成熟度等级上呈现不同的特征，而且供应链管理工具的运用水平随着管理要素的赋能不断发展、不断成熟。

在供应链管理实践中，可以进一步将管理结构、管理策略、管理环境的能力构成与供应链管理能力框架相结合，基于协同管理环节的能力要素支持管理工具使用，从而将供应链管理工具使用情况与供应链管理成熟度的初始发展级、支撑建设级、系统控制级、优化发展级、战略规划级五个等级对应划分，构成供应链管理成熟度等级。

供应链管理成熟度评估过程如图 8-5 所示，覆盖评估权重确定、指标水平确定、评估分值计算、ROM 计算和等级确定五个阶段。供应链管理成熟度评估是一个相当复杂的过程，但是在具体的评估过程中应尽可能简化操作流程，如领域专家仅需要在供应链管理成熟度评分表中对每一个管理过程域的管理要素进行评价，依据规则给出 1～5 的评分。

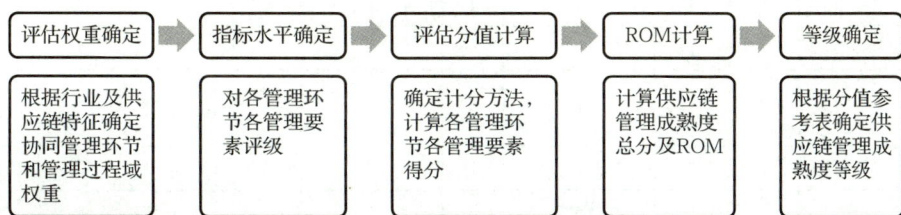

供应链管理回报率（Return of Management，ROM）　计算方法：ROM=得分/满分×100%

图 8-5　供应链管理成熟度评估过程

（2）供应链成熟度评估实例。供应链成熟度是供应链管理成熟度的表现。为了能够更加清晰地描述供应链成熟度评估过程，下面将以某日化生产企业的供应链成熟度评估为例进行阐述，其供应链结构如图 8-6 所示。该供应链结构具有传统路径和高效路径，分别以不同程度的成本优势和时间优势满足不同客户群的需要。

从其供应链结构可知，该供应链成熟度评估主要涉及供应链战略、计划和物料流三个管理环节，可以细化为网络设计、供应链细分、需求计划、库存管理、销售运营计划／综合业务计划、主计划、时间安排、仓库运营、运输运营、物流评估和招标、订单管理、协作、绩效管理 13 个管理过程域。在此基础上，该供应链成熟度评估体系设计了数据、分析、软件／硬件、人员、流程五个管理要素。

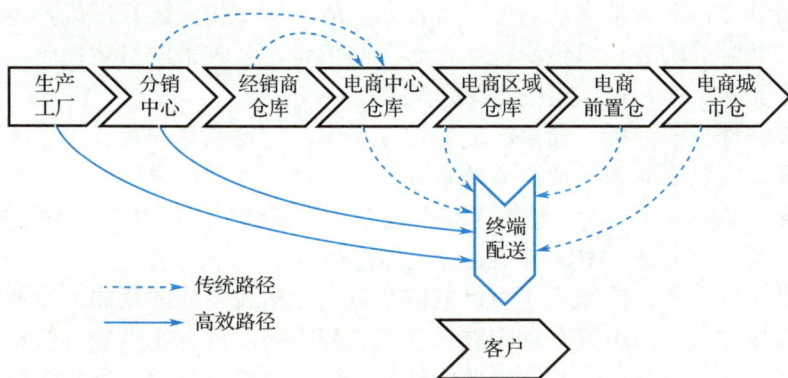

图 8-6　某日化生产企业的供应链结构

在具体评估过程中，领域专家在供应链成熟度评分表中对每一个管理过程域的管理要素进行评价，依据规则给出 1 ～ 5 的评分。具体评分标准：非常不成熟，1 分；中等成熟，3 分；非常成熟，5 分；介于非常不成熟与中等之间，2 分；介于中等与非常成熟之间，4 分。具体得分如表 8-8 所示。

表 8-8 某供应链成熟度评估表

管理要素	供应链战略		计划					物料流					
	网络设计	供应链细分	需求计划	库存管理	销售运营计划/综合业务计划	主计划	时间安排	仓库运营	运输运营	物流评估与招标	订单管理	协作	绩效管理
数据	1	1	1	2	1	1	4	5	1	5	2	1	1
分析	3	1	2	1	5	4	1	1	2	3	1	4	3
软件/硬件	4	1	5	1	1	3	3	2	1	2	1	3	4
人员	1	1	1	2	1	1	4	5	1	4	2	1	1
流程	3	1	2	1	5	4	1	1	3	3	1	4	3

该供应链成熟度来自供应链管理成熟度，重点考虑了供应链组织、思维方式和能力、供应链信息技术三个推动因素，以不同的方式推动着该公司供应链管理成熟度的逐步提高。从其供应链成熟度评估结果来看，评估时该供应链在计划、物料流这两个管理环节相对比较成熟，分别存在三个成熟度非常高的评估项。面向未来发展，该供应链需要加强供应链战略能力的培养，通过创新、协同、可持续策略突破供应链响应速度局限和成本瓶颈。

【微视频】供应链成熟度的评估过程

（三）供应链管理成熟度的应用场景

供应链管理成熟度从不同的侧面，全方位、多角度地反映了供应链管理体系信息集成、知识集成和过程集成的程度。因此，供应链管理成熟度可以作为一项综合的评价指标来反映供应链的整体绩效。供应链管理成熟度的评价结果可以在以下几个方面得到很好的应用。

（1）绩效评价。绩效评价包括对整个供应链体系运营能力进行综合评价，分析供应链的管理绩效，分析管理投入所带来的效率、效益和效能。应用供应链管理成熟度对供应链进行绩效评价，能够及时准确地获得供应链运营状况的信息，及时采取有效措施，调控供应链体系中所有节点企业的运营方式，加快运营效率。

（2）供应链管理决策分析。在供应链管理体系中，主要包含物流决策、关系决策和整合决策，供应链管理成熟度成为各项决策的重要基础。供应链管理成熟度分析的结果能够综合反映是否应该强化某类决策行为，是否应该关注某类决策结果，是否应该跟踪某类决策进程。供应链管理成熟度在决策分析中具有举足轻重的作用。

（3）寻找供应链中存在的约束。由供应链节点企业构成的动态联盟，企业间和流程间存在各种类型的衔接关系，制约整个供应链运营的瓶颈因素，只有在供应链管理成熟度分析的基础上才能显现出来。借助于供应链管理成熟度分析，可以及时发现供应链体系中的约束并进行调整，以保持供应链的动态优化。寻找约束的过程，也就是供应链管理成熟度分析的过程，将获得的信息进行综合分析，重新平衡和配置各类资源，实现资源的最大化应用。

（4）建立标杆。随着市场竞争的加剧，供应链将成为企业之间竞争的焦点，因此，面向供应链体系的管理成熟度分析将会获得反映供应链核心能力的参数，从根本上分析供应链面临的问题和解决问题的方法。供应链标杆的建立，将形成一个具有较高供应链管理成熟度的标准体系，该标准体系的建立和完善是以供应链管理成熟度为依据的，从不同的角度反映标杆的价值。

供应链管理成熟度从管理工具与管理层次交叉集成的视角构建了一个综合性的供应链管理评价体系，旨在真实、准确地评价供应链管理能力、供应链价值及价值增值能力。供应链管理成熟度的应用，能够在"寻找约束→消除约束"的持续改进、动态优化过程中提高供应链成熟度，培养供应链柔性、敏捷性和弹性，在复杂的环境中提升供应链竞争力。

学习感悟

第一，在进行供应链绩效评价的时候，不管是采用标杆法还是 SCOR 模型建立指标体系，不同的供应链企业采用的指标都可能不尽相同，而且各指标采用的权重也不尽相同，但方法是一样的。因此，学会并掌握相应的方法论是必不可少的。

第二，对于供应链绩效指标的评价应尽可能采用定量指标，但对于有些无法定量的指标则需要采用定性指标。在进行定性指标评分的时候最好是采用 5 分制，即最好的评 5 分，最差的评 1 分，而中等的评 3 分，介于最好与中等之间的评 4 分，介于最差与中等之间的评 2 分，这样可以尽可能地消除主观评分的不确定性。

第三，供应链管理成熟度的评价本质上是对管理绩效的评价，但其评价的范围比供应链大得多。目前，虽然在某些领域已经有较统一的评价模型，但总体没有统一的供应链管理成熟度评价方法，这与供应链管理的复杂性有关。但各种类型的供应链成熟度的评价工作仍然对供应链管理的改善提供了极为便利的条件，在各领域得到了广泛的运用。

任务实训

1. 扫描右侧二维码进行在线测试。
2. 完成本模块"知识复习与巩固"中的"情景实践与应用题"第 1～2 题。

在线测试 8.2

任务评价

评价类目	评价内容及标准	分值/分	自己评分	小组评分	教师评分
学习态度	✓ 全勤（5分） ✓ 遵守课堂纪律（5分）	10			
学习过程	➢ 能说出本次工作任务的学习目标，上课积极发言，积极回答问题（5分） ➢ 能够回答标杆法供应链绩效评价的基本步骤（5分） ➢ 能够掌握基于 SCOR 模型的供应链绩效评价的步骤（5分） ➢ 能够说明供应链成熟度的指标组成结构（5分）	20			
学习结果	◆ "在线测试8.2"考评（2分×10=20分） ◆ 完成本模块"知识复习与巩固"中的"情景实践与应用题"第 1～2 题（第1题20分，第2题30分）	70			
合　计		100			
所占比例		100%	30%	30%	40%
综合评分					

知识拓展与技能实践

知识拓展

国有企业采购供应链数字化成熟度评价模型分级

国有企业采购供应链数字化成熟度评价模型分为5个级别，即从第1级到第5级，数字越大，成熟度等级越高。高成熟度代表企业具备较强的采购供应链数字化能力和较高的数字化应用水平、较好的数字化成效，反之亦然。

（一）等级Ⅰ：数字化初始级

在第1级成熟度等级的情况下，企业的采购供应链数字化处于未就绪状态，企业尚未建成采购信息系统或数字化平台，但部分业务场景或部分业务流程环节实现了信息工具支撑，绝大部分业务场景、流程环节采用线下人工处理的方式。

（二）等级Ⅱ：数字化应用级

在第2级成熟度等级的情况下，企业采购供应链数字化领域具有支撑业务操作或采购管理的1个或若干个信息系统，但采购信息系统陆续、分散建立，未实现信息系统集成；未建成采购供应链数字平台或即使建立了也未得到全面应用；无法实现采购数据全程互通与信息共享。依托信息系统实现了某个或某几个业务场景的线上操作与管理，未实现采购供应链全流程、全场景的数字化应用。

（三）等级Ⅲ：数字化集成互联级

在第3级成熟度等级的情况下，企业有规划、有计划地开展采购供应链领域的数字化，初步建成了一体化采购数字平台或对已有相关采购信息系统实施全面集成，实现数据交互共享；同时与企业内部相关部门实现跨部门、跨业务环节的信息系统集成互联、与企业外部的供应资源、供应市场、信息资源实现部分集成或数据信息交互；实现了采购供应链所有主要业务场景的数字化应用，但未实现全流程或全组织或全品类的数字化应用。

（四）等级Ⅳ：数字化协同智能级

在第4级成熟度等级的情况下，企业按照战略规划有组织、有计划、有目标地推进采购供应链数字化。企业具备完善的采购供应链一体化数字平台或紧密集成的采购供应链信息系统，并与供应链上下游、内外部深度、无断点集成，实现数据资源全面共享与供应链相关主体的协同操作；实现了采购供应链所有业务场景和全流程、全组织、全业务品类的数字化应用和自动化操作；基于采购供应链数据建立模型进行智能分析预测，驱动采购供应链效率提升和运营绩效优化，形成了数据驱动的协同智能体系。

（五）等级Ⅴ：数字化生态智慧级

在第5级成熟度等级的情况下，企业按照战略、行动、成效的实施路径有计划地实施采购供应链数字化。具有完善的采购供应链一体化数字平台，并在所有业务场景、全流程、全组织、全品类上得到充分应用；通过与供应链上下游、内外部所有资源实施集成协同，形成了以企业为核心的供应链网络生态；采购供应链数据作为生产要素驱动业务运行，实现规划、计划、运营、操作、仿真、自动及智能预测、决策和优化。具有支持价值共创的生态智慧能力，全面实现与供应链弹性、适应性调整相关的生态合作伙伴连接赋能、数字业态创新、绿色可持续发展等价值目标。

技能实践

参考"知识拓展"中提到的国有企业采购供应链数字化成熟度评价模型以及教材中对某日化生产企业的供应链成熟度评价运用，构建一个企业供应链成熟度评价模型。具体要求如下。

（1）画出其供应链结构图。

（2）根据供应链结构确定相应的评价指标，并画出评价表格。

（3）对于各指标进行成熟度评分，最后对整个供应链成熟度进行评价，提出改进建议或改进方向。

知识复习与巩固

一、填空题

1. 供应链绩效评价是指围绕_____，对供应链整体、各环节（尤其是核心企业运营状况以及各环节之间的运营关系等）所进行的_____、_____和_____分析评价。

2. 供应链的绩效是供应链成员通过各种活动_____的价值总和，该价值由_____和_____两部分组成。

3. 顾客价值是供应链整体绩效的_____，而_____则是顾客价值的集中反映。

4. 供应链可靠性的高低会影响顾客对供应链的_____。可靠性越高，_____越强，越容易培养_____。

5. 从供应链的角度看，财务指标应能反映供应链的_____状况、_____状况和_____状况。

6. 供应链绩效评价体系分为两大类：一类是_____的评价体系；另一类是_____的评价体系。

7. SCOR 模型体现了"_____"的供应链管理思想。

8. 供应链参考模型采用了_____模式，包括分析公司_____的现状，对_____量化，与_____进行对照。

9. 平衡记分法分为四个方面，代表了三个利害相关的群体：_____、_____、_____，确保企业组织从系统观的角度进行战略的实施。

10. 供应链中标杆法的实施应特别注重以下两个方面：_____的标杆管理、_____的标杆管理。

11. 为了综合测量供应链管理的绩效，可引入_____来衡量供应链管理能力及评价供应链管理体系的_____。

12. 供应链管理成熟度直接表现为_____，具体表现为应用供应链管理思想、管理理念和管理方法培育的_____、_____和_____等基本属性。

二、多选题

1. 供应链绩效评价的特点包括（　　）。

A. 静态性和动态性相结合　　　B. 可组合性和可分解性

C. 完整性　　　　　　　　　　D. 注重财务指标

2. 有效的绩效评价系统，可以解决供应链管理过程中存在的（　　）问题。

A. 评价企业原有供应链，发现原有供应链的缺陷和不足，并提出相应的改进措施

B. 评价新构造的供应链，监督和控制供应链运营的效率，充分发挥供应链管理的作用

C. 作为供应链业务流程重组的评价指标，建立基于时间、成本和绩效的供应链优化体系

D. 寻找供应链约束和建立有效激励机制的参照系，同时也是建立标杆活动、标杆节点企业和标杆供应链体系的基准

3. 顾客满意一般可以采用（　　　）等二级指标来具体描述。

A. 柔性　　　　　　　　B. 可靠性　　　　　　　C. 价格　　　　　　　　D. 质量

4. 供应链的柔性是指对环境变化的适应能力，一般来说，供应链的柔性包括（　　　）。

A. 产品柔性　　　　　　B. 时间柔性　　　　　　C. 质量柔性　　　　　　D. 数量柔性

5. 供应链投入的总成本由（　　　）组成。

A. 人力成本　　　　　　B. 资产成本　　　　　　C. 信息成本　　　　　　D. 物流成本

6. 供应链产出绩效评价指标可以分为（　　　）两类。

A. 效益型指标　　　　　B. 效率指标　　　　　　C. 非效益型指标　　　　D. 财务指标

7. 下列属于方法类的供应链绩效评价体系的有（　　　）。

A. BSC 平衡计分法　　　　　　　　　　　B. SCOR 模型分析法

C. 以层级为基础的评价方法　　　　　　　D. 以流程为基础的评价方法

8. 平衡记分卡分别从（　　　）建立评价体系。

A. 财务角度　　　　　　B. 顾客角度　　　　　　C. 内部过程角度　　　　D. 学习和创新角度

9. 采用标杆法进行绩效评价时，基本的绩效标杆类型包括（　　　）。

A. 客户满意标杆　　　　B. 战略性标杆　　　　　C. 操作性标杆　　　　　D. 支持活动性标杆

10. 实施供应链标杆管理主要解决的关键问题包括（　　　）。

A. 客户的取向　　　　　　　　　　　　　　B. 影响客户需求的关键因素

C. 供应链流程识别　　　　　　　　　　　　D. 供应链标杆管理的优先环节

11. 在一个管理层次上，供应链管理成熟度可以应用（　　　）等方面指标来描述，从而形成一个具有价值增值能力的指标体系。

A. 管理结构　　　　　　B. 管理策略　　　　　　C. 管理环境　　　　　　D. 管理回报率

12. 供应链管理成熟度的评价可以在以下（　　　）方面得到很好的应用。

A. 绩效评价　　　　　　　　　　　　　　　B. 供应链管理决策分析

C. 寻找约束　　　　　　　　　　　　　　　D. 建立标杆

三、简答题

1. 简述供应链绩效评价与传统的企业绩效评价的不同。

2. 简述传统企业绩效评价不适用于供应链绩效评价的原因。

3. 简述供应链绩效评价的特点。

4. 简述传统的企业绩效评价指标的局限性。

5. 简述供应链绩效评价应遵循的原则。

6. 简述供应链顾客价值的指标内容。

7. 简述供应链管理绩效激励机制的特点。

8. 简述平衡记分卡各方面指标显示的含义。

9. 简述客户服务的标杆管理。

10. 简述供应链流程的标杆管理。

11. 简述供应链标杆法绩效评价的步骤。

12.简述利用 SCOR 模型进行供应链绩效评价过程的步骤。

13.简述供应链管理成熟度的特点。

14.简述供应链管理成熟度的应用领域。

四、情境实践与应用题

1.供应链 M 企业根据客户服务情况打算选取竞争对手的客户服务水平作为标杆，从而提高自身的客户服务水平。经研究，发现企业的售后服务存在较大问题，因此决定优先确定售后服务的标杆企业。确定的指标的重要程度分别为响应速度、解决周期、问题解决率、服务质量和服务态度。同时，根据评价小组的建议选择了行业内的代表性企业进行评分，其售后服务评分结果如表 8-9 所示。

表 8-9　售后服务评分结果

指标	M 企业	A 企业	B 企业	C 企业
响应速度	5	4	5	3
解决周期	4	3	5	4
问题解决率	4	5	4	4
服务质量	4	5	4	3
服务态度	3	4	4	5

任务要求：从三家企业中确定 M 企业的标杆企业。

2.供应链 M 企业打算针对行业内的不同供应链做绩效评价，首先，M 企业根据 SCOR 模型对指标进行了选取，得到了如表 8-10 所示的关键绩效评价指标并赋予了权重，其评分规则是以各指标相应的最佳企业为 10 分，按标准进行扣分。

表 8-10　供应链评价指标与评分标准

类别	评价指标	评价指标单位	评分标准	权重
供应链可靠性	按时交货率	百分比	每减少 1% 减 2 分	0.15
	订单完成提前期	天数	每增加 1 天减 1 分	0.15
	订单完成率	百分比	每减少 1% 减 1 分	0.1
柔性和反应力	供应链的有效反应时间	天数	每增加 1 天减 2 分	0.15
	上游生产柔性	天数	每增加 1 天减 1 分	0.07
费用	供应链管理成本	百分比	每减少 1% 减 1 分	0.15
	成本占收益的比例	百分比	每减少 1% 减 1 分	0.1
资产 / 利用	供应库存总天数	天数	每增加 1 天减 1 分	0.07
	净资产周转次数	次数	每减少 1 次减 1 分	0.06

其次，由评价小组对行业中的若干供应链进行数据收集，整理后得到如表 8-11 所示的数据收集表。

表 8-11　各供应链的数据收集表

类别	衡量项目	供应链 M	供应链 S	供应链 T	供应链 U
供应链可靠性	按时交货率 /%	97	98	96	94
	订单完成提前期 / 天	3	4	3	3
	订单完成率 /%	99	99	99	98
柔性和反应力	供应链的有效反应时间 / 天	3	3	2	2
	上游生产柔性 / 天	7	8	10	12
费用	供应链管理成本 /%	15	16	15	14
	成本占收益的比例 /%	68	70	69	71
资产 / 利用	供应库存总天数 / 天	30	28	27	25
	净资产周转次数 / 次	12	11	12	12

任务要求：对供应链 M、S、T、U 进行绩效评价。

参考文献

[1] 赵林度，王海燕 . 供应链与物流管理 [M]. 北京：高等教育出版社，2018.

[2] 孙君 . 供应链数据分析 [M]. 北京：清华大学出版社，2021.

[3]〔美〕巴罗（Ronald H. Ballou）. 企业物流管理：供应链的规划、组织和控制 [M]. 王晓东译 . 北京：机械工业出版社，2006.

[4]〔美〕杰里米·夏皮罗 . 供应链建模 [M]. 陈光欣译 . 北京：中信出版社，2005.

[5] 骆温平 . 物流与供应链管理 [M]. 4 版 . 北京：电子工业出版社，2022.

[6] 上海现代物流人才培训中心 . 现代物流管理 [M]. 上海：上海人民出版社，2002.

[7] 曹雄彬 . 供应链管理 [M]. 北京：机械工业出版社，2010.

[8] 彭秀兰 . 道路运输管理实务 [M]. 3 版 . 北京：机械工业出版社，2020.

[9] 北京中物联物流采购培训中心组编 . 物流与供应链职业基础 [M]. 南京：江苏凤凰教育出版社，2021.

[10] 何海军 . 企业物流管理实务——项目化教材 [M]. 北京：电子工业出版社，2011.

[11] 斯蒂芬·P. 罗宾斯，玛丽·库尔特 . 管理学 [M]. 刘刚，程熙镕，梁晗译 . 3 版 . 北京：中国人民大学出版社，2017.